战士的餐桌

二战各国战地饮食传奇

丛丕 赵暾 唐茜
———— 著

北京联合出版公司
Beijing United Publishing Co.,Ltd.

图书在版编目（CIP）数据

战士的餐桌：二战各国战地饮食传奇 / 丛丕，赵旸，唐茜著. — 北京：北京联合出版公司，2022.12（2025.2重印）.
ISBN 978-7-5596-6530-0

Ⅰ. ①战… Ⅱ. ①丛… ②赵… ③唐… Ⅲ. ①第二次世界大战－饮食－研究－世界 Ⅳ. ①K152

中国版本图书馆CIP数据核字（2022）第202901号

战士的餐桌：二战各国战地饮食传奇

作　　者：丛丕　赵旸　唐茜
出 品 人：赵红仕
策　　划：牧神文化
策划监制：王晨曦
责任编辑：李　伟
特约编辑：董旻杰
封面设计：人马艺术设计·储平

北京联合出版公司出版
（北京市西城区德外大街83号楼9层　100088）
北京联合天畅文化传播公司发行
上海盛通时代印刷有限公司印刷　新华书店经销
字数410千字　1000毫米×720毫米　1/16　19.875印张
2022年12月第1版　2025年2月第2次印刷
ISBN 978-7-5596-6530-0
定价：128.00元

版权所有，侵权必究
未经许可，不得以任何方式复制或抄袭本书部分或全部内容
本书若有质量问题，请与本公司图书销售中心联系调换。
电话：010-65868687　010-64258472-800

目录

前　言 / 1

第一章　英国篇 / 1

当炸鱼邂逅薯条——炸鱼薯条 / 1

冰海上的暖心餐点——咸牛肉三明治 / 7

在波峰浪谷间大快朵颐——罐装香肠 / 13

斯卡帕湾的圣诞美食——英式圣诞晚餐 / 18

从康沃尔矿井到诺曼底海岸——康沃尔馅饼 / 24

法莱斯包围圈的战地午餐——白汁烩兔肉 / 30

为水坝终结者们践行——培根煎蛋 / 36

粮食大臣的救国饭——伍尔顿派 / 42

坦克炮塔里的迷人茶香——红茶 / 50

传承勇气的纳尔逊之血——朗姆酒 / 57

第二章　美国篇 / 67

劫后余生的悲伤圣诞节——烤火鸡 / 68

从日军战俘营归来——爱尔兰炖羊肉 / 75

中途岛"大E"特别早餐——独眼三明治 / 82

美国海军上将的俄国菜——斯特罗加诺夫牛肉 / 89

吃罢早饭刺杀山本大将——斯帕姆炒蛋 / 95

将星闪耀的高端午餐会——浓汁烩鸡肉 / 103

迎送"空中堡垒"的思乡点心——甜甜圈 / 110

日裔美籍战士的战地料理——鸡肉火锅 / 117

总统与上将们的午宴前菜——夏威夷水果沙拉 / 124

消除衔级差别的士气之源——冰激凌 / 131

呼啸山鹰在巴斯托涅——二战美军战地口粮 / 138

砂糖块高地前的临战盛宴——煎牛排 / 146

1

第三章　苏联篇 / 155

俄罗斯虽大已无路可退——二战苏军饮食纵览 / 156

达瓦里希的盛宴——黑列巴、图桑卡、伏特加 / 165

第四章　日本篇 / 175

向珍珠港进击——赤饭杂煮与航空便当 / 176

"雾岛"之中途岛战斗餐——牛肉什锦饭团 / 183

零战飞行员的空中快餐——卷寿司 / 188

"隼鹰"号苦战余生的甜蜜加餐——萩饼 / 195

水下铁棺里的花式菜单——日军潜艇饮食 / 200

鲲鲸蹈海落刀俎，樱花瓣下作珍馐——鲸肉料理 / 208

海军洋食第一味，和风漫卷国民餐——海军咖喱 / 213

提督心恋醉人松，无妄烈焰化尘灰——海军料亭小松史话 / 221

最强战舰亦是最豪海上饭店——"大和"舰饮食传说 / 229

恶魔饱食终变饿鬼——日本陆军饮食漫谈 / 237

第五章　德国篇 / 245

深入虎穴的壮行美餐——烟熏猪排与鲱鱼 / 246

海狼出生入死的惊喜犒劳——炖牛肉卷配紫卷心菜 / 252

来自丘吉尔首相的馈赠——俾斯麦牛排 / 257

德军战地午餐老三样——浓肉汤、面包、咖啡 / 262

战争岁月中的德意志国民饮料——代用咖啡 / 267

霍尔姆的 105 个日夜——德军战地空投伙食 / 274

德军精锐部队的"至高奢侈"——Scho-Ka-Kola 巧克力 / 279

"红桃心"的西西里告别宴——金枪鱼配玛萨拉酒 / 286

残兵败将的慰藉美食——维也纳可丽饼 / 290

元首地堡的最后晚宴——酸菜熏腌肉 / 295

第六章　意大利篇 / 299

　　逃脱死亡之路上的家乡菜——意式洋葱炒羊肝 / 300
　　墨索里尼的断头早餐——波伦塔配萨拉米 / 305

前　言

"兵马未动，粮草先行"，这句在中国几乎尽人皆知的俗语是对一条军事准则最为高度的概括，即后勤乃行军作战之基础。这是古今中外亘古未变，任何名帅智将都无法违拗的战场铁律，无论多么强大的军队，一旦后勤断绝，其失败将难以避免，覆亡只在朝夕之间。古往今来，因为粮道被截、后勤不济而致丧师败战的例子不胜枚举。比如在战国时期著名的秦赵长平之战中，赵军主将赵括中了秦国名将白起的圈套，率军贸然出击而深陷重围，粮道被切断。赵军断粮四十六天后军心溃散，突围失败，赵括阵前身死，四十万赵卒惨被坑杀，战国争霸之势为之一变。在现代战史上也不乏类似的案例，在二战时期的北非战场上，有"沙漠之狐"之誉的德军名将埃尔温·隆美尔曾以狡黠诡诈的战术和敏锐大胆的行动，指挥劣势兵力将英军打得落花流水，千里跃进埃及。然而，隆美尔最终由于后勤补给不畅，作战物资匮乏而止步阿拉曼，随即被物资充足的英军击败，无力摘取饮马尼罗河的桂冠。

"粮草先行"中的"粮"是指兵士食用的粮食，而"草"是喂养战马驮畜的草料，这是古代军队作战的两大基本物资。现代战争中军事后勤的内容已经发生了翻天覆地的变化，供马匹食用的"草"已经变成了消耗甚巨的武器弹药和维持各种作战平台运行的动力燃料，相比之下"粮"的核心内涵几乎没有变化，归根到底依然是军人充饥解渴，保持体力和精力的食物。在军队后勤事务中，除了武器装备之外，最重要的莫过于食物，充足且富于营养的饮食不仅能保证士兵的健康和体力，更能激发高昂的士气，坚定必胜的信念，高效的战地饮食供应是部队战斗力的源泉，也是赢得胜利的必要条件。反之，数量不足、品质低劣、缺乏营养的食物不仅有害于士兵的健康，更会令部队斗志丧失、军纪涣散，而断粮断水对于军队战斗力更会造成毁灭性打击，导致未战先败、不战自溃的局面。因此，"民以食为天"这句至理之言放诸战场的话就是"军以粮为本"，古今中外的著名将领对士兵的饭碗都给予了高度关注。

不过，军队饮食不仅仅是一个让军人吃饱喝好的单纯后勤问题，更与军事文化、战争潜力和饮食文化等诸多领域有着密切联系和丰富外延。通过战士的餐桌，不仅可以看出一支军队保障后勤供给的能力高低，还能折射出其背后的国家工农业生产能力和科学技术水平，以及军事传统的深厚传承和饮食文化的绚丽多姿。很多军事强国的军队都有自己的传统特色饮食，比如英国军队的朗姆酒和咸牛肉，美国军队的斯帕姆午餐肉和冰激凌，德国军队的腌肉香肠和酸菜，俄国军队的黑面包和伏特加，日本军队的饭团和寿司……从某种意义上说，军粮也是一国军队的鲜明标签。另一方面，军队饮食在口味、营养和保存期限上的不懈追求与旺盛需求，又推动了食品科技和工农业生产技术的进步。最典型的例子就是罐头食品，其发明正是源于拿破仑一世为军粮保存及运输问题而发出的悬赏令，而罐头的普及更是借助了19世纪中后期欧美历次战争的大力推动。

第二次世界大战是人类历史上规模最大的战争，也是军队饮食供应体系发展的一个高峰，以美国为代表的现代工业国家均大力设计和生产品种多样、搭配灵活的野战口粮供应军队，而数量充足的粮食储备、强大的食品生产能力和顺畅高效的运输分配体系是保证军队进行大规模作战与坚持长期战争的必要条件。同时，世界各地战场的军人也会就地取材，制作出各式菜肴在战斗之余满足一下口腹之欲，让食物的美味冲淡对惨烈的战斗和死亡的恐惧，书写了一段纷飞战火中的美食篇章。本书以二战时期的战地饮食为主题，从大量史料中遴选了数十个与食物有关的小故事，展现了在不同环境下各国军人及平民在前线与后方的饮食生活。英国海军为何在数百年间坚持配给烈酒？美国大兵为什么如此厌恶斯帕姆午餐肉？德国军队的代用咖啡真的那么难喝吗？苏联的"125克黑面包"和"100克人民委员伏特加"意味着什么？日本海军在偷袭珍珠港之前为飞行员提供了何种特殊食物？希特勒和墨索里尼在踏上黄泉路前又吃了怎样的"断头饭"？诸如此类的问题都可以从书中找到答案。本书融军事历史、饮食文化与人文情怀为一体，通过餐桌看战争，透过食物聊历史，希望能为读者带来别样的感官享受和历史感悟。

第一章　英国篇

偏居不列颠群岛的英国曾经拥有"日不落帝国"和"世界工厂"的声誉，主宰着全球的海洋和贸易，支配着海量的财富和资源，也是两次世界大战的主要参战国和战胜国。然而，在饮食世界之林中，英国并不具有同样尊崇的地位，英国人的餐桌总是被嘲讽菜单太短、菜式太少、菜色单调，除了平民化的炸鱼薯条和讲究的英式下午茶，普通人能想到的英国菜大概只有某些被冠以"黑暗料理"之称的古怪创意。然而，英国人正是啃着百年不腐的咸牛肉、喝着辛辣刺喉的朗姆酒、品着香气浓郁的加奶红茶征服了世界，奠定了霸业，而坐拥天下的他们在战争岁月中同样会缺吃少喝、忍饥受饿。菜单虽短，却是不列颠战争史册中不应缺失的一页……

当炸鱼邂逅薯条——炸鱼薯条

距离苍凉的苏格兰东北海岸偏北仅 16 千米的地方，就是由 70 余座岛屿组成的奥克尼群岛（Orkney Islands），群岛南部有一片被众多岛屿环绕的宽阔水域，那里就是著名的斯卡帕湾（Scapa Flow）。斯卡帕湾海域开阔，水深适宜，周边岛屿宛如天然防波堤，阻挡了外海的狂澜怒涛，是得天独厚的深水良港，尤其适合大型舰队驻泊。除了优越的自然条件，奥克尼群岛的地理位置同样价值非凡，雄踞不列颠群岛东北一隅，扼守着北海、挪威海、法罗群岛、冰岛以及北大西洋之间的要冲，英国皇家海军只要在此部署重兵，就能有效监控和遏制德国海军舰队的行动，阻止"凯撒的海盗们"对大英帝国生命线的劫掠。此外，在奥克尼群岛建立海军基地还有后勤方面的优势。当地受墨西哥湾暖流的影响，气候温和湿润、雨水充沛，岛上土地肥沃、草场繁茂，适宜农耕放牧，包括斯卡帕湾在内的周边海域更是优良渔场，水产资源丰富，因此奥克尼群岛的农牧业和渔业都十分发达，出产丰饶，足以为大量驻军提供充足的粮食。正是基于上述理由，斯卡帕湾在20世纪初叶被英国海军选定为新的主力舰队锚地，在一战前夕着手在奥克尼群岛兴建海军基地。

1914年8月，第一次世界大战爆发，英国海军正式将斯卡帕湾列为主要舰队锚地。此后四年间，包括数十艘战列舰在内的英国大舰队主力始终驻泊于此，湾内樯桅林立、艨艟如云，这些钢铁巨兽枕戈待旦，等待着他们的死对头——德国海军公海舰队的挑战，期待着另一场特拉法尔加式的伟大胜利。然而，这样的机会在整个战争期间仅有一次，即1916年5月31日的日德兰海战，在余下的大部分时光里，大舰队除了日复一日地训练演习和戒备外都无所事事。漫长的等待是极其无聊的，在远离繁华闹市的北方海岛上则更加难熬，为了保持士气，海军官兵想出各种方式排遣寂寞、愉悦身心，调剂单调枯

奥克尼群岛不仅有开阔的港湾，还有肥沃的农田和牧场，农牧业和渔业十分发达

1915年停泊于斯卡帕湾的英国海军大舰队，近处为"巴勒姆"号战列舰，与"厌战"号同属于伊丽莎白女王级

燥的军旅生活。钓鱼就是一项颇受欢迎的休闲活动，不仅可以打发时间，运气好的话还能有所收获，打打牙祭。

战列舰"厌战"号（HMS Warspite）上的一名军官候补生曾这样回忆1915—1916年间驻守斯卡帕湾的生活片段："斯卡帕湾里有很多海鱼，青鳕尤其多，在不上岸的时候，我经常在艏楼甲板上垂钓……"

某日，"厌战"号舰长亲自下令组织一次大型捕鱼活动，兴致高昂的官兵利用自制的圆网捕获了大量青鳕，毫不意外，这些来自大海的馈赠随后变成了舰上餐桌的佳肴。厨师们使出浑身解数变着花样料理新鲜的渔获，制作出各色菜式，其中自然少不了当时已经流传甚广的英式大众美食——炸鱼薯条（Fish and chips）。

在海岛上繁衍生息的不列颠子民自古以来就有悠久的捕鱼传统，而鱼类一直是英国人主要的蛋白质来源之一，他们食用鱼类的方法也多种多样，不过将鱼肉裹上湿面糊用油炸制的烹饪方法并不是英国人的原创，而是17世纪初由荷兰迁居英国的西班牙犹太人传来的手法，这种炸鱼料理在伊比利亚半岛上相当普遍。在炸鱼传入英国的同时，英国人餐桌上的另一位主角土豆也出场了，这种神奇的作物随着新航路的开辟自南美大陆远渡重洋而来，首先登陆爱尔兰，随后遍及英伦三岛。不列颠的土壤和气候特别适合土豆生长，产量又很高，满足了英国迅速增加的人口对食物的需求，跻身主食行列，地位甚至超过面包。英国人炸制薯条的做法同样是舶来品，据说源自英吉利海峡对岸的比利时。与今日薯条常见的细长形态不同，英式薯条又短又粗，厚度有时让人怀疑能否炸至熟透。总之，在19世纪之前，炸鱼和薯条都已经在英国存在许久，但将两者结合起来成为代表性的英国美食则是在第一次工业革命兴起之后了。

从某种意义上讲，炸鱼薯条是英国工业革命的副产品之一。进入19世纪后，随着工业产业的蓬勃发展，英国的社会结构和人口构成发生了剧烈变化，城市化进程加速，对廉价劳动力的需求急剧增加，不仅大量农村人口流入城市，不少终日围着锅灶转的家庭

色泽诱人的炸鱼薯条是英国非常流行的大众美食

"煮妇"也走出家门，投身产业大潮之中。当越来越多的妇女离开厨房，以及工厂劳动强度的增加，工人的用餐方式也发生了改变。他们再也不能坐在家中慢条斯理地享用饭菜，只能在工作场所附近甚至上下班的路上匆匆解决一餐，由此催生出便捷的外卖快餐，而炸鱼和薯条的组合就成为当时快餐食品的热门选择之一。炸鱼薯条产生之初就是一种平民化的食物，备受劳工阶层的喜爱，英国作家乔治·奥威尔（George Orwell）将其列为普通家常菜之首，称之为"劳动阶级的灵丹妙药"。

在19世纪中叶，炸鱼薯条因为制作简便、味道鲜美、价格低廉而流行于伦敦、曼彻斯特（Manchester）等工业城市。到19世纪后期，随着拖网渔船的出现使得捕鱼数量获得增长，冷冻技术的进步和铁路网的发达让那些远离海岸的内陆城市也能够得到充足的鲜鱼供应，进一步促进了炸鱼薯条在整个英国本土的普及，甚至影响到海外殖民地，比如澳大利亚、新西兰等国都将炸鱼薯条当作美食。宗教因素也为炸鱼薯条的流行提供了助力，根据天主教教义，因为耶稣是在星期五受难，虔诚的基督徒在这一天要守小斋，禁食肉类，以鱼代替。大多数英国国教徒也保持了这一传统，并将炸鱼薯条作为斋日晚餐的首选，每周五光顾炸鱼薯条店在英国作为一种习俗流传至今。

英国最早专营炸鱼薯条的快餐店出现在19世纪60年代，但第一家店的位置尚不确定，有说法认为是犹太人约瑟夫·马林（Joseph Malin）在伦敦东区街头创办的，也有说法称是约翰·利斯（John Lees）在兰开夏郡的奥尔德姆（Oldham, Lancashire）开办的。早期的炸鱼薯条店陈设极为简单，店里甚至不为顾客提供桌椅，只有柜台和一口大油锅，顾客排队购买刚出锅的炸鱼薯条，随手带走。到1910年，英国已经有超过25000家炸鱼薯条店，到1920年更增至35000家，第一家连锁型炸鱼薯条店也在1928年成立。在20世纪30年代前后，炸鱼薯条逐渐被英国中产阶级接受，作为外出聚会的随身便餐，这道菜也逐渐出现在餐馆饭店的菜单上。

在英国兰开夏郡奥尔德姆街头的蓝色标牌，表明这里是19世纪60年代开设的炸鱼薯条店旧址，被认为是英国最早的炸鱼薯条店之一

炸鱼薯条真正成为英国的国民美食还要借助于两次世界大战的推动。一战时期，德国海军采取无限制潜艇战打击英国的海上航运，导致英国本土的粮食进口受到影响，迫使英国政府推行有限的食品配给制度，但鱼和薯条的供应被列为第一优先事项，因为官方认为炸鱼薯条对于让"家庭保持良好心态至关重要"，不能像德国政府那样让国民饿肚子！

到了二战时期，基于一战时的经验，为了应对德军潜艇战可能造成的粮食危机，英国政府在战争初期就开始执行严格的配给制，大部分食品都要求限量供应。不过，土豆是英国少数不依赖进口的农作物之一，同时近海相对安全的海域依然能够提供新鲜海鱼，因此土豆和鱼并不在配给品之列。而炸鱼薯条成为战时少数不受限制的食物之一，不仅平民和士兵经常食用，就连首相温斯顿·丘吉尔这样的显贵也对其青睐有加，称赞炸鱼和薯条是"天作之合"，视之为挽救英国命运的国民佳肴！

在战时的英国，售卖炸鱼薯条的流动餐车活跃于城市、港口、兵营乃至乡村田野，随时随地为人们提供这款地道的英伦风味，确实起到了安定人心的作用。1944年6月诺曼底登陆时，英军官兵直接使用"炸鱼"和"薯条"作为前线识别身份的口令。据统计，二战时期英国人对于炸鱼薯条的需求量比战前增加了30%。作为盟国反攻欧陆的总基地，英国在战争期间接纳了数以百万计的美国军人，这些来自大洋彼岸的大兵同样喜欢上了炸鱼薯条的美味，并在战争结束后将它带回了美国。

炸鱼薯条的主要原料是鳕鱼，这种盛产于北大西洋海域的经济鱼类在人类历史上具有深远的意义。早在维京时代就已经成为支撑北欧海盗纵横四海的重要食粮，捕捞鳕鱼以及制售其加工品在大西洋、地中海和波罗的海沿岸地区作为一项产业延续了上千年之久，到16世纪中叶，鳕鱼占到欧洲人吃掉的鱼类总量的三分之二，尤其是基督教斋戒日里，它更是主要食物。鳕鱼与英国人的渊源尤其深厚，作为可口的盘中餐，贩卖腌鳕鱼干在近代早期就成了英格兰发家致富的财富密码之一。自19世纪以来，随着炸鱼薯条在

第一章 英国篇

1935年伦敦街头，行人在一辆炸鱼薯条贩卖车前购买新鲜出锅的炸鱼薯条

英国人的日常饮食占据了重要地位，英国对于鳕鱼的需求愈加旺盛，甚至为了维护鳕鱼的捕捞权不惜与冰岛进行了持续多年的"鳕鱼战争"。炸鱼薯条最常用的鳕鱼是大西洋鳕和黑线鳕，也可以使用其他鱼类，比如鲈鱼、鲽鱼或鲟鱼等。然而，经过数个世纪的过度捕捞，北大西洋渔场的鳕鱼资源渐趋枯竭，现在已经很难捕到体形较大的鳕鱼了。现在相关国家都出台了严格的限捕政策，使得鳕鱼的供应变得十分紧张，如今英国市场上会用从亚洲进口的冷冻淡水鱼来替代海鱼制作炸鱼薯条。

炸鱼薯条的制作方法并不复杂，选取新鲜的鳕鱼去头斩尾，清除内脏、鱼骨和鱼刺，制成长20厘米、宽10厘米、厚3厘米的无骨鱼肉；面糊的传统做法仅使用面粉和水，后来使用牛奶或啤酒取代水用于和面，加入适量的盐、鸡蛋、食用油制成奶油面糊，啤酒可以使面糊炸制后呈现橙棕色且面皮更加酥脆，不同品种的啤酒也能带来风味上的变化；将鱼肉两面拍粉后整条滑入面糊中充分挂糊后捞出，将多余面糊去除后再放入油温180摄氏度的油锅中浸炸6~8分钟，至两面金黄即可捞出凉凉，与炸好的薯条一起装盘食用。传统做法使用牛油或猪油炸鱼，现在多使用植物油。由于鱼肉本身未经调味，英国人通常会用盐和醋搭配炸鱼薯条，也可以使用其他调味酱汁、豌豆泥、咖喱、肉汁或柠檬汁等以营造不同的滋味。外酥里嫩、鲜滑爽口的鱼肉，配合热辣喷香的薯条，绝对能够给味蕾带来满足。

作为快餐食品，炸鱼薯条的吃法非常随意，甚至连餐具都不需要，起初只用旧报纸将炸鱼和薯条包好，直接用手取食，这种做法延续了很多年，不少人形成了边吃边看报的习惯，甚至有一种说法认为用《太阳报》包裹的炸鱼薯条比用《泰晤士报》的更美味！不过，考虑到印刷油墨中的有害成分会污染食物，损害健康，现在炸鱼薯条的包装

制作炸鱼薯条的主要原料是大西洋鳕鱼，这是一种具有深远历史意义的经济鱼类

物已经改为白纸、厚纸板或其他环保材料，也有商家会特意将包装纸印成老报纸的样式，走复古怀旧风以吸引顾客，增加销量。当然，餐馆内提供的炸鱼薯条还是会装在盘中上桌，用餐具进食。

　　时至今日，炸鱼薯条称得上是在世界范围内知名度最高的英式料理，也依旧是英国普罗大众休闲果腹的挚爱选择，在英国的大街小巷随处可见炸鱼薯条店和手捧炸鱼薯条大快朵颐的路人，而吃上一份地道的炸鱼薯条也是很多旅行者造访英国的必选打卡项目。英国在1988年设立了一年一度的国家炸鱼薯条奖，评选并奖励那些最受欢迎的炸鱼薯条店。英国每年出售的炸鱼薯条超过2.5亿份，这个产业消耗了英国全年海鱼捕获量的25%和土豆产量的10%，从这个意义上说，将炸鱼薯条作为英国的国菜算是实至名归，至少观感上要比仰望星空派那种"黑暗料理"强得多。

冰海上的暖心餐点——咸牛肉三明治

　　苏格兰小说家阿利斯泰尔·斯图尔特·麦克林（Alistair Stuart MacLean）在他的成名作《皇家战舰"尤利西斯"号》（HMS Ulysses）中曾这样写道："我们就靠咸牛肉三明治（Corned beef sandwich）活着，已经吃了好几个星期了……"此书以麦克林在二战时期的

苏格兰小说家阿利斯泰尔·斯图尔特·麦克林（1922—1987）

从军经历为基础，以虚构的英国海军巡洋舰"尤利西斯"号执行一次危险的北极护航任务为主线，透过舰上官兵的视角细致地描绘了北极航线上惊心动魄、充满艰辛的战斗生活。由于作者笔触细腻生动、情节惊险刺激，作品问世后大受欢迎，麦克林因此跻身畅销作家之列。

麦克林对于中国读者来说并不熟悉，但是说起20世纪50和60年代好莱坞拍摄的经典战争动作影片《纳瓦隆大炮》（The Guns of Navarone）和《血染雪山堡》（Where Eagles Dare），相信很多人都印象深刻，这两部影片正是根据麦克林的同名小说改编的。麦克林于1922年4月出生于格拉斯哥（Glasgow），是一位苏格兰牧师的儿子，他以苏格兰盖尔语为母语，英语对他而言是第二语言。1941年，19岁的麦克林应征加入英国海军，受训完毕后作为普通水兵分配到一艘改装巡逻舰上担任高射炮手。1943年，麦克林被调往狄多级轻巡洋舰"保王党人"号（HMS Royalist）上服役，随舰参加了两次北极护航任务，该舰还在1944年2月空袭德军战列舰"提尔皮茨"号（Tirpitz）的"钨"行动（Operation Tungsten）中为航母编队护航，正是这段经历为麦克林日后的创作提供了最初的素材。

北极航线是1941年6月苏德战争爆发后，英美为了向苏联运送援助物资而开通的航运线，满载物资的船队由冰岛或英国北部启航，穿过挪威海和巴伦支海，抵达苏联西北部的阿尔汉格尔斯克（Arkhangel'sk）和摩尔曼斯克（Murmansk）。北极航线开通于1941年8月，航运持续到1945年5月，英美陆续组织了78支船队约1400艘商船从事北极航运，并调集大量舰艇护航，为苏联运送了396万吨物资，其中93%抵达目的地，约占苏联获得全部援助物资的23%。北极航线是公认的二战中最为艰险难行的海上航运线，首先在于北极海域气候和海况都极为恶劣，尤其是秋冬时节的极夜期间，空中天色昏暗、风暴肆虐、雨雪交加，海上风急浪高、浮冰密布、行船困难，海水温度近乎零摄氏度，船员一旦沉船落

1940年麦克林在英国皇家海军中服役时的留影

1941年12月，英国海军"谢菲尔德"号轻巡洋舰在为北极船队护航时，一位信号兵守在结满冰霜的信号灯前，由此可见北极航线的艰苦境况

水生存希望渺茫；其次，德国海空军为了切断这条向苏联输血的战争动脉，在挪威驻扎重兵，包括飞机、潜艇和水面舰艇，伺机袭击船队。在航运期间，盟军与德军展开了一系列海空交战，有85艘商船和16艘战舰因德军袭击或其他原因损失，而德军也有4艘水面战舰、30艘潜艇和大量飞机葬身冰海。

当麦克林作为瞭望哨，将自己裹在厚重的大衣里，忍受着北冰洋上的刺骨冷风，警惕地守望着白浪滔滔的大海和阴云笼罩的天空时，他肯定特别希望吃点东西补充一下热量，帮助自己抵御逼人的寒气。然而，正如他后来在书中所写，北极护航船队的水兵和水手能够得到的食物非常有限，咸牛肉三明治是其中最常见的品种。这种食物的做法相当简单，将罐头咸牛肉切成薄片，夹在烤好的面包片中间即可。在《皇家战舰"尤利西斯"号》的描述中，舰上的炊事兵在不参加战斗时会在厨房里制作简单的咸牛肉三明治，配上浓香的热可可，送到各个岗位供水兵们充饥果腹，牛肉的咸香配上面包的麦香别有一番滋味。对于又冷又饿的瞭望哨来说，这份简易餐点实在是温暖心房的美食。

战时英国海军为官兵供应的咸牛肉是粗盐腌牛肉，被称为 Corned beef 或 Bully beef，后者特指罐装咸牛肉。粗盐腌牛肉是一种在欧洲和北美地区常见的腌制肉品，配方中大多含有硝酸盐或亚硝酸盐，这种成分会让腌制后的牛肉呈现出诱人的粉红色，既可以单独食用，也可以配合其他食

肉色粉嫩诱人的咸牛肉切片，但是本图片仅供参考，最初制作的桶装腌牛肉肯定没有这么好的卖相

第一章 英国篇

材制成菜肴。咸牛肉的历史非常悠久,在久远的古代,世界各地的文明就出现了用盐腌制肉类以便长期保存的方法,咸牛肉很早就出现在人类的餐桌上,但是以工业化生产批量制作咸牛肉则始于近代的英国工业革命期间。

在17世纪,英国为了满足国内人口增长带来的食品需求,同时出于海外征服殖民和对外贸易的需要,大力推进咸牛肉的批量生产。当时咸牛肉的主要产地集中在仍处于英国治下的爱尔兰,在都柏林、贝尔法斯特(Belfast)和科克(Cork)等地都建立了规模可观的咸牛肉加工制造产业,使用本地出产的牛肉和从伊利里亚半岛及法国西南部进口的盐进行加工,制作方法是将新鲜牛肉切成块状,用盐腌渍一段时间后蒸熟或煮熟,也可以加入糖或其他香料调味,最后封装保存。在19世纪之前,咸牛肉多用木桶封装,罐头技术发明后则采用罐装。爱尔兰生产的咸牛肉大部分都运往英国内地或海外殖民地,还出口到法国等欧陆国家,爱尔兰本地人反而很少能吃到牛肉或咸牛肉。

为了扩大原料来源,英国将爱尔兰的大部分良田都辟为牧场用于养牛,爱尔兰人只能在相对贫瘠的土地上种植适应性强、产量高的土豆,并以此作为主食。18世纪中叶,爱尔兰遭遇持续寒潮导致谷物和土豆减产绝收,再加上由于咸牛肉产业的畸形发展造成的单调主食结构,使得随之爆发的大饥荒更加惨烈,有30万~48万人死于饥饿和疾病。19世纪中叶,另一场由土豆严重病害引起的大饥荒更是造成100万爱尔兰人死亡,超过100万人流亡海外。爱尔兰咸牛肉的大宗出口持续了约两个半世纪,以至于外界将咸牛肉视为爱尔兰国菜,而爱尔兰人并不认同这一观点,这种食物留给他们的历史记忆是不堪回首的。

自近代以来,咸牛肉就是英国军队最主要的军用口粮之一,无论是扬帆远航的海军舰船,还是在遥远异域征战的陆军部队,都会携带咸牛肉作为日常食物和战场补给。为了延长保存期,咸牛肉以大量粗盐浸渍,盐分很高,经过风干脱水后硬如顽石,保存期非常长,号称百年不腐。食用前,需要用水泡上一整天进行软化,并通过碾压挤出多余的盐分。有些水兵闲暇时会用干硬的咸牛肉雕刻出舰船模型或小摆件,甚至做成烟斗,可以直接点燃烟叶一过烟瘾,不知道烟草香气中是否会带有一丝肉香?据说,英国皇家海军在19世纪初拿破仑战争时期制备的咸牛肉,直到20世纪初才耗尽库存,居然吃了整整一个世纪!随着罐头技术的发明,罐装咸牛肉逐渐取代了

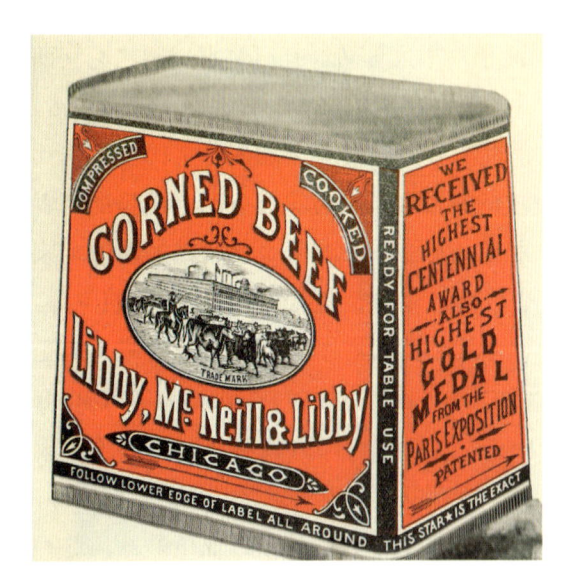

1898年由美国某食品公司制作的咸牛肉罐头,相比传统咸牛肉口感更佳

位于乌拉圭弗赖本托斯的盎格鲁肉类加工厂的罐头生产线

传统的桶装咸牛肉，在工艺和口味上有了很大改进，无须加入过量的盐分，也易于调味。腌制煮熟的咸牛肉在细细切碎后压制到罐头中，富含脂肪、质地绵软、口感更佳，因此可以直接食用，更适合作为即食口粮，罐头的生产效率也更高，利于量产。英国军队从1813年开始将罐头食品列入军粮食谱，但直到19世纪末的布尔战争才真正将咸牛肉罐头批量供应部队，在两次世界大战期间更是作为军用口粮的主力大量采购。

说起英国的咸牛肉罐头，就不能不提"弗赖本托斯"（Fray Bentos）这个品牌，从布尔战争到第二次世界大战，该品牌厂商始终是英国及英联邦军队咸牛肉罐头的主要供应来源。1865年，德国化学家尤斯图斯·冯·利比希（Justus von Liebig）在英国伦敦创立了利比希肉类提取物公司，利用他发明的肉类提取技术生产浓缩肉类产品，每30千克牛肉可以提取1千克浓缩肉汁。利比希公司总部虽然在英国，工厂却建在万里之外南美洲乌拉圭的边境小城弗赖本托斯，该城坐落在乌拉圭河畔，毗邻乌拉圭与阿根廷交界处。两国境内的潘帕斯大草原是世界闻名的畜牧区，拥有众多优良牧场，当时牧场养牛的主要目的是取皮制革，牛肉反而弃之不用，这正好为利比希公司提供了廉价优质的原料来源。弗赖本托斯工厂起初生产浓缩肉汁产品，但在1873年建立罐头加工厂后就以咸牛肉罐头为主打产品，并以工厂所在地命名为弗赖本托斯牌，销往英国国内。由于其价格仅为英国本土产品的三分之一，因此迅速占据了市场主导地位，弗赖本托斯从此成为咸牛肉罐头的代名词。

弗赖本托斯咸牛肉罐头的目标市场是劳工阶层消费群体，但同样非常适合作为军用口粮，其罐头的标准规格刚好为1磅（约454克），且易于运输保存。1899年，随着布尔战争爆发，利比希公司接到大宗军方订单，为在南非作战的英军提供咸牛肉罐头，其

制作完成的咸牛肉三明治，可见面包片之间夹着的不是一两片牛肉，而是一叠牛肉片

利润获得了爆炸性增长，并由此成为英国最主要的军用罐头供应商。一战时期，咸牛肉罐头受到了英军部队的普遍好评，甚至在军队俚语中"弗赖本托斯"就是表示"诸事顺利"之意。1924年，利比希公司被维斯蒂集团收购，但罐头品牌不变，工厂更名为盎格鲁肉类加工厂。二战时期，弗赖本托斯罐头迎来了鼎盛时期，仅在1943年就向欧洲战场提供了1600万罐咸牛肉罐头。在生产高峰期盎格鲁工厂雇用了来自50多个国家的5000余名工人加班加点，每小时可以处理400头牛，正是咸牛肉罐头的旺盛需求使得当时乌拉圭比索比美元更有价值。英国咸牛肉罐头量足味美，不仅深受盟军官兵的喜爱，也获得了敌对阵营的赞誉，德军在北非战场品尝了缴获的英军咸牛肉罐头后赞不绝口，认为口味比德国和意大利的罐头都要好！

年轻的水兵麦克林靠着咸牛肉三明治熬过了北极护航行动的艰难困苦，后来又在地中海和远东作战，战争结束后于1946年退役。回到家乡的麦克林起初在邮局当清洁工，后来进入格拉斯哥大学主修英语，1953年毕业后成为高中教师。在大学就读期间，麦克林利用课余时间创作发表短篇小说，赚些稿费，并在1954年的一次写作比赛中获奖，引起出版界的注意。著名的哈珀·柯林斯出版社向麦克林约稿，建议他创作一部小说。麦克林花了三个月时间，以自己在北极作战的经历为基础完成了《皇家战舰"尤利西斯"号》。

在这部处女作中，麦克林以自己服役的"保王党人"号轻巡洋舰为原型，虚构了一艘英军战舰"尤利西斯"号，该舰奉命为一支代号RF-77的重要船队护航，沿北极航线前往摩尔曼斯克。一路上，船队历尽艰辛、饱受磨难，不仅要面对风暴浮冰，还时刻受到德军潜艇、战舰和飞机的攻击，不断有船只失散沉没，出航时的32艘商船最后仅剩5艘。连"尤利西斯"号也未能抵达目的地，在与德军巡洋舰的搏斗中失去了全部武器后，该舰试图撞沉对手未能成功，壮烈战沉，而小说主人公群体中仅有一人幸存。不难发现，这部小说的主要情节取材于北极航线上损失最为惨重的PQ-17船队的遭遇，而"尤利西斯"号的最后战斗显然参考了驱逐舰"萤火虫"号（HMS Glowworm）和辅助巡洋舰"杰维斯湾"号（HMS Jervis Bay）的事迹，这两艘战舰都在实力相差悬殊的战斗中英勇献身。

《皇家战舰"尤利西斯"号》于1955年出版上市，广受读者好评，颇为畅销，在最初6个月内就售出25万册精装本，之后销量更高达数百万册，麦克林由此声名鹊起，也获得了丰厚的稿酬。不过，该书面世后，出版社的编辑们遇到了点小麻烦，总有读者来信询问"尤利西斯"号是否确有其舰。巧合的是,在参与北极护航的英军战舰中确实有一艘"尤利西斯"号,为U级驱逐舰,但与麦克林笔下的"尤利西斯"号并无关系,后来小说再版时特别在序言中予以澄清。《皇家战舰"尤利西斯"号》的成功促使麦克林走上文学创作之路,他撰写的恐怖冒险小说蜚声英国文坛,至1987年2月去世前,麦克林的作品已达32部。

在波峰浪谷间大快朵颐——罐装香肠

北大西洋强劲的海风带着冰冷的雨水,就像无数条无形的鞭子,抽打着英国皇家海军花级轻型护卫舰"罗盘玫瑰"号(HMS Compass Rose)的单薄舰体。层层叠叠的涌浪将这艘千把吨的小型战舰抛上跌下,左摇右摆,仿佛是一片随波逐流的落叶,海水从未及关闭的舷窗、锚链孔、通风道、舷梯通道和马桶排水孔等各种孔道灌进舰体,舱内几乎没有哪个角落是完全干燥的。如此狂暴的海洋就算那些吃够了海风、喝足了海水的老水手也有些吃不消了,这样的坏天气对于正航行在北大西洋中部的护航船队而言,唯一的好处就是降低了被德军潜艇发现、跟踪和攻击的概率,狂风巨浪和低劣的能见度对于浮航的潜艇影响比水面舰船更大,海狼们可以下潜规避风浪,但缓慢的水下航速很难追上船队并占据攻击阵位。

吃风饮浪是填不饱肚皮的,在风暴平缓到不会把餐具从桌子上掀翻的时候,"罗盘玫

一幅表现二战时期英国海军花级护卫舰进行护航战斗的画作

瑰"号上的厨师才抓紧时间开饭。为数不多的几名军官聚集在狭小的军官舱内等待勤务兵从舰艉的厨房端来饭菜,不过基本没有什么可以期待的。在出航超过一个星期后舰上就没有生鲜食品可吃了,餐桌上的主角只剩下罐头食品,好像船上有永远吃不完的罐头,每顿饭就是各种罐头的大杂烩!几个人愁眉苦脸地等着上菜,唯有大副詹姆斯·本内特(James Bennett)上尉兴致颇高,这个澳大利亚海军预备役军官似乎任何时候都能保持好胃口,自从登舰以来就彻底爱上了罐装香肠,每次看到这道菜都会由衷地发出赞美:"感谢上帝,终于可以吃到香肠了!"他的言行让其他人颇为侧目,要知道罐装香肠是舰上最招人讨厌的菜了。当一盘水煮香肠上桌时,本内特丝毫不顾及旁人的异样目光,抢先叉起一根香肠放在餐盘里,然后满满地淋上一层伍斯特酱,大口咀嚼起来,好似品尝一道珍馐美味……

上面的描述源自英国小说家尼古拉斯·蒙萨拉特(Nicholas Monsarrat)的代表作《残酷之海》(*The Cruel Sea*),这是一部以二战时期英国大西洋护航船队为背景的海战小说。书中的主要人物和舰船都是虚构的,但讲述的故事和场景都基于真实的历史,更确切地说以作者的亲身经历为原型,因为蒙萨拉特在当时正是护航舰队的一员,切身感受了大西洋护航战的艰辛与牺牲。

蒙萨拉特于1910年3月出生在英国著名港口城市利物浦(Liverpool),父亲是当时英国最杰出的外科医生之一,家境优渥,使他能够在温切斯特公学和剑桥三一学院接受良好的教育。根据他的自述,1931年发生在因弗戈登(Invergordon)的海军兵变引发了他对政治、社会和经济问题的关注。大学毕业后,蒙萨拉特起初打算从事法律工作,后来决定以成为作家作为职业目标,他前往伦敦居住,以自由撰稿人的身份为报纸写稿并进行文学创作,在二战爆发前撰写了4部小说和1部剧本,也算小有成就。

尽管蒙萨拉特对军队和暴力持批评态度,但战争爆发后他还是在爱国心的驱使下加入皇家海军志愿后备役,并在接受军官培训后于1940年7月获得了海军中尉军衔,次月前往花级轻型护卫舰"风铃草"号(HMS Campanula)任大副,开始了长达四年之久的护航生涯。他于1943年3月出任翠鸟级轻型护卫舰"剪嘴鸥"号(HMS Shearwater)舰长,此后又担任过另外两艘护卫舰的舰长,直到1944年12月才调往岸上任职,在海军信息部工作,于1946年以海军少校军衔退役。战后,蒙萨拉特进入外交部,作为驻外使

成名后的尼古拉斯·蒙萨拉特在一位读者的书上签名

节前往南非和加拿大,在工作之余重拾纸笔,创作小说,而战时经历为他提供了丰富新鲜的素材。蒙萨拉特的第一部海战小说《残酷之海》于1951年出版,大受好评,后续又创作了多部同类题材作品,声名日隆,最终促使他在1959年辞去外交官工作,成为全职作家。他的文学成就获得了业界肯定,被吸纳为皇家文学学会会员。

1944年服役于加拿大皇家海军中的花级护卫舰"洛普河"号

《残酷之海》是蒙萨拉特最重要和公认的最好的作品,也是唯一一本至今仍拥有广泛读者的作品。这部小说以虚构的"罗盘玫瑰"号护卫舰的奋战历程为主线,真实细致地展现了北大西洋护航战的艰苦卓绝和英国海军官兵及商船船员的坚忍不拔与牺牲精神。"罗盘玫瑰"号的原型就是蒙萨拉特在战时服役过的花级轻型护卫舰,这是一型在大西洋海战中扮演了重要角色的护航舰艇。二战前夕,英国海军面对德军潜艇战的潜在威胁,意识到自己缺乏反潜护航舰艇,要求开发一款结构简单、造价低廉、易于量产的战时应急护航舰,最好可以由民间小型船厂承建,以免占用大型船厂的产能。针对海军的要求,位于泰晤士河(Thames)南岸的渔船制造企业史密斯码头公司以捕鲸船为原型设计了一款排水量700吨、航速16节的护航舰,被海军相中。这型舰艇经过扩大改良后批量建造,均以花卉命名,故统称花级轻型护卫舰,从1939年到1942年陆续建造了294艘,分别在10个国家的海军中服役,是战争前期大西洋护航部队的主力舰型。

花级轻型护卫舰排水量仅940吨,编有85~90名舰员,安装2台锅炉和1部往复式蒸汽机,单轴推进,航速仅16节,在海况良好的情况下甚至追不上在水面高速航行的潜艇。但花级在恶劣海况下具有极佳的适航性,即使横摇幅度达到80度也不会倾覆,非常适用于风暴频繁的北大西洋,而3500海里/12节的续航力也能够满足远程护航的需要。花级的武器装备相当简单,以反潜为主,仅在舰艏配备一门102毫米舰炮、4挺机枪提供防空火力,舰艉安装2条深水炸弹滑轨,搭载40枚深水炸弹,配合声呐压制德军潜艇。后续的改良型排水量增至1031吨,防空武器升级为2磅(37毫米)炮和20毫米机关炮,声呐设备得到升级,加装了雷达和刺猬弹,深水炸弹搭载量增至70枚,反潜能力明显增强。战争期间,花级护卫舰参与击沉了47艘德国潜艇和4艘意大利潜艇,自身损失36艘,其中有22艘被潜艇鱼雷击沉、5艘触雷沉没、4艘毁于空袭。

作为一款战时急造舰艇,花级没有太多考虑舰员的居住舒适性,其生活设施十分简陋,舱室空间颇为拥挤。由于战时舰上官兵人数是预定编制员额的两倍,很多人甚至没有固定铺位,只能睡在储物柜和桌子上,或者共用床铺。花级护卫舰没有像大型战舰那

19世纪初英国生产的罐头，由于工艺不成熟，质量得不到保证。1845年富兰克林少将对西北航道的探险归于失败，变质的罐头食品被认为是因素之一

样配备奢侈的冷库，难以储存生鲜食品，每次出航时最多只能携带能吃上五天的新鲜面包、牛肉和蔬菜，随后的日子里只能以罐头食品、腌制品和耐储存的土豆为主，不过每餐必备饼干和红茶。以罐头肉加土豆为主的单调菜单要一直持续到航程结束，长期食用难免令人腻烦，食欲减退，毫无胃口。

众所周知，罐头本身就是作为军用食品诞生的，是法国厨师尼古拉·阿佩尔（Nicolas Appert）应拿破仑一世征集耐储军粮的悬赏于1809年发明，起初用玻璃瓶封装食品，容易破碎，运输不便。另一位法国发明家菲利普·德吉拉尔（Philippe de Girard）改良出马口铁罐头，并以英国商人彼得·杜兰德（Peter Durand）的名义在英国申请了专利。

1813年，英国军队尝试将罐头作为军用口粮，但使用范围并不广。1845年5月，英国海军派遣北极探险家约翰·富兰克林（John Franklin）海军少将率领2艘战舰"幽冥"号（HMS Erebus）和"惊恐"号（HMS Terror）执行一项探险任务，旨在找到一条通过加拿大北部极地群岛进入太平洋的航线，即"西北航道"。在出发前，两舰携带足够支撑三年的粮食给养，除了大量的传统腌肉和肉干外，还向罐头生产商史蒂芬·戈德纳（Stephen Goldner）紧急订购了8000个罐头，主要是蔬菜和汤。由于匆忙赶工，这批罐头的铅封质量较差，影响了保存期。富兰克林的探险活动最终以悲剧收场，2艘战舰神秘失踪，129名官兵殒命。他们的踪迹直到1859年后才被发现，据推断，两舰被海冰封冻，无法脱困，人员病饿而死，而罐头铅封分解渗入食物，导致食用者铅中毒，曾被怀疑是舰员死亡的原因之一。2018年拍摄的美剧《极地恶灵》（*The Terror*）正是以这次探险为主题，片中对英国海军官兵食用罐头有所表现。英国陆海军直到19世纪末的布尔战争才将罐头列为军粮的主要品种，并在一战时期广泛配发。

说到罐头，国人比较熟悉的是肉罐头、鱼罐头和水果罐头，而《残酷之海》中提及的本内特上尉钟爱的香肠罐头就鲜有耳闻了，其实在欧美国家罐装香肠是常见的肉类罐头之一。香肠这种以碎肉为主料经调味后灌入肠衣制成的肉制品在西方国家普及度极高，是最常见的肉食之一，品种繁杂，工艺多样。欧洲各国都有自己的特色香肠，英国也不例外。英国香肠以生香肠为主，即使用生碎肉添加香料、调味料和其他配料制成的未经烹饪的香肠，需要通过油煎、烧烤或炖煮等方式加热熟制后才能食用，也有部分英国香肠是可以直接食用的熟香肠，但英国没有制作风干香肠的传统。英国人制肠使用的肉类以猪肉、牛肉和鹿肉为主，多以猪肠作为肠衣。与欧陆国家流行的纯肉香肠有所区别的是，英国香肠惯于添加谷物成分，起初为面包屑，后来也会用小麦粉、脆饼干、燕麦片或大米等，相比纯肉香肠质地较为柔软，口感也没有那么油腻。英国法律对于香肠含肉量有明确规定，比如猪肉香肠的含肉量不得低于42%，其他肉类香肠不得低于30%。

英国著名的坎伯兰郡香肠，传统做法的香肠含肉量在80%以上，风味独特

英国香肠的典型长度是10～15厘米，也有更短或更长的类型，直径重量也根据地区不同而有所差异，比如英格兰香肠较为粗大，而苏格兰香肠相对细长。英国各地存在不少地方特色香肠，比如著名的坎伯兰郡香肠（Cumberland sausage），已经有500多年的历史，长度在50厘米到1米之间，直径3厘米，通常呈盘形，采用粗切或粗绞的猪肉，含肉量在80%以上，添加脆饼干，调味料包括胡椒、百里香、鼠尾草、肉豆蔻和辣椒等，是坎伯兰郡本地菜的重要组成部分，并于2011年成功申请了欧盟农产品地理标志保护，不过现代工业化加工的坎伯兰郡香肠含肉量已经低至45%。有着"苏格兰国菜"美誉的哈吉斯（Haggis）算是英国香肠中的异类，其实是一道肉馅羊肚，将切碎的羊心、羊肺、羊肝混合燕麦、洋葱、羊油、盐、香辣调味料和高汤一起灌入掏空的羊肚中，扎紧后放入锅中水煮约3个小时，鼓胀如球。之后将羊肚切开取出熟透的馅料装盘上桌，通常配合土豆泥和芜菁甘蓝泥食用，以苏格兰麦芽威士忌佐餐，风味独特。

不论生香肠，还是熟香肠，其保质期都不长，通常都需要冷藏，作为军用食品采用罐头封装以延长保存时间就是一个合理的选择。在一战及二战时期，英国军队的罐装香肠主要由帕勒索普公司提供，其创始人亨利·帕勒索普（Henry Palethorpe）于1829年出生在布莱克郡（Black Country），起初在伯明翰（Birmingham）从事屠宰生意，1852年成立了自己的肉类加工企业。帕勒索普意识到来自美国的廉价培根和猪肉已经充斥了英国市场，于是决定转产附加值更高的香肠，到19世纪末已经成为当时世界上最大的香肠生产商，并在一战时期推出罐装香肠而受到军方青睐，被指定为专营供应商。不过，由于在二战时期英国本土肉类供应限制和进口肉类罐头的冲击，帕勒索普公司失去了市场份额，并在战后经历了多次并购后，品牌消亡。

值得注意的是，在《残酷之海》中，本内特称呼香肠时用的并不是通常的Sausages一词，而是Snorkers。这是英国皇家海军的俚语，最初起源于19世纪的英国方言，意指

第一章 英国篇 17

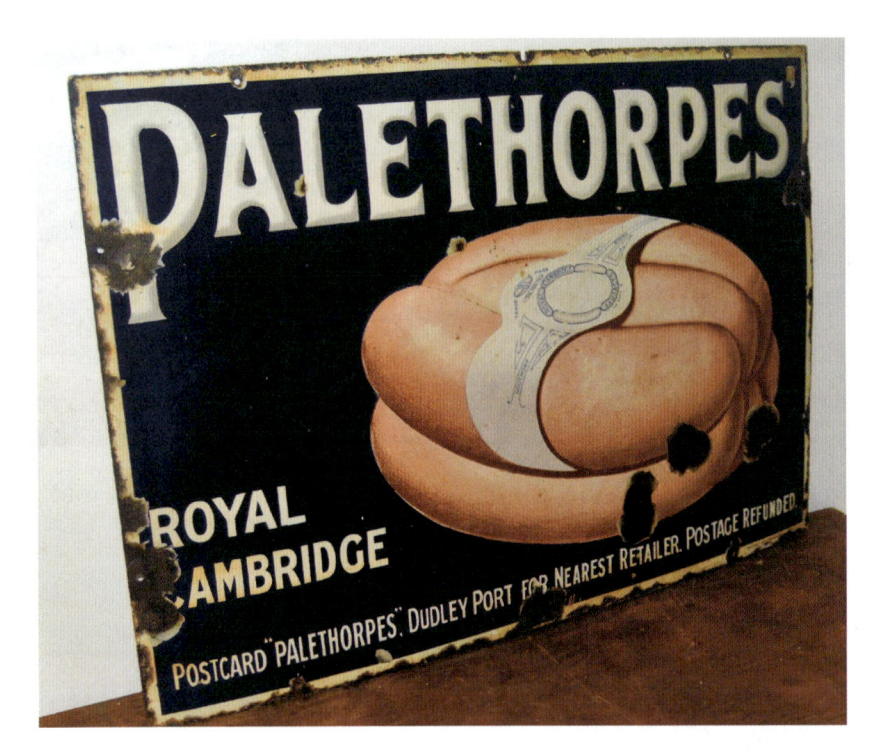

英国帕勒索普公司的广告招牌，该公司曾是世界上最大的香肠生产商

小猪，引申为鼾声或打鼾者。到二战时期，将帕勒索普公司的罐装香肠称为 Snorkers 则源于潜艇部队，据说与潜水员使用的 Snorkel（呼吸管）一词有关，因为香肠形状与之相似。本内特吃香肠时搭配的伍斯特酱（Worcestershire sauce）是一种起源于英国的调味料，也被称为辣酱油或英国黑醋，因为最早出产于伍斯特郡的作坊而得名。伍斯特酱味道酸甜微辣，色泽黑褐，据说其配方源自印度的一种辣酱汁，被殖民地高官带回英国仿制未能成功，却意外获得了别具风味的新型酱汁。其配方十分复杂，要用到近30种香料和调味料，经过加热熬煮，反复过滤而成，在西方被广泛用于各种菜肴中。伍斯特酱于19世纪末传入中国，主要流行于江浙沿海地区，在海派西餐和一些上海本地菜中常被用到，例如炸猪排配辣酱油就是上海本地的吃法。

斯卡帕湾的圣诞美食——英式圣诞晚餐

1944年12月临近圣诞节的那段日子，英国皇家海军战列舰"罗德尼"号（HMS Rodney）带着挪威海的冰霜和巴伦支海的寒气结束了北极航线上的护航任务，风尘仆仆地回到奥克尼群岛的斯卡帕湾——英国本土舰队所有战舰的安乐窝，它的桅杆上飘扬着舰队司令的将旗。此时，大西洋战场的局势已不再像过去三年里那样凶险紧张，德国海军的大中型水面战舰沉的沉、伤的伤，能动的所剩无几，都龟缩到波罗的海内，再也不敢到远洋撒野了。德国海军总司令卡尔·邓尼茨（Karl Dönitz）的"狼群"也遭到盟国海空反潜部队的猛烈打击，夹着尾巴东躲西藏，风光不再，盟国海运线的安全已经得到了充分保障，大西洋的制海权早已牢牢掌握在盟军手中。欧洲大陆上的战局发展同样令人欢欣鼓舞，英美盟军和苏联红军东西对进，高奏凯歌，兵锋逼近德国边境，第三帝国气数将尽，和平曙光已然显现。在胜利指日可待的愉悦氛围中，"罗德尼"号全舰官兵都感觉到他们终于可以安安稳稳地度过一个圣诞节了。

"罗德尼"号是英国海军在一战结束后建造的纳尔逊级战列舰的二号舰，以18世纪英国海军名将乔治·布里奇斯·罗德尼海军上将（George Brydges Rodney）的名字命名，于1927年8月竣工，满载排水量达38000吨。纳尔逊级在设计上汲取了日德兰海战的经验，全面加强了装甲防护，主装甲带厚度达到356毫米，同时别出心裁地采用了全部主炮塔集中布置于舰体前部的独特布局。由于受到《华盛顿海军条约》的限制，纳尔逊级为了保证火力和防护，只能在机动性上做出牺牲，最高航速仅为23节。纳尔逊级因为造型怪异而被评价为"皇家海军历史上最丑陋的主力舰"，在舰队里也不那么讨人喜欢，但是9门406毫米舰炮使纳尔逊级稳居英国海军史上最强火力战列舰的宝座，而每一位在舰上服役的官兵都会爱上它们，那敦实的身板即便在北大西洋最猛烈的风浪中也能带来安全感。

1939年9月二战爆发时，"罗德尼"号已经服役了十二个年头，它的腿脚早就跟不上年轻力壮的后辈，也不太适应越来越快的海战节奏，只能和一帮一战时的老旧战列舰一道当起了商船队的保镖，奔波在横跨大西洋的贸易航线上，用重炮厚甲吓唬那些神出鬼没、踪影不定的德国水面袭击舰。这个方法虽然笨拙却十分奏效，即便是最凶悍的纳粹

二战时期的"罗德尼"号战列舰，为纳尔逊级战列舰的二号舰

第一章 英国篇

表现"罗德尼"号战列舰以主炮向目标开火的画作

"海盗船"都要在战列舰的炮口前退避三舍。1941年5月27日,"罗德尼"号终于得到证明实力的机会,与"英王乔治五世"号(HMS King George V)联手与受伤的德国战列舰"俾斯麦"号(Bismarck)展开终极决斗,最后将这艘新锐战列舰的处女航终结在北大西洋的万丈深渊中,为数日前在丹麦海峡惨烈爆沉的战列巡洋舰"胡德"号(HMS Hood)报仇雪恨,赢得了皇家海军在二战中最为著名的胜利。

在完成追歼"俾斯麦"号的伟绩后,"罗德尼"号继续在平淡的护航行动中打发时间,只有在接到支援登陆作战的任务时才能舒展下筋骨。在北非海岸,在西西里岛,在萨勒诺海滩,"罗德尼"号主炮的怒吼屡屡震撼着大地和海洋,而战果最辉煌的一次是1944年6月在诺曼底海岸的"剑滩"上,它的凶猛火力曾把一个德军装甲师打得魂飞魄散,溃不成军。那些凶神恶煞般的"虎豹爬虫"(坦克)在战列舰的巨炮面前都是蝼蚁般的存在,分分钟被轰回零件状态,有力地挫败了德军的反击行动,帮助盟军地面部队巩固了滩头阵地。随着登陆部队向诺曼底内陆挺进,超出了舰炮火力支援范围后,"罗德尼"号再次回归护航任务,跟着北极船队跑了几次摩尔曼斯克,主要是防备德军苟延残喘的"提尔皮茨"号战列舰。在英国皇家空军于1944年11月用超级炸弹终结了"北方孤独女王"的性命后,"罗德尼"号和它的舰员们终于可以好好放松一下了。

大概很多人已经意识到这将是他们在战争时期度过的最后一个圣诞节了,因此"罗德尼"号上的圣诞节在喜庆之外更增添了对胜利与和平的期待。舰上安排了各种节日活动,圣诞餐桌上的菜式也十分丰富,还印制了特别菜单,上面是一位满脸堆笑、憨态可掬的胖水兵,当日的三餐菜谱就写在他身上。早餐相对简单,舰员们可以吃到圆面包配黄油、培根煎鸡蛋和果酱等,晚餐才是重头戏。根据传统,圣诞晚餐在12月25日的13时到16时之间举行,舰上厨房为所有人制作了喷香诱人的奶油番茄浓汤、肚子里填塞着各种配菜的烤火鸡、皮酥肉嫩的烤猪肉、鲜甜爽口的苹果酱,还有烤土豆、青豌豆、圣诞布丁、新鲜苹果、柑橘以及各式干果等美食,都是非常典型的英式圣诞佳肴。茶点包括水果蛋糕和巧克力松饼，此外还准备了热可可、咖啡、冷盘火腿、腌菜拼盘和肉馅饼作为宵夜。

  与很多欧美国家一样，英国的圣诞大餐以烤火鸡为传统主菜。不过，在火鸡这种原产墨西哥的大型家禽随着新大陆的发现被端上欧洲人的餐桌前，中世纪时英国人圣诞餐桌上的主角是烤野猪，而贵族和富裕家庭则会选择孔雀或天鹅等珍禽。火鸡在16世纪时出现在英国的圣诞晚餐中，据说亨利八世（Henry Ⅷ）是第一位在圣诞节吃火鸡的英国君主，到17世纪时这项习俗已经传遍整个不列颠。即便如此，直到维多利亚时代，鹅仍会被当作圣诞晚餐主菜的备选之一，特别是劳工家庭每年都要攒下购买一只鹅的钱以备圣诞所需。在英国的圣诞晚餐上还有一个与火鸡有关的传统，人们会用火鸡的三叉骨许愿，通常做法是两人一组，各持许愿骨的一端用力拉扯，骨头断裂后得到较大一块的人便可

1944年"罗德尼"号战列舰的圣诞菜单，图案是一位满脸堆笑的胖水兵，上面还有舰员们的签名

以许愿。我们不知道1944年"罗德尼"号的圣诞晚餐上是否有人遵循传统许愿，但可以肯定的是，如果有的话，那么愿望一定与战后的美好愿景有关。

  嗜好吃肉的英国人不会满足于圣诞晚餐只呈上一道肉菜，在烤火鸡之外，还会享用其他各类美味肉食。自从久远的古代以来，英国就有烹饪各式肉类的传统，早在16世纪英国就以"牛排和烤牛肉之国"而闻名。除了牛肉外，羊肉、猪肉、各类家禽以及诸如兔子、山鸡、鹿等野味都是英国人的盘中美食。《鲁滨逊漂流记》（The Adventures of Robinson Crusoe）的作者丹尼尔·笛福（Daniel Defoe）在成为作家之前曾经为政府做过秘密调查，他在一篇有关英国民众饮食消费的报告中提及，英国中产以上阶层的家庭平均每年要吃掉一头牛、六只羊、两头牛犊和一头猪，由此可见英国人对肉食的渴求之强烈。在英国的圣诞餐桌上，烤猪肉是除了烤火鸡之外非常受欢迎的主菜，其基本做法是选用新鲜的猪里脊肉或猪腿肉，用盐、胡椒等调料腌制入味，也可以加入香草增添香味，然后将肉放入烤箱慢火烤熟。烤好的猪肉一定要搭配酸中带甜的苹果酱一起食用，可以起到消食解腻、增进风味的作用。除了烤猪肉外，英国人以其他方法烹饪猪肉时，也将苹果酱视为固定搭配。

色香诱人的烤猪肉是英国圣诞大餐的主菜之一，深受英国民众的喜爱

说起英式烤猪肉，笔者记起两三年前看过的一部名字非常拗口的小众电影《根西岛文学与土豆皮馅饼俱乐部》(The Guernsey Literary and Potato Peel Pie Society)，讲述了一个与烤猪排有关的温馨而又伤感的故事。1940年，随着法国沦陷，靠近法国海岸的英国属地海峡群岛（Channel Islands）也被弃守，成为二战时期唯一被德军占领的英国领土。故事发生在海峡群岛中的根西岛（Guernsey），德国占领军粗暴地掠夺了岛民的所有牲畜，并强迫他们种植土豆供德军食用，还实施宵禁。几个岛民违背禁令私藏了一头猪，并在某天晚上将其宰杀后举办了一场烤猪排盛宴，众人面对外酥里嫩、肉汁外溢的烤肉神情格外陶醉，伴着久违的美味猪肉、自创的土豆皮馅饼和自酿的琴酒度过了美妙的一夜。然而，这场秘密宴会险些被德军巡逻队撞破，大家急中生智谎称参加读书会，还临场编造了"根西岛文学与土豆皮馅饼俱乐部"这个荒唐的名称，好歹将德国人糊弄了过去。后来岛民们索性真的在每周五都聚会阅读，这场烤肉宴会与之后的读书活动成为沦陷阴影下岛民们对战前舒适田园生活的追忆和怀念，也是对德国占领当局的暗中反抗。

受到电影的启发，笔者与几位同道好友亲自动手尝试制作英式烤猪排，在一番筹划后决定烤制香草猪排和芥末籽酱猪排两种风味。香草猪排使用香草碎（迷迭香和罗勒）和粗海盐腌渍；芥末籽酱猪排在内侧涂抹切碎的香料（迷迭香、百里香、黑胡椒碎）和粗海盐，在外侧抹一层芥末籽酱；为了充分入味，两块猪排都要腌渍一小时以上。在腌渍完成后，香草猪排用裹着洋葱片的锡纸包裹，芥末籽酱猪排直接包上锡纸，然后送入烤箱烤制约两小时。在此期间，我们又按照英式传统制作了烤土豆和苹果酱作为配菜。香草猪排出炉时果然没有令人失望，表面焦香脆口，内里肉嫩多汁，撒上少许海盐，肥瘦相间的猪肉配合酸甜的苹果酱，那种口感妙不可言，完全能够引爆你的味蕾！芥末籽酱则为猪排带来别致的味道，香气扑鼻，肉质紧致有嚼劲，吃起来欲罢不能，连手指都会被舔得干干净净！

黑不溜秋的圣诞布丁看起来不太有食欲，但味道很吸引人

"罗德尼"号的圣诞晚餐肯定少不了传统的英式甜点——圣诞布丁（Christmas pudding）。这种甜品是用羊油、面粉、小麦粉、鸡蛋、糖、白兰地或朗姆酒、干果及香辣佐料等混合蒸制而成。圣诞布丁源自中世纪，起初是一种包含肉馅的咸味布丁，后来逐渐演变成纯粹的甜品。自从16世纪以来，圣诞布丁就是英国圣诞菜单上从不缺席的品种，有着"布丁国王"之称的英王乔治一世（George Ⅰ）于1714年首次要求在圣诞节的皇家宴会上加入圣诞布丁。几乎每个英国家庭都会有自己的圣诞布丁配方，但大多数都含有黑糖或黑糖浆，因此成品呈现黑色。据说正统的圣诞布丁一定要用13种原料制作，在搅拌原料时，全家人都要参与并许愿，甚至还会放几枚小银币以祈运求福。圣诞布丁制作完成后在顶部用冬青叶装饰，并浇上白兰地点燃后上桌。虽然这种布丁的卖相并不讨喜，也不容易勾起人的食欲，但只要吃上一口，那甜腻的味道就能让人感受到祝福和希望。圣诞布丁保质期较长，有些家庭会将吃剩的布丁保留到复活节继续食用。除了圣诞布丁，甜果派也是圣诞宴席上必不可少的甜品，起初这种点心的馅料是碎肉，后来逐渐演变成以各类干果为馅料，而且做法多样，口味丰富，颇受水兵们的喜爱。

与中国的传统佳节春节一样，欧美国家的圣诞节也是阖家团圆的日子，眼下这些征战在外的海军官兵还不能与家人团聚，不过朝夕相处、生死与共的战友不也一样恰如亲人吗？1944年的圣诞节，斯卡帕湾锚地里没有德军轰炸机的引擎轰鸣，也没有高射炮的隆隆响声，港湾内弥漫着安静祥和的气氛，战争即将结束，和平终将到来。

从康沃尔矿井到诺曼底海岸——康沃尔馅饼

1944年6月6日,法国西北部诺曼底地区东西绵延上百千米的海岸线上炮声如雷、硝烟蔽日,由300万地面部队、13000架飞机和近7000艘舰船组成的庞大力量对纳粹德国吹嘘为"铜墙铁壁"的大西洋壁垒发起雷霆重击,盟军策划良久的"霸王"行动(Operation Overlord)揭开战幕,吹响了反攻欧陆的号角。为了压制德军岸防火力并阻止德军向滩头发起反击,盟军海军集中了包括7艘战列舰、22艘轻重巡洋舰以及139艘驱逐舰/护卫舰组成强大的对岸火力支援部队,分为东西两支特遣舰队分别支援英美部队的登陆行动。在诺曼底海岸东侧正对"剑滩"的海面上聚集着数十艘大小战舰,其中"厌战"号战列舰的雄壮身形格外显眼,从当天5时开始,这艘打过两场世界大战的老舰就用381毫米重炮向海岸上的德军防御工事发出惊天动地的怒吼……

"厌战"号是英国海军历史上最负盛名的战舰之一,属于一战前夕设计建造的伊丽莎白女王级,于1915年3月服役,其舰名"厌战"是从1596年传承下来的传统舰名,寓意并非"讨厌战斗",而是"蔑视战斗的艰辛"或"蔑视海军的敌人",这一代"厌战"号已经是第六艘取此舰名的英国战舰了。"厌战"号建成时以33000吨的排水量、8门381毫米重炮、330毫米厚的主装甲带和24节的高航速成为当时世界上最强大的战列舰之一,在1916年5月31日迎来了首次重大作战行动,即著名的日德兰海战。在交战中,"厌

20世纪30年代后期,在英国地中海舰队服役的"厌战"号战列舰驶入马耳他大港,该舰是英国海军中最负盛名的战舰之一

1944年6月6日,"厌战"号战列舰在诺曼底滩头执行对岸火力支援任务,注意此时该舰只有三座主炮塔指向海岸,其X炮塔尚未修复

战"号先后击伤了德军战列巡洋舰"冯·德·坦恩"号(SMS Von der Tann)和战列舰"边境总督"号(SMS Markgraf),但自身也经受了严峻考验。"厌战"号船舵一度卡死并在海上绕圈,成为德军舰队的集火目标,被击中多达15次,三座主炮塔失灵,但厚重的装甲保护了舰体要害,确保战舰成功撤离战场,赢得了征战生涯中15次战斗荣誉中的第一次。

在两次大战之间,"厌战"号继续在大西洋舰队和地中海舰队服役并接受了现代化改装,到1939年二战爆发时依然作为一线主力舰奔波在各大洋上,取得了极为辉煌的战绩。1940年4月,"厌战"号参加了第二次纳尔维克海战,协同己方驱逐舰将被堵在峡湾内的10艘德军驱逐舰团灭。1940年夏季,"厌战"号又转战地中海,在同年7月的卡拉布里亚海战中在24000米距离上击中意大利战列舰"朱里奥·凯撒"号(Giulio Cesare),创造了海战史上舰炮对移动目标的最远命中纪录,迫使意军舰队撤出战斗。在1941年3月的马塔潘角海战中,"厌战"号联手姊妹舰"巴勒姆"号(HMS Barham)和"勇士"号(HMS Valiant)一举击沉3艘意军重巡洋舰。1942年"厌战"号被调往远东舰队开赴印度洋作战,1943年重返地中海,在西西里岛(Sicily)和萨勒诺(Salerno)为两栖登陆作战提供火力支援。在战场上,荣誉总与伤痛和牺牲相伴,久经沙场的"厌战"号也不例外,屡屡受伤。最严重的一次发生在1943年9月16日,该舰在萨勒诺滩头遭遇德军空袭,被1枚"弗里茨X"遥控炸弹击中,在烟囱附近穿透数层甲板后在舰底开出一个6米宽的大洞,全舰顿时丧失战斗力。不过"厌战"号运气犹在,大难不死,在紧急维修后返回英国入坞修理。

当诺曼底登陆临近时,"厌战"号尚未完全修复,虽然使用混凝土沉箱封闭了德军炸弹造成的破洞,但一座锅炉舱和X炮塔并未复原,只有6门主炮可用。由于战情紧

第一章 英国篇

"厌战"号在 D 日的战地午餐是著名的康沃尔菜肉馅饼

急，这名老将只能带伤上阵，于 1944 年 6 月 4 日作为东部特遣舰队的一员从普利茅斯（Plymouth）启航，参加"霸王"行动。6 月 6 日清晨 5 时，"厌战"号打响了 D 日第一炮，以主炮向 23700 米外的德军海岸炮台开火，支援英军第 3 步兵师抢滩登陆"剑滩"。在战役的最初两天中，"厌战"号坚持在火线上，随时根据登陆部队的召唤对德军目标实施精准火力覆盖，协助友军巩固滩头阵地。战斗中全舰始终保持一级战备，这意味着包括舰长在内的大部分官兵必须坚守战位，不能按照正常作息规定前往食堂用餐。不过，舰上的厨师们对于应对这种情况早已驾轻就熟，制作了战斗餐送往各个岗位。

D 日当天，"厌战"号的战地午餐是康沃尔菜肉馅饼（Cornish pasty），这是一种以牛肉和土豆为馅料，外裹厚实面皮的烘烤食品，也是康沃尔郡（Cornwall）的乡土招牌菜，在英国乃至世界范围内都有很高的知名度，被视为英式料理的代表品种。

6 月 6 日下午，在隆隆的炮声中，勤务兵带着馅饼登上"厌战"号的露天舰桥，舰长马塞尔·凯尔西上校（Marcel Kelsey）正在那里指挥战斗。他放下手中的望远镜，将目光从远处浓烟弥漫的海岸线转移到眼前这块表皮金黄酥脆、带着温热香气的馅饼，他拿起来咬了一口，咀嚼咽下，然后评论道："这饼有益健康。"随后舰长做出一个令人意外的举动，将剩下的馅饼丢向舰桥之外，直接落入舷边的海水里！凯尔西舰长为什么要丢掉馅饼？难道当天的馅饼很难吃吗？在解答这个问题前，我们不妨了解下康沃尔馅饼的历史。

馅饼这种由各式馅料和面皮构成的食物古已有之，在世界各地的饮食文化中都能见到类似的做法，而在欧洲，馅饼类食物的起源并不明确，最早可以追溯到中世纪，在 14 世纪用古法文撰写的食谱书中就有馅饼的做法，使用的馅料包括鹿肉、鱼肉、牛羊肉等肉类，以及蔬菜、干酪等。在英国饮食史上，馅饼的历史也超过 800 年，起初属于王室、贵族等上流阶层独享的高档食品，原料通常选用鹿肉，而平民在当时是不允许食用鹿肉的。在中世纪的英国，馅饼还被当作王室贡品以及盛大宴会的必备菜式，比如 13 世纪的英国国王亨利三世（Henry III）曾颁布法令，要求大雅茅斯镇（Great Yarmouth）每年向王室缴纳"由 100 条鲱鱼烤制的 24 个肉馅饼"。当时修道院的教士也有食用鲜肉馅饼的习惯，1465 年在约克大主教乔治·内维尔（George Neville）的就职宴会上，宾客们享用了 5500 个鹿肉馅饼；在英王亨利八世时代，王室成员也时常收到由御厨制作的鹿肉馅饼，并对其品头论足，贵族家庭在举办宴会时也会呈上鹿肉馅饼。

从 17 世纪开始，肉馅饼逐渐从贵族餐桌走进平民家庭，其主料也由高档的鹿肉变为更为普遍和相对廉价的牛肉，由于便于携带且味道可口而受到劳工阶层的欢迎，而馅饼与康沃尔郡紧密联系起来并冠以康沃尔之名则要归因于当地矿工的贡献。在近代早期，康沃尔郡的采矿业十分繁荣，拥有众多铜矿和锡矿，矿工下井后整日在地下劳作，不能返回地面，需要自行携带食物作为午餐。于是矿工就制作出一种半圆形的肉馅饼，以牛肉、土豆和蔬菜为馅料，其面皮很厚，边缘折叠密封，可以在几个小时内保证肉馅的温热，就算完全冷却也可以放在铲子上用蜡烛加热。食用馅饼无需任何餐具，矿工抓住馅饼厚厚的边缘送进嘴里，而沾上煤灰等污物的面皮直接丢弃，防止有毒物质入口伤害身体，不过历史照片显示人们更多的是使用纸袋或布袋包住馅饼整个吃掉，这被认为是最地道的康沃尔吃法。还有一种说法是在馅饼厚面皮一端会做一个缩写字母记号，从另一端吃起，这样吃到一半也能确认这个馅饼是属于谁的。在 19 世纪中叶，随着康沃尔郡矿产资源日益枯竭，采矿业逐渐衰落，大量本地矿工及其家庭背井离乡，前往英国其他地区乃至海外谋生，形成了一股影响很大的技术移民潮，同时也让这种带有乡土特色的馅饼料理广为传播。此外，康沃尔渔民和海员也将馅饼作为出海时的便餐，他们与矿工一道扩大了馅饼的流行范围，最终成就了康沃尔馅饼的名气。

关于康沃尔馅饼的起源地曾存在争议，因为在相邻的德文郡（Devon County）发现了更早的馅饼菜谱，最初的馅料是鹿肉而非牛肉，但这场起源之争最后还是以康沃尔人的胜利而告终。其实两地的馅饼料理存在明显差异，德文郡馅饼以椭圆形为主，面皮在顶部封边，而康沃尔馅饼以半圆形为主，面皮在侧面封边。

在顶部封边的德文郡馅饼，可见其馅料也十分厚实而丰富

康沃尔馅饼的正统配料包括牛肉丁或牛绞肉，使用被称为裙边牛排的侧腹横肌牛肉，其他配菜包括土豆、洋葱和芜菁甘蓝，使用盐和胡椒调味，依口味调整，胡萝卜虽然是很常见的配菜，但被排除在正统配料之外。在制作时将生碎肉与切碎的配菜混合搅拌并调味制成馅料，铺放在圆形的厚面皮上，之后将面皮对折并封口，最标准的做法要有20道折痕，形似字母D，与中国的饺子颇为相似，最后送入烤箱烘烤成熟。馅饼的面皮倒没有严格规定，通常使用大麦粉制作，质地坚实致密，以烘烤及冷却后色泽金黄不开裂为佳，在康沃尔当地有一种检验馅饼面皮品质的幽默说法，就是将馅饼丢进矿井底部而不会破裂！可是，如果面皮真的如此坚硬，恐怕也是难以下咽的。

康沃尔馅饼的早期原料配方并不限于上述提及的种类，现存的近代食谱显示康沃尔人会用能找到的任何食材充当馅料，除了鹿肉和牛肉，猪肉、鸡肉、鱼肉、兔肉、鸡蛋、培根都可使用，有时还会加入苹果、无花果、巧克力、香蕉等增加香甜味。不过，康沃尔渔民认为用鱼肉做馅饼不吉利，会引发海啸。在康沃尔馅饼流传期间还产生了很多变种，比如威尔士西北海岸安格尔西岛（Anglesey）的铜矿工人常吃一种半咸半甜的馅饼，就是在外来的康沃尔矿工的馅饼配方基础上产生的，这种双味馅饼至今在英国仍有制作和销售，此外还出现过以土豆代替肉类的素食版本。康沃尔馅饼配料的变化多端还引出一则英国人熟知的谚语："魔鬼都不敢踏足康沃尔，因为害怕被做成馅饼！"

"厌战"号战列舰的露天舰桥，凯尔西舰长就是从这里将吃剩的康沃尔馅饼丢入海中的

从康沃尔馅饼的历史看，它并不是一种难吃的食物，相反还是一种广受欢迎的大众美食，那么凯尔西舰长为何弃之入海？其实他的这种做法也是有渊源的。在康沃尔矿工当中有一种迷信说法，认为在地下居住着精灵，它们会用敲击声指示新矿脉的所在，或者发出警告预示塌方矿难的发生。于是矿工们会把一部分馅饼留在井下供养精灵，以示感谢并祈求好运。类似的做法也存在于渔民和水手之中，他们也会把吃剩的馅饼丢进海里以告慰海难亡者的灵魂，这些馅饼多半会被海鸥吞食，而英国西南地区的人们坚信海鸥就是遇难海员的灵魂化身。有"厌战"号的舰员回忆，在诺曼底登陆期间看到盟军阵亡士兵的尸体从海岸漂到舷边，"胸口好似要炸裂一般深感悲痛"，凯尔西舰长的举动大概也是为了告慰那些在战斗中不幸牺牲的英灵吧。

在诺曼底战役期间，"厌战"号先后在"剑滩""犹他滩"和"金滩"执行对岸火力压制任务，曾两度耗尽炮弹回港补给，其间曾不慎触雷导致一具螺旋桨损坏。主炮炮管也因过度磨损必须更换，为此"厌战"号要经被德军岸炮封锁的多佛尔海峡（Straits of Dover）前往罗赛斯港（Rosyth）进行维修，得益于有效的雷达干扰，"厌战"号成为战争爆发以来第一艘安全通过多佛尔海峡的英军战列舰。在完成维修和更换炮管后，"厌战"号再赴法国海岸，在布雷斯特（Brest）和勒阿弗尔（Le Havre）执行火力支援任务。1944年11月对荷兰瓦尔赫伦岛（Walcheren）的登陆行动是"厌战"号最后一次出战，随后于1945年2月转为预备役。尽管战后有人提议保留这艘战功卓著的战舰，"厌战"号还是在1947年被出售解体，但它对命运做出了最后的抗争，在被拖往拆船厂途中遇风暴搁浅，只能原地拆解，于1950年消失在茫茫波涛之中，而"厌战"号的舰名则被一艘核动力攻击潜艇继承。

康沃尔馅饼的传奇也延续至今，目前早已是康沃尔郡乃至英国的一张美食名片，也是当地的支柱产业之一，由50多家馅饼制造商组成康沃尔馅饼协会主导着馅饼的制作和销售。据统计，在2008年协会成员制作了8700万份馅饼，销售额高达6000万英镑，约占康沃尔郡餐饮业总产值的6%，提供了超过14000个工作岗位，而品尝康沃尔馅饼更是当地旅游业最热门的项目之一。在康沃尔郡的大型公众活动中，比如传统节日或体育赛事，制作超大号馅饼一直是最具人气的庆典节目，目前世界上最大的康沃尔馅饼制作于2010年8月，长4.6米，重860千克，使用了165千克牛肉、82千克芜菁甘蓝、45千克土豆和34千克洋葱。为了维护康沃尔馅饼的声誉和地位，馅饼协会经过长达9年的谈判，于2011年成功为康沃尔馅饼申请了地理标志保护，这是欧盟对传统农产品的资质认证、推广和保护体制，相当于农产品市场的专利保护，此后只有严格按照正统配方和形制制作的馅饼才有资格称为"康沃尔馅饼"。

法莱斯包围圈的战地午餐——白汁烩兔肉

　　1944年6月6日，英美盟军百万雄师横渡英吉利海峡，在法国北部诺曼底海岸登陆，正式开辟了摧毁纳粹德国的第二战场。盟军在战役发动前精心策划了战略欺骗行动，有效地迷惑了德军最高统帅部，达成了战役突然性，凭借占据绝对优势的海空力量，一举突破了德军的大西洋壁垒，在付出万余人的伤亡代价后在五处滩头均成功登岸，建立了桥头堡。然而，盟军随后向内陆的推进遭遇重重阻力，举步维艰。德军调来包括精锐装甲部队在内的大量预备队投入诺曼底战场，展开凶猛的反击和顽强的阻滞作战，力图将盟军围困在海岸地区。在登陆场东部，英加军队与德军以卡昂（Caen）为中心进行了极为惨烈的争夺战，均损失惨重；在登陆场西部，德军利用当地特有的树篱地形和河沼水

诺曼底战役期间，美军开进已在战火中化为废墟的圣洛

网将美军阻挡在圣洛（St Lo）一线，战局一度陷入胶着。

诺曼底战场的僵持状态在长达六周的消耗战后于 7 月 25 日被打破，美军第 1 集团军发动"眼镜蛇"行动（Operation Cobra），在压倒性的空地火力打击下，德军在诺曼底西部的防线土崩瓦解，由热血悍将乔治·巴顿（George Patton）将军指挥的美军第 3 集团军从突破口向南和东南方向猛冲，突入布列塔尼（Brittany）半岛，宛如一记右勾拳直击德军 B 集团军群侧后，并于 7 月 30 日占领重镇阿夫朗什（Avranches），打开了进入法国中部的大门。德军最高统帅部意识到局势极端危险，刚刚经历了"7·20"刺杀事件的希特勒比以往更加偏执，极不明智地命令集结装甲部队于 8 月 7 日在莫尔坦（Mortain）地区发动反击，试图切断美军第 3 集团军的后路，扭转战局。然而，德军的调动电令被盟军的"超级机密"破译，铺天盖地的盟军飞机给德军装甲集群降下灭顶之灾，仅一天时间反击行动便以惨败收场，德军的机动力量也消耗殆尽。

德军的贸然反击使盟军的战场态势更为有利，盟军最高统帅部迅速制订了一项宏大的进攻计划，由奥马尔·布莱德雷（Omar Bradley）将军指挥的第 12 集团军群和伯纳德·蒙哥马利（Bernard Montgomery）将军指挥的第 21 集团军群对德军 B 集团军群主力

法莱斯战役期间，美军士兵面对镜头展示缴获的纳粹卍字旗

实施南北夹击，力图将其围歼于法莱斯（Falaise）地区。其中，第12集团军群下属的美第1集团军实施正面防御，阻止德军向阿夫朗什突击；美第3集团军在第1集团军的掩护下向东推进，经勒芒（Le Mans）、阿朗松（Alençon）和阿尔让唐（Argentan）从南面迂回德军侧背；与此同时，第21集团军群下属的加拿大第1集团军从卡昂向阿尔让唐南进，与美军会师于法莱斯地区，从北面封闭包围圈，英军第2集团军则从西北方向法莱斯推进，配合友军行动，牵制当面德军。

8月8日，巴顿的第3集团军发起进攻，一路狂飙突进，兵力匮乏、后援不济的德军根本无力阻挡，美军于次日占领勒芒，12日占领阿朗松，13日进抵法莱斯以南22千米处的阿尔让唐，展示了惊人的突击能力和行军速度。与之相比，北面的加拿大第1集团军在党卫军部队的拼死抵抗下进展缓慢，直到8月17日才占领法莱斯。此时，一个巨大的包围圈业已形成，德军第7集团军和第5装甲集团军的20个师约28万人被装进口袋，就差封口了。然而，由于美军在南面进军太快，而加军在北面行动迟缓，英美两军指挥层针对作战分界线问题发生争执，竟命令巴顿原地待命，而加军又裹足不前，导致包围圈东面的缺口在一周内迟迟未能封闭，从而让德军获得了极为难得的逃生机会。

8月15日，因涉嫌"7·20"刺杀事件，西线德军总司令京特·冯·克鲁格（Günther von Kluge）元帅被希特勒解职，由瓦尔特·莫德尔（Walter Model）元帅接任。克鲁格在卸任前下达的最后一道命令是要求B集团军群主力全力向塞纳河（Seine）方向撤退，竭力逃离被围歼的命运，其实在前一天感到形势危急的德军前线指挥官已经开始着手组织撤退了。一时间，大批德军部队朝着不足10千米宽的"法莱斯缺口"蜂拥而去，秩序已经荡然无存，乡间道路上挤满了士兵、坦克和车辆，沿途尽是被抛弃的武器装备，情形异常混乱。

在夺路逃命的德军周围，数十万盟军部队正从西、北、南三面大举逼近，其中从西面向法莱斯前进的英军第2集团军序列中包括英军第79装甲师第141皇家坦克团，该团是第一支登上诺曼底海滩的英军坦克部队，装备一种特殊的"鳄鱼"坦克，即以"丘吉尔"步兵坦克为基础改造的喷火坦克。它用一具火焰喷射器取代了车首机枪，加装一部装甲燃料拖车，可容纳1800升燃料，另携带5个压缩气瓶提供喷射压力，足以保证进行80次持续一秒钟的喷射，喷火射程可达110～140米。该型坦克被

英军的"鳄鱼"喷火坦克实施喷火攻击，该型坦克由"丘吉尔"步兵坦克改装而成

认为是对付德军坚固掩体的有力武器，具有强烈的心理威慑效果，很多德军在"鳄鱼"首次喷射后就举手投降了。英军改装了250辆"鳄鱼"，装备3个坦克团，而配备第141团的"鳄鱼"中有一辆属于安德鲁·威尔逊上尉（Andrew Wilson）指挥的车组。

在8月中旬的某日，威尔逊上尉的连队顶着炎炎烈日行进在追击德军的道路上，于中午时分获准原

法式白汁烩兔肉，当然，威尔逊车组的战地午餐不会如此赏心悦目

地休息，等待命令。威尔逊指挥"鳄鱼"停在路边，趁这个机会，副驾驶员拿出野战炊具开始为车组准备午餐，他是一名烹饪高手，总能给同伴带来惊喜。威尔逊饶有兴趣地凑过去问道："今天吃什么？"副驾驶员颇为神秘地笑而不语，继续专心做菜，威尔逊上尉只好在一旁耐心等待谜底揭晓。过了一会儿，副驾驶员招呼车组成员可以开饭了，他仔细擦拭了餐具，从锅里舀出一些裹着白汁的肉块倒入餐盘，首先递给了威尔逊。上尉迫不及待地拿起勺子尝了一口，脸上的表情明白无误地让其他人预先感受到这份食物的美妙味道，肉质滑嫩、酱汁香醇，远远超出大家对野战伙食的期待。当众人把美味的午餐一扫而光后，却无人猜出这道菜的原料，副驾驶员在吊足胃口后终于揭晓谜底，这其实是一道即兴制作的白汁烩兔肉。更让大家惊讶的是，这些兔肉来自从德军丢弃物资中捡来的兔肉罐头！

兔子是人们非常熟悉的一种小型哺乳动物，兔类种群庞大、种类繁多、繁殖力强，而且分布很广，除了南极洲外，其他大陆均有兔类生存。早在远古时代，兔类就已经进入了人类狩猎取食的目标清单，在很多古人类遗址都有兔类骨骼的化石出土，因此人类食用兔肉的历史几乎与人类本身一样长久。直至今日，猎获的野兔依然是不少国家的盘中美食，当然更多的食用兔肉来源于人工饲养的肉兔，而人类驯养家兔的历史也可以追溯到公元前1世纪的古罗马时代。现代营养学认为兔肉是一种高蛋白、低脂肪、低胆固醇的优质健康肉类，而在全球范围内，兔肉也是人类经常食用的肉类之一。有统计显示在2019年，全世界肉兔养殖业生产的兔肉达140万吨，每年约有11亿～12亿只兔子被屠宰取肉，数量仅次于鸡、鸭和猪等肉类禽畜。

在中国古代就有食用兔肉的记载，明代药学家李时珍在他的著名药典《本草纲目》中详细记录了兔肉的药用功效、营养价值和饮食禁忌，不过作为一种食用肉类，兔肉除了在中国某些地区以地方特色食品出现外，并不在大众常见的肉食行列之中。欧洲的情况则大为不同，从古罗马时代至今，欧洲就广泛存在猎兔、养兔和吃兔的习惯，在罗马

第一章 英国篇　33

一个被切开的兔肉馅饼，造型精致，是英国传统的兔肉料理

帝国时期每年都有大量兔类从西班牙行省运往意大利本土，以满足罗马显贵们的口腹之欲，更有贵族在自家庄园内圈养肉兔以供食用，养兔产业也在罗马帝国疆域内广为扩散，到公元5世纪时已经普及至整个欧洲范围，同时也将吃兔的习俗延续至今。今日，欧洲依然是世界上最主要的兔肉产地和消费市场，在欧洲超市里通常都能买到新鲜兔肉和冷冻兔肉。

几乎所有欧洲国家都能找出以兔肉为主料的菜肴，从家常厨房到高档餐厅，兔肉都是备受欢迎的食材选项。例如，红烩腌泡兔肉就是一道传统的德国菜，使用葡萄酒和醋腌制兔肉，再切块与洋葱一道焖熟，以胡椒、盐、大蒜和各式香料调味。还有一道源自德国不伦瑞克（Brunswick）的蔬菜炖肉最初也以兔肉为主，据说曾是英国维多利亚女王最喜爱的菜式之一，所以在德国的军用罐头中出现兔肉罐头并不奇怪。在法式西餐中，炖野兔也算是一道招牌菜，新鲜兔肉要在卤汁中浸泡入味，与土豆、胡萝卜、洋葱、芹菜、大蒜等配菜同煮，用各式药草和香料调味。在传统做法中，兔血也是必不可少的配料，而在德国、意大利、英国也有类似的炖兔肉。关于法国人吃兔肉的描述，笔者印象最深的还是著名作家居伊·德·莫泊桑（Guy de Maupassant）在其代表作《羊脂球》（*Butterball*）中的精妙文字：

伯爵夫人说："我们一块儿吃好吗？"得到赞同后，她就把两家预备的食品全都打开。那是一个椭圆形的瓷盆，盆盖上有一只彩釉的兔钮，表示下面盛着一只烤好的野兔。盆里果然有一份鲜美的冷荤，几条白晶晶的肥猪肉横搭在褐色的野兔肉上，还拌有其他几种剁碎的肉末。此外，还有好大一块格律耶尔干酪被包在报纸里，油乎乎的干酪表面还残留着印下的"社会新闻"几个大字。

英国同样是一个嗜好兔肉的国度，早在古罗马时代饲养肉兔的方法就传到了不列颠岛，在14世纪的古菜谱中已有炖兔肉的记载，当时养兔子还是贵族富人的特权，而到19世纪已经是寻常百姓普遍养殖的家畜之一。英国人吃兔子的习惯随着殖民扩张传到世界各地，比如澳大利亚就从英国引入野兔放养，由于缺乏天敌、过量繁殖而致泛滥成灾，在19世纪中叶竟然引发生态危机，直到20世纪50年代通过扩散兔类病毒才得以遏制。

在20世纪初，英国著名童话故事《彼得兔》（*Peter Rabbit*）中有如下片段：彼得兔和它的兄弟姊妹们受到警告"不要进入麦格雷戈先生的花园"，因为它们的父亲被麦格雷戈夫人做成了馅饼！这里提及的兔肉馅饼就是一道英国传统的兔肉料理，使用野兔肉或家兔肉与洋葱、芹菜及胡萝卜制成馅料，裹以面皮烘烤而成。英国人烹饪兔肉的方法十分多样，而且根据不同的肉质进行了细致区分：70～90天大，体重1～2千克的肉兔适合油炸；90天到6个月大，体重2～3.5千克的肉兔适合烧烤；超过6个月大，体重超过3.5千克的肉兔适合炖煮。二战时期，英国对肉食供应实施严格的配给制，但兔肉并不在

在法莱斯战场上被盟军击毁的德军车辆残骸

第一章 英国篇

管制范围中，政府甚至鼓励市民饲养兔子以缓解食品紧张状况。

威尔逊上尉在法莱斯前线吃到的白汁烩兔肉应该算是一道法德混合料理，其原料是德国罐头兔肉，而白汁是法餐的基础酱汁之一，用奶油、面粉和牛奶调制而成。虽然算不上真正的家乡菜，但在战场上能品尝到如此美味，坦克兵们想必也是惊喜万分。不过，馋嘴让威尔逊付出了代价，用餐后不久他就罹患痢疾，腹泻不止，几近虚脱。这倒不能错怪副驾驶员，在到处飘荡着尸臭味的法莱斯战场上，卫生条件之恶劣不难想象，染上痢疾之类的肠道疾病实在是司空见惯的事。

突如其来的病痛让威尔逊上尉错过了法莱斯战役的尾声。8月19日，加军与美军在尚布瓦（Chambois）会师，封闭了包围圈的缺口。盟军飞机也大举出动，肆无忌惮地扫射德军目标，地面上尸横遍野，德军官兵四下溃散。在最后两天中，德军里应外合拼死打开突破口，又有不少部队逃出生天，到8月21日战役结束，德军B集团军群大约有10万人突围成功，但仍有四五万人被俘，超过1万人在突围过程中丧生，而且丢弃了绝大部分车辆和重装备。法莱斯战役最终奠定了盟军在诺曼底的胜局，在欧洲大陆上彻底站稳了脚跟。尽管如此，胜利并不完美，由于盟军之间协调不力，未能全歼德军主力，就像威尔逊上尉的兔肉午餐一样留下了后患。

为水坝终结者们践行——培根煎蛋

1943年5月16日傍晚，在英格兰东部林肯郡首府林肯市（Lincoln，Lincolnshire）以北8千米的皇家空军斯坎普顿（Scampton）基地，在夕阳余晖下成群的人影和车辆在停机坪与机库之间来往穿梭，十分繁忙。在跑道附近整齐地停放着一队"兰开斯特"重型轰炸机，地勤人员围着这些庞然大物聚精会神地工作着，显然他们正为一场即将开始的作战行动进行着紧张而有序的准备。

与此同时，盖伊·吉布森（Guy Gibson）空军中校信步走进基地的军官餐厅，作为皇家空军第617中队中队长和当晚行动的指挥官，他觉得有必要先吃点东西，为这个不眠之夜储备能量。来自空军女子辅助部队的女招待微笑着询问道："您今晚飞吗？"待吉布森点头确认，她立即端来一盘培根煎鸡蛋放在中校面前。这是为那些出任务的飞行员准备的特别料理，而其他人即使点了这道菜也会被委婉拒绝，当然很少有人会自讨没趣，基地里的所有人都知道这是赌上性命的一道菜，很可能成为用餐者在人间吃到的最后

第 617 中队指挥官盖伊·吉布森中校（左一）与部下合影，摄于"惩罚"行动之后

一餐。如果女招待知道吉布森将要执行的任务详情，她或许会奉上双份的培根煎蛋：第 617 中队今夜将实施代号"惩戒"（Operation Chastise）的奇袭行动，使用特种炸弹对德国腹地鲁尔地区（Ruhr）的大型水坝进行超低空轰炸，这是二战期间皇家空军最为冒险和艰难的空袭行动之一。

  早在战前，英国空军部就注意到德国鲁尔河谷地区大型水坝的战略价值，它们不仅为德国最重要的工业区提供电力，而且在工业和民用供水以及内河航运方面也发挥着重要作用，一旦加以摧毁将严重影响德国的工业生产。但是，针对此类受到严密保护的坚固目标，皇家空军轰炸机部队既缺乏足够的突防能力和轰炸精度，也没有适宜攻击此类目标的武器。攻击鲁尔水坝的构想直到 1942 年才看到了实现的希望，天才工程师巴恩斯·沃利斯（Barnes Wallis）发明了一种弹跳炸弹，外形呈圆柱形，在投放时利用辅助马达做高速转动，接触水面后能弹跳前进，射程为 360～450 米，从而能成功避开德军在水坝前方布设的防鱼雷网的阻碍。击中大坝后，炸弹会沿着坝体沉入水下，利用水压引信起爆，从而造成更大的破坏效果。通过模型和国内废弃水坝进行的测试表明，使用弹跳炸弹攻击鲁尔水坝是可行的。

  然而，弹跳炸弹的使用条件极为苛刻。为了保证威力，炸弹重量高达 4.2 吨，内部填装 3 吨烈性炸药，只能由经过改装的重型轰炸机携带，同时炸弹只有在 18 米高度和 390 千米/时的飞行速度下准确释放才能有效发挥作用。最重要的是，行动将在夜间进行，并且要面临德军密集的防空火力，这对飞行员的驾驶技巧和胆识勇气都要求极高，作战难度之大可想而知，因此这个计划一经提出就遭到轰炸机部队司令阿瑟·哈里斯（Arthur Harris）上将的反对。但空军总参谋长查尔斯·波特尔（Charles Portal）对此表示支持，

强令哈里斯抽调30架"兰开斯特"轰炸机执行此次特别行动。为了挂载弹跳炸弹，这批飞机都拆除了机身装甲、弹舱门和部分自卫机枪，为了确定投弹高度，还在机身上呈一定角度安装了两盏向下的射灯，在正确高度下它们投射在水面上的光斑将重合。此外，皇家空军在1943年3月21日新建了专门执行炸坝任务的第617中队，从英国、加拿大、澳大利亚和新西兰等国空军中精选了21个机组，由吉布森担任中队长。虽然吉布森年仅24岁，但自战争爆发以来已经执行了170次轰炸任务，而且大部分是夜袭行动，无论技巧还是经验都无可挑剔。行动时间定在1943年5月，因为那时水坝水位处于最高峰，能够形成大规模的人造洪水，增强毁伤效应，而留给参战机组的备战时间仅有不到两个月。

时间在频繁而严格的模拟轰炸和夜航训练中飞快逝去，5月16日的行动日转眼来到眼前。当晚吉布森和他的部下在登机前都享用了战前的特别晚餐培根煎蛋。他们将要以身犯险的行动极为特殊，但他们的晚餐其实算不上很特别，甚至相当普通。培根（Bacon）是在欧美地区十分普遍的腌制肉品之一，培根与火腿、咸牛肉一样，起初都是通过盐渍去除肉类的水分，抑制细菌等微生物的滋生，从而达到延长肉品保存期的目的。随着现代冷藏保鲜技术的发展，如今人们制造培根等腌制肉类更主要是为了追求食物的风味。培根主要使用猪背部的里脊肉或腹部的五花肉制作，英国人更习惯使用猪里脊，

挂载于"兰开斯特"重型轰炸机机腹的弹跳炸弹，是为炸毁德国水坝而设计的特殊炸弹

培根煎蛋是一道经典的西式早餐

而美国人多使用猪腹部分。除此之外，也可以使用猪颈肉、猪腰肉，甚至牛羊肉、鸡肉和火鸡肉等制作培根，但最普遍的原料还是猪肉。

  培根的腌制方法有干、湿两种，前者使用干盐在猪肉表面涂抹摩擦，充分入味，再置于阴凉干燥的环境中进行数周乃至数月的风干熟化；后者是将猪肉浸泡在盐水或盐糖混合溶液中浸渍，或者用针头将盐水注入肉内，完成腌制。现代食品工业多使用湿式腌制法加工培根，可将熟化过程缩短到几个小时，便于批量生产，相比传统方式制作的培根盐度更低，但保留水分也更多，加热后甚至会失去三分之二的重量！欧洲很多地区的民间肉类加工者仍坚持用传统方法生产腌制肉品，以追求原始的风味，而且不同地区还会在腌制过程中加入其他配料或调味品，以获得各具特色的味觉感受。在某些地区，比如意大利和美国，还会对培根进行烟熏加工，加强杀菌效果，延长保质期，同时增添更多的风味元素。根据烟熏温度的不同又分为冷熏法和热熏法，未经熏制的培根被称为"绿色培根"，不过熏制肉品也带有更多有害健康的物质，增加致癌风险，现代健康饮食理念已经不提倡人们过多食用熏制或腌制肉类。在西餐体系中，培根绝对是百搭食材，可以搭配各种食物，变幻多元风味，很多西餐经典菜式都少不了培根的参与，如培根生菜番茄三明治、小牛肝配培根、英式培根苹果馅饼等。

  在英国人的饮食生活中，培根最重要的食用方式是作为英式早餐（Full breakfast）的头牌开启元气满满的一天。一直以来，人们对英国饮食一直抱有简单粗陋的刻板印象，但英式早餐的丰富程度完全能够颠覆这种偏见。英式早餐的源头可能是中世纪贵族在乡间别墅的奢华早餐，也可能与古盎格鲁-撒克逊人的好客传统有关。一份真正意义上的英式早餐是多种油炸食物的复杂组合，其中最重要的是油煎培根切片和鸡蛋，鸡蛋可以采用煎炸、水煮或翻炒等多种做法，此外还有油炸或烤制的番茄、油炸蘑菇、茄汁烘

第一章 英国篇

一份内容丰富的英式早餐，汇聚了包括培根煎蛋在内的各种食物，令人满足

豆、香肠、烤面包片或奶油吐司等，油炸土豆、油炸洋白菜、黑布丁等有时也会包含其中，在英格兰中北部地区，人们还习惯用燕麦薄饼取代面包，搭配的饮料通常是茶或咖啡。英式早餐的菜单在爱尔兰、苏格兰、威尔士等地会有基于地方特色的变化，但几乎都不会缺少培根。如此众多的食物被装在一只盘子里呈现在面前，必定会带来感官上的极大满足。在英语中，英式早餐也被称为"全英早餐"（Full English），还有个别号是"全蒙蒂"（Full Monty），源自二战英军名将蒙哥马利元帅，他在北非作战期间每天都要享用一顿丰盛早餐。虽然名为早餐，但英国、爱尔兰的咖啡馆和酒吧在一天中任何营业时段都能提供这样丰富的一餐，因此也有了"全日早餐"（All-day breakfast）的名号。

从培根的来历和它在英国饮食中的地位不难看出，这种食物相当大众化，然而在战局依然僵持的1943年，培根在战时环境下的确又很特殊。首先，战争爆发伊始英国就采取配给制，对肉食限量供应，而培根更是被严格管控，普通民众往往很长时间都吃不到培根。就算在拥有优先配给权的空军部队中，培根的供应也不充足，指定提供给战斗人员，其他官兵日常只能以红茶加面包权充晚餐。其次，培根在英国人心目中不仅是美食，也带有双关寓意，被运用于俚语俗话中。例如，bring home the bacon 有着"养家糊口""维持生计""诸事成功"等含义，save one's bacon 含有"出手相助""脱难解困"之意，因此在出击前吃上一顿培根煎蛋应该也有"任务成功、平安返回"的美好祝愿吧。

尽管参加"惩戒"行动的每一名机组成员都吃到了难得的培根和鸡蛋，但除了心理上的安慰外，并不会让任务难度有丝毫降低，能否活着回家全凭运气。5月16日21时28分，第617中队的19架"兰开斯特"分为三组按计划依次从斯坎普顿基地起飞，在夜幕掩护下向预定目标飞去。第一组9架飞机由吉布森亲自率领，攻击默讷河水坝（Möhne Dam），得手后仍有余弹的飞机将攻击埃德尔河水坝（Eder Dam）；第二组5架飞机的目标是索尔珀河水坝（Sorpe Dam）；第三组5架飞机为预备队，视前两队的攻击情况进行补充打击。为了规避德军雷达的探测，飞机保持30米的超低空飞行，有时甚至比树梢还要低，各组从不同的地点越过海岸线进入内陆，并采取曲折航线避开德军防空阵地和人口密集的城镇，尽可能隐蔽行踪，以达到奇袭目的。遗憾的是，运气并不在英国人一边，在飞越海岸线后，攻击编队就陆续有飞机被德军高射炮火击落或击伤，后者不得不带伤返航，还有飞机因为迷航未能找到目标。最终，仅有 11 架飞机于 5 月 17 日凌晨成功抵达目标上空，其中 7 架突防成功，投下炸弹，而真正发挥威力的炸弹只有 3 枚！有 4 座水坝遭到攻击，其中默讷河水坝和埃德尔河水坝被炸毁，索尔珀河水坝和另一座水坝损坏轻微。

"惩戒"行动的代价相当高昂，19 架飞机中损失了 8 架，133 名机组成员中有 53 人阵亡，3 人被俘，损失率高达 40%。不过这份牺牲也得到了足够的回报，其中以默讷河水坝的溃塌造成的破坏最为惊人，炸弹在堤坝上炸出一个 76 米宽、89 米深的巨大裂口，3.3 亿吨河水倾泻而下，10 米高的巨浪以 24 千米/时的速度席卷了鲁尔河谷西部。洪水淹没了部分矿井，有 11 座工厂和 92 栋房屋被冲毁，114 座工厂和 971 栋房屋不同程度受损，另有 25 条公路、铁路和桥梁被冲垮，洪水波及范围远至堤坝下游 80 千米处，至少造成 1600 余人丧生。更为严重的后果是 2 座大型发电站被毁，7 座发电站受损，导致鲁尔工业区的电力供应瘫痪，很多工厂和家庭断电长达两周之久，5 月份鲁尔区的钢产量下降了 75 万吨，煤产量下降了 40 万吨。德国军备和战时生产部部长阿尔贝特·施佩尔（Albert Speer）后来在回忆录中承认："那天晚上英国人仅用几架轰炸机几乎取得了成功，要比他们投入数千架轰炸机取得的任何成就都要大。"英国人失策的是，没有继续组织轰炸机实施常规空袭以干扰后续修复工作，德国调集人力在 3 个月内修复了堤坝，恢复了电力供应，鲁尔区的工业生产在 9 月份恢复正常。

尽管"惩戒"行动只取得了部分成功，持续影响也低于预期，但依然作为皇家空军最大胆的空袭作战被载入史册。所有参战人员均受到高规格褒奖，吉布森被授予英

表现 1943 年 5 月 17 日凌晨英军轰炸机袭击德国鲁尔水坝的艺术画

1943年5月27日，英王乔治六世访问斯坎普顿基地，对第617中队给予嘉勉，并为该中队钦定了座右铭：在我身后，洪水滔天！

国最高荣誉维多利亚十字勋章，另有5人获得优异服役勋章，10人获得优异飞行十字勋章，这次行动还在1955年被搬上了银幕。值得一提的是，机组返航后吃到的第一顿早餐又是培根煎蛋，这也算是一份奖励吧。在完成战场首秀后，第617中队从此获得了"水坝终结者"（Dambusters）的名号，同时得到了恰如其分的队徽和座右铭，队徽中央图案正是一座在三道闪电打击下溃决的水坝，而座右铭更是由国王乔治六世（George VI）钦定："在我身后，洪水滔天！"取自法王路易十五（Louis XV）的名言"在我死后哪怕洪水滔天"。在战争余下的时间里，第617中队成为皇家空军的特种轰炸专业户，使用威力骇人的"高脚柜""大满贯"超级炸弹摧毁了包括潜艇洞库、导弹基地以及"提尔皮茨"号战列舰等高价值目标，到战争结束时累计出击1599架次，损失飞机32架，相比取得的骄人战绩，这个战损率还是相当低的，或许每次出击前后都能吃到培根煎蛋真的能带来好运吧。

粮食大臣的救国饭——伍尔顿派

1941年的某日，英国陆军皇家工程兵军官贾斯帕·马斯基林（Jasper Maskelyne）少校收到上级命令，准备前往北非执行任务。生于1902年的马斯基林当时已经39岁，他出身魔术世家，战前是英国颇有名气的魔术师。1939年战争爆发后，已近不惑之年的马斯基林怀着爱国热忱报名参军，他认为自己在舞台上练就的高超障眼法同样适用于军事伪装，但军方并不认同他的观点，以年龄过大为由拒绝了他的申请，直到马斯基林利用镜子和模型在泰晤士河上"复活"了已经沉没的德国战舰"斯佩伯爵"号（Graf Spee）后才消除了军方的质疑，破格录入伍。战争期间，马斯基林将战场变成了另一个舞台，演绎了一幕幕匪夷所思的战场魔术：他利用光影效果成功地隐藏了亚历山大港

（Alexandria）和苏伊士运河（Suez Canal），使之免于德军空袭；在阿拉曼战役和诺曼底登陆前夕，他又利用充气模型制造了一个并不存在的虚假军团，迷惑了狡诈的"沙漠之狐"隆美尔和精明的德军情报机构，掩藏了盟军的真实部署。不过，在马斯基林即将出征的日子里，他对未来的这些成就尚未形成具体想法，只想安心地品尝妻子玛丽为他特意准备的送别晚餐。

相比踌躇满志的马斯基林，玛丽正陷于巧妇难为无米之炊的苦恼之中。从1940年初政府开始实施食品配给制度后，包括肉、蛋、奶、黄油、茶、砂糖在内的大部分食品都定量供应，凭票证认购，很多食品已经从市场上消失很久了，她手中也没有钱去黑市购买高价食品。仅凭配给的可怜分量，她绝不可能做出可口又足量的一餐，唯一的办法就是走街串巷，挨个拜访平时相熟的邻家主妇，千恩万谢地讨来一些蔬菜，总算凑足了食材，准备为丈夫做一道伍尔顿派（Woolton pie）。这是粮食大臣伍尔顿爵士（Lord Woolton）向大众推荐的战时食谱之一，是一种只使用蔬菜和面粉制作的素食馅饼。玛丽按照报纸上的做法制作了伍尔顿派，但她的努力未能换来丈夫的赞许。在餐桌上马斯基林评论道："这个派真难吃！"这让玛丽很不开心但又无法反驳，因为这道菜确实味道不佳，她只能对着全英国的敌人发泄情绪："都怪希特勒！真想让德国佬也尝尝这个派！"玛丽没有说错，他们如今和大多数英国家庭一样，饱受食品匮乏和粗劣饭菜的折磨，这一切都要归咎于纳粹潜艇对海运线的疯狂攻击，而这种困境早在一战时期就已初现端倪。

在两次大战中，德国海军认为"无限制潜艇战"可以让英国屈服的理由之一，就是通过大量击沉商船将使英国难以从海外获得足够的粮食，最后迫于饥饿而投降乞和，这种作战理念在理论上是存在可行性的。通过数个世纪的扩张，英国在19世纪成为世界

战前作为职业魔术师的贾斯帕·马斯基林（左），二战爆发后志愿参军（右）

第一章 英国篇 43

1940年英国实施配给制后，一位店员向顾客展示糖、茶和咖啡的配给定量

上最大的殖民帝国，国内人口激增，在一战前夕已达4200万人，到二战时更接近5000万人，仅靠本土出产的粮食已经很难供养千万国民，只能大量从国外输入粮食。在二战爆发前，英国每年进口的粮食多达2000万吨，包括70%的奶酪和糖、80%的水果、70%的谷物和食用油脂、50%的肉类，而且国内的肉类生产也需要海外进口饲料来维持。这些关乎国计民生的粮食大部分依赖海运，因此"海运线是大英帝国的生命线"绝不是某种文学化的笼统描述，而是不容忽视的严峻现实。战时一旦海运线遭到破坏而致粮食进口下降甚至断绝，极可能引发饥荒、社会动荡和反战浪潮，从而令战争难以为继。

进入现代社会，配给制是应对特殊时期物资缺乏时行之有效的措施，尤其在战时极为常见。不过，一战初期出于稳定民心的需要，英国政府拒绝任何形式的食品配给制度，直到德军无限制潜艇战初露锋芒，才在1917年2月引入自愿配给制，同年12月开始实施分阶段的强制配给制。当时英国国内的小麦存量只能维持6周，在一战的最后一年里黄油、肉类和糖也被列入了配给范围，幸而在粮食危机真正爆发前德国就已战败投降，英国得以渡过难关，但统计表明战时英国人均每日能量的摄入减少了3%，蛋白质摄入减少了6%。

一战的经验教训使英国政府充分认识到战时物资管制的重要意义，并在二战爆发伊始就将配给制作为基本国策加以推行，在1939年9月首先对汽油实施限量供应，但更重要的配给措施还是在食品供应领域，为此粮食部进行了数月的准备和筹划。在1939年底，剑桥大学的学者们进行了一项实验，测试在德军潜艇完全切断粮食运输的情况下依靠国内粮食生产能否维持供应。受试者在获得定量食物的同时从事模拟战时劳作的密集户外活动，结果表明只要合理分配食物就可以满足基本生活所需，不会在健康方面带来明显的负面影响。这项实验结果在战时被严格保密，但为政府推行食品配给制提供了理论依据。英国政府于1940年1月8日宣布对培根、黄油和糖进行定量供应。

随着1940年德军潜艇和袭击舰的活动日趋猖獗，英国的粮食运输出现了令人不安的

44　战士的餐桌

战时英国人使用的配给簿，用于兑换各种配给物资，包括食物、布料、纸张等等

波动，到 1941 年底已经有 72.8 万吨谷物和肉类沉入大海，特别是当年的最后 3 个月就有 15.9 万吨粮食未能运抵目的地。这种形势促使食品配给制的清单变得越来越长，从 1941 年 3 月开始肉类加入了配给品行列，7 月后食用油脂和茶也开始定量供应，接着奶酪、牛奶、鸡蛋、果酱、饼干、罐头、干果等都被禁止自由买卖，到 1942 年 8 月，除了蔬菜、面包、鱼、水果等少数品种，绝大部分日常食物都被列入定量供应范围内。鱼和水果虽然未受管控，但由于战时出海捕鱼的风险使得渔获数量明显减少，仅为战前水平的 30%，海产品价格飙升。水果也面临类似的情况，供应紧张，进口水果完全消失，以至于战时出生的孩子们不相信香蕉是真实存在的，因为在战争结束前他们几乎吃不到这种热带水果！除了啤酒之外的所有饮料都变得稀缺，而啤酒被认为是能够鼓舞士气的重要物资而未受管控，但由于缺乏劳动力和进口原料，啤酒的产量和品质都不可避免地出现了下滑。除了食品，衣物、肥皂、纸张等也都被纳入管控范围。

食品配给制深刻地改变了英国人的饮食生活，随着配给制的广泛实施，大部分家庭无论贫富都不能随心所欲地在市场上选购喜爱的食品，粮食部统一印制发行的配给簿成为获得食品和其他管控物资的必需凭证。配给簿内包含对应各类物资的兑换券，人们只能持配给簿前往居住地附近指定的店铺按照政府规定的配给量向店主兑换食品或生活用品，在交易时店主会从配给簿上撕去相应数量的兑换券。配给簿几乎人手一册，即使贵为首相的温斯顿·丘吉尔也要领取属于自己的配给簿，当然他平时无须亲自去购买食品。

为了与配给簿相适应，粮食部还规定了统一的配给标准，除了肉类外，其他食品都按照重量配给，肉类依然按照价格，而肉价由官方规定。战时成年公民每人每周食品配额的最高标准包括 227 克培根和火腿、454 克糖、113 克茶叶、1 先令 2 便士的肉类（约

第一章 英国篇 45

这幅照片展示了战时两名英国成年人一周所能获得的配给食物

合540克）、227克奶酪、227克黄油、340克人造黄油、85克猪油、1个鸡蛋和1.7升牛奶。糖果和果酱按月配给，每月标准为454克，而最低配给标准要比上述数量减少一半甚至更多。儿童、孕妇、慢性病人、素食者、特定岗位的工人等特殊人群将获得特别配给簿，通过不同颜色的封面加以区分，从而获得额外的配给量，新鲜水果、鸡蛋和牛奶优先提供给儿童和孕妇，素食者可以用其他食品替换肉类配给。当然，上述标准能否得到执行还要看实际供给状况，在个别地区某种食品出现短缺的现象在战时并不少见。相比之下，军队的配给标准要更高，比如，陆军男性军人每周配给的肉类多达2.4千克，糖为850克，不过其他项目与平民相差不多或略少。

定量限供对于日常生活而言相当不便，但战时民意调查显示，60%的英国人对实施配给制表示赞同，认为可以保证每个人都能公平地分享食物，从侧面反映了战前某些底层贫困家庭的饮食标准可能比战时标准更低，配给制反而能让他们吃得更多更好。不过，配给制起初只针对普通家庭的食品供应，而餐馆饭店并不受此约束，这意味着富裕人士可以通过外出就餐获得超出配额的食物，从而引发公众普遍的担忧和不满。作为回应，英国政府在1942年5月颁布法令，对公共餐饮做出限制：每餐不得超过三道菜，只有一道菜允许含有肉、鱼或家禽，且不得超过一种肉类；除非特别许可，餐馆不得在晚上11时至次日5时之间提供餐饮服务；每餐饭最高价格不得超过5先令，但豪华酒店可以额外收费。各地方政府还在学校和教堂设立了约2000个被称为"英国餐厅"（British Restaurant）的公共食堂为民众提供廉价饮食，只需支付9便士就能享用一顿包含三道菜的饭菜，而且无需兑换券。这种公共食堂起初是伦敦地方政府为救助因轰炸流离失所的市民而设，后来向公众开放，主要服务对象是政府公务人员和产业工人。此外，政府还向贫苦家庭和工人阶层发放食品补贴，仅在1942年到1943年这项开支就达到1.45亿英镑。

物资紧缺和定量配给的双重压力为黑市贸易滋生提供了土壤，即便内忧外患之际，投机牟利者仍大有人在，政府收购农产品的低价促使部分农户虚报少报产量，并将部分收获物——主要是肉类——投入黑市以卖出更高的价格。当大量美国援助物资抵达英国后，在美军营地周边也形成了非常兴盛的灰色交易地带，相当一部分美标物资流入黑市。虽然整个战争期间黑市始终存在，但就总体而言并未对配给制的实施产生太大的影响，

二战时期英国伦敦市民利用弹坑开辟的"胜利花园",种植各种瓜果蔬菜

毕竟大部分普通英国人难以支付黑市商品的高价。

在推行严格的食品配给制的同时,粮食部还想方设法提高国内粮食产量,增强自给自足能力,其中一项重要举措就是发起"掘土保胜利"运动(Dig for Victory),号召和鼓励民众尽可能利用闲置土地与公共绿地种植蔬菜和农作物,也可以养殖家禽和兔子,以获得额外的粮食供给。政府通过各种媒介为这场种菜运动进行宣传造势,甚至在广播电台开设有关种植饲养的专题节目,听众多达百万人。英国王室也发挥了表率作用,将肯辛顿公园内艾伯特纪念亭(维多利亚女王为纪念亡夫而建)周围的空地向公众开放种植,白金汉宫和温莎城堡的草地在英王乔治六世的支持下都种上了蔬菜,伦敦海德公园的部分草坪也被开辟成农田。在政府和王室的大力推动下,这场英国式的"大生产运动"在不列颠的土地上蓬勃开展,从居民自家花园到乡村荒地,从铁路两侧的空地到体育场、高尔夫球场,都被见缝插针地利用起来种植果蔬、养殖禽畜,甚至有人将公寓楼顶、露台和炸弹弹坑都改建为菜园,这种民众自行建立的农圃都被称为"胜利花园"(Victory garden)。据统计,到1943年,全英国"胜利花园"的总面积已达140万英亩(约5666平方千米),年产蔬菜100多万吨!

除了鼓励种菜,粮食大臣伍尔顿爵士还提倡民众多吃菜,少吃肉,以代用食品取代紧缺食品。在从政前,伍尔顿是一位成功的商人,深谙市场营销手段,为了宣传食用蔬菜的好处想出诸多招数。比如,请著名歌手兼喜剧演员沃特斯姐妹(Elsie&Doris Waters)创作以土豆、胡萝卜为主题的歌曲和音乐节目,通过新闻影片和广播电台广为播放,还请人绘制将土豆、胡萝卜拟人化的儿童绘本,希望引导孩子们用蔬菜食品取代甜点糖果。胡萝卜因为天然的甜味而在很多地方被当作糖的替代品,还被插在木棍上取代冰激凌充

第一章 英国篇 47

战时担任英国粮食大臣的伍尔顿爵士从街头移动餐车的女服务员手中接过一杯茶，他大力提倡节约粮食，推广各类战时菜肴

当孩子们的零食，而这样做的家庭会受到粮食大臣的公开褒奖。

伍尔顿爵士还在各种场合向大众推荐各类战时爱国食谱，其中最典型的就是爱国面包（National Loaf）和伍尔顿派。所谓爱国面包，是1942年由全英面包师联合会推出的一种代用面包，以减少精制白面包的消耗，尽可能利用现有的小麦储备。爱国面包采用全麦面粉添加钙质和维生素后烤制而成，色泽灰暗、质地粗糙、口感很差，很不受欢迎，甚至被嘲笑为"希特勒的秘密武器"，唯一的好处是不限量供应。美国第一夫人埃莉诺·罗斯福（Eleanor Roosevelt）在1942年访问白金汉宫时惊讶地发现，放在奢华的金银餐盘中端上桌的面包也是家家户户都要食用的爱国面包。

伍尔顿派是伦敦著名豪华酒店萨伏伊酒店的厨师长弗兰西斯·拉特里（Francis Latry）应粮食部要求设计的一系列战时菜谱之一。这位大厨在伦敦社交圈里很出名，过去服务的对象都是王室权贵和政要明星，经手的食材无不奢华昂贵，但眼下只能用最普通的材料制作出适合大众口味的菜肴。拉特里的这道素食馅饼采用切碎的土豆、防风根（欧洲萝卜的一种）、花椰菜、胡萝卜、芜菁为馅料，加入燕麦片和碎葱煮成蔬菜浓汤，冷却后装入烤盘，撒上芹菜碎，再盖上用土豆泥和全麦面粉做成的面皮，放入烤箱烘烤而成。当然，馅料配方可以根据能够获得的食材进行调整，依个人喜好调味，就算加肉也没有问题。

拉特里的这道蔬菜馅饼一经推出，立即受到美食评论家的热捧，被视为健康又易于烹饪的美食，伍尔顿爵士更是对其赞赏有加，经常在公务用餐时点这道馅饼，并请记者拍照刊登在报纸上。他还亲自在电台节目中现身说法，与听众分享食用馅饼的感受，久而久之，人们便以他的名字将这道菜称为"伍尔顿派"。然而，并不是所有家庭主妇都有拉特里那样高超的厨艺，真正进入普通人家的伍尔顿派味道千奇百怪、参差不齐，比如本节开头玛丽为丈夫马斯基林制作的派就要算是失败的作品了。对于早已习惯吃肉馅饼的英国人而言，要接受这道无肉馅饼确实并不容易，在战时伍尔顿派的受欢迎程度始终不高，战争结束后就迅速从人们的视野中消失了。不过，伍尔顿派作为战争时期英国大众饮食的缩影而被铭记，每逢战争纪念日，都有人复刻这道战时料理以缅怀那段艰难岁月。

伍尔顿派是英国战时料理的代表菜式，如果厨艺出众，也能做出不错的味道

　　在食品店前排起长队却空手而归，每周少得可怜的肉类和奶蛋配给，还有餐盘里寡淡无味的菜肴，配给制留给英国人的战时记忆是苦涩辛酸的，但无可否认的是，配给制是确保英国坚持战斗并赢得胜利的最重要的措施之一。它不但切实保障了战时物资紧缺时社会供给状况的稳定，最大限度地合理分配了生活资源，并保证了广大国民的生存所需和身心健康。更为重要的是，由于配给制的实施使很多底层民众的饮食条件得到改善，而且不论家境贫富、地位高低，大多数英国人都要领取相同的食品配额，并肩在"胜利花园"中挥洒汗水，一起忍耐对饥饿的恐惧，这种共同感受在一定程度上缩小和弥合了阶层间的差距和分歧，促进了社会公平的发展，形成了万众一心、共克时艰的氛围，加强了社会凝聚力，为战争持续进行提供了坚实的民众基础。定量配给还消除了战前食品浪费的陋习，形成了节约粮食的良好风气。让人意想不到的是，严苛的食品配给还改善了英国人的饮食结构，肉类和糖分的摄入减少，碳水化合物和维生素的摄入增多，使得营养结构更为均衡合理。战争期间英国人患中风、心脏病的概率以及儿童死亡率都大幅下降，实际上经历战争的英国人要比战前更加健康。

　　战争结束后，由于凋敝的经济、美援减少、艰难的战后重建工作以及自然灾害的影响，英国政府继续实行配给制，管控甚至比战时更加严格，连面包和土豆都一度实施定量供应。随着战后经济的复苏，配给制逐步放宽，最终于战争结束9年后的1954年7月4日才正式取消。

第一章 英国篇　49

坦克炮塔里的迷人茶香——红茶

1944年6月13日,距离英美盟军登陆法国诺曼底海岸已经过去了一周时间,战局进展大大落后于盟军最高统帅部的预计,德军的反击来得既迅速又猛烈,盟军全线陷入苦战,尤其是英军正面的进攻近乎停滞。英军原计划在D日当天就夺取交通枢纽卡昂,由于部队行动迟缓未能实现,被德军第21装甲师挡在了卡昂郊区。数日间,随着党卫军第12"希特勒青年团"装甲师和装甲教导师等精锐部队投入战斗,卡昂前线的德军实力增强,英军的连续攻击均告失利,战斗演变成静态的阵地战。相比之下,美军的攻势稍有起色。6月9日,与英军右翼相邻的美军第1步兵师进攻得手,在德军第47装甲军与党卫军第1装甲军的接合部科蒙(Caumont)地区撕开一道约12千米宽的缺口。统领英军部队的蒙哥马利决定派出麾下的王牌——有"沙漠之鼠"称号的第7装甲师从缺口突入,向德军侧后迂回,占领小镇维莱博卡日(Villers-Bocage)及其附近的山脊,从而迫使装甲教导师撤退,进而打开挺进卡昂的通道。

6月13日清晨,第7装甲师的先锋第22装甲旅在前出侦察后向德军战线后方开进,一路上几乎没有遇到抵抗,零星的德军都望风而逃,沿途不时有法国民众夹道欢呼,迎接解放者的到来。上午8时30分,英军的摩托化纵队开进维莱博卡日,没有看到任何德军存在的迹象,唯有小镇居民的热烈欢迎。这种友好又感人的场面让情绪紧张的英军官

1944年6月13日在维莱博卡日街头被德军虎式坦克击毁的英军"克伦威尔"坦克

自17世纪以来，红茶就是英国人最为喜爱的饮料，饮茶之风盛行于各个社会阶层

兵放松下来，在派出一部分兵力去占领镇外的213高地后，大部队在镇内原地休息，很多人下车舒展筋骨，接受当地人的热情款待。然而，这种轻松愉快的气氛突然被一声炮响和随之而来的剧烈爆炸声所打破，镇外升腾的浓烟宣告了战斗的猝然降临，很快所有英军电台里都传递着一个可怕的消息："虎式坦克来了！"

其实德军已经注意到防线上的缺口，党卫军第1装甲军军长约瑟夫·迪特里希（Josef Dietrich）、党卫队全国总指挥兼武装党卫军大将也针锋相对地甩出王炸，命令党卫军第101重装甲营前往堵漏，其中由米夏埃尔·魏特曼（Michael Wittmann）二级突击队中队长（党卫军中尉）指挥的第2连已在12日夜间抵达维莱博卡日外围的树林中。魏特曼早在东线战场就是出名的坦克王牌，行动果敢、经验老辣，在得知英军进入城镇后，他立即命令连队做好战斗准备，自己亲自指挥一辆虎式坦克先行侦察，最后干脆变成单车突袭。魏特曼首先以精准的连射报销了镇外的英军坦克和车队，随后沿着公路杀进镇内，凭借88毫米的强悍火力和厚重的装甲横冲直撞，如入无人之境，直到这辆坦克在路口被英军反坦克炮击伤抛锚，车组弃车，才结束了这场一边倒的屠杀。在不到15分钟时间里，英军有13～14辆坦克、2门反坦克炮和13～15辆运输车辆被摧毁，伤亡百余人。经此重创，英军战意顿挫，在经历了两天的争夺后，第22装甲旅全军撤回出发阵地，这次对卡昂的迂回行动就此告吹。

维莱博卡日之战是二战中最著名的坦克交战之一，也是"装甲战神"魏特曼的封神之战，更是有关虎式坦克的战场神话中最为人熟知的部分。战后，关于维莱博卡日之战的各种传说中有一种说法认为，魏特曼之所以能创造如此神迹，很大程度上要感谢英国人的配合，当他发起进攻时，镇内的英军正在车外享受上午茶，并不在战斗岗位上，是在极为松懈的情况下被德军打了个措手不及。这种说辞听起来令人难以置信，久经沙场的"沙漠之鼠"居然会在交战前沿有闲情逸致喝茶吃点心？然而，如果你了解英国人对茶的痴迷，明白茶在英国饮食生活中的地位，感受英国在数个世纪里形成的深厚而独特的茶文化，就可以理解这种看似荒诞的说法其实大有合理之处。

茶这种古老的东方饮品，最早是由开辟新航路及香料贸易的葡萄牙人和荷兰人传入欧洲，与丝绸、瓷器一道引发了西方世界对中国这个遥远神秘国度的无限遐想。17世纪初，茶叶由荷兰商人带到英国，但具体时间已不可考，目前英国有关茶叶销售的最早记载是1657年伦敦一家名为加威的咖啡馆首次向市民出售茶叶，同时也显示当时英国上流社会中饮茶之风已经渐渐兴起。值得注意的是，茶叶在欧洲人眼中起初并非饮料，而是一种能够提神醒脑、安神定气、祛病强身、延年益寿的"东方神药"。由于茶叶要万里迢迢从东方运来，数量稀少，价格昂贵，当时属于只供王公贵族享用的奢侈品，在17世纪中叶的伦敦市场上，1磅茶叶的售价高达6～10英镑。

在17世纪进入欧洲的茶叶既有绿茶，也有红茶，但英国人对红茶情有独钟，引为至爱。绿茶和红茶都是主要的茶叶品种，两者在工艺、外观和风味方面都存在差异。绿茶是将新茶经过翻炒脱水（术语杀青）、揉捻、干燥后制成，茶叶本身以及冲泡后茶水的颜色都呈黄绿色，故名绿茶。红茶起源于福建武夷山下的桐木村，最早出现于明代崇祯年间，是当地村民在尝试制作乌龙茶（介于绿茶和红茶之间的品种）的过程中由于工艺落

英国国王查理二世和凯瑟琳王妃的画像，凯瑟琳王妃在英国引领了饮茶风尚

后和急于求成而意外产生的茶叶品种，在工艺上增加了发酵过程，减少了茶叶的苦涩，增加了新的芳香物质，又因为使用松木烟熏干燥，增添了松香味，形成了一种独特的香气。红茶茶叶呈黑色，冲泡的茶水以深红色为主，因此被称为红茶，不过在英语中则取茶叶颜色命名为 Black Tea（黑茶）。红茶独有的香气和醇厚甘甜的口感让英国人深深迷恋，但经过长途运输后香气减弱，英国茶商要求中国茶农制备香气更浓的红茶，于是经过反复烟熏后产生了气味浓烈、专供出口的红茶，巧合的是伦敦的水质较硬，在冲泡红茶时反而更能激发茶香。

英国饮茶风尚的确立要归功于一位外国公主的垂范引领，她就是英王查理二世（Charles Ⅱ）的王妃、葡萄牙公主凯瑟琳·布拉甘萨（Catherine of Braganza）。她年仅2岁就与英国王太子订立政治联姻，22年后的1662年完婚，她的嫁妆中除了印度孟买的统治权外，还包括大量砂糖、东方家具、茶具以及红茶，当然红茶是作为维护王妃身体健康的药品携带的。然而，这位异国公主的婚姻生活十分不幸，查理二世风流成性，情妇成群，长期冷落王妃，而凯瑟琳的习俗服饰又与英国王室格格不入，备受歧视，使她极为苦闷。于是，凯瑟琳每日饮用从故国带来的红茶排遣寂寞，舒缓心情，还用昂贵的红茶招待来访的贵妇。她的优雅举止和饮茶习惯逐渐成为贵妇们仿效的对象，饮茶之风也在王妃的带动下兴起于英国的贵族阶层，随后影响到中产阶级，到17世纪末连平民百姓都已经将茶水视为每天必喝的日常饮品。正如1795年的一份农工状况调查报告所记载："在恶劣天气与艰苦生活条件下，麦芽酒昂贵，牛奶又喝不起，唯一能为他们软化干面包的就是茶。"

饮茶习惯在英国的普及离不开茶叶的大量输入，而东印度公司在茶叶贸易中扮演了极为重要的角色。1711年，东印度公司在广东设立贸易点，与中国开展茶叶贸易，到19世纪初每年茶叶销售量高达2000万磅，获利超过100万英镑，占东印度公司商业总利润

丰盛的英式早餐通常都会搭配一杯红茶食用，即英式早餐茶

的 90%，贡献了英国国库收入的 10%。然而，茶叶货源由中国垄断，而英国工业品在农业经济主导的中国没有市场，英国只能以白银交易茶叶，造成白银大量外流。为了扭转贸易逆差，英国对华进行罪恶的鸦片贸易攫取利益，最终导致了鸦片战争的爆发。

到 19 世纪初叶，英国人不论贫富贵贱、男女老幼，每人每年消费茶叶都在 1 磅以上，仅凭中国的茶叶产量渐渐无法满足英国市场的需求，因此英国一直尝试在印度寻找和培育茶树，开辟新的茶源。这项工作在 19 世纪 30 年代取得突破，茶树在印度阿萨姆邦栽培成功，著名的阿萨姆红茶由此诞生，之后茶叶种植又扩展到孟加拉邦和锡兰（今斯里兰卡）等地，产生了大吉岭红茶、锡兰红茶等知名品种，极大丰富了英国的茶源和英国红茶的口味。印度也由此成为继中国之后第二个商业红茶产地，目前印度仍然是世界上产量最大的红茶生产国，而英国及深受其影响的爱尔兰则是世界上红茶消费量最高的国家。

经过两百多年的发展，到 19 世纪的维多利亚时代，茶已经成为英国人最重要的日常饮品。英国也是西方世界里少数喜茶胜过咖啡的国度之一，并形成了独特的英式茶文化，茶饮对英国人饮食生活的渗透程度即便是茶叶起源国的中国也有所不及。与历史悠久的中国茶道相比，英式茶文化有着诸多不同，其中最显著的一点就是，英国人喝红茶习惯加入牛奶和糖，调制成奶茶饮用，这在东方茶道中是极为罕见的方式。英国人将茶视为一日三餐重要的配餐饮料，尤其是以品种丰富著称的英式早餐通常都要配上一杯特制的

精致多样的茶点和考究的礼仪规范是英式下午茶的典型特征

54　战士的餐桌

英式早餐茶（English breakfast tea）才算正宗。这是一款经典的英式拼配红茶，一般采用印度阿萨姆、斯里兰卡和肯尼亚出产的茶叶混合而成，口感醇厚浓烈，香气饱满，略带花香，可与牛奶和糖混合，也适合搭配柠檬，可以有效中和英式早餐中油炸烧烤食物的油腻，据说维多利亚女王就是英式早餐茶的爱好者。

在正餐之外，英国人还安排了专门的饮茶活动，这就是上午茶（Elevenses）和下午茶（Afternoon tea）。上午茶是早餐和午餐之间的茶点，通常在11时之前进行，当作工作之余的休憩节目，比较简单随意，以茶或咖啡配饼干等小点心。相比之下，英式下午茶是一种更为正式的餐饮活动，尤其被上流社会视为重要的社交场合，具有烦琐的礼仪规范，作为英国饮食的象征在世界范围内都具有影响力。英式下午茶的创始人与饮茶风尚的先行者凯瑟琳王妃一样，是一位贵族女性，即贝德福德公爵夫人安娜·玛丽亚（Anna Maria, Duchess of Bedford），她曾在维多利亚女王的宫廷中担任女官，对于红茶自然十分熟悉和喜爱。

在19世纪中期，英国贵族阶层的饮食习惯是早餐丰盛，午餐简单，而晚餐安排在各种社交活动，如看戏或欣赏音乐会之后，往往迟至20时以后才会开始，午餐和晚餐的间隔时间过长，贵族老爷们不得不在下午忍受饥肠辘辘的折磨。为了缓解饥饿，公爵夫人在15时到17时之间会吃些三明治和烘焙点心，以红茶送食，十分惬意。她还以这种方式招待来访宾客，颇受好评，之后作为一项社交活动被固定下来逐渐推广，这就是英式下午茶的起源。

英式下午茶通常在15时30分到17时之间举行，选用印度的大吉岭红茶、斯里兰卡的锡兰高地红茶或由多种茶叶混合而成的格雷伯爵茶，搭配牛奶或柠檬饮用。相比茶水，下午茶提供的各式茶点才是重头戏。正式的下午茶会提供三种类型的茶点，它们被放置在特制的三层点心架上，而且放置顺序有明确规定：下层放置各种口味的三明治，比较

1942年7月，在北非战场为英军官兵提供茶饮的流动茶水车，红茶对于英国军队的作战至关重要

第一章 英国篇 55

典型的是黄瓜、三文鱼、切达奶酪三明治，有时也会用到烟熏火腿或咸牛肉，三明治会切成一口吃下的小块；中层是英国传统点心司康饼（Scone），这是一种松软的小麦粉糕点，有时会加入葡萄干，口感介于蛋糕和面包之间，配合草莓酱和奶油食用；上层放置迷你蛋糕和果冻，同样切成便于食用的小块。出席下午茶讲究礼仪规范，比如要按照三明治、司康饼和甜点的顺序食用茶点；茶会举办者为男性时要主动申请泡茶，询问宾客的喜好；茶水可以多次续杯，但在茶壶的茶水倒光后客人不可擅自提出加水，而应由主人自行决定，以便掌控茶会的时间；冲泡饮茶的方式也要客随主便。相比品茶果腹，下午茶更重要的功能是供参与者交谈闲聊，交换信息，增进情谊。当然，现代下午茶更多被视为休闲活动，不必拘泥繁文缛节，形式上也丰俭由人。

纵观英国与茶叶延续四个世纪的历史渊源，不难发现英国人的确称得上嗜茶如命，他们对于绵绵茶香的依恋已经深入骨髓，达到一日不可无茶的程度，甚至有种夸张的说法，每逢下午茶时间英国社会就会停转，因为所有人都放下工作，喝茶聊天去了！夸张归夸张，茶对于英国人的重要意义是毋庸置疑的，尤其在战争状态下，茶叶供应是否稳定对英国而言是关乎胜负的大事。二战时期，由于中国遭到日寇侵略和封锁，印度一度也面临日军铁蹄的威胁，英国在全球征购红茶，以确保国内民众及军队的饮茶需求，在战时严格的配给制度下，不论平民和军人都要保证每人每周113克茶叶的定量配额。太平洋战争初期，英军在东南亚战场上一败再败，失地千里，但在日军逼近印度门户时英军组织起了有效的抵抗，力拒日军侵入南亚次大陆。此举除了军事目的外，还具有保卫印度红茶产地安全的战略意义，如果失去印度的茶源，对于英国的民心军心将造成灾难性打击！

英国人对于品茶的热爱在某种程度上也改变了他们打仗的方式，甚至会调整作战节奏以配合饮茶时间。英军官兵将喝茶视为激发士气和战斗力的源泉，二战时期从飞沙走石的北非沙漠到潮湿闷热的缅甸丛林，从波涛汹涌的北大西洋到阳光和煦的西欧乡野，无论在哪个战场上，只要条件允许，英军都会尽可能地喝上一杯茶。为此英军还改造了

二战时期的英军坦克兵只能在车外享用茶水和点心（左），而现代英军坦克兵得益于车载加热器的便利，在车内就可以享受茶香（右）

大量专用的流动茶水车，随时随地为官兵提供茶水服务。相比其他兵种，英军装甲兵在享受茶饮时要面临特别的困难，因为装甲车辆内部空间狭窄，又没有加热设备，想要喝茶就要离开车辆另行烧水泡茶，这在前线是十分危险的，面对品茶和战斗这两个选项实在难以抉择。实战中英军装甲兵因为在车外喝茶而致遇袭伤亡的情况屡见不鲜，据1946年的一份报告显示，在战争的最后两个月中，英军装甲部队有37%的伤亡是在车外造成的，而这方面最典型的例子大概就是维莱博卡日之战了。

鉴于血的教训，英军寻求既能在车内保持警戒，又能烧水饮茶的两全之策，最后在二战末期催生出一种独特的后勤装备——车载加热器（Boiling vessel）。这是一种方形电热水壶，长、宽、高都不超过30厘米，重7.7千克，可以很方便地装入坦克炮塔内。壶体采用食品级不锈钢制造，最大容积4.5升，由车载辅助电力系统供电，可以在不开启发动机的情况下工作，设有电压传感器和防干烧保护装置。外壳和内胆之间有隔热层，方便携带且减少红外特征，热水可以从壳体右下角的水龙头流出，除了烧水外，还可以用于加热野战口粮，必要时可以变身油锅用于烹炸食物，也可用作保温箱。

车载加热器首先装备战后英国第一代主战坦克"百夫长"，此后屡经改进，成为英军"酋长"和"挑战者"系列坦克与其他装甲车辆的标配。在英国陆军中有一条不成文的规矩，车组中资历最浅者要担任"加热器司令"，为其他成员端茶倒水。英军官兵将车载加热器称为"士气鼓舞器"，其钟爱程度从一则逸事中可见一斑：20世纪80年代初，美国陆军列装M1"艾布拉姆斯"坦克，邀请北约盟友参观，在讲解中大肆夸耀。然而英军军官在得知M1没有装备车载加热器时，十分不屑地评价道："这坦克真垃圾！"这话让美国人十分难堪，随后就向英国订购了10000台车载加热器。可见，在英国装甲兵眼中，能不能在车内享受一抹茶香是评定战车性能的重要标准。

传承勇气的纳尔逊之血——朗姆酒

凡是描述风帆时代航海冒险和海上战争的文学作品及影视剧，都会毫无例外地提及一种烈酒——朗姆酒（Rum）。在经典的海战影片《怒海争锋》（*Master and Commander*）中有这样一段情节：两名水兵向杰克舰长献上敌舰的船体模型，获得了双份朗姆酒的配给。不熟悉航海历史和海军传统的人大概会觉得舰长太抠门，提供如此重要的敌方情报才得到两小杯酒的奖赏？这可是大错特错了，对于那个时代的水兵而言，得到双份朗姆

朗姆酒与英国皇家海军有着深厚的历史渊源

酒可是天大的赏赐。在漫长单调的航海生活中,水兵每天最开心的事情除了倒在吊床上呼呼大睡,就是享用每日配给的朗姆酒,那种混合着芳香和刺激的液体流过喉咙时带来的快感,会让每一个忍受艰辛和死亡威胁的水兵得到莫大的愉悦与放松。自17世纪中叶之后的3个世纪中,英国皇家海军的每艘舰艇上都保持着每日分发朗姆酒的传统,它伴随着英国舰队征服四海、屡胜强敌,几乎一日不可或缺,朗姆酒对于英国海军的重要性,恰如啤酒之于德国人,伏特加之于俄国人。究竟朗姆酒有何魅力能够得到英国海军的长久青睐?这背后其实有很多故事……

在现代酒品分类中,朗姆酒属于八大蒸馏制备的烈酒之一,它是以甘蔗制糖过程中产生的糖汁或糖蜜为原料,经过发酵、蒸馏,之后在橡木桶中储藏至少三年而成,酒精浓度通常在20～50度,具有口感甜润、芬芳浓郁的特点。关于朗姆酒的起源有很多说法,其中最常见的说法是源自加勒比地区制糖业的兴盛。克里斯托弗·哥伦布(Christopher Columbus)在第二次远航美洲时将甘蔗带到了古巴,并在加勒比诸岛上广泛种植,进而形成了规模可观的制糖产业。大约在15世纪末至16世纪初,当时的制糖工人(最初是强掳的当地土著,后来多为黑奴或贫苦移民)将甘蔗压榨后的糖汁或制糖产生的副产品糖蜜进行发酵、蒸馏,得到一种酒精浓度很高的饮料,喝过之后能够使人兴奋并消除疲劳,后来经过工艺改进,逐渐形成了朗姆酒的制备方法。由于朗姆酒香气醉人、口感舒适,很快在海员水手中流行开来,尤其是成了很多海盗的最爱。

在谈及朗姆酒与英国海军的渊源之前,首先要说说海军中每日配给烈酒的传统,这种做法又缘于航海中的饮水问题。凡是略有常识的人都知道,在海上航行时最重要的东西是淡水,在风帆时代进行远航时,人们将淡水煮开后装入木桶中带上船,供航行途中饮用。然而,这些原始的桶装水不易保存,很快就会变质,生出绿藻,变得黏滑,散发出异味,难以饮用,很多水兵在喝下滋生细菌的淡水后罹患痢疾,上吐下泻,严重影响战斗力。为了解决淡水变质问题,船上也会携带比淡水保存期更长的酒类作为补充饮品,

风帆战舰时代的英国海军水兵在闲暇时间饮酒聊天,是枯燥航海生活中难得的愉悦时光,朗姆酒对他们而言是欢乐之源

通常酒类会与变绿发臭的淡水混合饮用,利用酒精的香味改善口感,并有杀菌的效果。而且酒也可以单独饮用,最初使用的酒类为啤酒,后来增加了烈酒。

早在 16 世纪时,英国海军就有每日配给啤酒的习惯,配给量是每人每天 1 加仑(约合 4.5 升)。当时的啤酒没有经过彻底的杀菌处理,也很容易变质腐坏,尤其是在高温的热带海域,于是酒精浓度更高、不易变质的烈酒也被加入了舰船饮品清单。英国海军规定在啤酒耗尽或因变质无法饮用时,每日的酒类配给可改为 1 品脱(约合 560 毫升)葡萄酒或半品脱(约合 280 毫升)烈酒。葡萄酒通常供军官饮用,分配给水兵的烈酒包括威士忌、白兰地等种类,朗姆酒则是在 17 世纪中叶进入英国海军的。朗姆酒与英国海军的结缘可以追溯到 1655 年,一支英国舰队占领了牙买加岛,这里与古巴一样以盛产朗姆酒出名。舰队司务官在上岸收集酒水补给时将朗姆酒带回军舰并分发给水兵,结果大受欢迎,从此之后,朗姆酒取代了法国白兰地成为英国海军每日烈酒配给的主要品种,以至于后来这

爱德华·弗农在 1740 年发布命令,要求朗姆酒必须掺水饮用,从而确立了英国海军朗姆配给的传统规则

第一章 英国篇 59

项配给被直接称为"朗姆配给"（Rum Ration）。

风帆时代在军舰上当水兵绝对是一件既苦又累，还随时可能掉脑袋的高危职业，当时的水兵都来自社会底层，或为生计所迫从军谋求温饱，或根本就是被抓来的壮丁。他们在军舰上不仅受尽漂泊之苦，还要从事繁重的劳作和训练，吃着粗劣难咽的食品，深受严苛纪律的约束，忍受老兵和军官的刁难斥责，轻则挨顿鞭子，重则绞架伺候，如果碰上海战，断胳膊掉腿甚至葬身大海都只能听天由命。在饱受煎熬的航海生涯中，对于缺乏娱乐的水兵而言，每天饮酒求得片刻放松就成为一种解脱和消遣。相比酒精度数较低、多喝不醉的啤酒，朗姆酒度数较高，味浓而劲足，少饮即醉，因此受到水兵的热爱，将其视为快乐和活力的源泉，宁可受罚吃点皮肉之苦，也不愿失去朗姆酒的配给，军官深知朗姆酒对于水兵的重大意义，于是将增减朗姆酒配给作为重要的奖惩手段。

朗姆酒虽然有效调节了水兵的情绪，有利于保持士气，但也带来了一些麻烦。英国海军最初配给烈酒是将未经调制稀释的纯正酒汁直接分发给水兵，让他们混着水喝，但朗姆酒的魔力造就了一大批贪杯之徒，他们一般不会将酒和水混合饮用，而是单独饮酒。而且有的人觉得配给的量太少，就会通过出钱购买或赌博的方式获取他人的配额，来满足自己的酒瘾，甚至有人将每日配给积存下来，然后一醉方休。军舰上的老酒鬼们都不

表现1805年10月21日特拉法尔加海战中，纳尔逊中将中弹倒在"胜利"号甲板上的画作，他的遗体被保存在朗姆酒桶内运回英国

喜欢冲淡的朗姆酒，他们还发明了一种测试酒精浓度的简单方法，就是将朗姆酒和黑火药混合，如果度数够高（至少有50度），经过酒汁浸泡的火药仍然能够点燃。不过，大量饮用高度烈酒会对身体造成伤害，影响水兵的健康，而且醉酒的水兵常常行为失控，打架斗殴，冲撞长官，无法正常执勤，严重破坏了军舰上的纪律和秩序，反而削弱了军舰的战斗力。

1739年，英国与西班牙之间爆发战争，爱德华·弗农（Edward Vernon）海军中将奉命率领一支舰队远征加勒比海。在朗姆酒的原产地，英国水兵得到更多的机会痛饮佳酿，导致军中因酗酒引发的问题日趋严重，最后弗农中将于1740年8月21日发布了一项著名的命令，要求每日分发给水兵的朗姆酒必须掺水之后饮用，酒与水的比例为1比4。这项命令实际上恢复了海军配给烈酒的初始目的，即解决淡水变质的饮用问题。将水与朗姆酒混合饮用有三点好处，一是酒精可以杀死水中的细菌，降低导致疾病的概率；二是酒香能够消除变质淡水的臭味；三是经过稀释的朗姆酒度数较低，不易喝醉，而且掺水后容易变质，不易保存，能够防止水兵私下囤积烈酒。

此外，弗农还改变了每日配给朗姆酒的时间，之前是在每天中午11时到12时之间配给，他下令改为一天配给两次，分别在上午10时到12时和下午4时到6时。这样水兵们在完成上午和下午的工作之后都能饮酒放松，每次饮酒量比较少，不会喝醉，而且对于私藏烈酒的行为将给予严厉惩罚。弗农的命令有效解决了军舰上的酗酒问题，虽然引起不少酒徒的不满，但仍然在整个英国海军中推行，最后在1756年成为一项固定制度，并沿用了200多年。弗农因为下令饮用掺水朗姆酒而在英国海军的历史上留下了特殊印记，因为他爱穿由格罗格兰姆呢制作的外套而获得了"老格罗格"（Old Grog）的绰号，于是水兵们将兑水的朗姆酒也称为"格罗格"（Grog），这一称呼流传下来，时至今日已经成为掺水烈酒的泛称。弗农由于战功卓著晋升海军上将，退役后从政并担任国会议员。

弗农因为确立了英国海军的朗姆酒配给制度而青史留名，而另一位海军中将则为朗姆酒增添了更为传奇的声誉，他就是英国海军历史上声名最为显赫的舰队统帅霍拉肖·纳尔逊（Horatio Nelson）。在1805年10月21日的特拉法尔加海战中，纳尔逊率领英国舰队大胜法西联合舰队，令当时不可一世的法国皇帝拿破仑放弃了入侵英国的企图，拯救不列颠于危难之际。纳尔

作为博物馆舰的"贝尔法斯特"号轻巡洋舰，使用模型再现了分配朗姆酒的情景

逊因此被视为英格兰的民族英雄,不幸的是,他在胜利即将到来之际中弹身亡,倒在旗舰"胜利"号(HMS Victory)的甲板上。

为保证纳尔逊的遗体在运回国内安葬前不腐烂,军官们决定将遗体置于一个朗姆酒桶中,浸泡在深黄色的酒水之中。当舰队返回英国时,人们打开酒桶盖惊讶地发现遗体还在,桶里的朗姆酒已经涓滴未剩。在将纳尔逊的遗体移出酒桶后,经过仔细检查发现,酒桶底部被人用钻头钻了一个小洞,所有的酒就是从这个洞被偷喝殆尽,据说这是军舰上的水兵希望获得纳尔逊那样的英雄气概而钻孔偷酒。还有另一种说法是浸泡遗体的朗姆酒并未被偷喝,而是被青年军官拿去开酒会,以表达对天才统帅的崇敬和缅怀。这则故事的真实性一直受到质疑,但无论纳尔逊与朗姆酒的逸闻是否属实,崇尚英雄的英国人都会选择相信这是真事,从此之后,朗姆酒在英国海军中获得了一个更加响亮且寓意深远的名字——"纳尔逊之血"(Nelson's blood)。

自弗农时代之后的两百多年间,英国皇家海军的舰艇上每天定时定量配发朗姆酒成为一项雷打不动的规则,无论平时、战时都得到严格执行。1756年,英国海军又规定在配给的朗姆酒中加入柠檬汁或酸橙汁以预防败血症。随着海军从风帆时代进化到钢铁蒸汽时代,海军水兵已经能够得到充足的淡水供应和医疗保障,彻底告别了发绿变臭的饮水和败血症的威胁,似乎失去了配给朗姆酒的必要,但英国海军依然将这项供给保持到20世纪70年代,仿佛每次饮下琥珀色的酒汁,就能从纳尔逊等先辈那里获得无穷的力量。经过百余年的发展和演变,"朗姆配给"已经形成了固定的规范和仪式,成为英国海军悠久传统和海军文化的重要组成部分。

英国海军配给朗姆酒始于1655年占领牙买加,从17世纪中叶开始,朗姆酒就成为英国海军最重要的供给品之一。数百年来,供应英国海军的朗姆酒主要产自牙买加、特立尼达和多巴哥以及英属维尔京群岛等地,属于酒精浓度较高的浓香型朗姆酒,其度数通常在47度到54度之间,值得一提的是,当年特供英国海军的朗姆酒品牌直到今天都是享誉世界的名牌。最初朗姆酒配给是面向全体舰员的,包括军官、士官和水兵,但军官在饮食上较士官和水兵更为自由,在饮品上也有更多的选择,对于是否领取每日配

英国海军分发朗姆酒的传统工具"朗姆桶",配有不同容量的酒杯

1940 年，"英王乔治五世"号战列舰上的水兵在分配朗姆酒

给的朗姆酒态度较为随意。19 世纪末到 20 世纪初，英国海军明确规定取消军官及准尉的朗姆酒配给，此后只有士官和水兵能够继续享有此项配给。此外，配给士官的朗姆酒不必兑水，而供给水兵的朗姆酒必须按照弗农当年的命令掺水后来再进行分配。当然，士兵可以选择不领取朗姆酒，作为替代，他可以得到每天 3 便士的补助，不过很少有人会放弃饮酒的快乐。此外，年龄不满 20 岁的水兵不能领取朗姆配给，那些由于过失犯错而受罚的水兵也可能被取消配给或者领取掺入更多水的酒。直到 20 世纪初，在英国战舰上还会对醉酒或工作疏忽的士兵实施配给"六分水格罗格"（six water grog）的惩罚，即只给按照 1 比 6 的酒水比例冲淡的朗姆酒。

近代以来，英国海军中的"朗姆配给"已经形成了代代传承的习俗，具有特定的称谓和形式，比如水兵将每日配发朗姆酒的时间称为"提神"（Up spirits），显然每当这一时刻到来，所有水兵都会提起精神。在分配朗姆酒时要使用特制的酒桶，被称为"朗姆桶"（Rum Tub），它使用上等橡木制成，外表经过精心打磨和装饰，装有锃亮的黄铜桶箍，桶壁上饰有黄铜铭文"上帝保佑吾王"。根据在位君主的性别，桶上的铭文会有两种形式：The Queen, God Bless Her（上帝保佑女王）或 The King, God Bless Him（上帝保佑国王）。

"朗姆配给"要遵循固定的程序，就像白金汉宫的警卫换岗一样成为舰上每天必行的仪式。在配给开始的时间,水手长就会用哨子吹响特定的哨音,向值班士官发出信号,后者立即前往后甲板从一名军官手中接过储酒室的钥匙,然后在一名箍桶匠和一小队陆战队员的护卫下前往储酒室,按照配给所需的分量将朗姆酒倒入酒桶中。两名陆战队员将酒桶提到甲板上,并在两边警卫,然后开始以舰上食堂为单位按顺序领取,每个食堂派出一名代表来领酒,他们被称为"朗姆水手长"(Rum Bosun)。首先是士官食堂的"朗姆水手长"带着酒罐前来,一名陆战队中士会在司务长的指导下将未兑水的朗姆酒按量舀入酒罐中。在士官食堂领酒完毕后,剩下的朗姆酒就会在一个大桶中与定量的水混合成为"格罗格"。调制完成后,水手长会再次吹响哨子,各个水兵食堂的代表就提着酒罐前来领酒,在值班士官的监督下,陆战队中士用勺子将酒按量舀入酒罐。最后桶中如果还有残酒,就当众倒入海中,以示不能私藏。"朗姆水手长"们将酒罐拿回食堂后,再根据规定的配给量分配给每一名舰员。值得一提的是,水兵用来饮用朗姆酒的杯子严格区别于其他的杯子,在水兵中间流传着一种习俗:朗姆酒杯在清洗时只洗外面,不洗内部,因为水兵们相信杯底的残酒会让下次倒入的酒更加醇厚。如果遇到重大纪念日或王室事件时,或者舰员因为表现出色而获得奖励时,军官会下达"连接主桅操桁索"(Splice the mainbrace)的命令,向全体舰员或有功人员分发额外的朗姆酒,以示庆祝或奖励。

英国海军配给朗姆酒的习惯也影响到其他国家的海军,尤其是属于英联邦国家的海军,比如加拿大海军和新西兰海军都保持了同样的习惯,但澳大利亚海军没有继承这一传统。不过,在英国战舰上服役的澳大利亚水兵同样可以享有获得朗姆配给的权利,这一做法一直延续到1921年。创建于独立战争时期的美国海军最初也像英国海军一样,每

1970年7月31日,一艘英军护卫舰的官兵们聚集在甲板上,享用最后的"朗姆配给"

天配给两次朗姆酒，后来第二任海军部长罗伯特·史密斯（Robert Smith）在 1801 年至 1809 年任职期间，尝试用本国出产的黑麦威士忌代替进口的朗姆酒，受到水兵们的欢迎，此后在美国海军中威士忌就取代了朗姆酒。与英国水兵将掺水朗姆酒称为"格罗格"相似，美国水兵将掺水威士忌称为"鲍勃·史密斯"（Bob Smith），以纪念提出此项举措的海军部长大人。

作为一项从风帆时代遗留下来的传统，"朗姆配给"在进入 19 世纪之后也发生了一些变化，并逐渐走向消亡。尽管弗农在 1740 年的命令缓解了军中酗酒产生的问题，但是饮酒始终会对军舰运作和日常

英国海军"约克"号驱逐舰的水兵在分配朗姆酒，今日只有在重大纪念日里，英国女王才会下达命令，向海军官兵分配朗姆酒

管理造成隐患，因此自 19 世纪初以来，英国海军高层一直试图取消朗姆酒配给，但来自基层官兵的反对和传统的惯性使得这个目的经历了一个半世纪后才最终达成。

1824 年，英国海军决定将每日配给的朗姆酒分量减半，由每人每天 1/2 品脱（约 280 毫升）减少至 1/4 品脱（约 140 毫升）。1850 年，英国海军部成立了一个特别委员会专门讨论取消朗姆酒配给的问题，最后决定进一步削减配给量，改为每人每天 1/8 品脱（70 毫升），同时每日配给次数由两次改为一次，取消下午 4 时到 6 时的配给，上午的配给时间调整为 11 时至 12 时。进入 19 世纪下半叶，随着禁酒运动在欧美国家的兴起，英国海军的朗姆酒配给制度受到更大的冲击，军官的朗姆酒配给于 1881 年被取消，准尉的配给也在 1918 年被禁止，但基层士官和水兵仍然可以保证每天享用一次朗姆酒，虽然分量较之前减少了很多，但兑水比例相应降低，在二战结束前通常为 1 比 3，战后又改为 1 比 2。

1969 年 12 月 17 日，英国海军部针对东伍尔维奇郡议员克里斯托弗·梅休（Christopher Mayhew）关于朗姆酒配给的质询给予书面回复，在文中明确表示："配给朗姆酒的做法已经难以同高标准的工作效率相协调，如今舰艇上每一位成员的职责都与精密复杂的机械和系统相联系，每一名成员的生命都依赖于准确的操作。"言下之意，贪杯

误事带来的严重后果将威胁到全舰的生存。海军部的这一表态在议会中引发了激烈争论，1970年1月28日夜间，下议院就朗姆酒配给的存废问题举行辩论，后来被称为"朗姆酒大辩论"。议员们经过1小时15分钟的激烈讨论，于22时29分得出最终结论：朗姆酒配给已经不合时宜。在得到议会的支持后，海军部正式宣布自1970年8月1日起停止已经延续3个世纪之久的朗姆酒配给制度。

1970年7月31日，在英国海军的舰船上最后一次进行每日例行的"朗姆配给"。当天上午11时船钟敲响六次后，水手长们吹响了哨子，不少水兵领酒时在手臂上佩戴了黑纱，表示对朗姆酒配给制度的怀念，他们在饮下最后一杯朗姆酒后将酒杯抛入海中，以示告别。在一处训练营地，海军官兵还举行了模拟葬礼，宣告朗姆酒配给制度的寿终正寝。此后，英国水兵将这个日子称为"黑色杯日"（Black Tot Day）。作为补偿，英国海军恢复了自拿破仑战争之后就取消的啤酒配给，允许每名水兵每天购买3.5品脱的啤酒。继英国海军之后，加拿大海军在1972年3月31日也取消了朗姆酒配给，但这项制度在新西兰海军中仍保留了20年，直到1990年2月27日才最后停止。至于美国海军，早在1862年9月1日就停止在军舰上配发烈酒了。

虽然朗姆酒配给作为一项制度已经被终止了，但把朗姆酒作为奖励的传统被保留下来。在1970年之后，只有王室成员（通常是伊丽莎白二世本人）才有权下达"连接主桅操桁索"的命令，通常是在重大纪念日表示庆祝，比如特拉法尔加海战200周年纪念日、英国女王登基纪念日等等。在2010年加拿大海军建军100周年时，伊丽莎白二世以英联邦国家元首的身份向加拿大海军下达了"连接主桅操桁索"的命令。2012年，为了庆祝伊丽莎白二世登基60周年，英国海军官兵也得到了配发朗姆酒的奖励，在这一刻，他们重新举起酒杯，饮下滋味醇厚的酒汁，去感受那份曾经充满在纳尔逊血管中的豪迈和勇气。

第二章　美国篇

　　如果没有美国的参与，两次世界大战的结局很可能会截然不同。美国于1894年超越英国成为世界第一工业强国，高度发达的工业化和得天独厚的地理位置使美国拥有了改变战争结局乃至人类历史进程的力量。这种力量不仅意味着它可以动员一支兵员众多、装备精良的军队，并且将他们送往世界各地的战场，为他们提供似乎用之不竭的物资给养，也意味着它可以生产出品种繁多、营养均衡、数量充裕的食品填饱大兵们的肚皮，还有余力援助那些受到饥饿威胁的盟友。进入工业化时代，在以营养、热量和效率为导向的饮食哲学的推动下，美国发展出规模宏大、高产高效及标准化的食品工业，比任何国家都更加适应世界性的战争。旧大陆的人们也许可以批评美军作战过于依赖物质，美式食物缺乏创意、味道贫乏，斥之为垃圾食品，但他们无法否认美国军人是二战中吃得最多、吃得最好的军人，从工厂流水线上源源不断生产出来的罐头、饼干、巧克力和以同样方式制造出来的枪炮、战车、飞机、军舰一样具有摧毁强大敌人的威力。

劫后余生的悲伤圣诞节——烤火鸡

在西方基督教世界里，纪念耶稣诞辰的圣诞节是一年中最隆重的节日，每逢 12 月 25 日这一天，人们总要阖家团圆，赠送礼物、共享美食、相互祝福、祈祷平安。然而，对于美国海军战列舰"宾夕法尼亚"号（Pennsylvania，BB-38）的官兵而言，1941 年的圣诞节却没有这样欢乐祥和的氛围，他们正沉浸在战争猝然爆发的强烈震惊、对敌人不宣而战的无比愤慨和与战友生离死别的巨大悲痛之中。当这一年的圣诞节到来时，"宾夕法尼亚"号正航行于从夏威夷珍珠港（Pearl Harbor）至西海岸旧金山（San Francisco）的半途中，仅仅在两周半之前，这艘战舰在珍珠港遭遇了一场突如其来的天降浩劫，亲历了美国海军历史上最惨痛的失败，见证了太平洋战争的血色揭幕……

20 世纪初叶，随着美国国力大增，其海军力量也迅速崛起，急剧膨胀，实力直追大西洋彼岸的英、德海军。特别是 1906 年无畏舰问世后，美国海军紧跟潮流，积极投身于

美国海军"宾夕法尼亚"号战列舰，摄于 1925 年访问澳大利亚期间

跨越两大洋的海军造舰竞赛中，在 1906 年到 1911 年间建造了 5 级 10 艘无畏型战列舰，又在 1911 年到 1916 年间开工了 5 级 12 艘被称为"标准型战列舰"的超无畏型战列舰。"宾夕法尼亚"号就是标准型战列舰中的一艘，也是 2 艘同级战列舰的首舰，是美国海军历史上第三艘以宾夕法尼亚州命名的战舰。"宾夕法尼亚"号建造于纽波特纽斯造船厂，于 1916 年 6 月建成，排水量达 32400 吨，延续了"重炮铁乌龟"的设计风格，12 门 356 毫米舰炮和 343 毫米主装甲带赋予该舰出色的攻防能力，但航速仅为 21 节。

"宾夕法尼亚"号服役后，由于燃油补给不到位而未被派往欧洲战场为英国皇家海军助战，只得留在本土水域进行训练，倒是在战争结束后护送伍德罗·威尔逊（Woodrow Wilson）总统去参加巴黎和会走了一趟欧洲。此后，"宾夕法尼亚"号先是担任大西洋舰队旗舰，后于 1921 年调往太平洋，以加利福尼亚州圣迭戈（San Diego）为母港，在日复一日的训练、演习和出访任务中度过了两次大战之间的和平时光。1941 年 1 月，为了遏制日本在远东地区咄咄逼人的侵略扩张行径，罗斯福总统命令太平洋舰队主力前出至夏威夷，常驻瓦胡岛珍珠港，对日本实施战略威慑，"宾夕法尼亚"号也随舰队进驻珍珠港。然而，美国此举的效果适得其反，不仅未能阻止远东形势的持续恶化，反而刺激了日本对英美开战的决心，笼罩在西太平洋地区的战争阴影愈加浓厚。当然，"宾夕法尼亚"号的舰员们并不会直接感受到远在千里之外的危机，他们尽情享受着充满热带阳光和异域风情的惬意生活，殊不知一支强大的日本舰队已经瞒天过海，将武士刀的刀尖悄悄地对准了珍珠港……

这幅画作表现了"宾夕法尼亚"号战列舰在两次大战之间参加舰队演习的雄姿

1941年12月7日凌晨，以6艘航空母舰为核心的日本海军机动部队在南云忠一海军中将指挥下抵达瓦胡岛以北的出击阵位，在周日的第一缕阳光照亮海平面之前开始放飞舰载机，总共344架飞机组成两个攻击波，在檀香山电台播放的轻音乐引导下直扑珍珠港。这是由日本海军联合舰队司令官山本五十六海军大将构思的大胆计划，要在开战第一时间就以空中突袭摧毁美军太平洋舰队主力，赢得战略主动权，为同时开始的南进作战排除障碍。珍珠港作战的灵感源自1940年11月英国地中海舰队对意大利塔兰托军港的航母奇袭，然而日本人的计划远比英国版本规模更大更复杂，也更富于野心，这可能算是日本海军从昔日老师身上学到的最后一招，也是最具威胁的杀招。

继中日甲午战争、日俄战争之后，日本再次以不宣而战的卑劣手段挑起了战端，南云舰队的空袭做到了完全的突然性，即使在第一枚炸弹爆炸之后，瓦胡岛上大多数睡眼惺忪的美国人仍以为布满天空的飞机不过是一场逼真的演习！由于日军预定的头号目标美军航母不在港内，日军飞机便集中攻击了美军战列舰，当时太平洋舰队的8艘战列舰中有7艘照例停靠在福特岛一侧的"战列舰大街"上，唯独作为舰队旗舰的"宾夕法尼亚"号正在海军船厂的1号干船坞内进行维修，同时入坞的还有驱逐舰"卡辛"号（Cassin，DD-372）和"唐斯"号（Downes，DD-375）。在确认遭遇空袭后，"宾夕法尼亚"号在几分钟内就进入了战斗状态，以全部防空武器向日军飞机开火，是珍珠港袭击中最早发起反击的美军战舰之一。

由于受到船坞的保护，"宾夕法尼亚"号避免了致命的鱼雷攻击，但依然遭到日机的低空扫射和俯冲轰炸。至少有5架日军轰炸机从不同方向对该舰投弹，好在受到密集防空炮火的干扰，仅有1枚250千克炸弹命中，穿透了救生艇甲板后在9号副炮炮廓内爆炸，未伤及要害。遗憾的是，由于引信装定错误，"宾夕法尼亚"号发射的大部分炮弹都在抵达正确高度前爆炸，尽管该舰宣称击落了6架敌机，但实际战果仅有2架。同在船坞内的"卡辛"号也被一枚炸弹击中，引发大火和弹药殉爆，殃及近旁的"宾夕法尼亚"号，大量碎片残骸，包括一具450千克的鱼雷发射管溅落在战列舰

珍珠港袭击后仍停在船坞内的"宾夕法尼亚"号战列舰，近处是受损的美军驱逐舰"卡辛"号和"唐斯"号

甲板和上层建筑上，造成广泛的损伤并使舰艇起火。为了控制火势，美军只能向船坞内注水。当空袭结束时，"宾夕法尼亚"号仅挨了一枚炸弹，是袭击中受损最轻的美军战列舰，包括副舰长在内，有15名官兵阵亡、14人失踪、38人受伤，而"战列舰大街"上情状惨烈，4艘战列舰或坐沉或倾覆，3艘不同程度地受伤。毋庸置疑，日本人赢得了一场极不光彩的开局胜利。

12月7日下午，"宾夕法尼亚"号就展开修补作业，清除甲板上的残骸，修理受损部位，还从受损的战列舰"西弗吉尼亚"号（West Virginia，BB-48）上拆来2门127毫米舰炮以替换在空袭中损坏的副炮。"宾夕法尼亚"号的船体和动力系统保持完好，仍具备航行能力，于12月20日离开珍珠港前往西海岸接受进一步维修和现代化改装。在这段持续九天的航程中，舰员们迎来了这一年的圣诞节。刚逢惨败，官兵们的情绪难免有些低落，为了提振士气，舰长查尔斯·库克（Charles Cooke）上校决定仍按照传统和预定计划举办圣诞餐会，希望通过美食抚慰大家失落悲伤的心情，激励众人牢记仇恨、尽忠职守、争取胜利的决心。舰上厨房推出的圣诞大餐的前菜是水果鸡尾酒、橄榄与西式腌菜搭配的冷盘和配有咸薄饼的奶油火鸡浓汤；主菜是美国节日庆典的传统佳肴烤雄性雏火鸡，搭配杂碎汤和蔓越莓酱。在特别印制的圣诞菜单上附有舰长的赠言："愿主保佑！我们愿为此奉献自我！"

美国的圣诞习俗大部分源自早先的宗主国英国，不过在长达4个多世纪的移民历史上，也受到法国、德国、意大利、荷兰乃至北欧国家的影响，而来自拉丁美洲和加勒比地区的移民又为美国人的圣诞节增添了西班牙的风格元素。因此，美国各地的圣诞习俗

烤火鸡是美国感恩节和圣诞节的宴席上必备的主菜之一

存在地域性差异，比如英国移民最早登陆的弗吉尼亚和新英格兰地区会保留较多的英式传统，而中西部地区的圣诞节具有斯堪的纳维亚地区的文化背景，至于佛罗里达州和加利福尼亚州这样毗邻拉美文化圈的地区自然也呈现出西班牙式的特征。虽然存在文化的多元性，美式圣诞晚餐的主体与英式圣诞晚餐非常接近，都包括了烤根茎类蔬菜、土豆泥、肉汤和填充各式馅料的烧烤禽肉（包括野鸡、鹅、鸭或火鸡等）以及烤牛肉等。在某些地区比如弗吉尼亚州，也会呈上乡村火腿或圣诞火腿，这也是一个古老的英国传统，买不起火鸡的穷苦人家会用火腿代替。不过，从19世纪中叶以来，美国最具代表性的圣诞大菜毫无疑问是烤火鸡。

火鸡又名吐绶鸡、七面鸟，是一种原产于中美洲的大型禽类，以外形奇异、羽毛艳丽而著称，特别是头颈部的红色肉瘤和肉瓣极具辨识度。火鸡形体远大于普通家鸡，通常在2.5千克到10千克之间，部分人工培育的品种甚至可以长到18千克。火鸡肉鲜嫩爽口、风味浓郁，瘦肉率高，富含蛋白质和氨基酸，被认为是营养价值更高且更健康的肉类，适合煎、烤、焖、煮等各种烹饪方法。

火鸡很早就被人类驯养，考古发现早在公元前200年美洲土著就已经开始饲养火鸡。在玛雅、阿兹特克等中美洲古代文明中，火鸡都是重要的食物来源和文化要素，人们不仅食用火鸡肉，还用火鸡羽毛制作服装，用火鸡骨骼制作乐器或药材等等，直到今日，火鸡配巧克力辣椒酱依然是墨西哥的国菜。16世纪初，西班牙人征服了墨西哥，发现了被驯养的火鸡并将其作为来自新大陆的珍奇异禽带回欧洲，被西班牙上流阶层视为美味，后来更成为欧洲贵族竞相追求、攀比炫富的对象，导致罗马教廷在1561年出台法令禁止在晚宴上提供火鸡，以制止奢靡之风。与此同时，英国、法国、意大利等国也开始人工饲养火鸡。随着数量的增多，火鸡不再是富豪权贵的专利，渐渐进入了寻常百姓家。

美国人与火鸡的渊源可以追溯到1620年"五月花"号（Mayflower）帆船搭载一批

表现1621年普利茅斯殖民地"第一次感恩节"的画作，新移民与印第安人分享食物。感恩节吃火鸡的传统据说就源于此

英国移民抵达北美大陆,他们在新英格兰海岸建立了普利茅斯殖民地。这些移民起初在这片未经开垦的处女地上缺衣少食,境况困苦,所幸得到当地印第安部族的热心帮助,给他们送来食物,教导移民们种植、狩猎、捕鱼,当时在北美遍地可见的野生火鸡自然也成为移民们的盘中餐,最终得以挺过难关。1621年11月,当普利茅斯殖民地终于收获了在新大陆上的第一批粮食后,移民们特意举办了一场持续3天的宴会,并邀请印第安人同席享用,这就是美国历史上出名的"第一次感恩节"。长久以来有一种说法,认为这是移民们为感谢印第安人的慷慨相助而设宴款待,实际上这个庆典源于传统的丰收节,更多的是感谢上帝的恩赐。尽管现代学者对于火鸡是否出现在第一次感恩节的餐桌上表示质疑,但已经难以改变火鸡与感恩节的牢固联系,从殖民地时代到美国建国,烤火鸡几乎是感恩节的必备菜品,深深融入美国人的文化基因中。1784年,美国开国元勋本杰明·富兰克林(Benjamin Franklin)这样评述火鸡与美国的联结:"火鸡是一种更加值得人们尊重的鸟,它代表着真正的原汁原味的美利坚。"感恩节的传统在北美大陆上延续了超过3个世纪后,才在1941年12月被美国国会确定在每年11月的第四个星期四,成为真正的法定假日。

感恩节食用火鸡的习俗也影响到相隔不久的圣诞节,于是烤火鸡一并成为美国圣诞

1918年11月,一名美国海军水兵和一名美国陆军士兵在享用感恩节大餐,餐桌上的主菜就是一只烤火鸡,两人嘴里都啃着一只火鸡腿

大餐的主角,进而占据了复活节餐桌的中心位置。圣诞烤火鸡也跨越大西洋影响到包括英国在内的欧洲国家,从维多利亚时代开始,英国人逐渐将烤火鸡列为圣诞主菜之一,进入20世纪后这一饮食惯例已经扩散到大多数西方国家,成为圣诞文化的一大标志。20世纪30年代后期,商业化大规模火鸡养殖在美国兴起,火鸡不再仅限于节假日庆典食用,越来越多地出现在日常饮食中,在很多场合取代了牛肉和猪肉的地位,比如火鸡肉火腿和火鸡培根被认为比猪肉火腿培根更健康。值得一提的是,美国广泛养殖的火鸡品种是由英国培育的诺福克黑火鸡与北美野生火鸡杂交后产生的。如今美国是世界上最大的火鸡生产国和消费国,从20世纪90年代中期开始,美国每年养殖的火鸡数量保持在2.7亿到3亿只,绝大多数都在国内消费,据统计2008年仅在复活节、感恩节和圣诞节这三大节日中,美国人就吃掉了8600万只火鸡!从1989年开始,美国白宫在每年感恩节前还会举行"火鸡赦免仪式",总统当场宣布由全国火鸡协会赠送的两只火鸡免于送上餐桌,并标榜这项活动象征了美国人的感恩之心和宽宏胸怀,然而转过身来被吃掉的火鸡又何止千万倍。

无论用于圣诞节还是感恩节,美式烤火鸡的基本做法是填料烘烤,将各式填料塞满整只火鸡的胸腹腔内进行烤制,最传统的填料包括燕麦片、板栗、鼠尾草、洋葱、芹菜、面包和香肠等,牡蛎、苹果、核桃、葡萄干和火鸡内脏也会加入其中。单独烤制火鸡也是可以的,而填料另外烹饪后搭配火鸡上桌。由于火鸡在烘烤时不会渗油,需要在表面涂抹黄油或其他油脂,以保持肉质鲜嫩湿润。烤火鸡需要数个小时才能完成,因此制作者可以利用这段时间准备其他配菜。在美国人眼中最经典的感恩节火鸡配菜包括蔓越莓酱、起司通心粉、土豆泥和肉汁,玉米、南瓜、青豆和红薯也很常见,配套的甜点包括南瓜派、苹果派或山核桃馅饼。此外根据不同的文化背景还会有其他搭配选项,比如德裔移民会吃德国酸菜,意大利裔喜欢吃千层面,墨西哥裔会选择巧克力辣椒酱和烤玉米。在美国南部地区会用油炸火鸡代替烤火鸡,只需在油锅中浸炸30~40分钟就可以完成,但需要小心处理大量热油,以免烫伤。最特别的火鸡烤法要算火鸭鸡,即将一只鸡和一只鸭填塞到火鸡内一起烤,因此也叫"烤三鸟"。

虽然不能肯定一顿圣诞火鸡大餐是否能够真正驱散珍

1944年在浮船坞内接受维修的"宾夕法尼亚"号战列舰

珠港灾难带来的阴霾,但精心烹饪的美食总能给"宾夕法尼亚"号的舰员送上一丝慰藉。在度过这个特殊的圣诞节后,"宾夕法尼亚"号于12月29日抵达旧金山,于1942年1月12日整修完毕,担负起守卫西海岸的任务。其间,该舰又接受了改装,拆除了三脚桅,加装了雷达和高射炮,于1942年8月重返珍珠港。1943年5月,"宾夕法尼亚"号终于用重炮向日本人展开复仇,为登陆阿留申群岛中阿图岛(Attu, Aleutian Islands)的美军提供火力支援,接着又先后在吉尔伯特群岛(Gilbert Islands)、马绍尔群岛(Marshall Islands)、马里亚纳群岛(Marianas Islands)和帕劳群岛(Palau Islands)等一系列登陆作战中,将成吨的钢铁和炸药砸在日本人头上。在1944年10月的莱特湾海战中,"宾夕法尼亚"号有幸参加了海战史上最后一次战列舰对决——苏里高海战。遗憾的是由于舰上雷达性能落后,无法锁定目标,在这场大舰巨炮的绝响中颗粒无收。1945年,"宾夕法尼亚"号又参加了菲律宾仁牙因湾(Lingayen Gulf)登陆战和冲绳战役。1945年8月12日,距离战争结束仅剩3天,"宾夕法尼亚"号在冲绳巴克纳湾(Buckner Bay)遭到1架日军鱼雷机的偷袭,受到重创,造成20人阵亡、10人受伤,成为二战中美军最后一艘受损的大型战舰。"宾夕法尼亚"号战列舰的太平洋征程起始于日军偷袭,也以同样的方式终结。

二战结束后,"宾夕法尼亚"号于1946年8月退役,被选定为核试验靶舰,在比基尼环礁(Bikini Atoll)参加了"十字路口"行动(Operation Crossroads)。它坚韧地挺过了两次核爆却没有沉没,但由于受到严重的核沾染而被拖到夸贾林环礁(Kwajalein Atoll)供测试研究,直到1948年2月被凿沉在环礁的深水区,长眠海底。

从日军战俘营归来——爱尔兰炖羊肉

1942年4月18日上午,在日本列岛以东约650海里的北太平洋海面上,美国海军"大黄蜂"号航空母舰(Hornet, CV-8)正在惊涛骇浪中顶风航行,被海浪飞沫打湿的飞行甲板犹如跷跷板一样起伏不定。在甲板后部密集排列着两行陆军的B-25双引擎轰炸机,它们的机尾都已探出甲板边缘,构成了二战中最奇特的海陆组合阵容。排在最前面的那架轰炸机已经发动引擎,高速旋转的螺旋桨搅动着湿冷的空气,发出尖厉的啸声。随着起飞信号发出,轰炸机飞行员松开刹车,飞机犹如一头被激怒的斗牛从牛栏里咆哮而出,沿着甲板快速滑行,趁着舰艏被海浪托起的一瞬间腾空而起,那一刻舰员们发出的欢呼声几乎盖过了呼啸的海风。接着,其余15架B-25全部成功离舰,在最后一

1942年4月18日上午，杜立特驾驶的B-25轰炸机正从"大黄蜂"号航母的甲板上滑跑起飞，准备开始空袭日本本土的大胆行动

架绰号"逐出地狱"（Bat Out of Hell）的轰炸机上，投弹手雅各布·德沙泽尔（Jacob DeShazer）上士透过机首风挡望着扑面而来的大海，心中忐忑不安。他和其余79名飞行员将要执行一项绝密任务——空袭日本本土，这是自珍珠港袭击以来美军发起的最有力回击。然而，舰队位置已经暴露，他们会不会掉进日军战斗机和高射炮的陷阱？就算成功投弹，又能否平安降落在中国机场？这一切都前途未卜……

当收音机播报珍珠港遇袭的新闻时，德沙泽尔正在食堂削土豆皮，这个爆炸性的消息让他停下了手中的活计，狠狠地说道："日本人将要为此付出代价。"德沙泽尔于1912年11月15日出生在俄勒冈州的西斯泰顿（West Stayton），1940年参军加入陆军航空队，成为第17轰炸机大队的一名B-25轰炸机瞄准手。B-25是一款非常优秀的中型双发轰炸机，可以挂载1吨炸弹飞行2000千米以上，最大速度超过400千米/时，在机首、机背和机尾配有多挺机枪用于自卫，在二战期间制造了9800余架。1942年2月，第17轰炸机大队征集志愿者执行一项高度危险的秘密任务，德沙泽尔主动报名并入选，但当时他并不知道任务详情。从3月1日开始，所有志愿者在佛罗里达州的埃格林基地（Eglin Field）接受为期3周的高强度训练，内容包括低空飞行、夜航、海上导航、低空轰炸等，最特殊的科目是必须在200米以内驾机升空，最后他们终于被告知将驾驶B-25从航空母舰甲板起飞空袭日本！

这项计划是由罗斯福总统钦定的，早在珍珠港袭击后几个小时，总统就指示军方寻求反击手段，要直接打击日本本土！这个要求让陆海军首脑们着实犯难，因为美军任何一处基地到日本的距离都远远超过所有陆基轰炸机的最大航程。航母舰载机可以从靠近日本海岸的位置发起空袭，但仅存的几艘航空母舰极为宝贵，任何损

参加杜立特空袭行动的雅各布·德沙泽尔上士，当时是B-25轰炸机的投弹手

76 战士的餐桌

失都是不能承受的，万万不可冒险深入敌方水域，然而这样的行动在日军攻城略地、连战连捷，美军一败再败、士气低迷的情况下又是急需的！几经谋划后，海军参谋弗朗西斯·洛（Francis Low）上尉提出利用航母搭载陆军 B-25 轰炸机执行空袭的大胆方案，获得高层批准。计划由著名特技飞行员詹姆斯·哈罗德·杜立特（James Harold Doolittle）中校领衔，由"大黄蜂"号航空母舰搭载轰炸机，从距离日本海岸 450 海里处起飞，对东京、横滨等大城市实施轰炸后继续向西前往中国降落，全程达到 4400 千米，超过 B-25 正常航程的一倍都不止，为此所有参战飞机都拆除了不必要的设备，加装油箱，以延长航程。

4 月 2 日，"大黄蜂"号从旧金山启航，在夏威夷海域与"企业"号航母（Enterprise，CV-6）会合后，沿着与数月前日军机动部队偷袭珍珠港类似的航线反向隐蔽前行，驶向预定出击位置。不走运的是，美军舰队于 4 月 18 日晨在距离日本 650 海里处被日军哨戒艇发现。美舰截获了日舰发送的报警电报，迫于行迹暴露，杜立特只能提前率队起飞，机组成员在登机时又带上了几只额外的油桶，输油软管直到飞机开始滑行前一秒还在加油。为了节约燃油，飞机起飞后未进行编队直接飞向目标，而舰队迅速回转高速撤退。幸运的是，日军没有料到从美军航母起飞的是双发轰炸机，判断次日才会遭到空袭，未作全面戒备。美军轰炸机群低空飞临日本海岸，未受任何阻击，机身上白星红圆心的机徽也起到了迷惑作用，被地面上的日本人误认为是日机，甚至挥手欢呼，直到炸弹爆炸防空警报才被拉响，完全达到了奇袭效果。16 架 B-25 分别在东京、横滨、横须贺、名古屋、神户等地投弹，之后除 1 架前往苏联外，其余 15 架继续飞往中国。空袭造成的物质损失十分有限，日方称有 87 人死亡、462 人受伤、165 栋建筑损毁，但是随之而来的心理效应极为巨大，美国的民心士气获得极大振奋，罗斯福总统事后笑称轰炸机是从"香

表现 1942 年 4 月 18 日美军 B-25 轰炸机空袭日本本土的画作，这次袭击给日本以沉重的心理打击

格里拉"起飞的！与之相对，日本方面深受精神打击，朝野震惊，人心动荡，尤其是陆海军方略失措，备受争议的中途岛作战计划也顺利通过实施，最后酿成一场惨败，成为战局转折的关键点。

空袭虽然成功，但机组成员的命运一时仍悬而未决，除 1 架在苏联迫降被扣押外，其余 15 架均在燃油耗尽后坠毁在中国境内。好在机组成员大多跳伞逃生，只有 3 人牺牲，包括杜立特在内的 64 名飞行员得到中国军民的救助成功脱险，原本担心因失去全部飞机将受到军法审判的杜立特在回国后被视为民族英雄，不但被破格晋升准将，还由罗斯福总统亲手授予了荣誉勋章。然而，仍有 8 位机组成员不幸落入日军魔掌，而德沙泽尔就是其中一位。他所在的 16 号机原计划空袭大阪，因为迷航将炸弹投在名古屋，之后向西撤退，在中国宁波附近跳伞后被日军捕获。德沙泽尔和 7 名难友被关押在上海日军宪兵司令部，被冠以违反国际法的罪名判处死刑，其中 3 人于 10 月 15 日被处决，德沙泽尔等 5 人因为所谓"天皇的仁慈"而改判为无期徒刑。德沙泽尔经历了长达 40 个月地狱般的战俘生涯，辗转于日本和中国的多个战俘营，作为"罪孽深重"的要犯被单独监禁长达 34 个月，其间饱受虐待，健康状况极度恶化，他的一位战友因营养不良于 1943 年 12 月病逝，其余 4 人坚持到战争结束。

1945 年 8 月 20 日，德沙泽尔在北京的一座战俘营内迎来了解放。在经历了 3 年多的牢狱之灾后，他最渴望的是吃上一顿饱饭。德沙泽尔的愿望很快得到了满足，他后来在自传《我是日本的战俘》（*I was a Prisoner of Japan*）中描述了重获自由后吃到的一餐盛宴："我们坐上一辆卡车，它将我们带到了一座很大的英国风格的酒店……我们吃到了一顿可以形容为丰盛的饭菜……我们把爱尔兰炖肉吃得一干二净。之后，医生发给我们维生素丸……吃到胃里的食物被身体吸收，一股全新的力量在体内涌动。"从上文可知，这位杜

1942 年 4 月，在杜立特空袭行动中不幸被日军俘获的美军飞行员

立特空袭的英雄在脱离囚笼后享用的第一顿美食中包括了爱尔兰炖羊肉，这是一道爱尔兰传统菜肴，更被视为爱尔兰的国菜，而制作这道菜的主要原料是来自爱尔兰的两大物产——羊和土豆。

有着"翡翠岛"之称的爱尔兰岛位于不列颠岛以西，地理位置偏远，在近代被英国统治和压迫了长达4个多世纪，曾是欧洲最落后的地区之一。不过，爱尔兰岛具有得天独厚的自然条件，受大西洋暖流影响，终年气候温和湿润、雨水充沛，岛上80%的土地是繁茂的草地，非常适合放牧，因此自古以来畜牧业都是爱尔兰的支柱产业之一，尤其是英治时期，更是英国最重要的肉类产地。在近代，爱尔兰以盛产牛肉著称，主要输入英国市场，据称，爱尔兰养殖的每10头牛中有9头用于出口，相比之下，羊在爱尔兰人生活中的地位更高。考古表明，早在6000年前爱尔兰人的先民们就已开始养羊，羊毛和羊皮为他们提供了衣物遮体避寒，羊奶和羊肉则是重要的食物来源。英国工业革命时期，由于纺织业的兴盛对羊毛的需求急剧增加，英国为了获取更多的羊毛原料，在爱尔兰大肆圈地养羊，导致很多爱尔兰人失去耕地，沦为劳工，成为资本主义早期原始积累的典型例证。也正是在这一背景下，大量英国绵羊品种被引入爱尔兰，比如苏格兰黑脸羊和萨福克羊，而爱尔兰本土的品种羊经过多年杂交后已经非常稀少了。直至今日，牧羊业依旧在爱尔兰经济中占据重要地位，羊的数量甚至超过全国人口，据统计，2016年爱尔兰总人口约480万人，绵羊存栏数高达520万只！爱尔兰的乡间田野随处可见悠闲漫步的羊群，农户们会在羊身上涂上鲜艳的颜料以辨别归属，而爱尔兰城镇内也能到处看到羊的形象，从某种意义上说，羊已经成为爱尔兰的非官方形象代言。

土豆在爱尔兰历史上的影响更为深远，浓缩了爱尔兰人多舛的民族命运，凝聚了浓烈的乡土情怀。土豆这种适应性强的高产作物最早由南美土著发现并培育，其栽培历史超过10000年之久。16世纪后期，西班牙征服者将土豆带回欧洲，最初只是将其作为奇花异草而非粮食蔬菜，因为欧洲人认为土豆是野蛮人的食物，就算拿来吃也只配给下等

爱尔兰拥有发达的牧羊业，图为在爱尔兰牧场上漫步的羊群，主要品种是苏格兰黑脸羊

人,而且土豆本身含有一定毒性,外观上又与某些同巫术有关的植物相似,因此被贴上了"邪恶"的标签。直到17世纪中叶,土豆的食用价值才被欧洲承认并开始种植,而爱尔兰是欧洲第一个大面积种植土豆的地区。爱尔兰虽然有优质的牧场,但适宜耕作的土地相对较少,粮食产量较低,而土豆非常适应当地的土质气候,产量很高,满足了爱尔兰人的口粮需求。很快就在爱尔兰全岛普及,逐渐成为爱尔兰人最重要的主食,几乎顿顿不落。土豆的高产保证了爱尔兰粮食供应的稳定,刺激了人口的爆炸性增长,从1760年到1840年,爱尔兰人口从150万飙升到810万,其中450万农民几乎完全依赖土豆为生,据统计,在19世纪中叶爱尔兰人均每天食用2~5千克土豆!然而,这种单一的粮食结构隐含着巨大的危机。

1845年,一种由真菌引发的土豆枯萎病由北美传到爱尔兰并迅速蔓延,导致土豆连年减产甚至颗粒无收,令数以百万计的爱尔兰平民跌入饥饿和死亡的深渊。雪上加霜的是,掌控爱尔兰的英国政府和英国贵族地主放任粮食危机恶化,不加赈济救助,反而继续圈地放羊,出口粮食,甚至视饥荒为消除人口过剩的自然选择!最终天灾加人祸酿成了史上闻名的"爱尔兰大饥荒",在1845年到1852年间,超过100万爱尔兰人死亡,更多的人踏上逃荒之路,超过200万人背井离乡,爱尔兰人口减少了25%以上。这场大饥荒是爱尔兰历史的转折点,英国政府的冷血政策加剧了爱尔兰与英国的紧张关系,强化了爱尔兰人的民族意识,开始以更加激进的方式反对英国统治,谋求国家独立,最终在

这幅画作表现了1850年7月,爱尔兰难民在饥荒逼迫下从利物浦登船前往美国,爱尔兰菜也随着移民传到大洋彼岸

1921 年成为自由邦，进而在 1949 年彻底脱离英国自立。爱尔兰大饥荒的另一个后果是形成了跨越大西洋的移民潮，深刻塑造了美国的政治文化。逃避饥荒的爱尔兰人中大部分选择前往美国谋生，据统计，从 19 世纪中叶到 20 世纪初，约 370 万爱尔兰人移民美国，爱尔兰裔成为美国最具影响力的族裔之一，一个事实很能说明这一点，在历任美国总统中至少 25 位有爱尔兰血统。爱尔兰文化自然也深深融合到美国的社会生活中，所以美国人对于爱尔兰菜十分熟悉。

爱尔兰炖羊肉的国菜地位早在 19 世纪初就得到认定，但作为民间家常菜并无约定俗成的固定菜谱，而是随着时间推移或地区不同变得花样百出，几乎没有两个家庭会做出味道完全一样的炖羊肉。不过，有一种最传统的做法还是得到广泛认可。爱尔兰炖羊肉最基本的食材是羊肉、土豆和洋葱，羊肉通常选择两年以上的绵羊的羊颈肉或羊排，用羊骨熬制高汤或另备肉汤，将切块的羊肉、土豆和洋葱放入锅中，加入高汤、香叶和百里香，用盐和胡椒调味，开文火煨炖。由于绵羊肉肉质较老，带有膻味，需要煮炖两个小时以上，待所有食材软烂熟透后就可装盘，撒上欧芹碎作为装饰。这道菜可以同时选择粉质和蜡质两种质地的土豆，粉质土豆柔软蓬松，煮熟后呈糊状，可使汤汁更浓稠；蜡质土豆质地细腻稠密，即使熟透也能保持外形。非正统的做法也会用到羔羊肉（一年以下绵羊的肉）、山羊肉或牛肉，并且加入胡萝卜、芜菁、薏米等配菜，更现代的做法则用烤箱焖烤代替明火煮炖。对于坚持传统做法还是推陈出新，在爱尔兰人当中存在争议，有人认为加入额外的配菜有损羊肉的风味。

德沙泽尔在书中没有说明让他饱餐一顿的爱尔兰炖羊肉是何种做法，但这丝毫不会影响他品尝时的体验。我们不难想象他在忍受了长年的饥饿、辱骂、殴打、病痛和孤寂的折磨后，面对一盘色泽橙黄、肉嫩汤浓、香气扑鼻的炖菜，那种感受是何等的美妙。这顿大餐让德沙泽尔恢复了精神和体力，可以尽情拥抱自由，收获属于自己的荣誉。回国后，他因为参与空袭日本的壮举获颁优异飞行十字勋章，此外还获得了紫心勋章和战俘勋章。

德沙泽尔的故事并未随着

汤浓肉嫩、香气四溢的爱尔兰炖羊肉被视为爱尔兰国菜

战争的落幕而结束,战俘生涯彻底改变了他的人生和信仰。在战俘营时,他曾恳请看守借给他一本《圣经》,虽然只保留了3周,但他从中获得了生存的力量和信仰的转变,他开始自学日语,以尊重的态度对待日本看守并得到善意的回应,多少改善了自己的处境。战后,德沙泽尔决心皈依基督教,他于1945年从军中退役,进入西雅图太平洋大学学习,之后前往肯塔基州的阿斯伯里神学院进修,最后成为传教士,于1948年携妻子返回了日本,开始了长达30年的传教活动。颇为传奇的是,德沙泽尔在日本结识了亲自指挥机群空袭珍珠港原"赤城"号航空母舰的飞行队长渊田美津雄大佐,两名曾各自率先攻击对方国家的人竟成为挚友,渊田甚至在读过德沙泽尔的回忆录后也皈依教门,将余生都奉献给宗教事业,与德沙泽尔一道在北海道和冲绳传教。1959年,德沙泽尔在当年投下炸弹的名古屋建立了一座教堂,继续传道直至1977年回国,他也因此被视为日美和解的标志性人物之一。德沙泽尔于2008年3月15日在俄勒冈州塞勒姆(Salem)安然去世,享年95岁,后于4月21日被追授总统自由勋章,这是美国政府颁授给平民的最高荣誉。

1950年,德沙泽尔(右)和当年率队袭击珍珠港的渊田美津雄相逢一笑泯恩仇

中途岛"大E"特别早餐——独眼三明治

　　太平洋战争初期,日本陆海军充分利用偷袭珍珠港、瘫痪美国太平洋舰队的先手优势,实施了谋划良久的南进作战。日军兵锋所向披靡,短短几个月时间里就将美属菲律宾、英属马来亚、缅甸、新加坡和荷属东印度等西方殖民地尽数收入囊中,日本帝国的版图犹如被吹鼓的气球急剧膨胀,其南部边疆已经扩展至距东京数千千米外的新几内亚

和所罗门群岛的热带雨林中。日本的第一阶段作战顺风顺水，可第二阶段作战该如何进行却没有预定方案可循，是西取印度，谋求与德军在中东会师，还是继续南下吞噬澳大利亚，抑或向东登陆夏威夷甚至美国西海岸，在大本营陆海军之间以及海军内部发生了激烈争论，莫衷一是。

此时，因策划袭击珍珠港而声望正隆的联合舰队司令长官山本五十六海军大将却另有打算，在珍珠港与美军航母失之交臂让山本耿耿于怀，他一心寻找机会消灭美军在太平洋上最后的反击力量，加大逼迫美国和谈的筹码，于是提出进攻中途岛（Midway）以诱出美军航母加以歼灭的作战方案。这个计划在舰队内部、军令部和陆军方面都有不少反对意见，以至于山本想以辞职相威胁强行推进。所有的争吵都随着 4 月 18 日杜立特轰炸东京的爆炸声戛然而止，而美军轰炸机从航母起飞的事实也雄辩地证明了山本大将的判断，中途岛作战计划获得批准。虽然作为妥协附加了阿留申群岛作战，但山本并不在意，毕竟他手里的牌足够多，也足够强。

让日本人始料未及的是，美国海军情报部门在破译日军无线电密码方面已经取得突破性进展，美军已能大致掌握日军的动向，并做出针锋相对的部署。1942 年 5 月初，日美两军航母舰队在珊瑚海遭遇，爆发了战争史上首次航母间的超视距海战，美军以失去"列克星敦"号（Lexington，CV-2）航空母舰为代价挫败了日军从海路夺取莫尔兹比（Moresby）的企图，更重要的是让日军性能最好的两艘翔鹤级大型航母缺席了随后爆发的中途岛作战。

真正的重头戏还在中途岛，美军情报部门利用一条假电报成功诱使日军暴露了战役目标中途岛，甚至破译了日军作战命令 80% 的内容，进而准确推断出日军发起进攻的时间和方位！美军太平洋舰队总司令切斯特·威廉·尼米兹（Chester William Nimitz）海军上将决定将计就计，集中 3 艘航母前往中途岛设伏，伺机歼敌，连刚从珊瑚海战场受到

1939 年 4 月的"企业"号航空母舰，甲板上停满了舰载机，该舰属于约克城级，参加了太平洋战争全程，功勋卓著

重创返航的"约克城"号（Yorktown，CV-5）也在尼米兹的亲自监督下抢修 3 天后带伤出航，与"企业"号、"大黄蜂"号一起开赴中途岛。

美军已经占得先机，但情报优势能否转化成战场上的胜利，还有赖于舰队指挥官的临场决断以及水兵、飞行员们的尽职表现和勇猛作战，恐怕还需要运气的眷顾。舰队启航后，舰队司令雷蒙德·埃姆斯·斯普鲁恩斯（Raymond Ames Spruance）少将就以不带感情色彩的冷静语调告知部下敌强我弱的冷酷现实和这场战斗的重大意义，所有人都清楚将迎来一场恶战，毕竟他们要面对的是曾经突袭珍珠港、横扫印度洋的南云机动部队，是经验丰富、气焰正盛的强悍对手，无论是飞行员素质，还是舰载机性能，日军都比美军更占上风。有人对即将开始的战斗表示担忧，但更多的人渴望为珍珠港的耻辱复仇，这种复杂的情绪弥漫在昼夜兼程的美军舰队中。

1942 年 6 月 4 日凌晨，美军舰队已经抵达中途岛东北的预定海域，静待日军舰队的出现。在斯普鲁恩斯少将的旗舰，绰号"大 E"的"企业"号航母上，军官餐厅的司务长柯林斯（Collins）在凌晨 1 时 30 分就叫醒了手下，开始为军官们准备当天的早餐，飞行员则在凌晨 3 时起床，穿戴整齐后前往餐厅吃早饭。"企业"号的飞行大队长克拉伦斯·韦德·麦克拉斯基（Clarence Wade McClusky, Jr.）少校、战斗机中队长詹姆斯·格雷少校（James Gray）、俯冲轰炸机中队长理查德·哈尔西·贝斯特（Richard Halsey Best）上尉和鱼雷轰炸机中队长尤金·林赛（Eugene Lindsey）少校等飞行队的主要指挥官陆续在餐桌前落座。今天的气氛非同寻常，每个人都面色平淡，很少有人交谈，平时那些喜闻乐见的笑话也销声匿迹了，众人只是静静地等待勤务兵将食物摆放在眼前，倒上热咖啡。柯林斯当然知道今天将有大事发生，因此早餐准备得也比平常更丰盛，提供了牛排

中途岛海战期间，聚集在"企业"号飞行甲板后部的 VT-6 中队的 TBD 鱼雷机

84　战士的餐桌

和鸡蛋，有飞行员打趣说这简直是"死刑犯的宴席"，但没有几个人真能笑出来。当这一天结束时，他们当中肯定有人会看不到日落。柯林斯对舰上军官的饮食喜好心知肚明，为队长们准备了他们爱吃的食物，贝斯特上尉得到了一份烤鸡蛋，这是一种由黄油和奶油烘烤，搭配油煎培根条的鸡蛋料理，格雷少校面前则是一份焦黄喷香的独眼三明治。

三明治是人们非常熟悉且广为流行的一种西式餐点，通常用面包片和肉类、奶酪、蔬菜，搭配各种调料酱汁制作，最普遍的样式就是两片面包中间夹上各种肉菜构成的三层夹心形式。三明治其实是英国东南部肯特郡的一座海岸城镇桑威奇（Sandwich）的另一种音译形式，而这种食物与这座城镇发生联系其实缘于一位受封于此的英国贵族——第四代桑威奇伯爵约翰·蒙塔古（John Montagu），据说三明治就是由这位伯爵大人首创的。蒙塔古是英国18世纪的贵族政治家，曾三度出任海军大臣，他视财如命，又酷爱纸牌赌博，沉溺其中以致废寝忘食。为了在不离开牌桌的情况下填饱肚子，蒙塔古吩咐仆人将熟肉夹在两片面包中间送上桌，他可以不借助餐具直接手抓入口，又避免了肉类的油腻沾污牌面，非常方便。蒙塔古的这种牌桌便餐引起了牌友们的兴趣，于是也要求"和桑威奇一样"的食物，之后这种夹肉面包片就在英国贵族圈里流传开来，三明治由此产生。这个关于三明治诞生的传说最早出现于1770年出版的一本由法国人撰写的伦敦游记中，其真实性一直受到质疑，而约翰·蒙塔古的传记作者历史学家尼古拉斯·罗杰（Nicholas Rodger）给出了另一种说法：三明治的三层结构代表着桑威奇伯爵一生专注的三项事业——政治、海军和艺术，暗示第一个三明治是作为工作便餐在办公桌上吃掉的。

在西方饮食界，三明治并不仅限于桑威奇伯爵发明的三层夹肉面包，其形式多种多样，食材搭配也变化繁复。除了夹心结构的三明治，只用一片面包上面铺上配菜酱料的食物也被视为三明治的一种，这种食物在北欧地区尤为流行。在美国，人们将夹心三明治称为封闭三明治，而单片三明治称为开放三明治或敞口三明治。开放三明治的历史比

第四代桑威奇伯爵约翰·蒙塔古（1718—1792），英国贵族政治家，曾三次出任海军大臣，据说是三明治的发明者

封闭三明治更加久远,源于中世纪时人们将粗面包片作为临时餐具盛放菜肴的做法,这片面包可以吃掉,也可以丢弃或施舍给乞丐。到底何种食物可以被称为"三明治",在不同的国家说法各异,一种宽泛的定义认为只要用面包、面饼之类的主食搭配熟肉蔬菜,无需餐具直接食用的便利食物都可以归入三明治类别,按此定义,热狗、汉堡、墨西哥玉米卷饼,甚至中国的肉夹馍都属于三明治!当然,很多西方国家并不接受这种评判标准。在中国人看来,究竟如何定义三明治并不值得纠结,可在西方,这个问题却引发了不少商业纠纷,以至于美国农业部明文规定封闭三明治包含不少于35%的熟肉和不超过50%的面包,而开放三明治至少包含50%的熟肉。

其实三明治的商业定义与它的味觉感受并无必然联系,三明治之所以广受欢迎,首先在于制作简单,便携易食;其次在于食材组合自由,适应各种口味。19世纪中叶,随着工业社会的兴起和工人阶级的崛起,快餐成为一种流行趋势,而三明治的特点恰恰符合了这种饮食潮流,从而由上流社会扩散到各个阶层。例如,在1850年的伦敦街头至少有70处小吃店出售火腿三明治,至今三明治行业在英国依旧长盛不衰,据统计,2017年英国的三明治销售额高达80亿英镑。在美国,三明治最初也被当作正式晚餐上一道精致的餐点,但到20世纪初叶就已经是大众化的流行速食了,通常搭配薯条食用。即使面对汉堡、热狗、炸鸡之类的美式快餐,三明治在美国依然销售火爆,据《华盛顿邮报》报道,2003年全美三明治销售额达到1050亿美元。而普通家庭自行制作三明治作为日常三餐或外出、旅游的便餐就更为普遍了,无怪乎《华尔街日报》会发表这样的评论:三明治是英国人在饮食领域做出的最大贡献。

中途岛海战当天早晨,"企业"号航母的特别早餐独眼三明治算是美国人的独创,它的起源并不明确,最有力的说法是1941年由当红影星贝蒂·格拉布尔(Betty Grable)主演的音乐电影《情定迈阿密》(*Moon Over Miami*)中的某个片段展示了这道早餐的制作过程,随后风靡全美,并依地域产生了不同的做法和称呼,比如"荷包蛋""阿拉巴马

三明治作为经典的西式餐点在欧美世界十分流行,具有制作方便、口味丰富、易于携带的优点

蛋""鸟巢""阳光吐司""洞中蛋"等等。独眼三明治制作并不复杂，比较典型的做法是在平底锅中熔化黄油，将白面包片在锅中微微烘烤，再用圆形饼干切刀或杯子在面包片中央挖出圆孔，之后再度置于锅中用黄油煎烤至两面金黄酥脆，再往圆孔中打入鸡蛋，煎至蛋白凝固熟透而蛋黄依然是柔软的溏心状态就可出锅，撒上盐和黑胡椒碎调味。

独眼三明治虽然很普通，但在"企业"号上极受舰员们的喜爱，为此舰上厨房特意制作了一种特殊的烤面包模具，在中间装有一根管子，可以直接做出带孔面包，免除了挨个面包片挖孔的麻烦，只需切片后整齐地摆放在大号煎锅内，一一打入鸡蛋煎熟即可，极大提高了制作效率，可以在短时间内为很多人准备好独眼三明治。在那场决定太平洋战争走向的大海战揭幕前，"企业"号上除了格雷少校外，很多飞行员和水兵都吃到了这道美味早餐。从另一个角度看，外方内圆的独眼三明治酷似日本的太阳旗，相信把它吃掉应该也算博个好彩头吧。

在用过早餐后，飞行员于4时进入待命室内等待出击命令，并时刻关注标明空情信息的标图板，随时修改手中的飞行计划。待命室里的气氛紧张而压抑，虽然有人故作轻松地喝着咖啡，但随着时间推移，内心的焦虑还是流露在脸上，大家都不愿意说话，就算肯开口也不过是只言片语。侦察轰炸机中队副中队长小克拉伦斯·厄尔·迪金森（Clarence Earle Dickinson, Jr.）上尉后来回忆说："坐在七排座椅上的人还从来没有在3个小时的时间里这么安静过。然而，大家都能感受到飞行员们的信心，只要发现日本的航空母舰，我们就一定能干掉它们！"

大约在6时之后，发现日军舰队以及中途岛遭到空袭的消息陆续传来，"企业"号和

美国独创的独眼三明治，在面包片中央挖出的洞中打入鸡蛋煎制而成

"大黄蜂"号的飞行员在 7 时开始登机起飞,斯普鲁恩斯命令两艘航母把所有舰载机都派出去以发挥出最大的攻击威力,一举消灭目标。坐镇"约克城"号的弗兰克·弗莱彻(Frank Fletcher)少将相对谨慎,选择继续等待更多的情报,迟至 8 时 30 分才派出攻击机群,而且只派出了一半飞机。"企业"号和"大黄蜂"号的起飞组织得很糟糕,先行离舰的飞机在舰队上空盘旋等待后续飞机起飞编队,直到 7 时 45 分疑似发现日军侦察机后才开始飞向预想的目标区。由于通信不畅,100 多架飞机分成几群,以不同的航向和高度分头搜索日军舰队,战斗机与轰炸机也脱节了,未能提供充分掩护。相比之下,"约克城"号的飞行队则保持了编队整齐。

  美军舰载机群需要花上一个多小时才能找到高速机动中的南云舰队,而在这段时间里来自中途岛的美军机群向日军发起来了前赴后继的进攻。随后,来自 3 艘航母的 TBD 鱼雷机又发起了决死突击,在几乎没有战斗机掩护的情况下,美军鱼雷机的攻击在零式战斗机和防空炮火的联合绞杀下均告失败,且损失惨重。41 架 TBD 被击落了 35 架,"大黄蜂"号鱼雷机中队长约翰·查尔斯·沃尔德伦(John Charles Waldron)少校和"企业"号鱼雷机中队长林赛少校双双牺牲,而日军舰队毫发无伤。不过,他们的鲜血没有白流,美军的轮番突击扰乱了日军的阵脚,迫使南云两次下达换弹命令,延误了航空作业进程,并将零式战斗机吸引到低空,从而忽视了来自高空的威胁。10 时 20 分,决定性的时刻到来了,麦克拉斯基带领"企业"号的 33 架 SBD 俯冲轰炸机跟踪一艘急于归队的日军驱逐舰,随即发现了南云舰队。"约克城"号的 17 架 SBD 也同时杀到,美军轰炸机抓住日军顶门大开的良机俯冲投弹,在不到 5 分钟时间里连续命中"赤城""加贺"和"苍龙"三舰,顿时爆炸连连、烈焰冲天,战局转瞬逆转。仅剩的"飞龙"号在悍将山口多闻少

这幅画作表现了中途岛海战中美军俯冲轰炸机连续重创日军航母的场面

将指挥下发起两轮反击，重创了"约克城"号，后者在撤退时被日军伊–168潜艇击沉，算是为日军挽回了一点颜面，但"飞龙"号在当天下午被"企业"号的第二拨攻击重创。

6月4日日落时，曾经不可一世的南云机动部队已经灰飞烟灭了，4艘主力航母不是已经沉没就是正在下沉。美军在中途岛海战中取得了"奇迹般的胜利"，摧毁了日本海军联合舰队最精锐、最具攻击力的突击力量，而"企业"号无疑是美军阵营中的最大功臣，包揽了击毁3艘日军航母的战绩。其中贝斯特上尉先后击中了"赤城"号和"飞龙"号航母，赢得了"双弹王"的美誉，而另一名飞行员诺曼·杰克·克莱斯（Norman Jack Kleiss）中尉更是成为唯一连中三元的美军飞行员，将"加贺"号、"飞龙"号和"三隈"号送下海底，两人均荣获海军十字勋章。不知道"企业"号的好运气，是不是跟当天早餐许多飞行员吃了独眼三明治有关呢？

美国海军上将的俄国菜——斯特罗加诺夫牛肉

1942年7月25日，星期六下午，在夏威夷瓦胡岛俯瞰珍珠港的马卡拉帕山的山脚下，3名年轻军官正走在通往山上高级军官住宅区的山路上。他们都是美国海军太平洋舰队的军官，包括参谋阿瑟·贝内迪克特（Arthur Benedict）上尉、约翰·龙尼克（John Ronnick）上尉和助理新闻官詹姆斯·巴西特（James Bassett）上尉。此时他们的心情既兴奋又紧张，因为先前得到通知，舰队司令尼米兹上将邀请他们赴寓所共进晚餐。总部的工作人员都知道，舰队司令不时会请下属们吃饭，在比较宽松的氛围下与他们交流，联络感情、增进了解、密切彼此的关系。

这位有着德国血统的将军被任命为太平洋舰队总司令出乎很多人的意料，包括尼米兹本人。论资历，在尼米兹前面有28位军衔更高、资历更深的海军将官；论职业素养，尼米兹虽然指挥过巡洋舰和战列舰，也接触过航空母舰，但他最熟悉的舰艇是潜艇，过去多被视为潜艇技术和柴油机方面的专家；论声望，尼米兹担任过不少要职，在每个岗位上都取得过出色的成绩，但他生性淡泊、行事低调，在海军之外名声不彰。尼米兹的履历也不算特别光鲜，在军旅生涯的早期还有过操舰失误导致搁浅而受到申斥的污点，如果进一步追根溯源，他在选择军人职业之初其实想投奔的是陆军而非海军！

尼米兹家族的先祖曾是拥有男爵头衔的德意志贵族，但到尼米兹祖父那一辈早已失去贵族身份，家道中落，只能漂洋过海移民美国，在得克萨斯州的弗里德里克斯堡

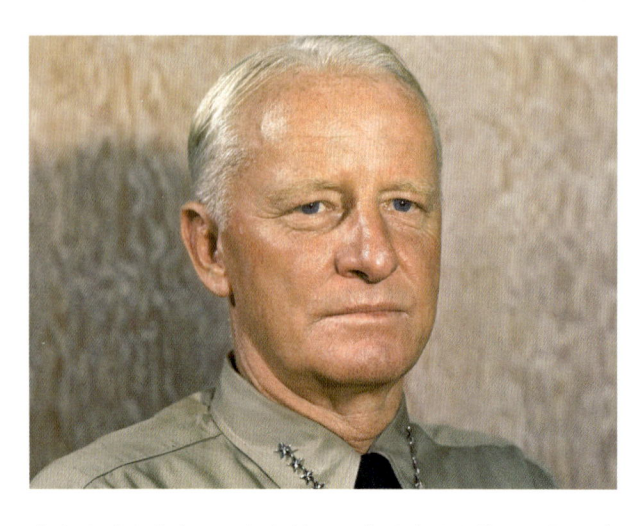

在太平洋战争全程，切斯特·尼米兹海军上将始终担任美国太平洋舰队司令

（Fredericksburg）定居下来，尼米兹于1885年2月24日就出生在那里。尼米兹的父亲在他降生前就去世了，他是由叔叔和祖父养大的，家境不算富裕。1901年，出于对两名刚毕业的陆军少尉风采的仰慕，尼米兹决定报考西点军校，不承想当年西点招生名额已满，他只好在旁人建议下投考了安纳波利斯海军军官学校，并于1905年在114名学员中以排名第七的优异成绩毕业。尼米兹的海军生涯起步很顺，22岁就当了驱逐舰舰长，比其他同辈名将，比如欧内斯特·约瑟夫·金（Ernest Joseph King）、小威廉·弗雷德里克·哈尔西（William Frederick Halsey, Jr.）和斯普鲁恩斯都更年轻，但那次倒霉的搁浅事故使他进入战列舰部队服役的愿望落空，被转调入潜艇部队。尼米兹在潜艇上干得有声有色，因为说一口流利的德语，还在一战后被派往德国考察柴油机技术，为推进美国潜艇技术的进步贡献良多。

在两次大战之间，尼米兹的职务在海上和陆地之间交替，他当过舰队参谋，在海军战争学院讲过课，也在大学训练过海军后备军官，还曾担任巡洋舰舰长、潜艇中队指挥官、战列舰分舰队司令等，在珍珠港事件前已经晋升海军少将，担任海军航行局局长。正是在如此丰富的任职经历中，尼米兹表现出过人的才能和优良的品行，获得了罗斯福总统的青睐。尼米兹眼界开阔、深思熟虑，很早就预言了美国与德日必有一战；他还知人善任，对于接触过的军官，无论职位军衔高低，他都能了解对方的性格、才能和弱点，并能推荐他们进入最适合的岗位，这无疑是作为领导者最难得的能力；温厚的性格使尼米兹与任何人都能相处融洽，又谨慎地保持距离以免关系过于亲密，但在温和的外表下有着坚韧不拔的意志，敢于坚持正确的看法，后来无论是面对飞扬跋扈的上司金上将，还是驾驭如哈尔西那样桀骜不驯的悍将，他都游刃有余，协调得当。更加难能可贵的是，尼米兹非常谦逊，其实早在1939年罗斯福就有意任命他为太平洋舰队司令，被他以资历不足为由婉拒，推荐了好友赫斯本德·爱德华·金梅尔（Husband Edward Kimmel）中将出任。珍珠港事件后，金梅尔被解职，罗斯福随即对海军部长弗兰克·诺克斯（Frank Knox）说："告诉尼米兹赶紧去珍珠港，坚守岗位，等战争打赢了再回来。"那个曾经被尼米兹拒绝的职务最后还是落在了他的头上，他被破格晋升海军上将。

罗斯福选择尼米兹可能还有一个原因，他对日本深有研究且渊源颇深。早在1906年，尼米兹作为战列舰"俄亥俄"号（Ohio，BB-12）的见习军官就到访过日本，还参加了日本为庆祝日俄战争胜利举办的豪华宴会。席间，他在同伴的推举下主动邀请对马海战的功勋名帅东乡平八郎大将共饮，东乡欣然受邀并以流利的英语与美军军官交谈，尼米兹对东乡保持了终身的敬慕，不过东乡显然想不到面前的这名年轻军官将在40年后把他亲手推上神坛的日本海军彻底打翻在地。1934年6月东乡大将去世时，尼米兹作为重巡洋舰"奥古斯塔"号（Augusta，CA-31）的舰长再次造访日本，派出陆战队员为这位海军名宿送葬，他还亲自前往东乡家中吊唁。有趣的是，尼米兹与他的主要对手山本五十六有一个相似之处，两人手部都有残疾。山本的两根手指在对马海战中被炮弹削掉，而尼米兹左手的一根手指有一段也是残缺的，那是在某次事故中被柴油机齿轮切断的，幸运的是他的安纳波利斯军校毕业戒指卡住了齿轮，才保全了尼米兹的其他手指和他的海军生涯。

　　1941年12月31日，尼米兹在"茴鱼"号（Grayling，SS-209）潜艇狭窄的甲板上举行了略显寒酸的就职仪式，因为珍珠港内适合举行典礼的大型战舰不是撤退到西海岸，就是还泡在海水里，不过这也符合他出身潜艇部队的身份。后来尼米兹坦言，战争的最初6个月是他一生中最艰难忧虑的时光，面对日军在太平洋上步步紧逼的攻势，他必须重整残破虚弱的舰队，鼓舞士气消沉的部队，竭尽所能阻止日军的侵略步伐。与此同时，还要承受来自华盛顿和美国公众急切对日复仇的舆论压力，可是基于"先欧后亚"的既定策略，他能得到的战争资源暂时还很有限。尽管如此，尼米兹还是派出仅有的航空母舰频频反击，进而在4月间组织实施了轰炸东京的奇袭行动。5月初，美军航母在珊瑚海海战中成功阻击了日军航母舰队，6月初又充分利用情报优势在中途岛取得了决定性的胜利，一举击沉4艘日军主力航母，美军在太平洋战场上的颓势得以扭转，而尼米兹的地

1941年12月31日，尼米兹在"茴鱼"号潜艇甲板上就任太平洋舰队司令

1945年6月1日，尼米兹上将在关岛的司令部内授予斯普鲁恩斯海军十字勋章，两人在战争期间保持了亲密的合作关系

位也得到稳固。战场态势的改善让尼米兹的心情略微放松，可以抽出时间邀请属下共进晚餐。

当贝内迪克特上尉等人抵达官邸时，尼米兹刚好参加完一场婚礼返回，他热情地走出家门欢迎客人们，引领他们参观了寓所，将军的友善态度让原本拘束的年轻军官们放松不少。在晚宴开始前，尼米兹还请军官们在私人酒室里小酌了几杯，饮用了烈性威士忌和夏威夷本地产的很有劲的奥克酒。不久，尼米兹的邻居，新任舰队参谋长，一个月前在中途岛打了大胜仗的斯普鲁恩斯将军也应邀前来，不善饮酒的他要了一杯西红柿汁。尼米兹想在他的果汁里加点儿奥克酒，被他婉言谢绝了。

宾主在酒桌旁轻松愉快地聊着天，谈到一些有趣的话题，比如请电影明星和剧团来珍珠港进行劳军慰问，尼米兹对此持反对态度。作为一名出身潜艇兵的资深军官，尼米兹很担忧日本潜艇会在某个夜晚再度造访珍珠港，向岸上设施打上几炮后就溜走。尽管他自己也认为这种可能性很低，但还是要保持警惕。此外，大家还谈到了岛上日裔移民的问题，尼米兹认为应该征召青壮年日裔入伍，把他们派往北非与德军作战，并且评价说："他们很能打仗。"当菲律宾男仆通知众人晚餐已经准备妥当时，尼米兹得意地宣布，今晚的主菜是一道名叫"斯特罗加诺夫"的特制牛肉，是根据将军的女儿寄来的菜谱制作的，这引起了客人的极大兴趣，都在猜想这是一道什么样的特别菜肴。

从这道菜的菜名大致可以判定与俄国大有关系，的确，斯特罗加诺夫牛肉正是源于俄国的佳肴，而且颇有历史渊源。在沙皇时代的俄国，斯特罗加诺夫是一个家喻户晓的姓氏，从16世纪到20世纪初，斯特罗加诺夫家族一直是俄国最富有、最有权势的豪门望族，其先祖发迹于伊凡雷帝时期，依靠开矿、贩盐和从事木材、毛皮生意发家致富。

此外，家族还招募哥萨克远征西伯利亚，协助驱逐波兰入侵者，为罗曼诺夫王朝的建立出力颇大。数百年来，斯特罗加诺夫家族始终保持着与沙皇宫廷的密切关系，成为俄国政界和商界举足轻重的权贵之门，家族历代都有人出任高官权臣，极为显赫。1917年俄国十月革命后，斯特罗加诺夫家族因为支持白军反对布尔什维克政权遭到清算，家族成员被迫流亡海外，留在国内的财产被收归国有。

斯特罗加诺夫牛肉是源自俄国贵族斯特罗加诺夫家族的一道俄式牛肉料理

在斯特罗加诺夫家族中有一道传统的牛肉菜肴，将牛肉煸炒后与酱料和肉汤一起煮，并以酸奶油调味，颇受家族成员的喜爱，因此历代相传。这道菜由何人所创并无明确记载，有种说法认为是服务于斯特罗加诺夫家族的法国厨师的创意，但现代研究者更倾向于是从俄罗斯传统菜肴中发展而来的。这道炒牛肉原本没有特别的名字，后来才被冠以这个俄国显贵家族的名号。现在比较通行的说法是，这道菜的命名源自19世纪中叶的亚历山大·格里戈里耶维奇·斯特罗加诺夫（Alexander Grigoriyevich Stroganov）伯爵，他是一位外交家，还担任过内政大臣和地方总督。据说伯爵居住在敖德萨（Odessa）时经常举办慈善餐会，凡是衣着干净整洁的市民都可以免费赴宴，而这道家传炒牛肉也是餐会上颇受欢迎的菜式。伯爵去世后，感念他善举的敖德萨市民就将这道菜肴命名为"斯特罗加诺夫牛肉"（Beef Stroganoff）。

关于斯特罗加诺夫牛肉做法的最早记录出现在俄国女作家叶连娜·伊凡诺芙娜·莫洛霍韦茨（Elena Ivanovna Molokhovets）的经典烹饪书《给年轻主妇们的礼物》（*A Gift to Young Housewives*）中，该书出版于1871年。这道菜最初的做法与今日颇有不同，是将新鲜牛肉切成丁，而非现在流行的牛肉条，将切好的牛肉丁沾上薄薄的一层由盐和多香果制成的干腌料，然后放入油锅中以黄油煸炒，再放入芥末酱和牛肉清汤一起煮炖，最后用少许酸奶油调味即可。但是既没有洋葱和蘑菇，也没有加入酒类调味。随着斯特罗加诺夫牛肉的流传，其做法也有所变化，比如在1909年出现的一份菜谱中加入了番茄酱，并与酥炸土豆丝搭配食用，后者在俄国被视为这道牛肉菜肴的经典搭配，而在1938年法国出版的一本西餐百科全书中，则记录了使用牛肉条并加入洋葱及其他酱料的版本。

随着沙皇俄国的灭亡，很多流亡国外的俄国人开始在世界各地开设俄式餐厅，斯特罗加诺夫牛肉成为俄式西餐的招牌菜之一，从而推动了这道菜肴在世界范围内的广泛传播，并在这一过程中产生了更多的变化。各地的人们根据自己的饮食习惯和食材特点加

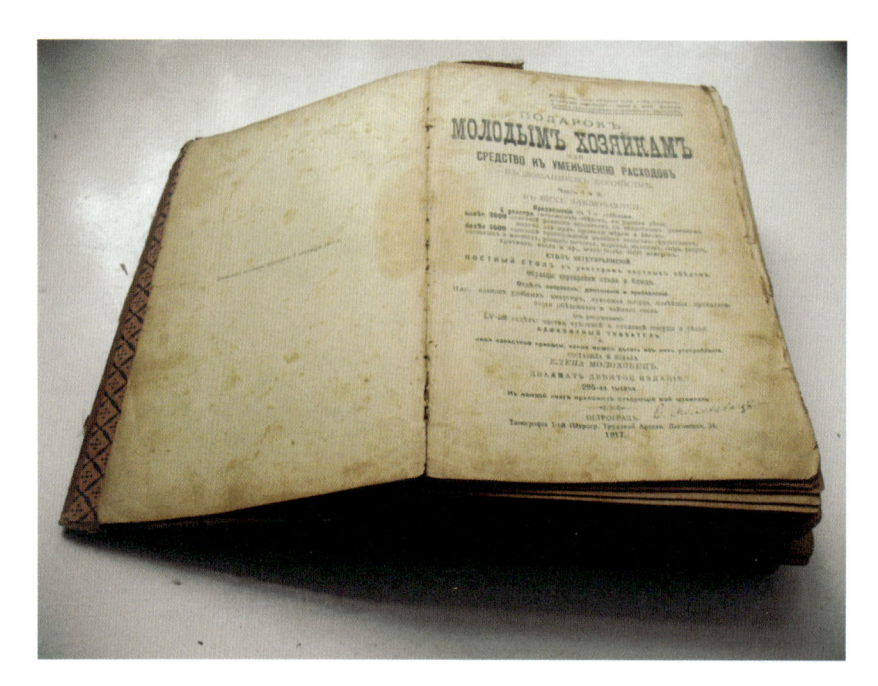

叶连娜·伊凡诺芙娜·莫洛霍韦茨撰写的烹饪书《给年轻主妇们的礼物》最早记录了斯特罗加诺夫牛肉的做法

以改良，比如牛肉会切成小丁、肉块或肉条，配菜品种也日益丰富，包括蘑菇、洋葱及其他蔬菜，调味料也由最初的芥末和酸奶油扩展到糖、盐、黑胡椒乃至腌泡汁，而在亚洲地区通常会去除酸奶油，因为大多数东方人都很难接受其口味。在主食上搭配米饭、面条或意大利通心粉最为常见。尽管做法变化多端，它们始终都有一个共同的名字——斯特罗加诺夫牛肉，以至于在今日英语中这位俄国伯爵的名字已经成为俄式炒牛肉或俄式炒牛柳的同义词。

值得一提的是，最早品尝斯特罗加诺夫牛肉的美国人是20世纪初在中国驻留的美国军人和外交人员，当时在哈尔滨、天津、上海等大城市都有俄式餐厅，后来这道菜随着中俄移民和归国的美国人传入美国，并在20世纪30年代被美国大众所接受，过了不到10年就已经是很多家庭晚餐和聚会上的常见菜了。不过，斯特罗加诺夫牛肉进入美国海军的宴会菜单则稍晚，至少在1942年夏季尼米兹上将宴请下属军官时，这道菜还需要借助将军女儿寄来的菜谱才能制作，并作为新奇的菜品向客人隆重介绍。

当天，所有参加晚宴的人都对斯特罗加诺夫牛肉的味道大为赞赏，认为非常鲜美，但对于饭后甜点鳄梨冰激凌的滋味则持保留意见。这场晚宴给宾客们留下了美好的记忆，巴西特上尉在日记中写道："这是一位通情达理、亲切和蔼、富有热情的将军，是我遇到的最好的海军将领。"21时，年轻军官们向将军告辞，而尼米兹和斯普鲁恩斯则结伴散步，这是两人都很习惯的交流方式，边走边聊。他们的话题围绕着正在谋划中的"瞭望塔"行动（Operation Watchtower），这是盟军在太平洋上发起反攻的第一步，而那座叫瓜达尔卡纳尔（Guadalcanal）的热带荒岛将是另一个极为艰苦却更具转折意义的战场。

在瓜岛背后，一个沿着密克罗尼西亚的连绵岛链步步跃进的战略图景正在尼米兹睿

1945年9月2日，尼米兹上将在"密苏里"号甲板上代表美国在日本的投降书上签字

智而冷静的头脑中成形，在战争余下的时间里，他将率领麾下不断增强的庞大舰队，按照这一战略将日本帝国的邪恶势力从太平洋的远端逐回到日本列岛，将日本陆海军的无数士兵、舰船、飞机连同建立"大东亚共荣圈"的妄想埋葬在无垠的大海之中。1945年9月2日，在东京湾内"密苏里"号战列舰（Missouri，BB-63）的甲板上，已经戴上五星上将领章的尼米兹代表美国政府在日本的投降书上签字，这位"山里来的海军上将"达到了军人事业的巅峰。军事历史学家埃德温·霍伊特（Edwin Hoyt）给予尼米兹恰如其分的评价："哈尔西能打赢一场海战，斯普鲁恩斯能打赢一场战役，而尼米兹能打赢一场战争。"

吃罢早饭刺杀山本大将——斯帕姆炒蛋

1948年12月23日凌晨，在日本东京池袋的巢鸭监狱内，被远东国际军事法庭判处死刑的东条英机等七名甲级战犯被送上了绞刑架，为他们发动战争、荼毒生灵、践踏人性的滔天罪行接受了应得的惩罚。其实，这份处决名单上至少还应该加入一个名字，他

第二章 美国篇

1943年4月联合舰队司令长官山本五十六（右二）和参谋长宇垣缠（右一）在拉包尔基地目送日军飞机升空作战

就是开战时担任联合舰队司令长官，主持谋划偷袭珍珠港的山本五十六海军大将。在相当长的一段时间内，山本都被美国人视为珍珠港袭击的罪魁祸首和美国海军的头号敌人。不过山本没有活着看到美国宪兵的逮捕令，在战争结束前两年零五个月，他就提前迎来了死亡的结局，在视察前线途中遭遇美军飞机拦截，坠机殒命于布干维尔岛（Bougainville Island）的密林之中。这不是一次偶然事件，而是美军破译日军密电后精心策划的刺杀行动。

　　1943年4月初，山本五十六大将离开停泊在特鲁克（Truk）的联合舰队旗舰"武藏"号战列舰，亲临拉包尔（Rabaul）前线指挥作战，调集了380架飞机发动了伊号作战，企图以持续的航空突击消耗所罗门战场的盟军海空力量，但战果欠佳，得不偿失。尽管如此，山本依然计划在作战结束后前往一线机场视察参战部队，为精疲力竭的飞行员鼓劲打气。4月13日，舰队司令部将山本的详细行程通过密电通知前线各基地，山本及其幕僚计划乘坐2架一式陆攻在6架零战护航下于4月18日晨从拉包尔起飞，经布干维尔岛的布因（Buin）前往肖特兰的巴拉莱机场（Balalae Field, Shortland），起飞时间、飞行航线和降落时间都在电报中完整地通报给部队。有人提醒此举的危险性，并规劝山本变更行程，但没有被他采纳。当时日军认为航线沿途远离美军基地，制空权仍在日军手中，平时除了少数执行高空侦察任务的美军P-38战斗机出没外，基本碰不到其他美军战斗机。最关键的是，日军对于自身密码已被美军破解的情况浑然不觉，并未意识到通信内容已经泄密，这封电报其实是山本大将的催命符！

　　日军电报发出后，立即被代号"魔术"的美国海军情报部门的无线电监听站截获，并由密码专家迅速破译。4月14日上午8时，太平洋舰队情报官埃德温·托马斯·莱顿（Edwin Thomas Layton）中校将这封决定山本命运的电报放在了尼米兹上将的案头，后者阅读后立即从座位上站起身来，查看地图后与莱顿就是否伏击山本进行了讨论。要知道直接刺杀敌方高级将领有违传统的骑士精神，还要考虑山本死后是否会有更具能力的人取代他，此外还存在日军通过此事发觉密码漏洞的危险。莱顿认为日军在战争中毫无骑士风度可言，此举不存在道德障碍；山本在日军乃至日本国民心中威望极高，无人可以替代，将他击杀将沉重打击日本的民心士气；最后，莱顿打了个比方："尼米兹将军，您知道，这就好像如果您被他们干掉，没有人能接替您一样。"尼米兹最后决定伏击山本，鉴于事关重大，稳妥起见，他还是向华盛顿发报请示，不久得到罗斯福总统的指示："干掉山本！"耐人寻味的是，总统的许可并未留下官方记录，因此这个决断的责任只能由尼米兹独自承担。

尼米兹将情报转发给南太平洋战区司令小威廉·哈尔西中将，让他部署行动，具体作战由所罗门航空部队司令马克·米切尔（Marc Mitscher）少将组织实施。在研究了山本

二战时期，美军情报部门的工作人员利用解码装置破译日军密电

的行程后，美军决定在山本途经布干维尔岛南部时痛下杀手，但伏击地点距离瓜岛的前线机场直线距离达 640 千米，考虑到规避日军机场和防空阵地的迂回飞行，往返距离达到 1600 千米之遥，大大超出海军战斗机的航程。因此，这项任务只能交给续航力大的美军陆航 P-38 双发战斗机来完成，最后由陆航第 347 战斗机大队第 339 中队担纲，中队长约翰·米歇尔（John Mitchell）少校领衔出击，行动代号"复仇"（Operation Vengeance），显然取为珍珠港之耻进行报复之意。第 347 大队从下属 3 个中队中精选了 18 名飞行员充当刺客，其中由托马斯·兰菲尔（Thomas Lanphier）上尉、雷克斯·巴伯（Rex Barber）中尉等 4 名飞行员组成狙杀组，其余飞行员负责对付日军护航战斗机。参战的 P-38 都携带副油箱以延伸航程，为此还特意从莫尔兹比空运来一批大容量副油箱，即便如此 P-38 在伏击空域也只有 15 分钟的滞空时间，因此必须对飞行时间进行精确把控。参战飞行员没有被告知目标的具体情况，只说是一名"重要的敌方指挥官"。

当 4 月 18 日的晨曦初现时，位于瓜岛隆加角的库库姆机场（Kukum Field）上一派忙碌，地勤人员将 18 架加满油弹的 P-38G 战斗机排列在停机坪上，做起飞前的最后检

准备刺杀山本大将的刺客们享用的早餐是早已吃腻的斯帕姆炒蛋

第二章 美国篇 97

查。米歇尔少校和手下的飞行员也早早起床做出击准备，除了反复熟悉行动流程和作战要点外，他们还需要吃上一顿早餐。然而坐在野战食堂的餐桌前，每个人都感到有些反胃，因为餐盘里还是那几样他们早就吃腻的东西：香煎斯帕姆午餐肉、炒鸡蛋、用奶粉冲泡的牛奶以及咖啡，实在提不起胃口。不过，为了在未来长达数小时的飞行中不至于因为血糖值降低而影响思考力和判断力，飞行员们只能强迫自己将令人生厌的食物吞咽到肚子里，只能说这顿毫无新意的早餐与他们执行的特殊任务实在不相称。

如果让美国大兵评选二战时期最难吃的军用口粮，那么斯帕姆午餐肉绝对毫无悬念地雄踞榜首。"斯帕姆"（SPAM）是由位于美国明尼苏达州奥斯汀市（Austin）的荷美尔食品公司（Hormel Foods Corporation）于1932年推出的肉罐头品牌，当时正值大萧条时期，社会购买力大幅下降，很多穷困潦倒的人挣扎在饥饿线上。创办于1891年的荷美尔食品公司自然不乏商业嗅觉，决定生产一款价格低廉的罐头肉制品以便在低消费人群中打开销路。这种罐头的原料是猪肩肉、盐、糖、香料、土豆淀粉和水，还添加了亚硝酸盐，这一成分既可以延长保存期，还能让肉块呈现鲜嫩的粉红色，增加卖相。还有一种说法认为，荷美尔食品公司开发这款罐头的目的是消耗滞销的猪肩肉，当时这种肉被视为边角料而不受市场欢迎。

荷美尔食品公司的廉价肉罐头起初以"荷美尔五香火腿"的名称上市，但这个名字实在太缺乏冲击力，很快淹没在一大堆名头类似的罐头肉商品中，销量不佳。作为公司CEO的杰伊·荷美尔（Jay Hormel）想到了改名的策略，公开为罐头征求新名并开出100美元奖金，最后公司副总裁的哥哥肯尼思·戴尼奥（Kenneth Daigneau）——一名半红不紫的二流演员，提出以简洁有力的SPAM作为商标，获得采纳并赢得奖金。关于SPAM的含义，荷美尔食品公司的官方说法是"只有早期的几位主管人员知道，现已不明其意"，但是人们更愿意相信所谓SPAM不过是"猪肩肉与火腿"（Shoulder of Pork And Ham）或"五香火腿"（Spiced Ham）的缩写罢了，根本没什么玄机。1937年7月5日，第一罐斯帕姆午餐肉横空出世，随后借助SPAM之名销量看涨！

荷美尔食品公司总裁杰伊·荷美尔与公司产品的合影，近处是成排的斯帕姆午餐肉罐头

相比市面上的其他罐头肉产品，斯帕姆还是颇有卖点的：首先，价格低廉，每罐仅售40美分，几乎是等量普通肉制品价格的1/3，让收入微薄的底层民众也买得起；其次，分量合适，在斯帕姆上市

之前的罐头肉制品通常采用 6 磅（2.72 千克）的大包装，以便熟食零售商切片后出售给顾客，而斯帕姆采用每罐 12 盎司（340 克）的小包装，极其适合家庭食用和外出携带，直到今日仍是各类午餐肉罐头最普遍的包装规格；再次，保存期长达 3 年，且无须冷藏储存；最后，食用方便，开罐即食，而且味道还不错，虽然口感不及纯粹肉食，但毕竟有点肉味。从营养学的角度看，斯帕姆的主要成分是蛋白质和脂肪，一罐斯帕姆能够提供 1054 卡路里的热量，基本满足一个成年人的每日所需。上述优点不仅打动了美国穷人的心，也深深吸引了美军后勤部门的目光。

1941 年 12 月，日本海军偷袭珍珠港，把美国也卷入了二战的旋涡。美国开始加速扩军，派往海外参战，这下可把美军后勤保障部门忙坏了，为数以百万计的军人准备粮食可不是件轻松的活，而且各个战区的气候环境也不一样，想想都脑袋疼。有什么肉类食物价格便宜，易于生产、运输和储存，最重要的是能为前线士兵提供保持体力的高热量呢？斯帕姆午餐肉实为不二选择，陆军军需部大笔一挥，将其列入 B 类军用口粮，向荷美尔食品公司开出海量订单。据统计，在 1941 年到 1945 年间，美军斥巨资采购了 1.5 亿磅（约 6.8 万吨）斯帕姆午餐肉，约合 2 亿罐！由于最好的肉类优先供应美国海军，于是陆军大兵的食品清单上的牛肉、猪肉和火腿被大量替换成斯帕姆，远渡重洋运往前线，填满了野战厨房的锅灶和士兵的野战饭盒，无论是酷热难耐的太平洋岛屿和北非沙漠，还是天寒地冻的北极和阿登森林，哪哪都能看到它。美国大兵的一日三餐也变成了早上煎斯帕姆，中午烤斯帕姆，晚上斯帕姆馅饼的节奏，日复一日，甚至年复一年，好像永远也吃不完。

起初，美军官兵对斯帕姆的味道还不算太抗拒，有时还会私下提前打开吃掉。为了杜绝这种现象，也为了增加产量，军方要求更改配方，降低口味。于是荷美尔公司减少了猪肉含量，加入更多的淀粉和盐，于是大兵们吃到嘴里的午餐肉又咸又腻，毫无肉味，除了能填饱肚子，谈不上任何美味了。斯帕姆除了提供保持体力的热量之外，维生素和

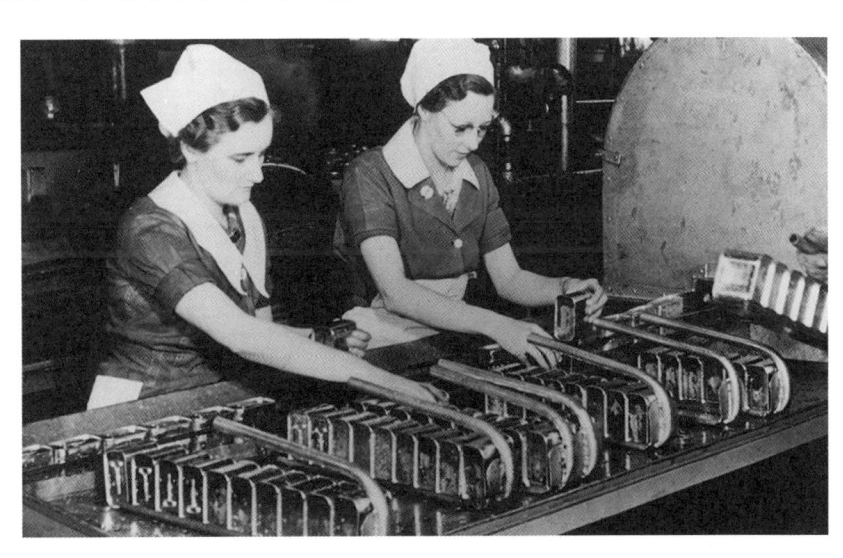

荷美尔食品公司的生产线上，女工们正忙着生产斯帕姆午餐肉罐头

矿物质含量很少，长期食用对健康有害无益，而且添加的淀粉过多，对于吃惯了整块牛肉、大块鸡肉和炸薯条等纯粹美国食物的美国少爷兵来说，斯帕姆午餐肉简直就是噩梦。就算山珍海味天天吃也会腻，更何况这种味道单调、口感低劣的肉罐头呢？虽然荷美尔食品公司赚得盆满钵满，大兵们却吃伤了胃口，对斯帕姆怨声载道，给它取了各种绰号，比如"未通过体检的火腿""下水肉""疑似肉"，最出名的还是"灵肉"，此外还以漫画、顺口溜等方式大加吐槽。在他们眼里，斯帕姆午餐肉就像敌人的子弹和淋病一样，"应该被消灭"，就连欧洲战区盟国远征军（简称"盟军"）总司令德怀特·艾森豪威尔上将在战后遇到荷美尔食品公司老总时也抱怨道："你们送来的午餐肉太多了。"

在斯帕姆午餐肉的抗议者中，肯定包括那些即将向山本大将索命的飞行员，在咽下难吃的早餐后，米歇尔少校带领18架P-38于7时25分出击。很快，有2架飞机因故障退出行动，其余16架保持无线电静默，以15米的超低空飞行前往布干维尔岛，在2个多小时的长途飞行后于9时34分抵达预定截击位置，仅比计划提前一分钟。以守时著称的山本大将如期而至，来的正是2架陆攻和6架零战，情报分毫不差。米歇尔少校命令机群按计划行动，抛掉副油箱展开空战，掩护组吸引零战，狙杀组追击陆攻。遭到攻击后，2架陆攻立即降低高度，分散逃遁，兰菲尔和巴伯的双机编队咬住了向布干维尔岛内陆逃避的1架陆攻，巴伯抓住机会连续射击，目标起火坠入密林中，事后得知山本正在那架飞机上，他在空中就已中弹身亡。另一架逃向大海的陆攻也未能幸免，被另一对P-38抓住，一顿暴打后坠海，机上的联合舰队参谋长宇垣缠中将身负重伤，但被幸运搭救，得以生还。在完成任务后，P-38机群摆脱零战的纠缠返航，整场行动仅损失了1架P-38。

山本大将之死带来的震撼效果恰如尼米兹和莱顿所料，在日本国内产生了极大震动。山本的骨灰被"武藏"号运回本土，日本官方直到5月21日才对外公布山本的死讯，追封他为海军元帅并举行了国葬。日本民众对于战争的信心大受挫伤，东京电台的播音员

位参与"复仇"行动的美军飞行员，自左向右分别是兰菲尔上尉、崔小姆斯中尉和巴伯中尉

在发布山本战死的消息时竟然失声痛哭,一名作家写道:"人们心里都为未来战争的黯淡前景伤感不已。"美国方面自然举手相庆,哈尔西在给前线的贺电中说:"装鸭子的袋子里有一只孔雀!"为了保密,行动细节在战时都被禁止透露,对外宣称美军是根据潜伏在拉包尔的海岸监视哨获悉山本行踪的。兰菲尔和巴伯均被授予海军十字勋章,但官方认定是兰菲尔击落了山本座机,为此两人又打了多年的口水仗。除了这个争议外,如果还有什么让飞行员们感到不快的事,那一定是在降落后还要继续吃令人讨厌的斯帕姆午餐肉!

虽然斯帕姆午餐肉在美军中恶评如潮,但作为援助物资提供给反法西斯同盟国得到的评价却截然不同,无论是英国还是苏联,都将其视为珍贵食物,令这些国家的军民感激涕零。在战时实施食品配给的英国,斯帕姆是人人渴望的肉类罐头,在黑市上非常走俏,后来成为英国首位女首相的玛格丽特·撒切尔夫人后来回忆,在1943年她和友人将一顿用斯帕姆做的便餐当作盛宴!苏联通过租借法案从美国获得了超过1亿磅的斯帕姆罐头,苏军士兵都将斯帕姆当成战时佳肴,百吃不厌。苏联领导人尼基塔·赫鲁晓夫也承认,在德军占领乌克兰粮仓之后,如果没有斯帕姆午餐肉,不知道该拿什么来养活红军。从这个意义上说,斯帕姆的确是"帮助盟国赢得了二战的食物"。

随着美军的征战步伐以及战后在世界各地的驻扎,斯帕姆午餐肉获得了广阔的海外市场,在夏威夷、马里亚纳群岛、菲律宾、日本和韩国等地都是颇受欢迎的罐头食品。

斯帕姆饭团是夏威夷人利用斯帕姆午餐肉结合日本饭团开创的融合料理

借助二战的东风,斯帕姆午餐肉风靡全球,至今已销售超过80亿罐!

让美国人想不到的是,在这些地区一罐小小的午餐肉不仅成为当地人当年最美味的回忆,还丰富了他们的饮食生活。当地人发挥无限的想象力,结合自己的口味,创造性地做出各种具有特色的料理,例如韩国的部队锅。战后韩国物资极度缺乏,人们为了填饱肚子四处搜罗食物,美军基地丢弃的过剩罐头(主要是斯帕姆)就是他们能找到的最好食材,并且突破贫苦的极限不断创新,逐步发展成火锅的吃法。部队锅没有特定食材,蔬菜、面条、泡菜皆可下锅,但压轴菜非斯帕姆午餐肉莫属,加上足量的辣酱汤,便可大快朵颐,这菜其实就是一锅乱炖,难登大雅之堂。在韩国,吃部队锅的地方大都是一些退役老兵为了讨生活在街头开的小店。

斯帕姆午餐肉在夏威夷也极为流行,还产生了特色料理斯帕姆饭团,据说源于一名夏威夷日裔女性为孩子制作食物的创意,最初于1980年上市销售时大受好评,一天售出500份。斯帕姆饭团的做法相当简单,将斯帕姆午餐肉切成薄片,可以直接放在捏好的饭团之上,也可以按自己的口味加上各种调味料煎好之后再放在饭团之上,最后卷上海苔即成。斯帕姆饭团起初不为日本人所知,后来到夏威夷旅游时才第一次尝到,被看成是日美饮食文化相结合的夏威夷乡土料理。

日本冲绳是斯帕姆的另一个高消费区。战后,冲绳长期被美军占领,美军向食物匮乏的岛民提供了大量斯帕姆以替代难以获得的新鲜猪肉,久而久之冲绳人将斯帕姆当成主要肉食之一，广泛用于家常料理。冲绳人的夏季餐桌上有一道必不可少的菜肴苦瓜杂炒，其最正宗的做法就是使用斯帕姆午餐肉为原料，其他食材包括苦瓜、冲绳豆腐和鸡蛋，其烹制过程很简单，稍微麻烦的是苦瓜，炒之前需用盐除掉水分，最后放入鸡蛋。面对冲绳人对斯帕姆的热情，荷美尔食品公司甚至在冲绳开设了分厂，利用当地出产的猪肉直接加工销售，因此冲绳的斯帕姆罐头售价比日本国内其他地方要便宜。

借助斯帕姆的大量销售，荷美尔食品公司崛起为美国罐头业巨头，并在战后继续以斯帕姆为主打产品开拓市场，到1959年斯帕姆销售量突破10亿罐！如今，斯帕姆已经发展出黑胡椒、香辣、蜜渍等十余种口味，甚至还有为伊斯兰教徒特供的清真装（用火鸡肉为原料），味道也比战争时期有所提升。截至2003年，斯帕姆已经在41个国家销售，并在超过100个国家注册商标，2012年荷美尔食品公司卖出了第80亿罐斯帕姆，到2019年营业额高达94亿美元！

将星闪耀的高端午餐会——浓汁烩鸡肉

1943年的某个周三中午时分，在美国华盛顿特区（Washington D.C.）一栋外表看似平静普通，内部却警卫森严的办公大楼内，4名制服笔挺、上了些年纪的军人走到一间墙上挂满地图的房间的一角。那些地图涵盖了世界上的各个地区，有大有小，其中最大的一幅几乎占满了一面墙，地图上缘接近天花板，图面上标绘了各种各样的线条、箭头和仿佛古代象形文字般的复杂标记，如果这些标记需要标注在摩尔曼斯克、格陵兰岛（Greenland）或阿留申群岛这样的地方，需要借助折叠梯子才能完成。地图上的线条标记有疏有密，其分布情况与正在进行的战争有着明显的联系。在房间角落里摆放着一张造型朴素的胡桃色木纹餐桌和四把带黑色软靠垫的餐椅，桌子上没有铺台布，但放着一盆艳丽的鲜花和四套精致的细瓷餐具。一顿简单的午餐也已备好，色泽焦黄油亮的圆面包表面反射着灯光，杯子里的咖啡或茶飘出淡淡的热气，餐盘里是奶油色的浓稠汤汁和鸡肉块，色香诱人。比较特别的是，桌子边缘有一个连着电线的按钮，用来召唤已经退出房间的侍者，看来用餐者不希望有旁人打扰。

4名军人走到桌边纷纷落座，一边享用食物，一边相互交谈。从制服样式看，两人属于陆军，肩章上赫然排列着代表陆军上将军衔的4枚银色五角星；另外两人来自海军，他们的袖口上绣着1宽3窄共4道金线，在深色制服映衬下格外耀眼，表明他们都是海军上将。这张小小的餐桌上居然围坐着4名上将，真称得上是一场将星闪耀的午餐会，而他们的身份职位个个都声威显赫，其中包括罗斯福总统的特别军事顾问兼总司令参谋长威廉·莱希（William Leahy）海军上将、陆军参谋长乔治·马歇尔（George Marshall）上将、海军舰队总司令兼海军作战部长欧内斯特·金海军上将和陆军航空队司令亨利·阿诺德（Henry Arnold）上将，后来他们全部晋升美军最高军衔五星上将。总统的首席军师和美军陆海空部队的3位最高指挥官汇聚一席，他们是罗斯福麾下驾驭美利坚战车驰骋疆场的四大驭手，真正的领军统帅和军界巨头。这样特殊的用餐场所，如此特别的人物身份，他们在席间谈论的话题也绝非食物口味，而是与餐桌之外、千万里之遥的战场密切相关。显而易见，这不是一次普通的工作聚餐，实际上是美国参谋长联席会议（Joint Chiefs of Staff，简称"参联会"）的每周例会。

说起美军参谋长联席会议，关注国际时事和美军动态的朋友一定不会陌生，但凡美军在全球热点地区策划发起军事行动时，参联会的名头都会频繁出现在各类媒体中。参谋长联席会议是由美国武装部队各大军种的高级指挥官组成的联合参谋机构，主要职能是协调各军种关系，制订军事战略计划，针对国防政策、军队事务和海外作战等军事问题向总统提供咨询和行动方案，根据总统或国防部长的指令准备、部署和实施军事行动。它是美国总统行使统帅权的主要机构，也是美军军事指挥体系的中枢核心，堪称"美军的大脑"，而参联会主席更是美国职业军人所能达到的最高军职，相当于其他国家的三军总参谋长。然而，位高权重的参谋长联席会议的历史并不长，是根据1947年颁布的《国家安全法》才正式建立，换而言之，在前文所述的二战美军四巨头同席进餐时，参联会还不是正式的法定机构，而是总统依据战时特权建立的跨军种协调机构，带有临时性质。

1943年的某日，美国参谋长联席会议的4位主要成员共进午餐，自左向右分别是阿诺德上将、莱希上将、金上将和马歇尔上将

参谋长联席会议的历史可以追溯到 1898 年的美西战争期间。与很多国家的军队一样，美国各军种之间存在着矛盾冲突和利益争夺，相互之间各行其是、互不相让、彼此拆台的事情屡见不鲜，这样的戏码即使到今日每逢美国国会审议国防预算时都会上演。19 世纪末，随着美国综合国力和军事实力的增强，对海外市场的诉求愈加强烈，甚至不惜以战争手段从老牌殖民国家西班牙手中攫取利益。海外征战势必要求陆海军进行联合作战，但军种间的分歧使这一目标难以实现，甚至直接阻碍了战事进展。有鉴于此，西奥多·罗斯福总统于 1903 年组建了陆海军联合委员会，由军种首长、参谋长和陆海军高级参谋机构组成，负责制订联合作战计划和解决军种间冲突，但没有决策权，在第一次世界大战中发挥作用十分有限。1919 年，联合委员会进行了重组，可以就军事计划主动提出建议，但依然无权参与决策。

1941 年 12 月美国参战后，英美迅速结盟。英国首相丘吉尔于 12 月底访美，与美国总统罗斯福展开高层会晤，史称"阿卡迪亚会议"。这次会议最重要的成果就是经两国首脑磋商组建了联合参谋长委员会，作为英美两国的最高军事决策机构。在联合参谋长委员会中，英方成员来自英军参谋长委员会（相当于三军总参谋部），而美国方面现存的联

1941 年 12 月阿卡迪亚会议期间的英国首相丘吉尔和美国总统罗斯福，这次会议催生了美军参谋长联席会议

合委员会在职权和地位上都无法与英方相比。为了能够在联合参谋长委员会中获得与英方平起平坐的地位，更好地发挥协调合作机能，总统的首席军事幕僚莱希上将建议组建一个"统一的最高指挥部"，得到总统的赞同，这就是参谋长联席会议（以下简称"参联会"）的雏形。这个机构包括4位核心成员，即莱希、马歇尔、金和阿诺德，由莱希领衔，他由此成为美军历史上第一位非正式的参联会主席。

参联会于1942年2月召开首次会议，它不仅继承了联合委员会的职能，还被赋予了广泛的权力，随时可以向总统汇报有关军事战略、兵力需求、军需生产等各项政策问题，负责制订重大作战计划，并在总统授权下向各战区发布作战指令，协调部队调动、后勤补给和运输事宜，但并不干涉具体的作战行动，而交由战区指挥官全权处理。参联会的工作在高度保密的状态下进行，它可能是除了研发原子弹的"曼哈顿"工程之外全美保密级别最高的机构，甚至连文书用过的复写纸每天工作结束后都要收缴销毁，警卫人员更是24小时巡逻警戒。参谋长联席会议为筹划战略计划承担了大量工作，据莱希回忆，从设立到日本投降，参联会主要成员商议讨论了1457个重大问题，内容涉及战争的方方面面，参联会秘书处平均每月处理多达130份正式文件，至于其他各类报告、指示、备忘录更是不计其数。可以说，参联会在领导和组织军队进行战争和推进盟国合作方面扮演了无可替代的角色，这也是它在战后正式设为固定机构的原因所在。

二战时期，只要参联会的4位主要成员都在华盛顿，通常会在每周三召开例会，而且与午餐会同时进行，"四巨头"将就当前最为重要的问题进行沟通，交换意见。虽然只是例行的工作简餐，而非正式宴会，但考虑到会议的级别和与会人员的身份，负责餐饮服务的人员自然不敢怠慢，每次都要细致周到地提供服务，精心准备菜品，比如本节开头记述的这次午餐会的主菜就是一道源自法国但已美国本土化的料理：浓汁烩鸡肉（Chicken fricassee）。

在英美联合参谋长会议上，美军参联会成员（右侧）与英军高级将领进行会谈

Fricassee 可以理解成"白汁肉块"或"煨浓汁肉块",是法式西餐中一种传统的烹饪方式,最早出现在 14 世纪。其通常做法是将切碎的肉类用黄油翻炒后,与配菜一起加入浓汤或肉汁中用文火煨炖,最后浇上浓稠的调味汁食用,具有绵软醇厚、层次丰富的口感,被饮食研究家认为是"介于嫩煎和炖之间"的料理手法。Fricassee 在食材选择上十分自由,主要使用鸡肉,也可以用牛肉、羊肉、兔肉或鱼肉,搭配的蔬菜也没有特定的限制,由厨师根据所能获得的种类来决定。Fricassee 在近代逐步流传到欧洲其他地区,在这一过程中做法出现了很多变化,比如英国人早期喜欢用蛋黄来增稠调味,意大利人习惯用柠檬和蛋黄制作调味汁,到 18 世纪蛋黄又逐渐被面粉所代替,到了 19 世纪奶油就成为这道菜最后的点睛之笔。在早期做法中通常不会把肉类炒至熟透变色,汤汁以白色为佳,因此才被称为白汁烩肉,但现代做法已经不再拘泥于此,肉类的生熟程度可以自由掌握,甚至会用番茄酱或咖喱代替奶油制作调味汁。

　　Fricassee 在 16 世纪随着欧洲移民的脚步传到了北美殖民地,逐渐成为美国早期乡土料理的一部分,被视为"一种标准的老式风格美国菜"。美国首位第一夫人,乔治·华盛顿总统的妻子马莎留下的菜谱中就有浓汁烩鸡肉的做法,她将鸡肉放在肉汁中煨炖,使用奶油和蛋黄制作酱汁,这道菜也是亚伯拉罕·林肯总统最喜欢的菜式之一。浓汁烩鸡肉在加利福尼亚州还产生了融入西班牙风格的衍生版本,将切碎的鸡肉与洋葱、小葱、大蒜和蘑菇一起用猪油煎炒,之后与橄榄、新鲜香草、橄榄油和番茄汁一起做成浓稠的炖菜。早在 20 世纪初,浓汁烩鸡肉也出现在美国海军的午餐菜谱中,其推荐做法是用黄油将配菜(通常是洋葱、菌类)煎软,加入鸡肉块轻轻翻炒,接着倒入红酒、清汤和月桂皮等香料小火慢炖,最后加入鲜奶油搅拌均匀。奶油的甜香深深浸入细嫩的鸡肉之中,令人回味无穷,深受官兵的喜爱,因此这道菜在 1943 年的某日被呈献到上将们的午餐会上丝毫不值得奇怪。

　　二战时期,像浓汁烩鸡肉这样的鸡肉料理不仅出现在高级将领聚餐这样的高端场合,也越发普遍地成为美国大众餐桌上的日常菜肴。这个表述在现代人看来似乎是多余的,毕竟鸡肉是人们平日里最常见的肉食之一,而且放在美国人的饮食背景下更加显得浪费笔墨,要知道美国是当今世界上最大的鸡肉生产国和消费国。据统计,2018 年全球生产鸡肉 9550 万吨,其中美国生产鸡肉 1936 万吨,占比 20.3%;同

在参联会的某次午餐会上,4 位美军上将品尝了法式浓汁烩鸡肉

由桑德斯上校开创的快餐品牌肯德基是美国吃鸡文化的典型代表

年全球消费鸡肉9362.9万吨，其中美国消费鸡肉1618.5万吨，占比17.3%，另有统计美国人均年消费鸡肉达41千克，超过世界上任何国家。美国人吃鸡的习惯还通过哈兰德·桑德斯（Harland Sanders）上校创办于1952年的肯德基炸鸡店影响到全世界，截至2020年，这个跨国快餐品牌已经在150个国家开办了超过24000家门店，年收入高达279亿美元。然而，很多人可能不了解，美国如今"鸡肉大国"的地位正是在二战的推动下逐渐形成的，更难以想象的是，由二战倒推半个多世纪，在美国人眼中，鸡肉还是比牛肉、猪肉更加金贵的高级肉食！

19世纪时，美国人养鸡的方式还是传统的农家散养，而且养鸡的目的主要是获取鸡蛋，因为鸡蛋被视为一种比鸡肉更加长期稳定的食物来源，通常只有年龄很大的公鸡和不产蛋的母鸡才会被宰杀，但较老的肉质使它们只适合炖汤。当然也有例外，在内战前推行奴隶制的南方各州法律规定奴隶不得拥有猪、牛等大牲畜，于是黑人只能靠养鸡作为肉食的补充。在某些地区，黑人妇女甚至会将自制的炸鸡拿到火车站向旅客兜售，颇受好评，也引发了公众对鸡肉料理的兴趣。19世纪后期，随着工业革命的兴起和城市化进程的加速，由乡间农场零散养殖出产的鸡肉渐渐难以满足城市居民的食用需求，鸡肉价格飞涨，达到牛肉的4倍！鸡肉沙拉一时间成为美国上流社会社交宴饮的专属美食，被视为代表占全美人口1%的富豪人群的财富象征。正如1885年女性杂志《家政》中的评论："富人们追求它（鸡肉），因为它太贵了，以至于成为一道不寻常的菜。"

市场的强烈需求最终在20世纪20年代促成了美国商业化集约型养鸡产业的兴起。具有传奇色彩的是，这一产业的萌生竟缘于一个偶然的交易错误。1923年，在特拉华州苏塞克斯县（Sussex）经营一所小型孵化场的威尔默·斯蒂尔（Wilmer Steele）夫人收到了

1923年由斯蒂尔夫人创办的全美第一座商业养鸡场

500只小鸡,而不是预定的50只,但她没有选择退货,而是扩建鸡舍,在饲养数周后作为肉鸡出售,获利颇丰。于是,她在第二年将养鸡数量翻倍至1000只,到1925年更增至10000只!美国第一家商业肉鸡养殖场由此诞生。斯蒂尔夫人的成功很快引起广泛效仿,商业养鸡由特拉华州所在的德尔马瓦半岛(Delmarva Peninsula)向全美扩散。随着鸡肉产量的增加,其身价也迅速回落,变得廉价易得,不过直到二战之前鸡肉在美国人的肉食选择中依然排在牛肉、猪肉之后。

随着美国加入二战,美国养鸡业迎来了一个黄金发展期。出于战争需要,美国政府对牛肉和猪肉实施管制、加大储备,导致市场供应减少,而鸡肉填补了空白,成为公众饮食的重要选项。战争时期,肉鸡养殖的优势也得到凸显,饲养肉鸡通常只需8周到12周即可出栏,远少于猪、牛、羊等大型肉畜,饲料的单位消耗率也更低,具有效率高、成本低的特点。战争期间,美国的鸡肉消费量增加了3倍,到1945年美国年产肉鸡已高达3.66亿只。二战后,美国政府给予养鸡业更多的扶持,在1948年举办了"明日之鸡"竞赛,鼓励从业者培育更为优良的鸡种,并出台政策推进养鸡产业的综合化发展。到20世纪60和70年代,为了改善公共健康状况,美国官方更是鼓励民众多吃鸡肉和鱼肉,进一步刺激了鸡肉消费。到1985年,全美鸡肉消费量超过了猪肉,到1992年更是超过牛肉,成为美国最受欢迎的食用肉类。

鸡肉在美国饮食生活中的重要性也同样体现在美军的伙食体系中。美国是一个移民国家,其国民来自五洲四海,同时也是一个信奉宗教信仰自由的国家,除了基督新教外,还有犹太教、天主教、伊斯兰教、佛教等,即使同一种宗教下,也会细分诸多教派。这种族裔和宗教的多样性决定了美军人员构成的复杂性,他们在文化背景和饮食习惯上存在诸多差异，尤其在宗教方面更要注意饮食禁忌。相比其他肉类，鸡肉在宗教上的接受度要更高，成为军队配给食材的理想选择。在早期的美军餐谱中，鸡肉料理寥寥无几，如今则超过 50 种，除了美式风格的炸鸡外，还有墨西哥鸡肉卷、牙买加烟熏鸡、日本照烧鸡等等，融汇了世界各地的鸡肉菜肴，充分满足了不同人群的口味喜好。

迎送"空中堡垒"的思乡点心——甜甜圈

1941 年 12 月 7 日，日本飞机丢在珍珠港的炸弹将美国国内的孤立主义势力彻底炸蒙，排除了美国参战道路上的所有障碍，次日罗斯福总统在国会宣布对日宣战，美国正式加入二战。美国参战后迅速与英国结盟，两国首脑确立了"先欧后亚"的战略，将资源优先投入欧洲战场，首先击败德国和意大利。不过，美国雄厚的工业实力还需要时间进行充分动员整合，才能打造成摧毁轴心国的强大战争机器，以当时英美两国的力量尚不足以跨越英吉利海峡，在西欧开辟斯大林极力主张的"第二战场"。于是，美国提出了能更快实现的进攻策略，即联手英国皇家空军对德国占领下的欧陆实施战略轰炸，打击德国的战争潜力。波音公司已经制造出能胜任此项重任的绝佳武器——B-17"空中堡垒"

飞翔在欧陆上空的美军 B-17"空中堡垒"轰炸机群，属于美国陆航第 8 航空队

重型轰炸机，它的时速可达460千米，能携带2.5吨炸弹飞行3200千米以上，机体坚固且要害部位有防弹装甲保护，加上十余挺12.7毫米机枪的自卫火力，完全称得上是一座会飞的战斗堡垒。

1942年1月，美国陆军航空队在弗吉尼亚州兰利基地（Langley Field）组建了第8轰炸机司令部，也就是后来鼎鼎有名的第8航空队，作为未来进驻英国实施对德战略轰炸的指挥部，由艾拉·埃克（Ira Eaker）准将担任司令。2月下旬，第8轰炸机司令部的先遣队就抵达了英国，其麾下的第一支作战部队第97轰炸机大队于同年6月到达，B-17在欧洲战场的首秀则发生在8月。起初，美军轰炸机的目标局限在西欧沿海地区，从1943年6月起，英美轰炸机部队开始对德国腹地实施联合轰炸，英军负责夜间空袭，美军负责昼间轰炸，昼夜不停的大规模轰炸对德国的军工生产和国民生活都造成了很大影响。到1944年中期，第8航空队的实力达到顶峰，拥有超过40个轰炸机大队、15个战斗机大队和4个支援大队，兵员超过20万人，可以一次出动2000架轰炸机和1000架战斗机空袭多个目标，是二战时期美国陆航最强大的前线航空兵部队。到1945年4月，第8航空队累计出动重型轰炸机33万架次，投弹437.8万枚，总计70万吨，在空中和地面摧毁了9000余架敌机，但自身损失也极为惨重，超过2.6万人阵亡，2.8万人被俘，损失飞机10000余架，其中包括4700余架B-17。

第351轰炸机大队是战时归属第8航空队指挥的B-17大队之一，该大队于1942年11月在华盛顿州的盖格机场（Geiger Field）组建，下辖第508、509、510、511中队，经过数月训练后于1943年4月移师英国北安普敦郡的波尔布鲁克空军基地（RAF Polebrook），编入第94轰炸机联队，参与到对德轰炸行动中，该大队的机尾识别标志为三角J。1943年5月14日，第351大队的18架B-17以比利时境内的一处德军机场为目标完成了首次实战轰炸任务，此后广泛参与对德国及其占领区的昼间空袭行动中，其目

第351轰炸机大队的一架B-17被德军炮火重创，机身侧面大面积破损

标清单中包括迈恩（Mayen）的通信中心、科布伦茨（Koblenz）的铁路调车场、汉诺威（Hanover）的火车机车和坦克制造厂、曼海姆（Mannheim）的兵工厂、汉堡（Hamburg）的炼油厂以及柏林周边的工业设施，其航迹几乎遍及德国西部地区。此外，第351大队的"空中堡垒"还时常光顾法国、比利时、荷兰和挪威境内的港口、潜艇基地、机场及发电站。1943年，第351大队经历的最艰难的战斗是10月14日空袭德国施韦因富特（Schweinfurt）的滚珠轴承工厂，291架B-17在德军高射炮和战斗机的轮番攻击下有77架被击毁或重伤报废、121架受伤，超过700人阵亡、受伤或被俘，战损率高达26%，被美军称为"黑色星期四"。1943年10月9日，第351大队因为冒着猛烈的防空炮火准确命中了一座飞机制造厂而被授予优异集体嘉奖。

值得一提的是，在第351大队有一位特殊的成员，他就是主演了经典影片《乱世佳人》（Gone with the Wind）的好莱坞影帝克拉克·盖博（Clark Gable）。他于1942年报名参军，以上尉军衔分配到第351大队担任B-17的观察员兼机枪手。这位大明星下部队可不是做秀博眼球，而是实打实地打仗，在1943年5月到9月间执行了5次任务，包括一次深入德国境内的远程空袭。在某次行动中，盖博的座机被德军炮火打坏了一台发动机和水平尾翼，险些坠毁。在另一次行动中，炮弹破片打穿了盖博的靴子，擦着他的头皮飞过，差点送影帝去见上帝。这些消息传回美国后，生怕失去这棵摇钱树的米高梅公司高层向军方施压，最后将这位国宝级影星调回国内宣传部门发挥所长。尽管在前线时间不长，盖博还是被授予了优异飞行十字勋章和航空勋章。盖博在军中服役到1944年，以少校军衔退役。

1943年12月30日，第351大队奉命参加第8轰炸机司令部的第169次空袭任务，当天美军集中了710架轰炸机，分为4个梯队轰炸了德国路德维希港（Ludwigshafen）的

好莱坞影帝克拉克·盖博曾在第351大队担任B-17轰炸机的机枪手

港口设施和炼油厂。第 351 大队的 36 架 B-17 编入第一梯队的 289 架飞机中,从波尔布鲁克基地起飞,与来自其他机场的机群会合后,浩浩荡荡地越过英吉利海峡向目标飞去。位于莱茵河畔的路德维希港是德国重要的内河航运港口和化工基地,德军部署于此的防空力量很强。在轰炸机群越过大陆海岸线,护航的 P-47 战斗机因航程不足返航后,可怕的德军 Bf 109 和 Fw 190 战斗机就出现在机组成员的视野中,这些经验丰富的空中杀手借着阳光和云层的掩护,从不同方向对轰炸机群发起攻击。B-17 机群保持密集的箱型队形,利用彼此的机枪火力构成交叉火网,将试图靠近的德军战斗机逐退,一时间枪炮声此起彼伏,曳光弹的弹道在机群内外交错纵横。交火时断时续,越深入德国境内,德军战斗机的攻击次数就越频繁,编队外侧的轰炸机已经出现了伤员,在蓝天中拖出长长的烟迹,久久不散,不时有飞机掉队。

当蜿蜒的莱茵河呈现在机群下方,德军高射炮群的怒吼加入到这场在天地间奏响的死亡交响乐中。高射炮弹被设定在不同的高度引爆,从而形成立体弹幕,数以百计的黑云绽放在数千米的空中,轰炸机群仿佛穿行在一个开满黑色花朵的空中花园里,但这些花朵散发出的是剧烈的冲击波和炽热锋利的弹片,随时会将机身撕裂洞穿。在闯过重重难关后,有 266 架轰炸机抵达目标空域,将超过 600 吨炸弹倾泻而下。如释重负的"空中堡垒"们随即掉头返航,在归途中还要经历同样的磨难。战后统计,第一梯队的 289 架轰炸机中有 5 架被击落、2 架重创报废、51 架受伤,机组成员中 24 人阵亡、7 人受伤、18 人被俘,轰炸机的自卫火力至少击落了 3 架德军战斗机,以正常标准衡量战损率在可以接受的范围内。当天的这次空袭不过是路德维希港在战争期间遭受的 121 次轰炸中的一次,到 1945 年 4 月,这座城市 80% 的城区已化为瓦砾废墟。

第 351 大队的 B-17 机群终于陆续返回波尔布鲁克基地,地面人员聚集在跑道附近,

1943 年 12 月 30 日,第 351 轰炸机大队的飞行员在完成任务后享用甜甜圈和咖啡

习惯性地数着归来的飞机，心中祈祷还是与起飞时相同的数量。降落的飞机中有不少都伤痕累累，早已待命的消防车和救护车奔向受损最严重或者迫降失败而起火的飞机。那些幸运返航的机组成员浑身带着高空的寒气和火药与油料的混合气味走下飞机，疲惫的脸上勉强挤出一丝笑容，至少活着回来了。在举行任务报告会前，机组成员聚集在简报室旁边的休息室内，热情的英国女子辅助服务队员已经为他们准备好了餐点：装在保温桶内的热咖啡和热牛奶，几个方形平盘中盛放着三明治和甜甜圈。飞行员们一手拿着冒着热气的咖啡杯，一手将甜甜圈送进嘴里咀嚼着，甜美的味道让他们凝重的神情得以放松，流露出笑意，恢复了生气。在驻扎英国的美军陆航部队中，出发前或行动归来时向机组成员提供甜甜圈已经是一项惯例了，这种经典的美式甜点不仅能补充长时间飞行和紧张战斗消耗的体力，更能让这些远离家园的小伙子感受到家乡的温情……

　　甜甜圈这种造型可爱、色彩缤纷、口感细腻甜润的面点在世界各地的甜品店都可以轻松买到，深受大众喜爱。在亚洲地区，人们多将甜甜圈当作点心零食，而在美国则是早餐的主食选择之一。大概没有人能够准确统计出世界上到底有多少种甜甜圈，但无论在外观和配料上有如何繁复的变化，甜甜圈的本质其实就是油炸面团，其英文名Doughnut中的Dough即生面团之意，而nut则表明坚果是其原始配方之一。制作甜甜圈的基本材料是面粉、砂糖、奶油和鸡蛋，其基本做法就是将上述材料按一定比例混合制成生面团，之后放入油锅中浸炸而成。在此基础上又可以裹以糖衣、撒上糖霜、椰丝、

五彩缤纷、样式各异的甜甜圈是极受欢迎的西式甜点

果酱、坚果碎、巧克力酱、果冻和各种香料皆可锦上添花，变幻出丰富的口感。甜甜圈最普遍的样式有两种，一种是中间带洞的环形甜甜圈，另一种则是在炸面团的中间填充以奶油、果酱和其他甜味馅料的填充甜甜圈。当然，人们最熟悉的还是环形甜甜圈，因为它是一个与名称相吻合的"圈"。环形甜甜圈可以通过两种方式制成，一是将面团揉成细长条后将两端连接形成一个环，二是使用工具在圆面团中央打洞，被挖下来的小面团也可以油炸后食用，被冠以"甜甜圈洞"的名字。英国的某位大学讲师甚至用微积分原理计算出甜甜圈中间圆孔的最佳尺寸比例和最佳糖霜用量。当然，没有人会真正运用数学公式去制作甜甜圈，毕竟每个人的味觉感受没法代入公式求解。

甜甜圈的历史可以追溯到15世纪的欧洲，在1485年纽伦堡（Nuremberg）出版的烹饪书中就记录了一种填馅无糖油炸面饼的做法。在1750年英国出版的一本乡村食谱中出现了加入坚果的油炸面团配方，类似的做法也出现在1800年赫德福特郡某位男爵夫人的食谱中，当时被称为"面团坚果"。对于美国人来说，现代甜甜圈的直系祖先是一种名为"奥利库克"（Olykoek）的荷兰油炸糕点，使用面粉、奶油和糖制成发酵面团，以猪油炸制。奥利库克在17世纪初叶随着荷兰移民传到了北美殖民地的新英格兰和新阿姆斯特丹（即今日的纽约），从此在美利坚的土地上扎下了根。1809年，美国作家华盛顿·欧文（Washington Irving）在《纽约的历史》（*A History of New York*）一书中首次使用了Doughnut一词称呼这种源自荷兰的油炸面点，这就是今日的"甜甜圈"。还有一种说法认为，美式甜甜圈的原型是由德裔移民带来的德式果酱包。

直到19世纪初，甜甜圈还不是一个圈，而是实心圆面团。真正配得上这个名字的环形甜甜圈的起源至今也没有明确，广为流传的说法是一位名叫汉森·格雷戈里（Hanson

一战时期救世军的女性志愿者在法国为美军士兵提供甜甜圈，她们后来被称为"甜甜圈女孩"

Gregory）的美国人在 1847 年发明的。当时汉森年仅 16 岁,在一艘石灰运输船上工作,每次出航他的母亲都会制作一些油炸点心让他带在路上充饥。有些点心的中央部分没有炸透炸熟,于是他便用胡椒瓶把半生不熟的中间部分挖掉再吃,另有说法是汉森为了把点心套在舵轮的把手上而打洞,这样可以用双手操舵。后来,汉森将这个方法告诉母亲伊丽莎白·格雷戈里（Elizabeth Gregory）,后者发现做成环形的面团在油锅中可以均匀受热,更容易熟透且口感更佳,于是环形甜甜圈的做法就此固定下来。不过,也有学者认为环形甜甜圈是受到环形饼干的启发而出现的。无论源头何在,到 19 世纪下半叶,环形甜甜圈已被美国大众广为接受,用于制作环形面团的同心圆切刀也被列入家庭主妇的厨房工具清单中。

美军为官兵提供甜甜圈的做法并不是第 8 航空队的独创,其实早在一战时期甜甜圈就已经出现在战场上了。1917 年美国参战后,国内慈善组织救世军招募了 250 名志愿者,其中不少是女性,他们前往法国为美国远征军提供后勤保障服务。救世军在战线后方利用废弃建筑搭建棚屋作为服务站,为官兵们烘焙食物、缝补衣物、提供写信的纸笔。由于前线烹饪条件有限,很难提供新鲜出炉的食物,两名女性志愿者玛格丽特·谢尔登（Margaret Sheldon）和海伦·珀维安斯（Helen Purviance）便提出制作甜甜圈的建议,结果大受欢迎,大兵们纷纷光顾、赞赏有加,于是其他服务站也加以效仿。谢尔登在日记中记录了每天的忙碌工作:"我今天做了 22 个馅饼、300 个甜甜圈和 700 杯咖啡。"士兵们亲切地称呼这些女性志愿者为"甜甜圈女孩"（Doughnut Girls）,为了向她们致敬,救世军在 1938 年将每年 6 月的第一个星期五定为"甜甜圈日",作为民间节日延续至今,

二战时期,两位来自红十字会的"甜甜圈女孩"在移动餐车上制作甜甜圈

每逢这一天，美国的许多甜品店都向顾客免费提供甜甜圈。到了二战时期，救世军、红十字会、基督教青年会等慈善组织继续向部队分发甜甜圈以鼓舞士气，更多的"甜甜圈女孩"活跃在前线后方的兵营内。

有趣的是，甜甜圈在敌对阵营的日本也颇受推崇。日本人酷爱甜食，在明治时代甜甜圈与其他西式甜点传入日本后收获了不少粉丝。在1937年日本陆军发行的烹饪书《军队调理法》中就收录了甜甜圈的做法。太平洋战争爆发后，甜甜圈的叫法因为属于敌国语言而被忌讳，于是改称"砂糖天妇罗"。

对于第351轰炸机大队的机组成员们而言，每次吃到甜甜圈都意味着他们又完成了一次任务，这种甜食算是一份小小的犒赏，也勾起他们对遥远故乡的思念与眷恋。在战争余下的时间里，第351大队始终奋战在对德轰炸的最前线，在1944年1月11日因为表现出色再次获得优异集体嘉奖，后来又参加了同年2月的"宏大的一周"行动，给予德国空军和德国的飞机制造业以沉重打击。除了执行战略轰炸任务外，第351大队还在诺曼底战役、市场-花园行动、阿登战役和强渡莱茵河等一系列战役中为地面部队提供空中支援。截至欧战结束，第351大队累计完成了331次作战任务，投掷了数以万吨计的炸弹，消耗了277万发机枪子弹，摧毁了303架敌机。在近3年的征战中，第351大队损失了175架B-17和上千名机组成员，有2人被追授荣誉勋章。1945年5月，第351大队的官兵踏上了归国之旅，与第8航空队的所有人一样，他们永远不会忘却欧陆苍穹下的腥风血雨，当然也忘不了甜甜圈留在口腔内的缠绵感觉。

日裔美籍战士的战地料理——鸡肉火锅

1853年7月，美国海军准将马修·佩里（Matthew Perry）指挥的"黑船"用大炮逼迫封闭两百多年的日本打开国门，接受欧风美雨的沐浴。美国人不仅叩开了这个东方古国的门户，也打开了日本人走向世界的通道，从19世纪末起，越来越多的日本人告别故土，跨越太平洋前往美国谋生，形成了声势浩大的移民潮。到20世纪初，日裔移民已经是美国西部最主要的外来族裔之一，尤以夏威夷群岛最为集中，全岛40万人口中有15万日裔！到二战爆发前夕，美籍日裔大多是在美国出生长大的第二代移民，除了外貌之外，他们与故国的联系已经不那么密切了，从心里将自己当作美国人。然而，随着太平洋战争的爆发，他们的日本血统却招来了仇恨、猜忌和不公正的待遇。

1941年12月太平洋战争爆发后，美国政府对美籍日裔居民实施管制，图为日裔平民在美军士兵的监押下准备乘火车前往拘留营

1941年12月7日珍珠港遇袭后，所有日本移民都被当作敌国侨民受到敌视。1942年2月19日，罗斯福总统签署了第9066号总统令，对国内潜在的敌对分子加以监视和管制。尽管这条命令没有明确针对日本移民，但在行政部门眼中，日裔是首先要管制的对象。3月间，居住在美国西海岸各州的约11万日裔移民背井离乡、拖家带口，被关进拘留营中失去了人身自由。夏威夷虽然没有建立拘留营，也采取了宵禁、灯火管制等措施，限制日本移民的活动。同时，陆军部在1942年初下令将所有日裔官兵从现役部队中清除，这条命令在夏威夷没有得到彻底执行，当地驻军司令迪洛斯·埃蒙斯（Delos Emmons）将军保留了夏威夷国民警卫队第298、299步兵团中的近1400名日裔士兵，并向陆军部建议将他们组成"夏威夷暂编营"调往本土受训，获得批准。1942年6月12日，这些日裔士兵抵达威斯康辛州的麦科伊兵营（Camp McCoy），随后被赋予第100独立步兵营的番号，耐人寻味的是，该营的座右铭是"勿忘珍珠港"。

第100营训练刻苦、表现良好，且积极求战，促使美国政府在1943年初做出允许从日裔移民中征兵的决定。在对日裔移民进行的关于忠诚度的问卷调查中，有75%的受访者表示忠于美利坚合众国并愿意为之战斗。于是，美国军方计划招募4500名日裔志愿者入伍，在夏威夷得到出乎意料的热烈响应，报名者超过10000人，而本土日裔则反应冷

1943年在谢尔比兵营接受训练的第442步兵团的美籍日裔士兵

淡,仅1200余人报名。最后,来自夏威夷的3000人和来自本土的800人与原有的第100营共同组成了二战时期美军唯一的日裔部队——陆军第442步兵团。罗斯福总统在批准这一决定时说:"美国精神不会,也从来不以种族或血统为界限。"这一表态承认了日裔移民从军参战的权利,他们要在战场上用鲜血和生命证明自己对美利坚合众国的忠诚。第442步兵团的训练基地设在密西西比州的谢尔比兵营(Camp Shelby),以"全力以赴"为座右铭。出于忠诚和民族感情的考虑,日裔部队被禁止派往太平洋战场作战,他们的战场在地球另一端的欧洲。

盟军总司令艾森豪威尔将军起初拒绝接纳这支日裔部队,但在地中海战区指挥第5集团军的马克·韦恩·克拉克(Mark Wayne Clark)中将表示同意接受日裔战士。第100营率先于1943年9月开赴意大利战场,在萨勒诺登陆战中首次亮相就创造了一天内推进24千米的纪录,并3次穿越被德军炮火严密封锁的沃尔图诺(Volturno)河谷,其勇敢精神赢得了敌我双方的尊重。1944年1月,第100营参加了著名的卡西诺战役,德军依据险峻的山峰、深邃的沟谷、湍急的河流,布置了铁丝网、雷区和密集的掩护火力,构筑了坚固的古斯塔夫防线,令盟军付出了惨重的伤亡代价。第100营也经历了最残酷的战斗,部分连排甚至打到仅剩几个人,但依旧顽强地发起进攻和坚守阵地。战役期间,第100营两度被撤下重整,伤亡过半,最初的近1400人仅剩500人。日裔官兵的英勇奋战得到一致赞誉,被战地记者称为"铁打的小个子",伤亡者众多的该营得到大量紫心勋章,因此获得"紫心营"的绰号。1944年6月,第442团主力从本土赶来参战,与第100营兵合一处后投入罗马以北的激战,在一系列攻防战中表现出强悍的战斗力,第100营还由于

第二章 美国篇 119

几名第442步兵团100营的日裔士兵因为负伤而被授予紫心勋章,该营因为伤亡巨大被称为"紫心营"

战绩卓越被授予美军最高团体荣誉总统集体嘉奖。在7月间的亚诺河战役中,第442团在3周时间内推进64千米,击毙1100名德军、俘虏331名,自身伤亡1272人,以舍生忘死的战斗精神获得了善战之名,成为意大利战场上最有战斗力的美军部队之一。日裔官兵的勇气不仅源于对军人职责的恪守,更是为了给身陷囹圄的亲友同胞们正名。

当第442团的日裔战士带着伤痕和疲惫走下战场时,他们最渴望的不是勋章和奖状,而是一顿热气腾腾、美味可口的饭菜。虽然该团官兵基本上是二代移民,在美国出生长大,但受到父辈影响,在饮食习惯上仍带有东方民族的特征,喜欢食用米饭和日式料理,而且该团的炊事兵里擅长日式料理的人不在少数。不过,美国陆军的后勤供给不会因为族裔区别而特别关照他们,那些连白人士兵都觉得难吃的配给食品肯定更不符合日裔官兵的胃口,所以该团的战地厨师只能尽可能地收集食材,自行为官兵们制作合口的饭菜。他们会用配给的罐头、饼干向友邻部队换取大米作为主食,还四处寻找新鲜食材,比如驻扎在安齐奥(Anzio)时日裔士兵会跳进河里寻找水芹或捕捉鳗鱼。只要条件允许,炊事兵总会为战友制作带有乡土气息的特别料理,其中最受日裔官兵喜爱的一道菜就是Chicken Hekka。

Chicken Hekka从字面理解就是鸡肉火锅,但与我们常见的火锅有所区别,是日裔移民定居夏威夷后受到当地饮食的影响,结合本民族烹饪特点逐渐形成的一道独特菜肴。

Hekka 一词的原意是指锄头或犁头，这个词在岛根、广岛等日本西部地区仍有使用，而最初的日裔移民也多来自这一地区，从 Hekka 这个词也可以判断这道菜肴与日本传统炖菜寿喜烧存在亲缘关系。寿喜烧又称锄烧，据说源于古代日本农民在农忙时节用锄头或犁头烧热以炙烤食物的方式，是一种在浅锅内用少量酱汁烹煮肉类和蔬菜的菜肴，因为常用牛肉所以也被称为日式牛肉火锅。

古代日本受到佛教和道教的影响，官府曾禁止民众食用肉类，比如天武天皇在公元675年颁布法令，限制狩猎，禁止食用牛、马、狗、鸡等动物；在江户幕府时代，第五代将军德川纲吉在1687年颁布《生类怜悯令》，禁止吃狗，后来又扩大到其他动物，他也因此被称为"狗将军"。同时，牛是重要的农耕工具，通常也不会被宰杀食用。受到吃肉的限制，最初寿喜烧以鸡肉为主，也被称为鸡素烧。在明治维新之前，寿喜烧并不是经常可以食用的菜肴，只有在生病进补或有喜庆之事时才能吃到，寿喜烧的名字大概也源于此。明治维新之后，受到西方饮食习惯的影响，日本人逐渐接受食用牛肉，并将其视为文明开化的象征，寿喜烧才开始普遍采用牛肉为主要食材，但猪肉、鸡肉、鱼肉、蟹肉或者贝类也都可以制作。

寿喜烧的基本食材包括切薄的牛肉片、大葱、莴苣、豆腐、蒟蒻丝、冬菇等，以盐、酱油、糖、清酒、味淋等制作酱汁。日本关东和关西地区的寿喜烧做法存在差异，在关

寿喜烧是以高档牛肉为原料的日式火锅，兴起于明治维新时代

东地区先将调好的酱汁置于锅中加热，之后放入肉片、蔬菜和其他配料慢慢煨煮；关西地区的做法则是先将肉片放入锅中炙烤，待肉片将熟时放入酱汁，最后加入蔬菜和配料煨煮。不过，不论关西还是关东，煮好的寿喜烧都要打入生鸡蛋作为压轴的步骤。随着幕府开国，专营寿喜烧的火锅店也在1854年出现，当时叫"锄烧屋"。1859年横滨开埠后，受西方肉食文化的影响，牛肉火锅店逐渐增多，由于日本农家仍不愿杀牛，很难买到牛肉，商家一度只能从中国、朝鲜甚至美国进口肉牛。明治维新后，牛肉寿喜烧首先在关东地区风行，1875年东京的牛肉火锅店有70家，两年后的1877年已暴增至550家！1923年关东大地震时，东京地区的很多牛肉火锅店被迫关店，一些东京人前往大阪避难，品尝到关西风格的寿喜烧，后来就将其做法带回重建的东京，此后关西寿喜烧在关东地区也流行开来。

Chicken Hekka是夏威夷日裔移民特有的菜肴，就做法而言与寿喜烧颇有几分相似，大概可以视为夏威夷风格的寿喜烧吧。Chicken Hekka以鸡肉为主要食材，通常做法是将新鲜的鸡肉洗净，切成大小适宜的肉块待用；将油倒入锅中烧热，将切好的生姜片下锅翻炒爆香，再倒入鸡肉块翻炒至肉色变白，之后放入香菇、竹笋、葱、洋葱、芹菜、水芹、粉丝等配菜，同时加入酱油、甜料酒、白糖等佐料调味，加水煮炖至熟即可，最后连汤带肉一起上桌，配上一碗新煮的米饭，实在是妙不可言。当然，这只是最基本的做法，战场上多半找不到合适的食材，炊事兵们只能就地取材，发挥想象力，制作出口感各异但美味不变的火锅炖菜了。第442团的日裔官兵每逢吃上一顿带着思乡之情的Chicken Hekka，都会解除疲乏、勇气倍增，继续在战场上为获得尊重和信任而搏杀。

1944年9月，第442团被调往法国南部，向盘踞在孚日山区的德军部队展开进攻。这里的战场地形与意大利截然不同，崎岖的丘陵、大片的灌木林与凶猛的德军炮火给进

夏威夷日裔借鉴了寿喜烧的做法创造的夏威夷风格鸡肉火锅 Chicken Hekka

攻方造成了很大的困难。摆在日裔战士面前的不仅是德军坚固的防御阵地，还有浓雾、暴雨和泥泞，阴霾的天气导致战场能见度极低，雨雪交加，寒冷、疲劳、战壕脚和致命的炮击不断折磨着前线的每一个人。第 442 团经历了该团历史上最艰苦的战斗，但没有人感到胆怯，不断交替掩护，为争夺每一个散兵坑拼死作战，甚至在某些地段发起 "万岁冲锋"。在两周时间里，该团有 140 人阵亡、1800 人受伤，全团没有一个连还建制完整。1945 年 3 月，第 442 团再度被调回意大利战场，这次艾森豪威尔一改初衷，希望该团能留在法国前线，为此还与克拉克发生了一点小争执，这个插曲可以说是对第 442 团战斗力的最佳肯定。克拉克将第 442 团作为进攻德军哥特防线的一把尖刀，日裔战士不负众望，冲锋陷阵、气势如虹。在 4 月 5 日的战斗中，第 100 营 A 连的一等兵宗森贞雄为保护战友扑向即将爆炸的德军手榴弹而壮烈牺牲，成为战时日裔部队中唯一的荣誉勋章获得者（其余为战后追授）。随着哥特防线的分崩离析，第 442 团也迎来了和平的降临。

第 442 团在意大利和法国南部持续一年零七个月的作战中，经历大小战斗数十次，战功卓著，已经被视为美国陆军中最具战斗力的团级部队之一。为此，该团付出的代价也高得惊人，伤亡超过 9000 人，伤亡率高达 314%，是二战中美军伤亡率最高的步兵团。巨大的牺牲换来了崇高的荣誉，第 442 团也是美国陆军历史上授勋数量最多的团级单位，共有 18143 人次获颁各种勋章和奖章，战争期间先后有 14000 人进入该团服役，平均每个人都能至少得到一枚勋章或奖章。第 442 团曾 8 次获得总统集体嘉奖，21 人被追授荣誉勋章，还被授予 52 枚优异服役十字勋章、560 枚银星勋章和 4000 枚铜星勋章，而紫心勋章的颁发数量更是达到 9486 枚！第 442 团的浴血奋战和无畏牺牲缓解了美国公众的仇日情绪，改善了日裔移民的处境，促使 12 万被拘禁的日裔移民在二战结束前被释放。战后，第 442 团一度被解散，后来重建并纳入预备役部队，最后于 1969 年解散，但第 100 独立步兵营至今仍保留在美军预备役部队的序列中，其成员已经不限于美籍日裔移民了。

1946 年 7 月 15 日，美国总统哈里·杜鲁门视察了战功卓著的第 442 步兵团，向骁勇的日裔官兵表示敬意，他们以鲜血和生命赢得了尊重和信任

总统与上将们的午宴前菜——夏威夷水果沙拉

　　1944 年 7 月 9 日，美军第 5 两栖军经过 24 天血战，在付出 1.3 万人伤亡的代价后，将星条旗插上了日本在马里亚纳群岛的核心要地塞班岛（Saipan），对提尼安岛（Tinian，又译天宁岛）和关岛（Guam）的登陆作战也即将展开。在此之前的菲律宾海海战中，美军第 5 舰队的航母特混舰队将日本海军航母机动部队彻底打垮，从而掌握了中太平洋战场的主动权，在日本策划的"绝对国防圈"上打开了一个再也无法封堵的缺口。

　　前线的胜利使参谋长联席会议和太平洋战区总司令部开始考虑新的战略计划，以加速战争进程，尽快结束战争，其中一个颇为激进的方案是由马里亚纳群岛北上经小笠原群岛直取日本本土，因为过于冒险而没有被采纳。1944 年 7 月初，西南太平洋战区总司令道格拉斯·麦克阿瑟（Douglas MacArthur）上将提出一个以解放菲律宾全境为目标的进攻方案，但海军和参联会认为该方案过于复杂且耗时漫长，将耗费大量资源并拖延战争进程。海军作战部长金上将则提出绕过菲律宾直接登陆中国台湾的方案，遭到麦克阿瑟的强烈反对，而在太平洋总部内部，尼米兹及其部下之间也没有达成统一意见。在华盛顿、珍珠港和布里斯班（Brisbane）之间，关于美军下一步战略进攻方向的往来电文将这

1944 年 8 月，在提尼安岛，一名美军士兵隔着拘留营的铁丝网递给日本儿童糖果。马里亚纳战役的胜利标志着日军"绝对国防圈"的崩溃

场争论推向白热化，并引起了罗斯福总统的注意。刚刚决定第四次参加总统竞选的罗斯福提出在 7 月间对太平洋战区进行视察，借着在珍珠港短暂停留的机会与尼米兹和麦克阿瑟两位陆海军主帅进行探讨交流，以弥合分歧，确定新的方略。除了总统最亲近的军事顾问莱希上将外，没有其他参联会成员陪同总统进行此次太平洋之旅。

当白宫安保团队先行抵达夏威夷时，尼米兹就意识到总统即将来访，他下令采取最严格的保密和警戒措施，同时致电邀请麦克阿瑟赴珍珠港会晤。考虑到山本大将的前车之鉴，尼米兹没有在电报中提及总统到来，他不想给日本人任何实施报复的机会。素来高傲自负的麦克阿瑟以军务繁忙为由两度拒绝了尼米兹的邀请，直到陆军参谋长马歇尔上将从华盛顿发电命令他前往夏威夷向某位"大人物"汇报，麦克阿瑟才同意赴会，他很清楚此行非比寻常，能够让他屈尊降贵、不远千里去会面的人除了总统再无他人。不过，在麦克阿瑟看来，罗斯福此行不过是为史无前例地第四次参选总统进行造势的政治秀罢了。尼米兹还邀请麦克阿瑟在夏威夷期间留宿自己的官邸，但麦克阿瑟依然加以婉拒，而是选择在西点的老同学、夏威夷驻军司令小罗伯特·理查森（Robert Richardso, Jr.）中将安排的沙夫特堡兵营（Fort Shafter）中住宿。罗斯福总统的下榻地点选在位于怀基基

1944 年 7 月 26 日，罗斯福与麦克阿瑟和尼米兹在"巴尔的摩"号重巡洋舰的甲板上合影

海滩的一座富丽堂皇的豪华酒店,那里先前是海军飞行员的休养地。

1944年7月26日14时25分,罗斯福乘坐的"巴尔的摩"号重巡洋舰(Baltimore, CA-68)缓缓驶入珍珠港,停靠在码头栈桥旁。尼米兹命令所有海军官兵在当天一律身着白色制服以示隆重,并亲率一众高级将领前往码头迎接,在列队向总统致敬后才鱼贯登舰。麦克阿瑟却姗姗来迟,尽管他在1个小时前就已抵达珍珠港,直到总统准备离舰登岸前才以摩托车开路,乘坐挂着四星上将标志的大轿车,在道路两旁人群的欢呼声中抵达码头。非常擅长作秀的麦克阿瑟在走上舷梯时还不忘转身向人群挥手致意,摆出造型让摄影师拍照,好像码头上的仪式并非欢迎总统,而是为他的亮相而准备的。在抢足了风头后,麦克阿瑟才登上甲板拜见总统。与着装正式的海军军官不同,麦克阿瑟的衣着保持了强烈的个人风格,头戴菲律宾元帅帽,上身穿着一件棕色的飞行员夹克,下身是土黄色军便裤。这身打扮让与他有着40年交情的莱希上将半开玩笑地质疑道:"道格拉斯,你大老远来这儿见我们,怎么不穿件体面的衣服?"麦克阿瑟以布里斯班天气寒冷为自己辩解,可是谁都知道换一套衣服又有何难呢。6年后,类似的一幕在威克岛(Wake Island)上重演,而受到麦克阿瑟轻慢的已经是哈里·杜鲁门总统了,后者可没罗斯福那么好脾气,不到半年就把麦克阿瑟打发回了家。在略作寒暄后,罗斯福总统在众将簇拥下走下甲板,登车前往下榻酒店,预定的高层会晤安排在次日举行。

7月27日白天,总统的行程非常满,计划乘车检阅陆海军部队并视察岛上的军事设施,但组织者一时找不到适合总统使用的敞篷轿车。四处搜寻后只找到两台可供选择的轿车,一辆属于檀香山消防队长的红色五座轿车,另一辆是颜色更素雅的七座轿车,由于它的主人是一名在当地非常出名的妓院老板,虽然后一辆车显然更合用,但出于可以

1944年7月27日,在斯科菲尔德兵营的午宴上,罗斯福、麦克阿瑟和尼米兹品尝夏威夷水果沙拉

126 战士的餐桌

理解的原因还是选择了乘坐红色小车出行，总统与尼米兹和麦克阿瑟一起坐在后排，略显拥挤。中午时分，总统一行抵达瓦胡岛中部的斯科菲尔德兵营（Schofield Barracks），这里是第25步兵师的驻地，该师主力早已开赴南太平洋战场，只有留守部队，理查森中将在此安排了午宴招待贵宾。罗斯福在主宾席上居中就座，他的左手边是尼米兹，右手边是麦克阿瑟，俨然一副稳坐帅位、左膀右臂的姿态。午宴的前菜是一道充满夏威夷风情的水果沙拉，比较别致的是用半个掏空的菠萝作为容器，使用的材料都是夏威夷岛上具有代表性的热带水果，如菠萝、木瓜、哈密瓜、芒果等。新鲜的果肉都被切成便于入口的小块，那酸甜爽口的味道令大家胃口大开，可以更尽兴地享用随后奉上的精致菜肴……

　　沙拉也称色拉、沙律，是西餐中十分常见的菜式，主要使用新鲜蔬菜、水果、熟肉、鱼肉、鸡蛋等各种食材搭配调味料或酱汁制作，至少包含一种食材，多数情况下是由多种食材混合搅拌而成。最常用的食材是可以不经烹饪直接食用的果蔬和熟肉，或将食材煮熟后冷却再拼盘调味上桌，相当于中餐中的凉菜，部分沙拉也可在温热时食用，在制作三明治时也会用到沙拉。沙拉在西餐中可以单独作为开胃前菜、主菜或餐后甜点，也可以作为其他菜肴的配菜。沙拉的种类非常多样，根据上菜顺序和功用可分为开胃沙拉（分量少且口味清淡，作为正餐的第一道菜）、配菜沙拉（通常作为主菜的搭配，比如土豆沙拉、生卷心菜切丝等）、主菜沙拉（分量较大且含有较多高蛋白食材的沙拉，多以肉类、蛋类、豆类、鱼类或奶酪为主料）和甜点沙拉（包含水果、果冻、甜味剂或鲜奶油的甜味沙拉）；如果根据主要材料区分，则有蔬菜沙拉、鸡蛋沙拉、鸡肉沙拉、金枪鱼沙拉、火腿沙拉、虾沙拉、水果沙拉等。蔬菜沙拉是最普遍的类型，也被称为菜园沙拉，多使用生菜、莴苣、菠菜、芝麻菜等叶类蔬菜，番茄、黄瓜、胡萝卜、萝卜等也较为常用，可生食的果蔬直接切丝或切片，不可生食的材料需要煮熟。用于调制沙拉的调味料

以蔬菜为主要原料制作的蔬菜沙拉给人以清爽的感觉，其源头是盐拌生菜

包括盐、醋、橄榄油等，蛋黄酱等酱汁也很常用，这类调味酱在用于沙拉时也被称为沙拉酱。

沙拉源于古希腊和古罗马时代生吃蔬菜的习惯，英语中沙拉（Salad）一词的词源就来自拉丁语中的"盐"（sal）和"加盐的动作"（salare），可见沙拉的最早原型就是盐拌生蔬菜。在古希腊人和古罗马人眼中，生吃蔬菜能够调节身体机能，有助于祛病强身，据说罗马帝国的首位皇帝奥古斯都在患病时就通过食用生蔬菜恢复健康。14世纪末，英王理查二世（Richard II）的厨师长留下了将欧芹、鼠尾草、葱、蒜等拌以橄榄油、盐和醋的吃法，已经很接近今日的沙拉。在15世纪意大利米兰的宴会上出现了一种菜肴，用盐、果酱、芥末、柠檬调制的汤汁淋在经过盐和醋浸渍的绿色蔬菜上。这种手法后来传到罗马，经过改良成为在煮熟的蔬菜和生鲜的绿色蔬菜上撒上橄榄油与醋的菜肴，基本上具备了现代沙拉的特征。15世纪中期，法国厨师已经开列出适合制作沙拉的蔬菜名单，到16世纪蔬菜沙拉成为上流阶层非常喜爱的菜肴，而在17世纪后半叶，以鸡肉和鱼虾为材料的沙拉也陆续出现，到18世纪水果沙拉也被制作出来。不过，由于新鲜蔬菜只有夏季才能吃到，或者需要从气候温暖的地区进口，在欧洲地区沙拉在相当长时间里都是餐桌上的配角，直到19世纪才逐渐被视为独立的菜品，并成为西餐体系的组成部分之一。

水果沙拉作为沙拉的一大类型，制作十分简便，形象地说就是"水果开会"，可以无需任何调味料，将多种水果切碎混合即可，也可以伴以果汁或糖浆，或者加入白糖以调节味道，坚果、碎巧克力、奶油或其他调味酱也可以使用。在宴席上，水果沙拉可以作

以挖空的菠萝作为容器的热带水果沙拉，罗斯福等人食用的就是这种类型的沙拉

为开胃菜或甜点，也可作为配菜与其他菜肴搭配，在单独上桌时水果沙拉也被称为"水果鸡尾酒"或"水果杯"。前者借用了鸡尾酒层次丰富、色彩缤纷的特征，后者因为以小型容器盛装而得名，此外根据水果沙拉的甜度还有更细致的划分。在美国，桃子、梨、菠萝、葡萄和樱桃是水果沙拉最经典的组合，并被制作成什锦水果罐头出售，美国农业部还对罐头中每种水果的比例和品种做出了明确规定。

在美国内战前后，水果沙拉就已经被记录在美国人的食谱中，但它真正得以普遍流行还是在二战期间。出于军备需要，美国政府对食品供应进行了管控，为了保证维生素的摄入，鼓励大众在日常膳食中增加水果的分量，水果沙拉及其罐头制品越来越普遍地出现在日常饮食中。军队也同样重视水果的配给，早在风帆战舰时代海军就通过食用橙子、柠檬等富含维生素C的水果来预防败血症，在美国海军的膳食指南中，建议最好每天都能为舰员提供水果。随着食品保存技术的发展，军舰出海时可以携带各种形式的果品，可以是新鲜水果，也可以是经过冷冻、干燥处理或罐装的水果，即便长时间在海上航行，水兵的餐桌上偶尔也会出现水果沙拉，这并不值得奇怪。提到水果补给，夏威夷有着特别的优势，这里素来以盛产热带水果著称，尤其菠萝更是出名。菠萝原产于南美洲，以酸甜多汁受人喜爱，而且营养价值高，维生素C的含量是苹果的5倍。菠萝于17世纪传入欧洲，18世纪由西班牙人带到夏威夷，菠萝的商业种植始于19世纪初叶，夏威夷的第一座菠萝种植园于1886年创建，当地的菠萝产业在20世纪初蓬勃发展，到1940年夏威夷的菠萝产量占到全世界产量的80%，以至于菠萝被视为夏威夷的象征之一。那些在珍珠港接受补给的舰船在离港时都会在船舱里塞满新鲜菠萝和菠萝罐头，而在斯科菲尔德兵营内为总统举办的午宴上呈献菠萝造型的水果沙拉也是再合适不过的。

1944年7月27日晚间，罗斯福与麦克阿瑟、尼米兹和莱希讨论战略计划，尼米兹手持教鞭对着地图进行讲解

在吃过这顿以夏威夷水果沙拉为前菜的午宴后，罗斯福总统继续视察，直到 16 时 30 分才回到酒店并与众将共进晚餐，之后就是此行最重要的内容：与太平洋战场的陆海军最高指挥官商讨战略方针。酒店宽敞的会客厅已经被改为临时会议室，墙上挂起巨幅的太平洋地图，需要借助一根长长的教鞭才能在上面指点江山。尼米兹与麦克阿瑟这两位曾被认为势不两立的对手都心平气和地向总统和莱希阐述自己的观点，莱希后来形容这次会议对于罗斯福而言，是"一堂精彩的地理课，这是他最喜欢的学科之一"。

尼米兹秉承金上将的立场说明了进攻中国台湾的方案，海军认为台湾面积较小，登陆作战使用的兵力、资源和所需时间都小于进攻整个菲律宾，同样能够达到切断日本本土与南方占领区海上联系的目的，此外还能为日后在中国大陆沿海展开行动提供前进基地，在政治上也有利于加深中美的友好关系。麦克阿瑟则从人道主义的观点出发坚持登陆菲律宾的方案，他认为美国政府对菲律宾人民负有道义责任，他们也将为美军提供所有可能的帮助，此外有数千名美军战俘渴望早日得到解放，如果美国弃菲律宾于不顾，将失去人心并受到公众舆论的谴责，对于战后美国在远东的地位也有害无益。当然，对于麦克阿瑟个人而言，收复菲律宾是他孜孜以求的不懈目标。两位指挥官都表示拥有足够的资源实施作战，无需更多的援助，这一点令莱希非常欣慰。罗斯福耐心地听取双方的见解，不时插话缩小分歧，尽量保持中立立场，讨论一直持续到午夜仍没有得出结论，于是次日上午继续进行。麦克阿瑟的意见渐渐占了上风，总统和尼米兹都承认不能绕过菲律宾，双方都同意将登陆莱特岛（Leyte Island）作为解放菲律宾的揭幕战，而不是原计划首先在南面的棉兰老岛（Mindanao Island）登陆，这样可以提前 3 个月登陆吕宋岛（Luzon Island）。

中午会谈结束，总统和麦克阿瑟应邀前往马卡拉帕山的尼米兹官邸参加午宴。让尼

1944 年 10 月 20 日，麦克阿瑟在一众幕僚的陪同下涉水登上莱特岛海滩，兑现了两年多前许下的诺言

米兹意外的是，海军营建大队在 24 小时内对他的官邸进行了改造，修建了专供总统使用的通道和卫生间，并且装饰一新。这场盛宴一共有 36 位陆海军将领参加，有名军官统计发现出席宴会的将领的领章上共计有 146 颗将星！总统兴致很高，喝了 3 杯烈性马丁尼酒，对于宴会的主菜夏威夷有名的马希鱼也表示满意。宴会结束后，麦克阿瑟便向总统辞行，结束了这次历史性会面，在飞机上他不无得意地对副官说道："我们的意见被采纳了。"

3 个月后的 10 月 20 日，麦克阿瑟在一众幕僚的陪同下，面对摄像机和照相机的镜头，昂首挺胸，涉过齐膝深的海水登上莱特岛海滩，如愿以偿地兑现了两年半前许下的诺言："我会回来！"

消除衔级差别的士气之源——冰激凌

1944 年 9 月，在太平洋深处乌利西环礁（Ulithi Atoll）宽阔而风平浪静的潟湖内，聚集着当时世界上最强大的舰队——美国海军第 3 舰队——的上百艘威武战舰，其中包括旗舰"新泽西"号战列舰（New Jersey，BB-62）。热带海洋的毒辣烈日炙烤着舰艇的钢板，让在甲板上露天执勤的官兵酷热难当，就算在开了冷气的舱室内也能感受到舱外的热度。此时，一份清凉甜美的冰激凌无疑是每个人心中最渴望的食品，因此当舰上的冰激凌室开始每天的例行配给时，不当值的舰员便急切地从各个角落聚集到窗口前排起了长队。

有两名新到舰上的军官姗姗来迟，仗着身份强行挤进靠前的位置，立即引来水兵们不满的嘘声。这时队列后方突然传来一声怒喝："喂！混蛋！排队去！"两人以为碰到了不识相的愣头青大兵，转身正准备发飙，却看到发声斥责他们的人的衣领上别着四枚亮闪闪的将星，正是第 3 舰队司令，人称"蛮牛"的哈

二战时期，一艘美军巡洋舰的水兵们在领取冰激凌，就算军官也要耐心排队等候

尔西上将。两人立马怂了，在讥笑声中灰溜溜地跑到了队列末尾。这一幕的出现其实有悖于海军的常识，众所周知，海军舰艇是一个等级森严的地方，无论食宿，官兵都泾渭分明，因此菜品和用餐地点官兵之间差异明显，唯独在领取冰激凌时无视军衔高低，官兵一视同仁，就算贵为海军上将也必须和普通水兵一样耐着性子排队。对于美国海军而言，冰激凌具有特殊的意义，不仅仅是消暑解渴的良品，更是士气斗志的源泉。

盛夏时节，冰激凌一直是世界各地的人们最热衷的冰凉甜品，它以乳制品为主要原料，添加糖分、水果或香料经冷冻搅拌制成，成品呈半凝固状，可以塑造成各种形状。根据添加成分的不同，又可呈现出多姿的色彩，入口凉爽绵滑，味道甜美醇香，具有令人痴迷的魅力。据报道，2019 年全球冰激凌市场的消费额高达 912 亿美元，即使受到新冠疫情的影响，2020 年的消费额仍达到 886 亿美元，由此不难看出人类对于冰激凌的由衷热爱。

人类制作冰冻甜品的历史十分久远，欧亚大陆上的各个古代文明均有记录。据传早在公元前 550 年，古波斯帝国的皇室就已食用玫瑰味冰糕，中国的殷商王朝也有类似的食物，亚历山大大帝和罗马枭雄凯撒都曾把牛奶、蜂蜜和冰雪混合后饮用，罗马暴君尼禄（Nero）命人从亚平宁的高山取来冰雪，混合牛奶、葡萄酒和果汁，制成原始的冰激凌。在诸多远古传说之外，现代人普遍认为冰激凌的源头在中国，唐代段成式在笔记《酉阳杂俎》记载了一种用果汁与牛羊奶混合经低温凝固而成的冷饮，称之为"冰酪"。另一种说法认为冰酪源自北方蒙古部落，并在宋朝十分流行，到了元朝冰酪的制作被宫廷垄断，作为御膳秘不外传。后来旅行家马可·波罗（Marco Polo）造访中国，元世祖忽必烈特许将冰酪制法相告，由他传入意大利，经过改良后成为今日冰激凌的雏形。1533 年，佛罗伦萨豪门美第奇家族的凯瑟琳（Catherine de' Medici）嫁于法王亨利二世为妻，

在炎热夏季，冰凉甜美的冰激凌是人们最喜爱的消暑食品

132　战士的餐桌

将冰激凌的做法传到法国宫廷，在一个世纪后又传到英国王室，而法王路易十六的御厨使用奶油最早制作出近似现代冰激凌的冰冻甜品。18 世纪，英国移民将冰激凌传到北美，很多美利坚的建国先贤都是冰激凌的狂热爱好者，据说开国总统华盛顿在 1790 年夏天花费 200 美元购买冰激凌，相当于今日的 5000 美元，托马斯·杰斐逊（Thomas Jefferson）更是远赴法国巴黎抄录制作香草冰激凌的 18 个步骤并带回美国。

早期冰激凌使用天然冰雪进行冷冻处理，只能在冬季收藏冰雪以供夏季使用，为权贵精英阶层专享。16 世纪初，意大利学者发现了水与硝石的吸热反应，从而催生了人工冷冻技术的萌芽，使得冰激凌的制作摆脱了对季节的依赖，即使炎热夏季亦可制备。19 世纪初叶，隔热冰柜被发明出来并用于制作冰激凌，但费时费力。1843 年，美国家庭主妇南希·约翰逊（Nancy Johnson）发明了一种手摇曲柄式冰激凌搅拌机并申请了专利，使制作冰激凌变得更加容易。1851 年，马里兰州巴尔的摩（Baltimore）的牛奶经销商雅各布·富塞尔（Jacob Fussell）为了处理多余的鲜奶油创办了第一家冰激凌制造厂。1867 年，制冰机的发明以及畜牧业、乳制品行业的发达，促使冰激凌生产日益工业化。1885 年，英国维多利亚时代著名的烹饪专家阿格尼丝·马歇尔（Agnes Marshall）发明了更高效的冰激凌机，可以在 5 分钟内制作 1 品脱（约合 0.56 升）冰激凌，并在制作工艺上颇有创新，获得了"冰之女王"的雅号，使得冰激凌成为一种时尚象征。到 20 世初叶，冰激凌在欧美国家已经是一种广为普及的消暑甜品，尤其在美国更是受到全民的热捧。在 20 世纪 20 年代的禁酒运动期间，冰激凌取代酒精饮料成为人们日常消遣的必需品，据统计在 1916 年到 1925 年，美国人口增长了 15%，而冰激凌的消费量增长了 55%！直到今日美国依然是世界上最爱吃冰激凌的国度，人均每年消费冰激凌达 20 升。某项调查显示，80% 的美国小学生认为自由女神像高举的不是火炬，而是冰激凌蛋筒！

美国大众对冰激凌的热爱自然而然地影响到美国军队，特别是海军。1893 年，美国海军在部分舰艇上引入了冰箱和制冰机，为制作和储存冰激凌创造了条件。1906 年，"密苏里"号战列舰（Missouri, BB-11，早期的前无畏舰，而非二战时举行日本投降仪式的同名战列舰）成为美军历史上第一艘装备冰激凌制造机的战舰。1913 年，滴酒不沾的约瑟夫斯·丹尼尔斯（Josephus

20 世纪初担任海军部长的约瑟夫斯·丹尼尔斯，他的禁酒政策有力推动了冰激凌在美国海军中的流行

Daniels）出任海军部长，作为禁酒主义的坚定支持者，他于 1914 年 6 月 1 日颁布第 99 号行政通令，禁止在军舰和海军基地内饮用任何酒精饮料。此举取消了美国海军延续上百年的配给烈酒和啤酒的传统，使水兵失去了排遣寂寞、消除疲劳、纾解压力的重要渠道，对士气的影响可想而知。作为弥补措施，用冰激凌替代酒类大量供应海军，收到了良好效果，冰激凌的甜美味道带给海军官兵别样的愉悦感受，因此受到热烈欢迎，此后冰激凌就成为美国海军的固定配给被一直保留下来。

在美国海军舰船上，冰激凌的制作比较简单，主要使用预制的冰激凌粉和水来调制，也可以使用全脂奶粉和鸡蛋粉来制作，此外还会添加香草、咖啡、巧克力、水果、坚果等其他配料做出味道多样的冰激凌。二战时期印刷出版的《美国海军烹饪书》中明确写明冰激凌是海军菜单中的常规品种，其中关于冰激凌的内容用去了整整 3 页，除了详细记载基本做法和用料配比外，还收录了 16 种不同口味的冰激凌的添加配方。军官餐厅偶尔还会提供一些特殊类型的冰激凌，在第 3 舰队旗舰上担任空中管制官的卡尔·索尔伯格（Carl Solberg）在战后撰写的《决策与分歧：与哈尔西在莱特湾》(*Decision and Dissent: With Halsey at Leyte Gulf*) 一书中写道："我们在尉官舱用餐，以自助餐的形式提供，有烤牛排或排骨，配有调味沙拉，而且每晚的甜品不仅有普通冰激凌，还有火焰冰激凌。"这是一种在冰激凌外面裹上蛋白霜，经过短暂烤制的点心，有时还会在表面淋上烈酒点燃，以燃烧状态上桌，让人体验冰火两重天的奇妙感觉。

二战时期，其他国家为了控制砂糖的消耗纷纷减少冰激凌的供应，而美国反其道而行，加大了冰激凌的产量。仅仅在 1943 年，政府就向各处战场的部队提供了 6.1 万吨冰激凌，因为对于美国海军而言，冰激凌是关乎士气的重要军需品。有种夸张的说法认为，如果没有冰激凌，海军官兵甚至会发动叛乱！当时美国海军巡洋舰以上大中型战舰都装有专门的冰激凌制造机，不过每舰仅有一个冰激凌室，只能排队领取，而且在冰激凌面

有着奇妙视觉感受的火焰冰激凌，即使在海军战舰上偶尔也能品尝到

前官兵平等，军官也没有特权可言，于是就出现了本节开头哈尔西斥责插队军官的一幕。比较特殊的是，潜艇由于工作环境恶劣、作战风险极高也安装了冰激凌制造机，甚至被视为与鱼雷、火炮同等重要的作战装备，如果潜艇的冰激凌机出现故障无法工作，潜艇将不被允许出海作战。美军水兵对冰激凌的喜爱程度到底有多高，从1942年5月8日珊瑚海海战中的一件事就可见一斑。当时"列克星敦"号航母被日军飞机重创，行将沉没，舰长下令弃舰，可是一群吃货水兵并不急于逃生，而是一窝蜂地跑到冰激凌室，将冰箱内储存的冰激凌装进钢盔里狂吃一通后才心满意足地离舰，真是哪怕下地狱也要吃够冰激凌再上路啊！

由于舰内空间狭小，驱逐舰等小型舰艇没有配备冰激凌机，航行期间舰员就很难享受到冰激凌的美味，除非有突出表现受到舰队褒奖，才有机会从大型战舰那里得到一定分量的冰激凌作为奖励。不过，驱逐舰的舰员还有另一个方法可以得到冰激凌，那就是救助落海飞行员。在太平洋战争中，航空母舰取代战列舰成为海战场的主宰，训练有素的飞行员更是最珍贵的人力资源，美国海军宁愿失去10架飞机也不愿损失1名飞行员，但在战斗中难免有飞行员跳伞落海，航速快且机动灵活的驱逐舰自然最适合执行搜救任务。为了激励驱逐舰营救飞行员，美国海军有一条不成文的规则，凡是搭救飞行员的驱逐舰可以从航空母舰上获得与飞行员体重相等的冰激凌作为回报。在交还飞行员时，驱逐舰与航母并排航行，在两舰之间搭起吊索，用吊篮将飞行员送回母舰，而装有冰激凌的金属桶也以同样方式传递到驱逐舰上。

战争期间最大规模的"飞行员换冰激凌"行动发生在1944年6月的马里亚纳海战期间，为了追击撤退的日军舰队，美军航母在舰载机最大航程上发起攻击，虽然取得了胜利，但机群在返航时已是夜幕时分，不仅难以找到母舰，夜间降落也十分危险，因此很多飞行员在燃油耗尽后只能选择在海上迫降，等待救援。为

一名美国海军战斗机飞行员正狂吃一罐冰激凌。如果他坠海获救，其所属的航空母舰将为营救他的驱逐舰提供与他体重相等的冰激凌作为酬谢

第二章 美国篇　135

了尽可能地挽救飞行员，美军舰队动员了大部分驱逐舰展开搜救，并且明码标价：每救起一名飞行员可以得到 20 加仑冰激凌，如果是飞行指挥官可加码至 25 加仑，要是王牌飞行员的话还能讨价还价！在如此重赏之下，驱逐舰舰员们热情高涨，打开探照灯全力搜索海面，在他们眼中，漂浮在海上的不仅是自己的战友，更是一桶桶诱惑难挡的冰激凌。搜救行动进行到大半夜，"企业"号的飞行大队长，有"杀手"之称的王牌飞行员威廉·凯恩（William Kane）依旧下落不明，"企业"号为他开出了最高赏格 95 加仑冰激凌！最终一艘驱逐舰幸运地救起了凯恩，赢得了这份头彩，让友舰羡慕不已。当晚共有 209 名飞行员落水，在积极搜救下有 160 人生还，即使按照最低赏额美军航母也要向各艘驱逐舰支付 3200 加仑冰激凌！

相比海军舰艇乘员，在陆地作战的地面部队和航空兵部队获得冰激凌供应的难度更大，不过对美味的渴求足以激发人的主观能动性，一线部队就地取材，自行制作冰激凌，1944 年 9 月在佩莱利乌岛（Peleliu Island）作战的海军陆战队 VMF-122 战斗机中队就在这方面树立了典范。当时 VMF-122 中队负责为登岛作战的陆战 1 师提供火力支援，日军飞机早已被逐出战场，而机场距离前线不到 1000 米，几乎一起飞就可以投弹，因此飞行员在大部分时间里都无事可做，加之天气炎热，士气有些低迷。为了改变这种状况，中队长约瑟夫·赖因伯格（Josef Reinburg）少校想到了自制冰激凌的办法。他指示地勤兵将一个副油箱的两端切开，在其中固定了一个防水的 12.7 毫米机枪子弹箱，不过里面没有子弹，而是灌入 5 加仑罐装牛奶和可可粉的混合物。赖因伯格驾驶 F4U "海盗" 战斗机挂载着这个特制副油箱爬升到 10000 米高度，打算利用高空的低温将子弹箱里的混合物凝固，这样在飞机落地时就能吃到可口的巧克力冰激凌了。

1945 年 1 月在帕劳群岛海域巡逻的 F4U "海盗" 战斗机编队，属于 VMF-122 中队，它们也被用于制造 "飞行冰激凌"

第一次飞行以"测试氧气系统"的名义进行，但是结果未达预期，只得到一箱冰镇可可奶，众人在畅饮后总结经验，认为挂在机腹的副油箱靠近引擎，废气的热度妨碍了牛奶冻结。于是，在以"测试增压系统"之名进行第二次飞行时，两个子弹箱被挂在两侧主翼下方。这次取得了初步成功，牛奶被冻结，但质地较硬，口感不够绵软。地勤人员开动脑筋，在子弹箱上加装了一个小型螺旋桨，在气流驱动下对混合物进行搅拌，第三次飞行大获成功，10加仑完美的巧克力冰激凌被带回了地面，让大家的精神为之一振。此后每天VMF-122中队都会安排一架飞机上天制作冰激凌，还恰如其分地命名为"冰冻"行动。赖因伯格要求部下对此事守口如瓶，不得外泄，直到某天飞机下降时一个冰激凌箱意外脱落，掉在其他部队的营地中央，这个秘密才被曝光。当天上级指挥官并没有因此处罚赖因伯格，而是打电话给他索取一份冰激凌配给！赖因伯格并不是唯一想到这个窍门的人，在陆军航空队的B-17、P-47部队中也有人如法炮制，制作出独特的"飞行冰激凌"。

即使后勤部门全力以赴，前线对于冰激凌始终供不应求，以至于1944年在新任海军部长詹姆斯·福里斯特尔（James Forrestal）的案头出现了一份报告，声称"在涉及部队士气的重要因素中冰激凌最受轻视"。福里斯特尔将保证冰激凌供应作为优先事项，批准了一项100万美元的拨款用于改造一艘特殊的冰激凌驳船。海军从美国陆军获得一艘长81米的混凝土驳船，在船上设置了冰激凌生产车间和大型冷库，能在7分钟内制作10加仑（38升）冰激凌，每日产量可达1500加仑（约5700升）。冷库内除了储存2000加仑（约7600升）冰激凌外，还能存放1500吨肉类和500吨蔬菜，其正式名称是"大型冷藏驳船"。1945年，这座浮动的"冰激凌制造厂"被拖行到西太平洋前线最重要的乌利西锚

混凝土驳船"石英"号，它在1945年被美国海军改装为冰激凌驳船

地中，为舰队和陆战队批量提供冰激凌，极大提升了部队的士气。后来陆军也改装了 3 艘类似的驳船，让陆军大兵们也能一饱口福。如果评选那些帮助盟军赢得二战胜利的食物，冰激凌将毫无疑问地榜上有名，而且极有可能占据榜首！

呼啸山鹰在巴斯托涅——二战美军战地口粮

1944 年 12 月 17 日，漫天风雪覆盖了法国、比利时、卢森堡三国交界处的崇山峻岭。当晚 8 时 30 分正在法国兰斯（Reims）附近大穆尔默隆（Mourmelon-le-Grand）休整的美军第 101 空降师接到紧急命令，集合部队准备向比利时的阿登（Ardennes）地区开拔，德军在西线的最后一次战略性攻势已经打响，前线美军部队濒临崩溃，急需增援。由于师长和副师长均因故出差，由师炮兵指挥官安东尼·麦考利夫（Anthony McAuliffe）准将代理指挥全师。宪兵花了一整夜时间才把四处寻欢作乐的空降兵召集回营，很多人抱怨自己正在床上云雨之时被宪兵强行拖走！12 月 18 日中午 12 时 15 分，第一批卡车启动出发，总共 380 辆 10 吨卡车运载着第 101 师的 11840 名官兵前往突出部血战的漩涡中心——巴斯托涅（Bastogne），那里也将是"呼啸山鹰"铸就威名之地！

巴斯托涅是比利时东南部卢森堡省阿登地区一座历史悠久的城镇，但在 1944 年阿登战役之前几乎默默无闻。只要展开阿登地图，略懂军事的人都能明白这座小城对于德军"守望莱茵"作战的意义，巴斯托涅正处于哈索·冯·曼陀菲尔（Hasso von Manteuffel）装甲兵上将指挥的德军第 5 装甲集团军冲向安特卫普（Antwerp）的攻击轴线上，同

阿登战役期间，率部坚守巴斯托涅的麦考利夫准将和两名军官手持巴斯托涅的地名标志牌合影留念

时是 7 条主要公路的交汇点，如果德军占领该城，就能通过它向前线运送补给和调遣部队，保持向西的进攻势头。曼陀菲尔深知其中要害，将占领巴斯托涅的任务交给海因里希·冯·吕特维茨（Heinrich von Lüttwitz）装甲兵上将的第 47 装甲军，其麾下有两支公认的装甲劲旅：德军第 2 装甲师和装甲教导师。然而，由于道路拥堵加上零星美军的顽强抵抗，德军进展迟缓，第 101 空降师于 12 月 19 日抢先进入巴斯托涅建立防线，挫败了德军在行进间占领该城的企图。

在强攻未果后，德军装甲部队从巴斯托涅南北两侧绕过，于 12 月 21 日中午切断了所有通往该城的道路，将第 101 空降师包围。吕特维茨认为城内只是轻武装的美军空降兵，不足为虑，命令装甲部队继续西进，只留下实力受损的第 26 国民掷弹兵师和装甲教导师的 1 个装甲掷弹兵团负责围攻巴斯托涅，事实证明这是一个致命错误，实际上巴斯托涅守军远比围困它的德军更强大！除了万余名精锐空降兵外，城内还有来自美军第 9、10 装甲师的两个战斗群残部（合计 40 多辆坦克和 1 个坦克歼击营），以及收拢的美军其他单位的近千人，包括 11 个炮兵营，其中 3 个营装备 155 毫米重炮，炮兵出身的麦考利夫手里有约 130 门火炮可以使用，而城外的德军火炮远没有美军数量多，更别提坦克数量了。这些部队的存在有效弥补了空降兵部队缺乏重武器的弱点，使守军总兵力达到约 22000 人。美军以巴斯托涅为中心，利用周边村落构成环形防御阵地，如洪流中的磐石般坚强地抵御着德军的攻击。

虽然巴斯托涅守军的兵力相当雄厚，火力堪称强大，但毕竟处于围困之中，与外界的陆路联系均已断绝，加上被围时天气阴沉，盟军难以实施空投，因此第 101 师及各部美军确实面临补给不续的困境，只能利用现有的物资坚守阵地。在各种补给中以弹药和食物最为重要，没有弹药就无法杀伤击退敌军，守住阵地，而没有食物官兵就会士气消沉、体力衰弱、不战自溃，自古以来被围的军队一旦粮草不济，那么离覆灭也为时不远

这幅画作表现了第 101 师的空降兵在巴斯托涅的冰天雪地中坚持战斗

了，这样的战例不胜枚举。幸运的是，第 101 空降师在巴斯托涅并未遭遇严重的食品短缺危机，空降兵的胃可以得到制式野战口粮的支撑，同时还能从当地比利时平民那里得到接济，偶尔搞搞战地狩猎活动进行调剂和补充。

当第 101 师乘车前往巴斯托涅时，除了武器弹药外全师还携带了 3 日份的 K 口粮，这是他们挺过围困初期的主要食品来源。K 口粮是美国陆军在 1941 年为空降兵、坦克兵、摩托化步兵等机动单位开发的一款应急单兵口粮，最初是由一名大学教授根据军方要求，从超市里选择一些廉价但热量高的食物搭配成套餐，重量 871 克，含热量 3200 大卡，在空降部队中试用，尽管口味不佳，但能消除饥饿，补充体力。不过，真正的 K 口粮则是在美国陆军后勤试验室里诞生的，经过多个版本的改良，最终版本于 1942 年 5 月首先配发给空降部队，因此也被称为"空降兵口粮"，所以说 K 口粮是第 101 师的老搭档了。

K 口粮旨在紧急的战场条件下满足士兵一日的饮食需求，一份完整的 K 口粮包括早中晚三餐，分装在 3 个硬纸板盒中，每餐由罐装肉类、饼干、巧克力、速溶饮料和调味料进行组合搭配而成，总共设计了 15 种菜单，同时配有香烟、厕纸和开罐器等必要附件，一日份的 K 口粮重量仅为 930 克，最多可以提供 3726 大卡的热量。K 口粮的包装纸盒涂有蜡层以防水防潮，后来士兵们利用这个特点将空纸盒作为应急燃料使用。K 口粮最大的优点是轻便易携，其包装体积小、重量轻，很容易塞进军用挎包或背包中，士兵可以轻松携带一日份的口粮，后来美军在 M43 野战服上专门设计了可以收纳 K 口粮的大口

今日在博物馆内展示的二战时期美军 K 口粮样品，一日三餐以不同颜色和图案的包装盒相区别

袋。战争期间，美军采购了 1.05 亿份 K 口粮，大量发往世界各地的战场。

K 口粮的设计初衷是作为应急口粮，在战争中却被更多地作为日常野战口粮配发，一度占到前线口粮的 80%。实战证明 K 口粮的分量和热量都偏低，不能满足高强度作战的消耗，而且口味相对单调，长期食用容易导致营养不良，到战争后期已被士兵厌弃。但是，在 1944 年 12 月的隆冬时节，在巴斯托涅之战的最初几天中，制服口袋中的 K 口粮是支撑美军士兵坚守阵地的力量之源，他们只能在积雪的战壕里一边啃着饼干，或用易燃的纸盒烧火煮上一杯咖啡，一边仰望天空，期待阴霾散去，阳光重现。好天气意味着盟军航空兵可以重新出动，它们不仅会为被围部队提供火力支援，更会带来充足的弹药和更好的口粮。

12 月 23 日，阴云笼罩多日的阿登山区终于云开雾散，阳光普照，P-47 和 C-47 机群的引擎轰鸣响彻云霄，美军士兵听之如美妙天籁，德军士兵闻之似鬼哭狼嚎。在巴斯托涅的天空中展开数以百计的降落伞，带着宝贵的补给物资落向地面，令守军士气倍增。随着空投的恢复，巴斯托涅的补给状况得到改善，在投送物资清单上弹药和药品具有优先权，但口粮也同样重要。现在，已经耗尽 K 口粮的大兵们可以分到分量和口味都更好的 C 口粮，来填饱他们的肚子。

C 口粮是二战时期美军的标准战斗口粮，也是世界军粮发展史上具有里程碑地位的一款产品。C 口粮开发于 1938 年，目标是为士兵提供一种口味合适、营养均衡、便于携带、即开即食的单兵战斗口粮。美军于 1940 年的野战演习中首次测试了 C 口粮，部队给予了极高的评价："陆军有史以来得到的最好的野战口粮。"陆军部随即订购了 150 万份，并在美国参战后大量采购，供应出征海外的美军部队，也作为军援物资提供给盟军。

C 口粮的全部食品都封装在铁皮罐头内，能够长期保存。一份 C 口粮由 6 个圆柱形罐头和 1 个附件包构成，每个罐头高 11 厘米，直径 7.6 厘米，重 340 克，全套口粮总重 2.58 千克，无论尺寸还是重量都比 K 口粮大不少，当然内容也更为丰富。C 口粮中的 3 个罐头装有肉制

一名美国陆军军官在试吃 C 口粮，他面前摆放着一日份的全套 C 口粮

品，被称为 M 单位，起初只有 3 种肉菜配餐：扁豆猪肉、土豆泥肉和蔬菜炖肉，后来经过改良菜品日益丰富，包括烤猪肉、炖牛肉、鸡肉、熏肉、香肠、火腿、鸡蛋、各种豆类等等。另外 3 个罐头盛装谷物制品，被称为 B 单位，主要内容包括饼干、奶酪、麦片、葡萄干、糖衣花生、速溶咖啡或果汁粉末以及糖果等。附件包中包含调羹、盐包、糖包、胡椒粉包、口香糖、香烟、厕纸等。C 口粮的食物种类多样，美国陆军专门制定了配餐菜单让后勤人员参考组合搭配。一份 C 口粮可以提供 4437 大卡热量，保证士兵三餐所需。

C 口粮的所有菜品都由美国国内的食品工厂批量加工后封装，堪称现代食品工业的典范，然而这些流水线制造的食品在口味上缺乏变化，味道普遍偏淡，连续食用令人腻烦。1943 年的测试表明，在没有其他补给的情况下，士兵最多只能连续 5 天吃 C 口粮。尽管如此，C 口粮依然是美军士兵在战斗状态下最好的即食口粮，尤其是处在围困中的巴斯托涅，就算是对饮食最挑剔的大兵也没有太多选择，比起 K 口粮，至少 C 口粮能吃饱。当 1944 年的圣诞节来临时，C 口粮就是前沿阵地上的圣诞大餐。对于士兵来说，最大的问题不是 C 口粮的味道，而是难以加热冻硬的罐头，某位空降兵战后回忆在圣诞夜他只能将冻结的罐头肉切成小块，含在嘴里慢慢融化，然后咀嚼吞咽下去。

无论美国陆军部为空降兵提供的口粮多么充足和丰盛，这些工业制品的味道永远不及新鲜食材经过一双巧手的烹饪后焕发出的迷人风味。在巴斯托涅包围圈里，每个士兵都渴望能在单调难吃的口粮之外吃上一顿真正的热乎饭菜，这个卑微的愿望其实也是可以得到满足的，前提是你要找到一户好心又好客的比利时房东。

在兵荒马乱的年代，平民在家中储备食物以备不时之需，这几乎是常态做法，而在阿登战役中这种未雨绸缪的价值得到了最好的证明。在城镇被围之前，巴斯托涅市长就

阿登战役期间，美军士兵在野外领取饭菜，他们极为渴望一顿热饭

142　战士的餐桌

非常有先见之明地从外地运来一大批面粉，同时从周围的农场中收集肉类和乳制品，在城内建立了公共粮食储备，以维持围困下普通市民的生活，美军也成为这些储备品的受益者。在进驻初期，当K口粮出现短缺时，美军从巴斯托涅市政当局得到了部分面粉的援助，炊事兵用这些原料制作了烤饼和煎饼供士兵充饥。

除了政府层面的给养支援外，当地百姓也乐于同美军官兵分享他们的食物，美军第106步兵师432团团属情报侦察排的萨姆·博德伦（Sam Bordelon）的经历就很有代表性。突围途中他和战友们在一户农家借宿，好客的女主人热情款待了他们，几分钟内就在长桌上摆满了美食：一大锅炖肉、两大罐牛奶、水煮土豆和热面包切片，就好像变魔术般呈现在饥肠辘辘的大兵们面前，每个人都吃得心满意足。当士兵们告别时，他们掏空了口袋，将所有的钱都放在桌子中间作为这顿美餐的回报。在巴斯托涅包围圈里，这样的慷慨行为也不在少数。值得注意的是，即使在补给不足的情况下，美军仍维持了良好的军纪，很少出现劫掠平民的行为。相比之下，德军的表现就不那么体面了，有些部队会将所到之处的农舍谷仓洗劫一空，还伴有侵害平民的暴行。

除了来自比利时人的馈赠外，美军士兵偶尔也能得到额外的新鲜肉食。无论是前沿还是后方，时常会有些无辜的动物成为人类战争的牺牲品，那些被流弹击毙的牲畜家禽，或者误闯雷区被炸飞的野生动物，都逃不过大兵们灵敏的嗅觉，被拿来作为口粮之外的犒赏。有些美军官兵甚至会自行组织战地狩猎活动，用狙击步枪射杀野兔、野猪和鹿，以获取鲜肉补给。不过，当有人目睹野猪吃掉阵亡者的肠子后，士兵们对野猪肉就敬而远之了。

来自第502伞兵团1营B连的火箭筒射手阿莫斯·阿尔梅达（Amos Almeida）一等兵对于在巴斯托涅包围圈中错过的一顿烤肉始终耿耿于怀。他当时身处包围圈北部的阵地上，看到一头受惊的猪被打死在前沿阵地外侧，他最初声称这头猪是被炮弹炸死的，

第502伞兵团1营B连的阿尔梅达一等兵曾参加巴斯托涅战役（左），多年后重返故地被邀请享用了一顿烤肉大餐

后来才承认是被某个饥饿的大兵射杀的。喷香烤肉的诱惑促使阿尔梅达冒险离开隐蔽处，以百米冲刺的速度跑到死猪那里，迅速用伞兵刀割下一大块猪肉。还没等到他动手烹饪，阿尔梅达接到一项临时任务，他只好把肉挂在散兵坑附近的篱笆上，可当他返回时那块肉已经不翼而飞，显而易见有人把它偷走了。这桩悬案直到 62 年后才被破获，在 2006 年的一次老兵聚会上，阿尔梅达听到老战友托尼·卢扬（Tony Lujan）回忆说："不知哪个傻瓜把肉挂在篱笆上，那味道可是太棒了！" 2008 年，当阿尔梅达重返欧洲，探访巴斯托涅旧战场时，得知他经历的当地人特地举办了一场 BBQ 烤肉宴会，以弥补他当年的遗憾。

第 26 国民掷弹兵师对巴斯托涅的几次进攻都无功而返，迫使德军投入了更多的兵力参与围攻，德国空军还出动轰炸机对城市进行了空袭。然而，随着天气转晴，重获空中优势的盟军已经掌握了主动权，位于战场南翼的巴顿第 3 集团军已经调转推进方向，向巴斯托涅驰援而来。12 月 26 日 16 时 45 分，一支来自美军第 4 装甲师的坦克纵队突破德军封锁，进入巴斯托涅，与据守包围圈南部的第 326 空降工兵营会合，从而打开了一条狭窄的通道，第 101 空降师与外界恢复了地面联系。一支补给车队连夜全速开进巴斯托涅，同时第 101 空降师师长马克斯韦尔·泰勒（Maxwell Taylor）少将也回归岗位，从麦考利夫准将手中接过了指挥权。在随后的两天里，美军经过激战击退了巴斯托涅南侧的德军，扩展了走廊，彻底打破了包围圈。

12 月 29 日，数百辆卡车为第 101 空降师运来了大量补给，其中包括深受官兵喜爱的十合一口粮包，已经坚守了 10 天的空降兵现在终于可以吃到由野战厨房制作的热饭了。十合一口粮是美军在战争后期引入的一种集体战地口粮，其前身是 1942 年开发的五合一口粮。按照美军对战地口粮的划分，五合一及十合一口粮都属于 B 口粮，就是将半加工的熟食经过预先包装后送往部队，只需要简单烹饪加热即可食用，便于缺乏野战炊事设备的部队制作简便快捷的战地饮食。

这幅画作表现了 1944 年 12 月 26 日美军援军抵达巴斯托涅与第 101 空降师会合的场面

五合一口粮由陆军后勤部组织研发，每份口粮包含 10 个不同种类的肉罐头、听装面包或饼干、脱水蔬菜和蔬菜汤、干酪、黄油、果酱、果汁、布丁、饮料等等，还配有开罐器、胶带、饮水净化药片、肥皂、海绵、厕纸等生活用品，一份五合一口粮可以满足 5 名士兵一日的食物需求。五合一口粮首先被应用于北非战场上，收到了良好效果，在此基础上美军又借鉴了英军的集体口粮，开发了新的十合一口粮，从 1943 年中期开始取代五合一口粮供应前线部队，但已经生产的五合一口粮继续使用到战争结束。

一份十合一口粮可以供应 10 名士兵的一日三餐，或满足 1 名士兵 10 天的饮食需要，每份口粮装在一个大号木箱中，总重 27 千克，在很多情况下就是由两份五合一口粮组合而成。十合一口粮有五种食谱搭配，通常包括 450 克牛肉汤、450 克猪排、240 克猪肝、240 克咸牛肉、360 克斯帕姆午餐肉、240 克熏肉、450 克猪油、900 克黄油、240 克鸡蛋粉等，此外还有蜜饯、巧克力、葡萄干、全脂奶粉、咖啡、砂糖等，每种都有 450～900 克。香烟、火柴、厕纸、肥皂、净水药片等附件也都一应俱全。根据组合搭配的不同，一份十合一口粮可以提供每日每人 4050～8500 大卡的热量。从 1943 年中期到战争结束，美国陆军订购了 300 万份十合一口粮。

量足味美的十合一口粮对于第 101 空降师的官兵来说无疑是一顿战地大餐，而德军的空袭炸塌了某座建筑物的墙壁，将一座酒窖暴露出来，里面的存货都被空降兵笑纳。美酒加美食极大慰藉了他们经历苦战后的身心，恢复了元气。然而，第 101 空降师并未返回后方休整，而是就地整补后转守为攻。1945 年新年过后，吃饱喝足的全师官兵协同美军各部向巴斯托涅以东的德军发起反攻，最终将德军驱逐回战役出发地，也将希特勒扭转西线战局的妄想彻底毁灭！

作为二战西线战场上德军最后一次大规模进攻战役，阿登战役不仅是双方战略战术和兵力火力的较量，也是后勤补给能力的比拼，这一点在巴斯托涅包围战中表现得尤其明显。以第 101 空降师为核心的美军凭借空中补给，顽强地扼守住了战略要点，有力遏制了德军的进攻势头，而设计合理、投送及时的野战口粮为保持守军的战斗力发挥了至关重要的作用，从 K 口粮到 C 口粮，从十合一口粮到就地筹措的食品，使得美军在围困期间基本没有口腹之忧，确保了士气的稳定。

与之形成对比的是，糟糕的后

一队美军士兵在分享十合一口粮，这是美军在二战时期推出的集体口粮之一

勤状况是德军攻势乏力、遭致失败的重要因素。以负责围攻巴斯托涅的第 26 国民掷弹兵师为例，由于交通混乱、道路堵塞加上美军的空中打击，该师的补给状况始终很紧张，食品匮乏，一度陷入"十个人分享半条面包"的窘境。饥饿迫使德军四处打劫平民，搜罗给养，严重分散了作战力量。即便像党卫军派普战斗群这样的精锐部队也同样受困于补给不济，最终燃料耗尽，无力补充，被迫丢弃所有坦克和重装备徒步败逃。阿登战役再度证明了战场上流传千古的永恒铁则：有力的后勤保障是一支军队赢得胜利的坚定基石！

砂糖块高地前的临战盛宴——煎牛排

1945 年 4 月 1 日，星期日，这是一个相当奇妙的日子，传统的复活节和愚人节罕见地重合在同一天，而在美国太平洋舰队的作战日志上，当天是登陆冲绳岛的"冰山"行动（Operation Iceberg）启动的 L 日。当日 5 时 30 分，包括 10 艘战列舰、9 艘巡洋舰、23 艘驱逐舰在内的 200 余艘战舰开始对冲绳岛西岸渡具知海滩进行火力准备，向海岸纵深 1 千米范围内倾泻了 4.4 万发 127 毫米以上口径的炮弹、3.3 万发火箭弹和 2.25 万发迫击炮弹，空中更有大批舰载机反复炸射。8 时，登陆部队开始抢滩登陆，在 10 千米宽的

1945 年 4 月 1 日，美军登陆冲绳岛，初期未遇强烈抵抗，进展顺利

海岸上4个美军师一字排开，自北向南分别是第6陆战师、第1陆战师、第7步兵师和第96步兵师。当岸上的硝烟渐渐散去，冲绳岛静谧秀美的海岸呈现在美军官兵面前，令他们困惑不已的是，曾经出现在塔拉瓦（Tarawa）、塞班和硫磺岛（Iwo Jima）滩头的尸山血海并未重现，除了零星的炮击和枪声外登陆异常顺利。当天日暮时美军就夺取了读谷和嘉手纳两座重要机场，超过6万美军顺利上岸，登陆首日伤亡仅有159人，4月3日美军便抵达东岸，将冲绳岛一分为二。轻而易举的成功登陆让美军以为是愚人节的玩笑，连登陆战专家凯利·特纳（Kelly Turner）中将都向尼米兹发报称："也许是我痴想，看来日军已经停止作战，至少在这一地区是如此。"尼米兹回复道："把痴想后面的字都抹掉。"这道幽默的复电很快被证明是一个残酷的预言。

日军当然不会放弃抵抗，由牛岛满中将指挥的日军第32军的10万人马已经在冲绳南部的高地中静候美军的到来。考虑到美军在兵力和火力上的绝对优势，日军充分汲取了之前历次反登陆作战的经验，采取弃守滩头、纵深固守的战法，将主力集中在首里—那霸一线，利用地形构筑了坚固绵密的防御阵地，以逸待劳、持久抗击，而在冲绳岛北部仅部署了第44独立混成旅团的一个大队作为牵制。另一方面，美军在横贯全岛后，按计划分兵推进，陆军部队负责进攻南部地区，而海军陆战队负责扫荡北部，由陆战6师担任主攻，陆战1师作为后备。陆战6师是二战期间美国海军陆战队组建的最后一个陆战师，于1944年9月在瓜达尔卡纳尔岛组建，也是唯一在美国本土以外组建的陆战师，下辖陆战队第4、22、29团和陆战队第15炮兵团，由经验丰富的莱缪尔·谢泼德（Lemuel Shepherd）少将任师长。冲绳战役是陆战6师首次参加实战，不过该师拥有很多

1945年4月，陆战6师的陆战队员在冲绳战场上爆破日军工事

来自兄弟师的老兵作为骨干，训练有素、装备精良，战斗力丝毫不弱。

从 4 月 6 日开始，陆战 6 师穿过冲绳岛中部狭窄的石川地峡向北进击。在地形变得开阔后，3 个团齐头并进，陆战 22 团居中挺进，陆战 29 团沿西岸推进，陆战 4 团沿东岸前行，在坦克和火炮支援下进入冲绳北部山区。这里地形崎岖，沟谷纵横，本就不多的道路还被日军埋设了地雷，设置了路障，沿途的桥梁也多数被破坏，给美军的前进造成了不少阻碍。好在陆战队员并没有遇到强烈的抵抗，直到 4 月 8 日陆战 29 团进入冲绳岛西北部的本部半岛后才发现日军据点所在，其余两个团则继续向北前进。4 月 13 日，陆战 22 团 2 营抵达国头半岛的边户岬，这里是冲绳岛的最北端。同一天，陆战 29 团向本部半岛的八重岳发起正面强攻，这座海拔 366 米的山峰是日军在冲绳北部唯一的抵抗据点，山势险峻、易守难攻，由宇土武彦大佐指挥的独立混成第 44 旅团第 2 步兵大队约 1500 人在此顽固据守。战斗进行得十分艰苦，陆战 6 师花了 3 天时间才把星条旗插上山顶。4 月 18 日，宇土大佐放弃主阵地撤退，4 月 20 日八重岳山区日军有组织的抵抗被最终粉碎，日军遗尸 700 多具，残部化整为零遁入山林进行游击战，直到 8 月初才被美军彻底肃清。八重岳战斗给陆战 6 师造成了 236 人阵亡、1601 人受伤的损失，让初登战场的新兵领教了战争的残酷，相对于之后的苦战实在是再好不过的热身。

在进行了 3 周的持续战斗后，陆战 6 师于 4 月底转移到名护地区做短暂休整，补充装备和兵员，以利再战。从南部战场传来的消息令人不安，陆军部队的进攻掉进了日本人精心构筑的陷阱内，从伪装良好的隐蔽火力点射出的交叉火力和从反斜面阵地上射来的迫击炮弹封锁了通往南方的道路，给美军造成重大伤亡。日军依托坑道工事抵御美军的狂轰滥炸，通过近距离战斗和夜间逆袭与美军反复拉锯、寸土必争，令美军推进极为迟缓，近乎停滞，一线部队损失惨重。陆战队员从 5 月初由前线撤下来接替陆战 6 师防务的第 27 步兵师的官兵身上就能充分感受到恐怖的气息，他们个个衣衫破烂、浑身污

在冲绳战役中，美军以一座东方风格的石狮为掩护，观察前沿情况

垢、眼神呆滞、满脸疲惫，不少人还挂了彩，完全是久战劳师之状。据说陆战1师已经南调投入进攻，而陆战6师也将紧随其后加入南部战场，那些有经验的老兵早在上级下达正式指令之前就已经从野战厨房的饭菜里看出了端倪。

　　某日晚餐时分，陆战队员惊喜地发现当天的晚饭与往日不同，不再是用罐装食品简单加工而成的战地料理，而是鲜嫩多汁、香味四溢的整块牛排，这可是在前线少见的奢侈菜式。新兵们笑逐颜开，直咽口水，拿到饭菜就迫不及待地狼吞虎咽起来，而老兵们看着餐盘里的牛肉，脸上却是喜忧参半、神情复杂，喜的是能够饱饱口福，忧的是这顿好饭是部队接到战斗任务的信号，他们又要上前线了，如果第二天早餐中包括新鲜鸡蛋，那就是铁板钉钉的事了。其实，在登陆冲绳的前一晚，陆战队员的晚餐就是美味的牛排。虽然这道菜肴的出现并不一定意味着部队出击在即，但陆战队老兵都知道一项潜规则——"牛排是战斗前夕能为官兵准备的最好食物"，考虑到眼下冲绳战场的困局和部队的换防情况，这顿美餐只能是迎来苦战的征兆。

　　说起牛排，大概是西餐里最常见的一类牛肉料理，如果走在路上突然被拦住问及最有代表性的西餐菜式，估计人们十有八九会回答是牛排吧。所谓牛排并非按照字面理解为牛的排骨，其实是指整块牛肉经过煎制或烧烤而成的菜肴，之所以被称为牛排其实是中国人的自创。晚清时期，随着江浙、广东地区成为对外通商口岸，西餐由此传入中国，当时上海人在看到牛排时觉得它与江浙一带被称为"大排"的猪排骨很像，于是就称之为"牛排"。由于方言口音的原因，广东人将"排"听成了"扒"，于是在中文语境中"牛排"也就有了"牛扒"的别称，至于英文中的牛排（Beef Steak），其词源来自古斯堪的纳维亚语中的Steik，意为烤牛肉。但是，并不是说牛排就等同于烤牛肉，其实用于制作牛排的牛肉极有讲究，要选择牛身上比较嫩的部分，而且切割时要垂直于肌肉纤维，减少入口后的粗韧口感。由于牛的四肢经常运动，肌肉纤维发达粗壮、肉质偏硬，所以牛排不会使用牛腿肉。

　　起初，最适合制作牛排的部位是牛的后腰脊肉（西冷或沙朗）和腰内肉（菲力），它们也是牛肉中价格最昂贵的种类。随着人们对牛排需求的持续增加，牛身上的其他部位也被挖掘出来以丰富牛排原料的

牛排是最具代表性的西餐菜式，以牛身上较嫩的部分煎烤而成

选项。美国、日本、加拿大、澳大利亚等国都建立了牛肉分级制度，根据脂肪含量、肉质等标准给牛肉划分出高低等级，较高等级的牛肉才会被用于制作牛排，而较低等级的牛肉多用于煮炖、切碎后制作汉堡包的肉饼或作为罐装牛肉的原料，因此虽然牛排很常见，但要吃到真正品质上乘的牛排并不容易。西方对于牛肉的品鉴以及切割方式已经发展成一门精细的技艺，甚至催生出擅长此道的专业匠人，能够为厨师和食客选择并切分出质量最佳的牛排原料。根据用料、烹饪手法和风味的不同，牛排可分为诸多品种，比如大家比较熟知的西冷牛排、菲力牛排、肉眼牛排、丁骨牛排等，其实还有更加细致的分类。此外，与大部分肉食需要烹饪至熟透才能食用不同，牛排在生熟程度上有特别的要求，通常不会做成全熟，部分品种甚至可以生食。一般来说，牛排可以分为七个熟度：全生、近生、一分熟、三分熟、五分熟、七分熟和全熟，至于牛排熟度则根据肉品和个人口味来选择，并不能说吃全熟牛排就是外行，比如美国前总统唐纳德·特朗普就以喜欢吃全熟牛排而出名。

美国人是世界上最爱吃牛肉的民众之一，截至2015年美国在牛肉产量、牛肉消费量和牛肉进口量方面都稳居全球第一。据统计，2014年美国人均消费牛肉高达35.1千克，牛肉产量达1120万吨，约占全球产量的20%。美国还是最早对牛肉实施分级的国家，美国人对于牛排的热爱也要超过欧洲人，关于牛排的切割、分级、熟成、烹调的大部分技术和标准基本上是由美国人发展与制定的。然而，美国人嗜好吃牛肉的历史并不长，17世纪欧洲移民刚刚到达北美大陆时，他们的主要肉食是猪和羊，而牛作为畜力工具主要用于农耕和运输，也提供牛奶和皮革，直到年老无法工作和产奶后才会被宰杀。因此当时食用牛肉并不普遍，牛排更是鲜见，通常只出现在上流阶层的餐桌上。

美国牛肉文化的兴盛源于内战时期，军队对肉类的需求极大地刺激了畜牧业和肉类加工业的发展，西部大开发使得美国中部的大草原成为畜牧业的天堂，牧牛业由得克萨

日本出产的米泽牛肉被认为是最顶级的牛肉之一，是制作牛排的绝佳材料

斯州向中西部广大地区扩散。1865年得州的牧场养殖了650万头牛，而到1880年仅怀俄明州的牧牛存栏数就高达900万头。铁路网的扩展和冷冻列车的发明进一步促进了肉类市场的繁荣，逐步形成了堪萨斯城（Kansas City）、密尔沃基（Milwaukee）和芝加哥（Chicago）三大肉类加工基地，来自各州农场的牛被铁路运

1948年在美国芝加哥的肉类加工厂内经过批量处理的牛肉

往上述城市，集中屠宰、加工和包装，再销往全美。从19世纪80年代开始，自由放牧的粗放式养殖逐步被利用谷物喂养的新型养殖取代，牛肉产量持续增加，19世纪末20世纪初，美国肉类加工业率先实现了流水线自动化作业，当时芝加哥的屠宰厂每天可宰杀4000头牛，平均每9秒就能处理一头牛。充足的市场供应使得牛肉价格愈发便宜，在19世纪80年代成为美国人的日常基本肉食，而牛排也变成一种人人都能吃得起的大众饮食。不过，直到二战前美国人吃猪肉依然多于牛肉，二战后随着麦当劳快餐店的兴起，牛肉汉堡包作为美国生活方式的象征广为流行，持续推高了牛肉消费量，最终奠定了牛肉在美国肉类市场上的独大地位。到1975年，美国养牛数量达到历史最高峰的1.32亿头，此后有所滑落，但一直保持在8000万到9000万头的水平，而牛肉产量和消费量更是常年位居世界前列。

　　二战时期，美国政府对肉类市场进行管制，大部分牛肉和猪肉都被优先供应军队。然而，正如前文所述，只有高品质的牛肉才适合制作牛排，即使拥有最强大的食品生产和后勤供应能力的美国，也不可能让前线官兵天天吃牛排，大兵们能够吃到的大多是冷冻牛肉和罐装牛肉，也只有在投入战斗或执行特殊任务前，厨房才会提供真正的牛排。二战时出版的美国海军烹饪书里记载了制作牛排的简易方法，比如用铁板或平底锅制作的煎牛排、煮牛排，加入番茄和洋葱一起烤制的瑞士牛排等等，其中推荐的最佳食用方式是以洋葱圈或焖洋葱为配菜，用黄油、洋葱丁、柠檬汁、盐和胡椒炒制成牛排黄油酱，作为牛排伴侣，此外还可以搭配土豆和豌豆。在冲绳战役中，陆战6师在名护吃到的牛排是何种类型没有留下资料，但很大可能是铁板煎牛排，按照海军烹饪书的记录，煎牛排每块重量为6盎司（约168克），厚度在0.5～0.75英寸（约1.25～1.9厘米），以牛油

在美国海军的料理书中记载了多种牛排的做法,并推荐了最佳的食用方式

两面煎制,以盐和胡椒调味。

正如陆战队老兵所料,在吃过美味牛排的第二天,陆战6师就奉命向南开拔,投入到对日军首里防线的正面进攻。分配给该师的目标是一块极为难啃的硬骨头,位于首里防线左翼的一处高地,美军将其命名为"砂糖块高地"(Sugar Loaf Hill),而日军称为"安里52高地",是拱卫首里的重要防御支撑点,由铃木繁二少将指挥的独立混成第44旅团主力数千人在此固守。"砂糖块高地"的地形十分有利于防守,日军在高地正面和背面都构筑了大量工事和机枪火力点,并以坑道相互连通,一些冲绳特有的龟甲墓也被改造成坚固据点。高地南侧有一个马蹄形的谷地,日军在此隐蔽部署了迫击炮阵地,其火力通过事先标定的方位可以覆盖高地周边的任何地点,所有接近高地的道路都处于日军的交叉火力封锁下,除了正面强攻别无他法。

5月12日,陆战6师以陆战22团G连为尖兵,在坦克支援下渡过安谢川,向高地前方的一处小山丘运动,随即陷入日军的密集火网之中,部队伤亡过半,只能释放烟幕撤退,G连的遭遇是此后一周苦战的预演和起点。5月13日,陆战22团投入第2营发起进攻,受阻于日军的绵密火力无功而返。5月14日,陆战22团第2营以全部兵力发起进攻,在付出严重的伤亡代价后终于攻上高地顶部,但在入夜后遭到日军持续的反击。为了巩固阵地,该营将炊事兵、通信兵、宪兵等后方人员也动员起来投入战斗,但依然未能顶住日军的反扑,阵地丢失。鉴于陆战22团损失较大,谢泼德少将命令陆战29团于5月15日投入战斗,但该团的攻势很快就被日军机枪和迫击炮的联合打击挫败。尽管美军每天都向高地上倾泻数不清的炮弹、炸弹和火箭弹,整个山头已经寸草不生,坑洼遍地,但那些日军火力点总会死而复生,夜间的逆袭更是疯狂,频频爆发肉搏,阵地反复易手。

5月16日,陆战6师集中了一个整团的兵力在坦克伴随支援下向高地发起全面攻击,战斗趋于白热化,日军甚至不惜动用后方的重炮向前沿轰击,美军坦克和步兵均损失很

1945年5月，在首里、那霸战线与日军苦战的美国海军陆战队

大，苦战终日也未能控制高地，当日是陆战6师最糟糕的一天。不过，日军在数日激战后也损耗严重，防线接近崩溃，一线正规陆军士兵所剩无几，补充部队多是缺乏训练的海军和临时征召的所谓义勇兵，战斗力很差。5月17日和18日，美军继续发动团级规模的进攻，在强大的海空火力支援和投入最后的预备队陆战4团后，终于压垮了日军防线，鏖战一周后才拿下"砂糖块高地"。此后美军又击退了日军数次反击，直至5月26日才彻底控制这一地区，打开了进攻首里的通道。"砂糖块高地"这个名字透着甜蜜的小山丘最终被腥涩发臭的鲜血浸透，一周内易手达11次，陆战6师在此伤亡了2662人，另有1289人因精神崩溃退出战斗，日军的损失也数以千计。

在包括"安里52高地"在内的防御支撑点相继被美军攻占后，日军的首里防线土崩瓦解，残部放弃首里、那霸一线向冲绳南部狼狈撤退，试图做背水困斗，但整场战役大局已定。6月23日，以牛岛满为首的日军高级指挥官大多剖腹自尽，部队逃散投降，美军占领全岛，冲绳战役以美军伤亡75000余人，10万日军全军覆灭而落幕，这是太平洋战争中美军伤亡最大的一次战役。一个多月后，在广岛和长崎的原子弹阴云笼罩下，日本于8月15日宣布投降，此时仍在冲绳岛休整的陆战6师官兵在胜利到来之时肯定能享受一顿牛排大餐！

第三章　苏联篇

在二战反法西斯阵营的主要成员国中，苏联遭遇的危难和付出的代价仅次于中国。在1941年6月德国发动"巴巴罗萨"行动后仅半年，苏联失地千里，损兵百万，濒临崩溃边缘。然而，凭借俄罗斯民族特有的韧性，苏联军民挺过难关、积蓄力量、反败为胜，最终直捣纳粹帝国的巢穴，赢得了最终胜利。在长达1400余天的苏德战争中，苏联人实际上一直在同两个敌人作战，一个是凶悍的轴心国军队，另一个则是饥饿。由于在战争初期就失去了最富庶的粮食产地，苏联在整个战争期间都深受食品匮乏的困扰，苏军士兵的伙食即使以最低的西方标准衡量都是粗劣且不足的，在主要参战国中可能仅略好于积贫积弱的中国。苏联为了战胜饥饿利用了各种手段和资源，包括深入动员征集和生产的粮食，美国通过《租借法案》援助的罐头和食品，还有前线部队自行筹集的物资，甚至从敌人手中缴获的战利品，而最有力的武器还是被战斗民族奉为"生命之水"的伏特加！

俄罗斯虽大已无路可退——二战苏军饮食纵览

历史上，俄国士兵素以坚韧耐劳而著称，对于恶劣环境和粗糙饮食有着超强的忍耐力，这一特质也被苏联军队所继承。相比沙俄时代的俄国军队，苏联红军在两次大战之间的后勤供应能力还是有所增强的，得益于20世纪20年代到30年代的两个五年计划的实施，苏联的工农业生产都取得了显著进步。工业的迅猛发展为军队提供了大量技术装备，农业在推进集体化过程中虽然遇到了挫折，但在20世纪30年代后期也取得了相当的成果，粮食产量获得增长，为军队的有效后勤保障奠定了坚实的基础。据统计，苏联的粮食产量在1937年达到战前的最高峰，为9740万吨，相比之下沙俄时代在一战前粮食产量最高的1913年才7650万吨。在此后几年中，尽管大规模扩军动员了上百万农民入伍，导致农业劳动力减少，但到1940年苏联的粮食产量仍达到9560万吨，同年还生产了1076万吨牛奶及乳制品、210万吨肉类和7610万吨土豆。充足的农产品供应确保苏军的伙食标准维持在较高的水平，以1940年苏军山地部队的每日口粮供给标准为例，每个士兵每天可以得到面包1000克、肉350克、动物油脂60克、豆类和谷物200克、新鲜蔬菜350克或干菜70克，此外还有盐、糖、番茄酱、果汁、茶叶、干果等配给，必要时还可以额外提供200～400克的罐头肉或50～100克的乳制品，应该说数量和营养都是很充足的。

1941年6月22日，德国发动"巴巴罗萨"行动，这是人类历史上规模最大的军事行

20世纪30年代苏联集体农庄的农民在收割谷物，一派丰收景象

动,虽然未能达到一举击败苏联的目的,但在最初的 5 个月中苏军一败再败,数以百万计的部队被包围消灭,包括波罗的海沿岸地区、白俄罗斯和乌克兰在内的苏联西部广大领土沦丧,其中以乌克兰的丢失影响最为严重。乌克兰拥有世界三大黑土地带之一,加之第聂伯河水系的滋润,土地肥沃,物产丰饶,自古以来就是发达的农业区,有着"欧洲粮仓"的美誉,更是俄罗斯帝国和苏联的"面包篮子",失去乌克兰等于失去了最主要的粮食生产基地,极大地动摇了苏联粮食安全和军队供给体系的基础。

到 1942 年,苏联的耕地面积下降了 41.9%,集体农场和国营农场数量下降了 40%,失去了 1160 万匹马中的 700 万匹,3100 万头牛中的 1700 万头,2360 万头猪中的 2000 万头,4300 万只山羊和绵羊中的 2700 万只。数以万计的农用机械,包括拖拉机和联合收割机被摧毁或被缴获,而战前储备的 600 万吨粮食,不是落入德军手中就是被苏联人自行销毁以免资敌。战争期间,有 1950 万壮年男性应征入伍或从事军工生产,导致农村劳动力极度缺乏,只能由老幼妇孺和残疾的伤兵承担农业生产任务,而 80% 的拖拉机和汽车被征用,进一步降低了农业生产力。1941 年,苏联粮食产量猛跌至 5590 万吨,到 1942 年又降至 2970 万吨,农业产值仅为 1940 年的 38%,直到 20 世纪 50 年代初,苏联的粮食产量才恢复到战前水平,可见战争对苏联农业的破坏之严重。大幅减少的粮食供给使整个国家的 1.3 亿人口面临饥饿的威胁,与此同时还要供养一支最终达到千万人规模的军队去进行战争,其中的难度可想而知。

面对严峻的粮食危机,苏联政府只能想方设法征集筹措食品,优先保障军队和军工企业的供给,同时调整了军队的给养标准,最大限度地确保一线部队的后勤供应。1941 年 9 月 20 日,即乌克兰首府基辅(Kiev)陷落的次日,国防人民委员部颁布了第 312 号命令,重新制定了 14 种给养定量标准,严格区分了前线部队与后方单位之间的配给量,

1941 年 6 月 22 日,德军发动"巴巴罗萨"行动,入侵苏联,图为向苏联腹地快速推进的德军装甲部队,苏军的溃败导致大片领土沦陷,包括产粮基地乌克兰

第三章 苏联篇 157

而且要求按照实有人数发放，而不是按照编制人数。根据新的给养标准，前线官兵每日摄取的热量明显高于后方人员：空军飞行部队最高，达 4700 大卡，一线战斗部队为 3450 大卡，后勤部队、训练部队、警卫部队及后方勤务机关则在 2600～2900 大卡，不过医院和军事院校得到特殊照顾，为 3200～3300 大卡。

在具体配给定量上，战斗部队每人每日可获得 800～900 克面包、190 克谷物、150 克肉类、100 克鱼肉、50 克油脂、820 克蔬菜（含土豆 500 克）、35 克糖、30 克盐；后方部队的标准为 700～800 克面包、150 克谷物、120 克肉类、80 克鱼肉、40 克油脂、820 克蔬菜（含土豆 500 克）、25 克糖、30 克盐；后备人员和警卫人员的配给较后方人员又酌量减少；前线飞行员的配给量为 400 克面包、235 克谷物、350 克肉类、90 克鱼肉、40 克鸡肉、200 克鲜牛奶、160 克乳制品（奶油、黄油、奶酪等）、0.5 个鸡蛋、885 克蔬菜（含土豆 500 克）、80 克糖、30 克盐，虽然面包配给量少，但肉类定量更多，还能得到牛奶、乳制品和鸡蛋。

然而，上述标准很大程度上停留在纸面上，战争造成的混乱和食品的匮乏使之很难严格贯彻，部队的配给只能以实际获得的食物为准，大多数部队都达不到甚至远远低于官方标准，比如士兵通常只能得到 500～700 克面包，副食很少或者压根没有。此外，后方民众也在节衣缩食支援前方，从 1941 年 11 月 10 日开始，各个城市实行粮食配给制，最大限度地集中食品供应前线。例如，1942 年生产的 2970 万吨粮食中的 1250 万吨，180 万吨肉类中的 120 万吨都被国家调配给军队和军工企业，战时每年军队得到的粮食和饲料都在 1000 万吨以上，而后方平民只能靠每天配给的 300 克面包维生，而在遭到长期围困的列宁格勒（Leningrad，今圣彼得堡），面包配给量甚至只有 125 克！

尽管苏军竭尽所能向部队提供食物，但战争期间苏军的伙食水平普遍低劣，就连一些精锐部队也吃得很差。近卫坦克第 85 旅的尼古拉·伊万诺维奇·巴拉巴诺夫（Nikolay

一名苏军炊事兵匍匐到前沿阵地为战友送饭

Ivanovich Barabanov）对前线伙食有如下回忆："吃得很差，种类少到我能当场报给你：除了大麦就是豌豆泥。不是常见的豌豆汤而是豌豆做成的泥，说实话很难下咽，我们都叫它'儿童腹泻'。我们吃不上新鲜的面包，只能拿到面包干，而且供应量也不是统一的。"

受到优先保障的坦克部队尚且如此，步兵部队就更加差劲了，步兵第270师977团的阿历克谢·尼古拉耶维奇·斯特尔尼科夫（Alexey Nikolaevich Strelnikov）对在坦波夫（Tambov）进行训练时的伙食记忆深刻："这里的伙食实在是太糟糕了……我们吃的是面粉加水做成的粥。有时候加的面粉少，你会喝到很淡的汤，有时候面粉加得多，又会和燕麦粥一样稠。当地人称这种食物为'草'，我们就是吃这些撑过了整个训练期的。"

当然也有吃得稍好的，比如部队中的侦察兵，近卫步兵第22师的费奥多尔·伊万诺维奇·别利亚耶夫（Fedor Ivanovich Belyaev）对伙食就相当满意："比起步兵兄弟而言，我们吃得是不错。我们能拿到熏肥肉，如果你是军官的话，还能拿到一些食用油。热菜的话，白菜汤、猪肉和各种罐头一应俱全。还有另一种食谱，就是各种粥——通常材料是大米、荞麦、薏米或燕麦……燕麦粥本身平淡无奇，但它总是和新鲜的炖肉汤一起煮！那可是新鲜的猪肉啊，在战争期间可太难得了。"

海空军的伙食也相当不错，黑海舰队水兵维克托·费奥多罗维奇·罗扎诺夫（Victor Fedorovich Rozanov）回忆称："因为军种的不同，大家的伙食也不同，我们吃得算不错的。早上有白面包和黄油，一个菜卷和茶；中午有3道主菜：罗宋汤、肉排和蜜饯，还能拿到100克伏特加；晚上则是普通的茶。"然而，这样的饭菜在陆军中绝对属于奢侈的，极为鲜见。

一位T-34坦克手趴在驾驶舱舱口上吃饭（左），从笑容看这顿饭味道还不错，而步兵兄弟的吃相看起来就相当痛苦了（右）

第三章 苏联篇

与对手德国和英美盟友相比，苏军士兵的餐桌可谓简朴，不仅食物数量不能保证，就是菜式也简单至极，他们最常吃到的饭菜其实主要就三类：面包、菜汤和粥。俄式面包就是我们常说的"列巴"，大致分为"白列巴"和"黑列巴"两种，前者是以小麦粉为主制作的白面包，质地柔软、口感香甜，后者是以裸麦粉（黑麦粉）为主制作的黑面包，质地坚硬，口感咸酸，但保存期更长。在漫长的历史中，黑面包始终是俄国民众和士兵的传统主食，到二战时期更是如此。由于粮食短缺，战时生产的黑面包掺杂了木屑、稻壳等成分，口感更加粗糙，难以下咽，而且缺乏营养。即便如此，这种劣质面包依然被视为宝贵的口粮而供不应求。

菜汤是黑面包的天然搭配，吸收汤汁的黑面包更软，味道也更好，面包蘸汤就是俄国人最传统的进餐方式。最具代表性的俄式菜汤是罗宋汤和白菜汤，而在战争时期民众和士兵更常吃到的是后者。白菜汤的历史可以追溯到公元9世纪的基辅大公国时期，至今已有1200多年历史，其主要材料是圆白菜（即卷心菜），还可以加入肉类、蘑菇以及洋葱、胡萝卜等带有香味的蔬菜。通常做法是架锅加水煮肉，慢慢炖成肉汤，再倒入已煮熟的圆白菜等蔬菜，最后加入酸奶油，通常使用胡椒和盐来调味。白菜汤使用的肉类可以选择牛肉、猪肉或鸡肉，在夏季使用新鲜圆白菜，秋冬季节则使用腌菜。食材多样、易于获取、组合自由、烹饪方法简单，这是俄式白菜汤的突出特点。当然，白菜汤的做法也不是一成不变的，可以说每一户人家做出来的白菜汤都有自己的风味。俄罗斯有句谚语：对亲爹也有厌烦的时候，对白菜汤绝无吃腻的时候，由此可见俄罗斯人对白菜汤的喜爱程度。在战时最困难的时期，白菜汤是苏联军民延续生命的希望，即便汤里肉很少，甚至没有肉，只要能喝上一口带着菜叶香味的汤汁，总能让人感到安心、产生力量，因为汤里透着"母亲的味道"。

俄国人餐桌上的粥与我们熟悉的粥有所不同，主要使用大麦、燕麦、荞麦、稻米等

现代人复刻的二战苏军伙食，一碗杂粮粥、一片黑面包和一杯茶就是一顿饭

谷物煮成粥，用盐调味，但可以加入各种肉类和蔬菜，总之你能找到什么食材都可以下锅，煮成一锅黏糊糊的乱炖。当然，加肉的谷物粥对于苏军士兵而言绝对是享受，更多的时候只能吃到纯麦粥，至于粥的稀稠程度取决于手头的原料多寡。在艰难的战争初期，苏军士兵仅有早晚两餐，早餐通常是一片抹上油脂的黑面包或一碗粥，晚餐则是面包配菜汤。

除了上述传统主食和菜肴外，前线部队的炊事兵还会开动脑筋，自食其力地寻觅食物，将拾荒发展成为一门高级艺术。他们利用自行搜集的食材千方百计地丰富战友的餐桌，自创了一些战时应急特色食品，比如胡萝卜茶，大致做法是将胡萝卜削皮、磨碎，与白桦茸一起炒制，最后加入热水即可。这种茶带着胡萝卜的丝丝清甜，由于加入了白桦茸，颜色看起来有些暗。还有一种被称为"勒热夫斯基"的土豆面包：先将土豆煮熟后剥皮，切成小块，放在铺了麦糠的砧板上，撒上盐后快速揉搓成土豆面团，随后涂上油后放入模具中，置于烤箱中烤熟。

1944年，西方援助的玉米粉被配发到苏军部队中，有些炊事兵尝试用玉米粉制作面包，但不尽人意，做出来的面包干硬难嚼，口感奇差，甚至发生过士兵食用玉米面包后大骂炊事兵的事件。还有的炊事兵想到用玉米粉制作馅饼，一名退役的苏军士兵回忆，炊事兵让士兵们四处采集苜蓿、野蒜等野菜，用它们和玉米粉烤出了皮罗什基（东欧地区的一种馅饼）。后来，又有炊事兵用玉米粉煮粥，结果得到的是浓稠厚重的面糊，甚至

摩尔多瓦本地特色食品马马利加，苏军炊事兵自创的伙食与之相似

第三章 苏联篇　161

需要用刀来切割,非常像一道摩尔多瓦本土料理马马利加。

在苏军士兵的饮食生活中,茶和酒精也是不可或缺的部分。俄罗斯人从16世纪首次接触茶叶后就深深迷上了这种东方饮料,上至王公贵族,下至平民百姓,皆以饮茶为习,并形成了俄式茶文化,酷爱红茶,喜欢在茶中加入砂糖、蜂蜜或牛奶。早在沙俄时代,茶就是俄军的重要军需品,到苏联时代依然如此。二战时期,苏军根据军兵种和驻扎地区的不同,向士兵每人每天配给1～5克茶叶,通常用俄式茶壶煮茶,除了提供喷香的热茶外,茶炊还能让士兵取暖,甚至烘干衣物鞋袜。即使在前线地带,只要条件允许,苏军士兵都会在清晨、中午或下午喝上一杯茶,提神醒脑、纾乏解困,苏军军官开会时也习惯以茶相伴。

苏军除了直接配发茶叶外,还会将茶叶与牛奶、黄油、糖和盐混合制成茶砖,提供给部队,在发放到士兵手上时茶砖多数会被磨成茶粉,以水冲泡,类似奶茶。有趣的是,苏军大力推广茶饮的一个重要目的是减轻官兵对酒精的依赖,减少酗酒带来的种种不利影响,然而酒类,尤其是伏特加在苏联人心目中的地位是无法取代的。战前,苏军对饮酒采取限制态度,然而从苏芬战争开始则将伏特加列入配给品行列,到苏德战争初期的1941年9月,就明确规定一线部队每人每天配给100克伏特加。1942年5月又做出调整,将伏特加作为一种奖励和节庆配给,有针对性地发放,根据不同的岗位和任务每日配额为50～200克伏特加。不过,直到战争结束苏军也没有完全实现对酒类配给的有效管控,滥发私吞伏特加的情况十分普遍,酗酒问题也相当严重。除了例行配给,苏军士兵还尝试用其他方式满足酒瘾,一个流传甚广的故事是某些苏军坦克兵私下饮用含酒精的坦克防冻液以致中毒失明。还有些人更理智些,自行火炮第8旅的阿纳托利·雅科夫列维奇·帕舒科维奇(Anatoly Yakovlevich Pashukevich)就记得一个妙招:"自行火炮的燃料是50%汽油和50%酒精混合而成,他们将燃料倒入桶中点燃,汽油燃烧是红色火焰,

野战炊事车在苏军伙食供应中扮演着重要角色,图为苏军士兵在炊事车前排队领取饭菜

而酒精燃烧是蓝色火焰,汽油会先烧完,当火焰变成蓝色时他们就会把火扑灭,然后滤出酒精。"

苏军一线部队的伙食通常由本部队的野战厨房烹饪,多数情况下野战厨房等同于野战炊事车,最常见的形式是一辆双轮拖车,可以由马车或汽车牵引,随部队机动。在两次大战之间,苏军开发了多种型号的野战炊事车,以取代沙俄时代遗留的老式炊事车,如1937年列装的KP-3-37型野战厨房,除了装有分别煮粥和煮汤的两口锅外,还带有茶炉和烤盘,并配有储备食材炊具的储物舱,功能强大,不过造价高昂,部队更多配备的是单锅式的PC-39型野战厨房及其改进型。战争期间,苏军使用最多的野战厨房是KP-41/42型,设有一口大锅,装有伸缩烟囱,可一次性烹饪供190人食用的热食,每台车还配有2个背负式保温桶,用于向前线运送饭菜。在战争爆发的1941年,苏军就损失了7740辆野战炊事车和3700具保温桶,严重影响了前线部队的伙食供应能力,迫使苏军将单辆炊事车的供应标准由190人提高到250人。

苏军炊事兵在野战厨房烹饪时使用柴火加热,为防止做饭时产生的烟雾暴露位置,通常会选择在傍晚之后或黎明之前的夜间,而且还要小心地做好隐蔽,避免火光外泄。一般将锅里的汤水煮好需要40分钟,准备午餐需要花费3个小时,晚餐需要1个半小时。晚上是野战厨房最忙碌的时候,因为炊事兵要准备好次日所需的食材,如给土豆削皮、洗刷锅灶等等。值得一提的是,战争初期苏军部队的炊事兵大多是女性。野战厨房除了制作粥和菜汤外,也会蒸土豆、熬煮牛肉或罐头食品等。炊事兵做好热腾腾的饭菜后,接下来的工作才是最具挑战性的,那就是将饭菜送到前沿阵地。如果没有战斗发生还好,如果前方正在交火,炊事兵要冒着炮火把食物分发到堑壕内的战士手中,无异于用生命在送饭。

在战局最危急的1941年到1942年中,无论前线还是后方,苏联都处在食品短缺的困境中,就在苏联军民勒紧裤腰带苦苦支撑时,来自西方的援助食品如雪中送炭般缓解了粮食供应的燃眉之急。根据《租借法案》,英美从1941年10月到1945年5月向苏联交付了价值109亿美元,总计1750万吨的援助物资,其中447万吨为各种食品,约占总量的25%,包括78万吨肉类和罐头、73万吨油脂、67万吨糖、36万吨奶粉、鸡蛋粉和乳制品等。

在数量庞大的美援食品中,让

美国根据《租借法案》提供给苏联的斯帕姆午餐肉罐头,已经换上俄文标签

苏军官兵印象最深刻的要算斯帕姆午餐肉和鸡蛋粉。斯帕姆是美国荷美尔公司在大萧条时期推出的廉价罐头肉产品，以猪肩肉和土豆淀粉为主要成分，因为价格低廉、便于量产而在二战时期被美国大量采购作为军用口粮，由于供应过多、口味单调、营养不足，美军士兵对斯帕姆极为腻烦。然而，在缺乏肉食的苏联士兵眼中，斯帕姆是不可多得的美味，视如佳肴，甚至作为奖励配发给战斗中表现出色的战士，以至于"斯帕姆"成为苏军士兵的日常词汇之一。除了直接开罐食用外，苏军士兵会把斯帕姆午餐肉丢进锅里煮烂至糊状，再把肉糊抹在黑面包片上一起入口，也会将切片午餐肉烤热后食用。

鸡蛋粉是另一种深受苏军喜爱的美国食品，被称为"罗斯福鸡蛋"，是对鸡蛋进行干燥脱水处理后制成的粉状食物，与新鲜鸡蛋相比具有重量轻、储存空间小、保存期长（5～10年）和无须冷藏的优点，非常适合作为军用食品。在后勤供应能力强大的美军中，即使新鲜鸡蛋也不稀奇，鸡蛋粉不过是可有可无的代用品。可是在缺吃少喝的苏军中，鸡蛋粉是极受欢迎的营养食品，苏军士兵会直接吞食鸡蛋粉，或者加水搅拌成蛋液后制作炒蛋或煎蛋。值得注意的是，尽管援助食品在关键时刻缓解了苏联的粮食危机，弥补了食品缺口，丰富了苏军伙食，但相对于规模庞大的军队而言仍远远不足。苏军的主要粮食来源依然是自产，在战争期间苏联生产了1.6亿吨谷物和1.5亿吨土豆，这才是苏军保证战时食品供应的物质基础，不应过分夸大西方援助食品的作用。

1943年之后，苏军陆续取得斯大林格勒、库尔斯克等重大战役的胜利，逐步收复国土，战争动员的深化和农业生产的恢复以及英美援助的到来，使得苏军的后勤供给状况渐渐得到改善，战斗部队的日常饮食基本得到保证，在面包、菜汤和粥之外还能得到西方食品的调剂，至少饿肚子的情况相比战争初期大为减少，但后方的食品供应依旧并不宽裕，并且持续到战争结束。在战争后期，伴随着苏军向德国腹地大踏步前进，后勤供应线被大幅延长，而苏军并不充足的运力必须优先用于弹药和燃料的运输，食品反倒在

坐卧在地上用餐的苏军士兵，到战争后期随着粮食生产的回升和西方援助的到来，苏军的伙食供应状况有所改善

其次，这让前线部队再度面临食品短缺的问题，所幸德军仓皇败退时遗弃的物资让这个问题不至于影响部队的士气和行动。一名苏军士兵回忆道："说到给养，我们在战争最后阶段主要依靠战利品活下来，甚至连面包也总是不一样：有时是黑面包，有时是白面包，有时是粗面粉做的，有时是细面粉做的，取决于从仓库和据点里缴获了什么……我们设法搜寻被人丢弃和无人认领的牛，在废弃居民点的地窖里找到大量水果和蔬菜……一切就像诗人特瓦尔多夫斯基（Tvardovsky）描述的：防御时勉强糊口，进攻时忍饥挨饿。"

1945年5月1日凌晨，一面红旗飘扬在柏林国会大厦残破的穹顶之上，标志着苏联最终取得了伟大卫国战争的胜利，同时也意味着苏联军民赢得了对抗饥饿的战争。这后一场战争同样惨烈而悲壮，例如在近900天的列宁格勒围城战中有超过150万人丧生，其中64万人是活活饿死的，这就是饥饿之战的悲惨写照。回顾历史，人们应该铭记那些啃着黑面包、喝着白菜汤，与德国入侵者英勇搏斗的苏军战士，更不应忘记那些忍饥受饿仍坚持在工作岗位上，省下每一粒粮食支援前线的普通苏联民众。

达瓦里希的盛宴——黑列巴、图桑卡、伏特加

如果将二战时期苏联军队饮食清单上的食物按照重要程度、供应数量和官兵的喜爱程度进行综合评定和排名，笔者以为有3种饮食最具实力竞争这个排行榜的三甲之位。它们是头号口粮黑面包、经典军粮图桑卡炖肉罐头和堪称士气之源的伏特加。从某种意义上说，只要这3种食品供应充足，苏联红军的滚滚铁流就能一往无前地光复国土、击败强敌、摧毁纳粹的邪恶帝国。

在俄语中"面包"就是"列巴"，俄国面包即人们熟知的"大列巴"，根据原料不同分为黑白两种，但是"黑列巴"远比"白列巴"更出名，以致很多人会误以为俄国面包都是黑的。"黑列巴"，即俄式黑面包的历史可以追溯到公元9世纪的古罗斯时期，此后逐渐成为俄罗斯民族的传统主食，从17世纪的沙皇法令可以推测，当时黑面包的种类已达26种之多。俄式黑面包的主要原料是裸麦粉和小麦粉，并加入小麦胚芽、麸皮和香菜籽等添加成分，外表粗硬、颜色暗沉、口味酸咸、不易发霉变质，可以长期保存，其制作方法相当复杂费时，整个过程需要3天之久。不同于普通面包的发酵，俄式黑面包是使用酒母发酵，含有多种维生素和生物酶，既能充饥顶饿，又富于营养，非常适合生活在寒冷地带的俄罗斯人。由于质地较硬，俄国人吃黑面包通常是蘸着菜汤吃，与鱼类和肉

以裸麦粉为主要原料制作的黑面包是俄罗斯人的传统主食

　　类也很搭。总之，黑面包在俄国的地位等同于中国人餐餐必食的米饭或馒头，据说1827年一名派驻法国的俄国外交官回国述职，在与著名诗人普希金的交谈中称，在巴黎最让他难以忍受的是吃不到地道的俄式黑面包！可见，就算法式美食也无法减弱俄国人对黑面包的热爱。

　　俄式黑面包自诞生以来就与战争有着剪不断的联系，自从莫斯科大公国时期就是俄罗斯军队的主要口粮，当时黑面包配腌卷心菜就是俄军最常见的口粮搭配。在彼得大帝时代，随着常备军的建立，俄军士兵的食物配给也有了明确标准，当时每人单日口粮包括820克黑面包、410克牛肉、250毫升伏特加和3.27升啤酒。彼得大帝特别重视面包的品质，并在1716年颁布军队条令，要求保证军队的面包质量，不得提供变质有异味的面包和面粉。在战场上黑面包供应是否到位直接影响到俄军战斗力的发挥，比如在1735—1739年的第四次俄土战争中，由于黑面包未能及时送达，导致俄军士气低迷、战斗失利。当时在俄军服役的普鲁士军官克里斯多夫·冯·曼施泰因（Christoph von Manstein）有如下记录："在这里，让一名习惯了带着酸味的黑面包的士兵去吃未经发酵的饼，就足以让他的战斗力下降。"

　　1812年，法国皇帝拿破仑一世率领大军入侵俄国，与俄军在莫斯科郊外的博罗季诺（Borodino）爆发激战，双方有20万人参战，至少7万人死伤，阵亡者中包括俄国将军亚历山大·图奇科夫（Alexander Tuchkov）。战后，图奇科夫的遗孀玛格丽塔（Margarita）在当地建立了一座修道院，为了悼念亡夫，她和修女们制作了一种特殊的黑面包，将香菜籽加入面粉中，象征致命的葡萄弹，烤出的黑面包色泽黑亮、软硬适中、浓香可口，被称为"博罗季诺面包"而闻名于世。关于这种面包的诞生还有另一种说法，当时在博罗季诺战场上，一辆装载香菜籽和黑麦粉的补给车被炮弹击中，当地人将混有香菜籽的

博罗季诺面包是俄式黑面包中的极品，它的起源与著名的博罗季诺战役有关

面粉收集起来制作面包，偶得美味。不论传说真实与否，博罗季诺面包毫无疑问是俄式黑面包中的极品，制作程序烦琐，根据1933年莫斯科面包厂的记录需要3天时间：第一天，在全麦粉中放入香菜籽粉，以热水和面，加入浓稠麦芽浆，搅拌均匀，冷却4～5小时，待面团起泡放入酵母酱，充分发酵一整夜，制成基础面团；第二天，在面团中加入全麦粉、白面粉、食盐和甜菜糖，反复揉制，在烘焙容器内铺满香菜籽，压入面团，不留空间，表面也铺满香菜籽，放入烤炉内烤制，注意温度变化；烤好后不急于出模，将面包静置24小时，使其充分凝固，排出水汽，这样口感更好，香气更浓。

　　二战时期，黑面包依然是苏军士兵和苏联普通民众的主要口粮，当然其品质与博罗季诺面包相去甚远。战争初期的溃败使得苏军失去了大量粮食储备和主要的产粮区，制作黑面包的面粉也供应紧张，为了用有限的面粉制作出更多的面包，苏联人只能改变配方，降低面粉比例，混入荞麦皮、麦仁、麦麸、米糠、稻壳、草籽等物质充数，还有木屑和矿粉，这些杂质的添加比例甚至达到50％！这种战时版本的黑面包口感极差，难以下咽，营养价值也大为降低，长期食用会导致营养不良。然而，就是这种劣质黑面包都是很多人求之不得的救命粮，在给养匮乏的情况下成为妥妥的硬通货，需要用金银首饰和手表等贵重物品来交换，当时苏军内部的行价是两块手表换一条黑面包，在供应不畅时这相当于10名士兵一天的口粮。苏联人对战时黑面包最刻骨铭心的记忆莫过于列宁格勒保卫战，在长达近3年的围困期间，城内军民饱受饥饿折磨，在最艰难的时期平民每天唯一的食物只有125克掺入锯末的黑面包，要知道就算在西伯利亚服苦役的德军战俘每天也有350克黑面包的配给。列宁格勒市民在高高的柜台窗口前排队领取125克黑面包的画面，就像是在银行领取巨款一样紧张而凝重。当包围圈最终解除时，已有64万人死于饥饿，从此"125克黑面包"在俄罗斯就成为列宁格勒保卫战的代名词，也是伟大卫

今日 125 克黑面包已经被作为历史文物放进博物馆内，提醒后世铭记那段悲惨历史

国战争中苏联军民英勇不屈的象征。

除了主食之外，副食也是必不可少的，对士兵而言最方便的副食口粮自然是肉罐头。谈及二战时期苏军的肉类罐头，很多人会首先想到美国援助的斯帕姆午餐肉，其实苏联也有自己的肉类罐头品牌，这就是传承自沙俄时代的图桑卡炖肉罐头。1870 年，俄国的第一家罐头厂在圣彼得堡建立，其产品主要供应俄罗斯军队，在尝试了各种配方并经过部队试吃后，俄军最后确定将炖肉罐头作为标准军用罐头大量订货，这就是图桑卡罐头。当时罐头对于俄军而言还是一种新鲜事物，在没有合适的开罐工具时，俄军士兵会粗暴地用铁锤和凿子砸开罐头，并且习惯将罐头直接放在火上加热。到一战时期，罐头已经是俄军重要的肉类口粮来源，圣彼得堡罐头厂至少向军队供应 5 种罐头：炖肉、粥、豌豆肉、豌豆炖肉和豌豆烤肉，保质期一般在 3 年左右。几乎所有罐头都被列为军用口粮，普通民众基本接触不到罐装食品。值得一提的是，俄国人还发明了自热罐头，罐头底部为双层结构，内置水和石灰，转动罐底后就可产生化学反应，加热炖肉。这种自热罐头在 1915 年投放前线，大受欢迎，即使在冬季也可以不用生火而吃到热食，既方便又避免暴露，可惜没有得到进一步的发展。

在十月革命之后的内战风暴中，俄国的罐头行业得到完整的保留，并且为交战双方生产罐头食品。新成立的苏俄红军对图桑卡罐头评价极高，在内战结束后全盘接收了沙俄时代的罐头厂，按照原有配方继续为苏军生产军用罐头，年产量可达数百万到上千万罐。20 世纪 30 年代初，在推行农业集体化过程中出现的负面影响导致牲畜数量剧减，罐头原料不足，因此图桑卡罐头中添加了豌豆充数，但随着牲畜数量的回升和肉类供应的增长，数年后图桑卡罐头又恢复了原始配方，去除了豌豆。一般来说，供应军队的图桑

油多肉满的图桑卡炖肉罐头，是俄军及苏军的制式军用口粮之一

卡罐头总是品质最好的，按照规定必须使用在48小时内屠宰的新鲜牛肉，而且只取其中脂肪含量较低的精肉作为原料，炖肉中肉类成分不得少于54%，而脂肪含量不超过17%，再加入月桂叶、黑胡椒和洋葱等配料。苏军制式图桑卡罐头的标准规格为每罐300克，罐头表面涂有油脂，外面再包裹一层牛皮纸，防潮防锈，保质期相当长。除了牛肉图桑卡罐头外，苏联还大量生产猪肉图桑卡罐头，因为牛的生长周期较长，产肉效率不及猪。图桑卡罐头油多肉满，热量充足，非常符合俄罗斯人的脾胃，尤其适合在冬季食用，苏军士兵还将罐头里的油脂收集起来，涂抹在黑面包上佐餐，别具滋味。

在苏德战争爆发之前，苏军已经囤积了足够全军食用数年的炖肉罐头，是战时最主要的肉类口粮储备。1941年9月颁布的士兵配给标准中规定，一线战斗部队每日配发的150克新鲜肉类可以用112克罐头肉代替，而在实战状态下鲜肉很难获得，因此多数情况下炖肉罐头几乎是苏军士兵唯一的肉食来源，它们不仅被直接食用，也会被加入菜汤和粥里增添风味。遗憾的是，战前储备的图桑卡罐头库存中的大部分因为战争初期苏军的迅速溃败而成为德军的战利品，德军官兵对图桑卡的味道同样大为赞赏。到1943年，苏军剩余的图桑卡罐头也消耗殆尽，苏联政府在后方扩建罐头生产线，增加产量，在战争期间竭尽全力生产了4.5亿罐图桑卡罐头。由于战争初期失去了大量牲畜，加之劳动力大多集中到军工企业中，导致苏联罐头产业在战时面临原料和劳动力的双重紧缺局面，产能在一段相当长的时间内无法满足前线需求。在这种情况下，苏联向拥有庞大罐头工业、

二战时期由美国代工生产的图桑卡猪肉罐头，分量大，味道好，深受苏军士兵好评

加工能力雄厚的美国求助，提议按照苏联配方由美国工厂代为生产图桑卡罐头，得到美方的应允，美制罐头的规格较苏制原产更重，每罐含有1磅（454克）猪肉。战争期间，美国向苏联交付了约24万吨猪肉图桑卡罐头，数量足以维持苏军332天的消耗。资料显示，战争后期苏军每天向部队发放约150万罐美制图桑卡罐头，差不多每3名苏军士兵就可以分得1罐。据苏军老兵回忆，美制猪肉罐头的味道要比国产罐头更好，是他们最喜爱的美制罐头。

二战中，苏军士兵的餐桌上可以没有面包和肉，但绝不能没有酒。谈到俄罗斯的酒，自然首推伏特加，作为闻名世界的八大名酒之一，伏特加属于蒸馏酒，最初以大麦为原料，后为含有淀粉的谷物和土豆，经过多重蒸馏和活性炭过滤后，得到酒精浓度约96度的酒液，通常稀释到酒精浓度40度以供饮用。伏特加质地晶莹澄澈，杂质极少、无色无味、口感纯净，饮后会有火焰烧灼般的刺激感觉，尤其在凛冽严冬喝上一口伏特加，胸腹间顿时热流涌动、寒意消退。难怪这种烈酒会最早酿造于冬季气候寒冷的北欧及东欧地区，其中以俄罗斯的伏特加最为著名。据说在14世纪末，热那亚人将蒸馏酒技术传到莫斯科大公国，1430年，修道士伊西多尔（Isidore）在克林姆林宫内的楚铎夫修道院首次酿造蒸馏酒，被视为俄罗斯伏特加的源头，其火辣刺激的口感让俄罗斯人深深眷恋不能自拔。在19世纪60年代以前，伏特加的生产由俄罗斯宫廷专营，此后随着官方垄断的取消价格暴跌，得以全民普及。伏特加酒税一度占到国库收入的40%，到20世纪初伏特加在俄罗斯酒类消费中占比高达89%，称其为俄罗斯的国酒当之无愧。

从17世纪开始，伏特加就是俄国军队的固定配给，每人每周可以分配到480克伏特加，直到日俄战争时期由于酗酒引发军队战斗力下降，俄军才着手取消伏特加配给。基于同样的原因，苏联军队在二战前也将伏特加排除在正常给养之外，直到1939年的苏芬

质地纯净的伏特加口感刺激灼烈，深受俄罗斯人的热爱

战争时期才做出改变。这场战争爆发于一年中最寒冷的时节，战场温度降至零下40度，而苏军糟糕的后勤系统无法向前线部队提供巧克力一类的高热量食物。时任国防人民委员的伏罗希洛夫（Voroshilov）元帅就是酒鬼一枚，他建议向官兵配发少量伏特加以驱寒暖身、提升士气，得到了斯大林的批准。于是从1940年1月开始，参战的苏军部队每人每天可以得到100克40度的伏特加，坦克兵加倍，但"禁止在战前过量饮用"，不过最后这条限制往往被忽视。这一举措彻底勾起了苏军官兵的酒瘾，仅3个月时间前线部队就喝掉了多达10吨伏特加，而伏特加配给也被冠以"伏罗希洛夫配给"和"人民委员100克"之名，在军中广为流传。

1941年6月苏德战争爆发后，面对苏军兵败如山倒的危局，斯大林决定将伏特加配给作为一种特殊的激励手段在全军推行。从1941年9月1日起，作战部队的官兵每人每天都能领取100克40度的伏特加，就连前线飞行员也不例外，此后每月都有不少于40列的"特殊给养专列"将伏特加运往前线，由方面军和集团军的军事委员会负责配发，并指定专人看管、分发和登记。在一段时间里，伏特加配给的确起到了苏军高层所期望的效果，在酒精的刺激下士兵变得亢奋异常，对于伤痛压力和恶劣待遇产生了超常的忍耐力，通过麻痹神经帮助新兵克服对死亡的恐惧，在战场上不时出现苏军官兵在痛饮伏特加后向德军发起拼死冲锋的情景。此外，伏特加还可以作为消毒液用于救护，空酒瓶则被用来制作燃烧瓶对付德军坦克。在立功受奖的场合下，伏特加也成为颇具仪式感的道具，受奖人将勋章丢进装着伏特加的杯子里，然后将酒一饮而尽，将勋章叼在嘴上，只有这样才够男子汉气概！

然而，全军配发伏特加的负面作用也逐渐显现出来，各级单位都出现了与酒有关的贪污渎职现象，个别嗜酒成性的军官利用职权大肆侵吞伏特加，甚至在醉酒状态下胡乱指挥，造成部队无谓的伤亡，而在基层士兵中因为酗酒产生的纪律问题也层出不穷！而且，从整体上看酒类配给对于扭转败局也作用不大。鉴于上述情况，斯大林于1942年5

一名苏军士兵在领取当天的100克伏特加配给,并当场饮下

月15日签署命令,指示方面军停止全面发放伏特加的做法,只向战斗中表现突出的部队的一线官兵配发,以示奖励。与此同时,将每人每日配给量提升到200克,而在集团军一级可以在特定的节假日向前线官兵发放100克伏特加,这些节日包括十月革命节、宪法节、元旦、红军节、国际劳动节、国际青年节、全苏体育节、全苏航空节和该部队的成立纪念日。

由于担忧上述限制措施会影响到部队士气,国防人民委员会在1942年11月13日再次修订了伏特加的配给规定,允许集团军向直接参与进攻战斗或坚守前沿阵地的步兵、坦克兵,深入敌后的侦察兵,为一线部队提供支援的炮兵以及前线空勤人员每人每天配发100克伏特加;对于战线后方的预备队、战斗保障单位,特殊情况下完成本职工作的人员以及伤员按照每人每天50克的标准发放,实际上放宽了发放范围。随同这项命令下发了1942年11月至12月间的伏特加配额,计划向各方面军发放多达569万升伏特加!到1943年5月,规定进一步放宽,允许向前线官兵发放每日100克配给,而在节假

172 战士的餐桌

在胜利时刻，两名苏军老兵举杯相庆，这种场合没有伏特加是不可能的

日全体军人都可享受这一福利。为了满足前线对酒精饮料的巨大需求，苏联在 1942 年至 1944 年间建造了 26 座酿酒厂，数量远超过 1910 年至 1930 年的总和，酒类消费的比例由战前的 11.8% 增加到 1945 年的 35.1%。在 100 克的官方配额之外，很多苏军部队都盛行私酿酒水之风，有数据显示苏军 70% 的步兵师都有自己的酿酒作坊，酒窖普及到营级单位，酿酒器具甚至是不少士兵的随身装备！据统计，战争期间苏军消耗的伏特加高达 2.5 亿升！

在战争中的大多数时间里，以伏特加为首的酒精饮料是苏军官兵形影不离的伙伴，帮助他们战胜恐惧、抚平伤痛、忘却死亡、抵御严寒，但同样使他们嗜酒成性、无视纪律、肆意妄为、丧失战力，尤其到战争后期随着苏军光复国土，打出国门，向东欧和德国腹地推进的过程中，由酗酒引发的负面问题越发严重。很多苏军官兵在醉酒状态下对平民犯下骇人暴行，对维持纪律的上级军官拔枪相向乃至直接射杀，还发生过士兵饮酒过度失足淹死在酒窖内，以及部队集体醉酒后遭德军反扑而丢失阵地的荒唐事！毫无疑问，伏特加对于苏军而言是一柄双刃剑，在危难时刻可以激发勇气、鼓舞士气，但在胜利时刻又会腐蚀身心、消磨斗志。1945 年 5 月，在完成对纳粹德国的最后一击，将红旗插上柏林城头后，苏军立即取消了伏特加配给，并对任何酗酒行为给予严惩。然而，对很多老兵而言饮酒已经成为一种病态的习惯,将折磨他们终身。尽管毁誉参半,伏特加在战争中的作用不可忽视,甚至有人将其与"喀秋莎"火箭炮相提并论。如果说伟大卫国战争的胜利丰碑是建立在由黑面包和图桑卡罐头构筑的基石之上,那么伏特加就是浇筑基石的黏合剂!

第四章　日本篇

19世纪60年代，经历了风云激荡的幕末时代，日本开始了举世闻名的"明治维新"，改革封建体制、建立近代国家，摆脱了沦为西方殖民地的命运，从此走上殖产兴业、富国强兵、脱亚入欧、侵略扩张的道路，接连取得了中日甲午战争和日俄战争的胜利，成为20世纪上半叶亚洲唯一的帝国主义强国。然而，偏居海岛的日本作为"暴发户"式的后起列强，本土资源匮乏，战争潜力有限，其军事技术和军事理念相较欧美仍有差距，特别是后勤方面。尽管日军仿效西方建立了近代后勤体制，但素有轻视后勤的倾向，成为其作战的命门所在。日本陆军建立了以后方仓库和前方兵站相结合的补给体制，但产能不足且运力薄弱，一旦战事持久或补给线遭到破坏，前方部队只能依靠以战养战、现地自活维持生存，即掠夺当地资源坚持作战，在某些战役中甚至出现全军断粮的惨况，死于饥饿之人多于战斗伤亡。日本海军因为依托后方基地且舰船自行携带给养，后勤状况相比陆军要好，伙食水平也更高。无论陆军和海军，日本军队的餐饮既保持了本民族饮食习惯，又融合了西方饮食元素，呈现出"和洋结合"的鲜明特征。

向珍珠港进击——赤饭杂煮与航空便当

  1941 年 12 月 7 日凌晨时分，一支舰队穿越北太平洋的风雪雨雾，悄无声息地抵达夏威夷瓦胡岛以北 200 余海里的位置。这是由南云忠一海军中将率领的日本海军机动部队，以"赤城""加贺""飞龙""苍龙""翔鹤"和"瑞鹤"共 6 艘大中型航母为核心，搭载着约 390 架舰载机，于 11 月 26 日由偏僻的择捉岛单冠湾秘密出击。日军在途中保持无线电静默，避开任何船只和飞机，一路潜行接近夏威夷群岛，其任务就是在日美谈判破裂之际，对瓦胡岛珍珠港发动突然袭击，摧毁美国太平洋舰队，从而拉开继甲午战争、日俄战争后又一次赌上日本帝国国运的战争的帷幕。12 月 2 日，舰队收到暗号"攀登新高山 1208"，即东京时间 12 月 8 日为开战日，旗舰"赤城"号的桅杆上升起了当年对马海战时飘扬在旗舰"三笠"号上的 Z 字旗，南云司令官也通过广播向全体官兵发出与东乡平八郎大将相似的勉励之辞："皇国兴废在此一举，望我军将士不畏牺牲，各尽其职，以告大成！"此刻，所有人都知道大战在即，而那些即将出击的飞行员肩头更是压力万钧。

  根据计划，攻击机群将在黎明前起飞，因此飞行员在 7 日凌晨 3 时就起床做准备。很多人都有了一去不返的觉悟，纷纷写下遗书，还剪下头发和指甲装入信封，以便在战死后留给亲属在葬礼上火化；还有人把母亲、妻子或姐妹缝制的护身符"千人针"腰带缠在腰间，或者把亲人的照片放在制服内兜里，收拾妥当后又前往舰内神社双手击掌合十，默默祈祷作战成功。最强悍的武士也不可能饿着肚子上阵，一顿营养丰富的早餐自

描绘翔鹤级航母"翔鹤""瑞鹤"号联袂出击的艺术画

然必不可少，又逢临战时刻，因此当天的早餐与往日有所不同。在"赤城"号上，与平常的腌鲭鱼配米麦饭不同，今天的早餐是赤饭搭配清蒸鲷鱼，鱼肉很美味，由于忌讳与翻船联系在一起，飞行员们只吃了一面却不愿翻过来吃另一面；"加贺"号的早餐提供了加入海参的鲜美酱汤，味道之鲜令品者高呼万岁；在"瑞鹤"号航母上，主计兵（日本海军的后勤部门称为主计科，包括炊事兵在内负责后勤保障的士兵即主计兵）也为飞行员准备了特别早餐，包括萝卜松茸杂煮、煎蛋卷和生鱼片紫菜寿司卷，还有苹果和红茶。

赤饭即红豆饭，是日本的一种传统饭食，是将小豆（也称红豆）加入糯米中煮成的米饭，因为米粒染上小豆的颜色而呈现红色，故名赤饭。不过，日本赤饭的红色起初并不是来自小豆，而是煮饭的稻米本身，水稻刚由中国大陆传入日本时是籼稻，用这种籼米煮出的米饭呈红色，这就是最早的赤饭，后来日本逐渐以种植粳稻为主，需要在白米饭里加入小豆增色。在日本传统的神道信仰中，红色具有净化驱邪的能力，红豆据说又有解毒功效，从营养价值上说赤饭的热量比等量的白米饭多 1.2～1.5 倍，而且富含铜、锌、蛋白质等营养成分，也更耐饿，因此赤饭是一种非常受到推崇的饭食，平日里是吃不到的，只有在婚丧娶嫁、节日庆祝等重大时刻才能吃到，同时也作为供奉神明的供品。在京都某些地区，只有在丧事时才吃赤饭以驱除邪灵，而到江户时代在喜庆日子吃赤饭已经是一般习俗了。有趣的是，在关东地区由于小豆久煮后会破裂，让武士们联想到切腹，认为不吉利，因此选择同样有染色作用的去壳豇豆代替小豆煮赤饭，有时也会加入花生和栗子。总之，在日本赤饭是一种节庆食物，而在珍珠港袭击当天早上日军飞行员吃赤饭大概有预祝胜利的意思吧。

"瑞鹤"号的萝卜松茸杂煮是由萝卜、胡萝卜和松茸同煮而成的菜肴，其做法是将萝卜削皮后切成小块，胡萝卜也切小块，松茸纵切两半备用；将切好的食材放入锅中，加入事先备好的高汤，以没过食材为宜，倒入适量酱油和酒，之后开文火慢煮收汁，使松茸和萝卜充分吸收高汤的滋味，再根据口味适当调味即可，但为了发挥出松茸的香气，不可过多调味。松茸是一种名贵的珍稀菌类，其生长环境要求苛刻，成长速度缓慢，收

赤饭即红豆饭，是加入小豆煮成的米饭，在日本只有节庆或婚丧大事才会吃

现代人复刻的"瑞鹤"号珍珠港作战特别早餐：萝卜松茸杂煮

获量少，加之具有特殊的芳香，因此在日本被视为特级食材，价格高昂，为了激励飞行员的士气，日本海军用松茸做早餐菜肴也可谓下了血本。煎蛋卷的材料倒不算贵重，就是普通鸡蛋打成蛋液，加入少量高汤、酱油和甜料酒（或白糖）调味，之后将蛋液倒入煎锅中煎熟卷起。虽然做法简单，但煎制过程很考验技巧，要在煎锅上薄薄涂一层油，用小火加热后倒入一半蛋液，在完全凝固前将其卷成圆筒状，再将剩余蛋液倒入，以同样的手法卷在第一个蛋卷外面，煎至外表金黄即可，卷蛋卷的动作需要多次练习，对于烹饪新手而言还真不容易掌握，就味道而言海军版本的煎蛋卷味道偏咸。

除了早餐外，考虑到此次作战任务往返需要数个小时，而且在经过长时间飞行和激烈战斗后飞行员和机组成员体力消耗大，难免会感到疲惫和饥饿，因此厨房还为每个参加行动的人准备了航空便当，包括饭团、腌渍梅干、饼干、巧克力和安非他命药片，让空勤人员充饥提神。"便当"一词源自日语"弁当"，也就是我们常说的盒饭，是指用饭盒盛装、便于携带的饭菜，有时也包括其他形式的方便食品，比如饭团。在日本海军的饮食中，便当是军舰在执行任务时或处在战斗状态下经常采用的进餐形式，因为那种情况下官兵都不能离开岗位用餐，厨房的主计兵就会制作便当送到他们手中，保证一线值勤人员的体力。日本海军对于舰内便当的制作有明确的规定，在《海军主计兵调理术教科书》中对海军便当的制作有如下要求：易携带，耐保存；少汤汁，不变形；香味浓，促食欲；菜量少，营养丰；耐饥饿，易食用。对于有着"军中骄子"地位的飞行员而言，航空便当有着更为严格的要求，必须适应高空低温、干燥的特殊环境和便于入口，还要保证营养。

日本军用航空事业相比欧美起步较晚，日本陆军于1910年实现了首次飞行，日本海军迟至1912年利用进口的水上飞机才完成首飞。在崇尚大舰巨炮的日本海军中，飞机最初被视为辅助兵器，不受重视，飞机数量少，飞行员也不多，当时也不会对航空饮食有太多考虑。

但是，在山本五十六等富有远见和革新思想的军官支持下，日本海军航空兵在两次

日本海军零式舰载战斗机的彩绘，这种战斗机以机动灵活、续航力大而著称

大战之间获得迅猛发展，不仅建造了相当数量的航空母舰，还实现了军用飞机的国产化，飞行员数量也日渐增加。基于在广阔的太平洋上作战，日本海军对飞机的航程有着变态的要求，比如作为单发战斗机的零式都具有超过2200千米的续航力，这也意味着一次远程飞行任务可能会持续数个小时乃至十几个小时，这样就不能不考虑空勤人员在任务中途进食以补充体力的问题了。日本海军研究航空饮食始于1919年，海军兵食调查委员会于1925年审议决定将航空口粮制度化，要求根据飞行员及其他空勤人员的特殊勤务环境和航空生理学对营养管理问题进行研究。1926年，委员会制定了飞行员粮食及机上餐饮制度，航空便当正式列入海军的饮食供应系统。不过，20世纪20和30年代，航空技术进步迅速，飞机性能日新月异，相比之下海军航空饮食的研发步伐始终处于滞后状态。

1929年，日本海军着手对航空饮食进行系统研究和实验，将各类不同性质和口味的食品、饮料带上飞机，在零下15度的高空中飞行2个小时以上，检验饮食在高空环境中的变化，以确定适合航空饮食的食物品种。实验表明，瓶装牛奶、茶、盒装紫菜卷、油炸豆腐寿司、纸包日式馒头、苹果、水煮鸡蛋和牛肉罐头全都出现了结冻现象，不适合制作航空便当。其实，这类实验可以在地面冷库中完成，也可以通过保温保湿包装解决问题，不过研究人员依然坚持进行空中实验，获取真实环境下的试验数据，其认真务实的态度值得称赞。实验报告还指出，纸包三明治、装在保温杯内的梅干粥和加入威士忌的可可饮料通过了高空环境的考验，适合作为航空饮食。值得一提的是，因为含有酒精成分，可可饮料在高空不会冻结，研究人员认为威士忌能在一定程度上刺激飞行员的神经，起到消除疲劳的作用。当然，酒精含量受到严格控制，不至于让飞行员喝醉以致酒驾。

1935年3月，海军内部杂志《主计会报告》中刊登了有关于航空口粮的研究报告，内容非常详细，以航空生理学为依据针对营养管理和饮食喜好进行了全面考察。总的来

日本出产的知名品牌威士忌，日本陆海军在研究航空食品时都注意到威士忌的作用

说，报告认为适合作为航空口粮的食物应该具备以下特征：容易消化，分量少但能补充能量，可以单手食用，能一口吞下并不易留下碎屑。文中还列举了一些可选食物，如紫菜卷、油炸豆腐寿司、金枪鱼卷寿司、饭团、三明治、奶油面包、果酱面包、方形寿司等，与之前的实验报告有所出入的是，这份报告将前者否定的紫菜卷和油炸豆腐寿司也列入其中。此外，报告也没有漏掉威士忌酒心巧克力，看来飞行员还真是离不开酒精啊！

日本海军在研究航空口粮的过程中也注意借鉴欧美国家的经验。1935 年，海军主计少佐加藤勋提交了一份关于欧美航空口粮的报告，其中列举了 20 世纪 20 年代欧美飞行员进行远程飞行时携带的口粮内容：

1924 年，英国飞行员麦克拉伦（MacLaren）少校进行环球飞行时准备的食物包括 118 块压缩饼干、8 罐精肉罐头、312 克葡萄干以及相当数量的巧克力等；

1924 年 5 月，法国王牌飞行员乔治·佩尔蒂埃·杜瓦西（Georges Pelletier d'Oisy）从巴黎到东京的远程飞行时所带的食品有三明治、冻肉、固体汤块、可乐酒、咖啡和香蕉等；

1925 年，意大利飞行员弗朗切斯科·德·皮内多（Francesco de Pinedo）中校访日飞行，携带了 1 千克饼干、1.5 千克罐头肉、300 克浓缩汤、1 千克果酱和 1.2 升白兰地；

1927 年，美国人克拉伦斯·钱柏林（Clarence Chamberlin）从纽约到柏林进行不着陆飞行时携带了 10 个三明治、2 瓶汤、1 瓶咖啡和 6 个橙子。

报告中提到的欧美国家的航空口粮中有些共同的食物，那就是三明治或饼干，还有汤，相比日本海军开列的航空菜单显得有些单调。总的来说，日本海军在设计航空口粮时有一种希望面面俱到的倾向，说到底还是因为饮食习惯的差异。虽然航空饮食的研究涵盖了营养学、食品学、航空生理学、心理学等各门学科领域，但对于海军而言，首先要考虑食物是否方便食用，而不是口味如何，好吃与否。

日本陆海军素来各行其是，在航空饮食研究上也是如此。日本陆军对航空口粮的开发要比海军晚些，主要由陆军粮秣厂负责该项研究。随着全面侵华战争的爆发和诺门罕战役的发生，陆军航空队的侦察飞行任务增多，陆军对航空口粮的需求也变得迫切起来。1937年，陆军扶持下的东京帝国大学航空研究所研发了一架具有超长续航力的飞机，即"航研机"，在1938年5月13日—15日进行的远程飞行中创下了长达62小时22分连续飞行的世界纪录。在近3天的飞行中，陆军粮秣厂给予全面支持，提供了机组成员的航空口粮。

日本陆军对航空口粮的研究与海军有很多相似之处，在"航研机"的试飞过程中提供的口粮也包括了紫菜卷和三明治，不同的是紫菜卷里的米饭换成了面包，三明治中夹的是炒牛蒡丝和酱菜，另外还有用玻璃纸袋包装的米饭，里面混入干松鱼片和红姜。这种米饭准备了6份，但飞行员只吃了一小部分，可能味道实在不怎样吧。值得一提的是，飞机上还囤了不少日本酒和葡萄酒，不过飞行员几乎没有碰过日本酒，倒是喝了不少葡萄酒。由此看来日本陆海军的飞行员都对酒精情有独钟，大概他们都认为相比填饱肚子，航空口粮在缓解紧张情绪、消除疲劳方面作用更大吧。

除了航空口粮外，日本海军还会为空勤人员提供一些特别营养品，包括各种维生素补品，比如提高视力的维生素A和消除疲劳的维生素B1，太平洋战争爆发后又增加了含有维生素C的加强维生素片，此外还有刺激神经兴奋和增强人体机能的功能性饮料。海军为了获取维生素补品，大量从渔民手中收购鱼肝油和黄线狭鳕的鱼眼，据说黄线狭鳕曾一度从市场上消失了。日本海军还研制了防眩晕维生素剂和消除疲劳的特殊食品，但

日本东京帝国大学航空研究所设计制造的"航研机"，日本陆军粮秣厂为其远程飞行提供了食品保障

1941年12月7日上午，日本海军袭击珍珠港的现场照片，日军取得了一场压倒性的胜利

还没有来得及实用化，战争就已经结束了。战后，日本海上自卫队为P3C反潜机准备的航空口粮仍以紫菜卷和饭团为首选，与旧日本海军相比几乎没有变化。

让我们把话题重新回到12月7日黎明前夕的南云机动部队，在用过早餐后，头缠钵卷的日军飞行员就待命出击。当东方天际微微泛白时，早已整齐排列在航空甲板上的舰载机开始发动引擎，隆隆轰鸣声和阵阵波涛声交织在一起，仿佛是密集敲响的战鼓声。一面信号旗升上桅顶接着又快速下落，这是起飞信号，一架架飞机依次滑行升空，由183架飞机组成的第一攻击波迎着初现的晨曦向南面尚在熟睡中的珍珠港飞去。大约1个半小时后，机群飞临瓦胡岛上空，一切安静如常，没有防空炮火，也未见战斗机拦截，行动总指挥渊田美津雄中佐兴奋地让机电员拍出"奇袭成功"的信号。7时55分，第一枚炸弹落在美军机场上，随后更多的炸弹、鱼雷和机枪子弹倾泻到毫无防备的美军头上，让误以为是演习的美国人意识到战争真的爆发了！9时15分，第二攻击波的167架飞机再次实施了空袭，穿过防空火网向目标投弹。

当所有日军飞机撤退返航时，珍珠港内已是一片狼藉，硝烟蔽日，几个小时前还威风凛凛的美国太平洋舰队几乎沉入海底，8艘战列舰或沉或伤，机场上布满飞机残骸，2000余名美军官兵死于非命，而日本人付出的代价不过是29架飞机和5艘袖珍潜艇而已。偷袭珍珠港从军事上讲极为成功，日军达成了预定目标，瘫痪了美军太平洋舰队，似乎出击前吃过的赤饭真的很应景，给日本人带来了好运。然而，在那些为了胜利山呼万岁的日军官兵和民众中大概很少有人会意识到，在将炸弹投向珍珠港的那一刻，日本帝国已经走上了一条无可逆转的毁灭之路……

"雾岛"之中途岛战斗餐——牛肉什锦饭团

"机动部队出击数日后的某天中午,舰内喇叭响起'进入战斗位置'的号令……和以往一样,我以为又跟我们主计科没什么关系,但很快发现这次战斗警报有些不同……兵科的水兵们慌乱地在通道内跑来跑去,不久所有舰内通道的水密门都被关闭,通往各居住区的通道全都被切断了。我们所在的厨房立刻与其他舱室隔绝开来,舰内瞬间变得跟暗无天日的监狱一般……那是我们第一次从日常的午餐作业转入战斗餐作业,换而言之,就是改变正常的菜谱,制作战斗状态下食用的便当。之前从未遇到过这种情况,大家都显得慌慌张张的。我不记得当时的战斗餐是叫什锦饭还是叫焖饭,但做法还没有忘记:将牛肉切成细丝,胡萝卜和牛蒡也切成细丝,下锅翻炒,调制成甜辣口味后连同汤汁一起倒入饭锅,适当加减水量,然后与米麦一起煮熟,基本程序与日常煮饭一样。普通家庭制作这道料理时通常使用鸡肉,而海军使用牛肉,饭也是米麦混搭,所以味道特别与众不同。"

这是前日本海军炊事兵高桥孟在回忆录《海军炊事兵物语》中对于中途岛海战时制作战斗餐的记述,他当时是"雾岛"号战列舰上的一名三等主计兵,正在舰内厨房当值。炊事兵终日在甲板下劳作,根本不知道外面的战斗情况,但高桥通过舰体的剧烈摇摆和通风口的呼呼风声能够判断出军舰正在高速机动,老兵也一改往日趾高气扬、吹毛求疵的态度,带头切菜煮饭,曾经历过珍珠港突袭和印度洋作战的高桥从这种前所未有的紧

1932年7月完成第一次改装的"雾岛"号战列舰,该舰参加了珍珠港作战和中途岛海战

第四章 日本篇 183

张氛围中感到这场海战非同寻常，舰队正处在生死关头。他的直觉并没有错，此时一场灭顶之灾正降临到南云机动部队头上。

自太平洋战争爆发以来，在珍珠港突袭中漏网的美军航空母舰始终是联合舰队司令山本五十六大将的心腹之患，在他的坚持下日本海军策划了 MI 作战计划，以攻击中途岛为诱饵，引出美军航母加以歼灭。1942 年 5 月 27 日，正值对马海战胜利纪念日，联合舰队倾巢出动，开赴中途岛战场，期待着另一场辉煌的胜利。然而，尽管日军在总兵力上占有绝对优势，但狂傲的日本人犯下了分散兵力的错误，将庞大的舰队分为数个战斗群散布在几乎大半个太平洋上，彼此无法相互支援，而唯一突前的仅有南云的航母机动部队，无形中自我阉割了兵力优势。更为致命的是，美军通过破译密电已经洞悉了日军的企图，将计就计地集中 3 艘航母配合中途岛的岸基飞机为日本人设下了死亡陷阱。

6 月 4 日黎明时分，就在日军空袭中途岛的第一攻击波飞向目标时，南云舰队的位置就被美军侦察机发现。随后的几个小时里，日军舰队遭到美军飞机持续不断的空袭，迫使日舰频繁机动规避美军的攻击，以防空炮火拼力抵抗。当时隶属于第 3 战队第 2 小队的高速战列舰"雾岛"和"榛名"号伴随南云机动部队行动，负责为航母护航，航行在"赤城"号航母右侧的"雾岛"号曾用 356 毫米主炮向来袭的美军 B-26 轰炸机群开火，并声称击退美机进攻。日军舰队的防空作战发生在午饭之前，正是在这一时间段，高桥等主计兵接到了从日常作业转入战时作业的命令，开始制作战斗餐。正如高桥在回忆录中所描述的，中途岛海战当天"雾岛"号的战斗餐是炒牛肉与米麦同煮而成的焖饭，最后以饭团的形式送到战斗岗位上，这就是牛肉什锦饭团。

牛肉什锦饭团的做法并不复杂，将牛肉切成碎丁，将胡萝卜和蒟蒻切成 2 厘米长的细丝，将牛蒡切成薄片备用；用牛油翻炒牛肉丁，然后加入切好的胡萝卜、蒟蒻和牛蒡继续炒，之后倒入酱油和甜料酒调味，因为要和米饭混合，味道要重一些；将大米洗净后置于锅中，将炒制调味的牛肉和配菜连同汤汁一起倒入饭锅，调整好水量后开火将饭和菜一起煮熟；米饭煮熟后，将饭与肉菜搅拌均匀，按照便于食用的分量捏成饭团，用洗净的竹笋叶包裹后即成。需要注意的是，炒牛肉时只放少量牛油，牛油过多煮熟后不易捏成饭团，也可以不放牛油炒制，据说牛肉的味道渗入牛蒡，非常美味。而且，日本海军的主食是用大麦和大米混合煮成的米麦饭，以抑制脚气病的发作。据高桥回忆，将煮熟的焖饭捏成饭团比炒肉煮饭更加麻烦，"刚煮好的米饭格外烫手，即使凉置片刻依然热度不减，我们捏饭团的手都被烫得红肿，好在刚洗过的竹笋皮还带着水珠，在一定程度上起到降温效果，才不至于把手烫伤"。做好的饭团都放在配餐箱内，然后置于配餐架上，等待战斗人员在作战间歇自行取食。

不仅"雾岛"号在中途岛战场上将饭团作为战斗餐，其实日本海军舰艇在大多数情况下都会将饭团作为战斗口粮的首选。说起饭团，相信大家一定不陌生。作为最具代表性的日本传统食品之一，饭团以制作简单、口味多样、便于携带的特点广为人知。日

现代复刻的"雾岛"号中途岛海战战斗餐：牛肉什锦饭团

饭团的主要原料就是煮熟的米饭，外加变化多样的配菜，用于调节口味。最传统的配菜是在饭团中裹入腌酸梅干，烤制或腌制的鱼肉、鱼子、昆布、腌菜等也很常见，可以根据食材和个人喜好随意搭配。饭团的制作方法简单易学，就是将米饭置于掌中，裹上配菜，握捏成三角形、圆柱形或球形等形状，并在成形的饭团外包上一块海苔即可。制作饭团的关键在于米饭一定要趁热，双手要沾水浸湿，使米粒不会黏在手上。可以在饭团外表撒盐，增加味道，也可以使用浓盐水湿手后再捏，不必另外撒盐。捏饭团的力度很有讲究，用力过大会使饭团过于紧实，口感较硬，用力不足的话饭团又容易散开，所以还是需要多加练习和积累经验。

日本食用饭团的历史非常悠久，考古发现表明，早在公元前3世纪的弥生时代，古代日本人就已开始制作饭团，到中古时代饭团已经成为日本大众的日常食品之一。公元11世纪平安时代的女文豪，《源氏物语》的作者紫式部就在日记中记录了民众食用饭团的情况，当时饭团主要作为人们外出旅行时随身携带的口粮，因为具有一定的保存期，便于携带且味道可口而受到欢迎。值得一提的是，自古以来饭团就被日本人当作军粮的重要种类，可以说是日本最原始的野战口粮。在战国时代，上至贵族武士，下至足轻走卒，行军打仗时都少不了带上几个饭团充饥，这种传统一直延续到明治维新后的近代日本陆海军中。

日本陆军就把饭团作为野战食品之一，规定以1合米麦饭（1合等于1/10升）制作一个球形饭团，按照一餐两个饭团的标准配发。不过，由于饭团中含有较多水分，在热带地区的湿热环境下容易腐败变质，而在寒带地区又会因为低温而冻结，难以食用，所以日本陆军后来开发了干面包、饼干等作为制式口粮。日本海军则将饭团作为舰艇执行战斗勤务时的正餐，在战区执行警戒或进行战斗时，海军官兵无法离开岗位用餐，此时舰上厨房会制作饭团供官兵在岗位上进食，通常是即做即吃，因此不必像陆军那样考虑保存和携带，更多着眼于能够迅速制作，便于食用，是最普遍的海军战斗餐之一。海军

饭团不仅是日本的传统食物，也是历史悠久的军队携行口粮

饭团以每人每餐3个的标准配发。与民间制作饭团时将配菜裹在饭中的做法不同，海军饭团通常是将准备好的配菜与米饭混合搅拌后直接捏制，以节省时间，也有制作纯白米饭团另行配菜的做法，比如"大和"号战列舰在1945年4月的最后一战中就采用这种方式制作饭团（后文详述）。煮饭时少放些水，使米饭有一定的韧性和嚼劲，为了增进食欲，饭团要尽量做得赏心悦目。

除了"雾岛"号的牛肉什锦饭团外，日本海军的饭团种类还有很多，口味丰富，下面就介绍几款典型的海军风味饭团。鲣鱼干饭团：将鲣鱼干刨片切丝，用适当的酱油调味后混入米饭之中，将米饭捏成圆柱形或椭圆形，并在外面卷上海苔；鲑鱼饭团：将鲑鱼条切丁，与米饭拌匀后加入盐、醋调味，捏成圆柱形或椭圆形，值得注意的是，日本海军在制作鲑鱼饭团时不使用鲑鱼条，而是先把用盐腌制的鲑鱼煮制一下，然后剖开去皮剔骨，将鱼肉切丁用于制作饭团；什锦酱菜饭团：将什锦酱菜挤干水分后切碎，混入米饭中拌匀，捏成圆柱形或椭圆形，在表面撒上盐和芝麻；腌萝卜饭团：将腌菜切成小块，放入米饭中捏成圆柱形或椭圆形，可以用腌白瓜、味噌酱菜代替腌萝卜；紫苏饭团：将米饭与红紫苏粉拌匀后捏成圆柱形或椭圆形，根据资料，日本海军在制作紫苏饭团时指定使用腌紫苏，不过也可以使用紫苏粉；鱼肉松饭团：将米饭与鱼肉松拌匀后捏成圆柱形或椭圆形。

日本海军在制作战斗餐饭团时，通常用洗净的竹笋皮包好后分配给士兵食用。竹笋

这幅画作表现了中途岛海战中美军俯冲轰炸机向日军航母俯冲投弹的场面

皮具有一定的杀菌作用，而且能够保持食物的水分，兼具优良的透气性和防水性，再加上价格便宜，可以大量采购，简直是完美的"天然便当盒"。现代人制作的饭团大多使用铝箔或保鲜膜作为包装，但是除了密封性能较佳外，其他方面还是竹笋皮更胜一筹，而且更加环保，用过的竹笋皮可以焚烧处理，不会对环境造成任何污染。虽然目前尚无确切证据表明竹笋皮是日本海军日常采购的必备物品，但在当时的军舰上使用竹笋皮包饭团是非常普遍的，因此海军军需部门肯定会将其列入军需品清单。当然，海军不会让士兵去竹林里采集竹笋皮，基本上通过向民间批量订购或其他方式获得。

书归正传，就在高桥等一班主计兵玩了命似的赶制饭团时，决定命运的时刻到来了。美军飞机一波接一波前赴后继地突击虽然未能给日军造成实质性损害，但也让日军疲于应付，牵制了日军战斗机和防空火力。更凑巧的是日军侦察机又发回发现美军舰队的情报，而空袭中途岛的飞机也同时返航归来，这让南云中将陷入两难困境，是立即出动待命飞机搜寻攻击美舰，还是先回收飞机再全力出击，最后南云选择了后者，然而时机转瞬即逝。就在日军航母忙于加油补弹，进行出击准备之际，来自美军"企业"和"约克城"号的大队 SBD 俯冲轰炸机飞临战场。美军飞行员幸运地铺捉到日军的破绽，从高空俯冲而下，短短几分钟内"赤城"号、"加贺"号和"苍龙"号就连续中弹，堆积在机库内的弹药发生殉爆，造成了毁灭性破坏。机动部队的战力瞬间损失四分之三，仅剩"飞龙"号航母，悍勇的山口多闻少将收拢了残余的飞机，发起绝地反击，重创了"约克城"号，该舰在撤退时被日军伊 –168 潜艇击沉。然而，这一战果已经无法改变中途岛海战的结局，"飞龙"号也在当天下午被美军舰载机发现并击沉。至此南云机动部队的 4 艘精锐航母全军覆灭，日军的中途岛作战一败涂地，在后方坐镇"大和"号的山本大将试图以战列舰夜间追击美军航母未能成功，只能无奈收兵。

对于突变而危急的战况，始终在甲板下忙碌的主计兵们是很难知晓的，但高桥孟因

第四章 日本篇　187

为奉命前往上层甲板的蔬菜库取食材，看到了让他终生难忘的一幕："在距离'雾岛'号大约2000米的海面上，一艘我军航母已经被笼罩在熊熊的火光之中……那一瞬间，我十分怀疑眼睛看到的一切，然而那再清楚不过了，那就是我们的友舰中弹起火的悲惨情景。至于这艘燃烧的航母是'赤城'号，还是'加贺'号，我无法确定。我看到火焰在航母飞行甲板上四处蔓延，舰桥以下都被浓烟遮蔽无法看到，我隐约看到在飞行甲板后部有黑色的物体落入海中，那会是什么呢？总之，我似乎看到了不应该看到的东西。我心中充满恐惧，目瞪口呆地看着拖着黑烟继续与我们同行的友舰，不知不觉中泪水溢满了眼眶。"

在中途岛海战当晚，"雾岛"号制作了年糕红豆汤，以冲淡战败的苦涩

当天"雾岛"号上的气氛是压抑而沉默的，每个人都默默工作，不愿言语，舰内广播也没有像袭击珍珠港时那样不时兴奋地播报战况，只是偶尔发布简单的命令。后来舰员们看到了转移来的伤员，病房内人满为患，每天都有人死去，高桥还偶尔听到举行海葬时的枪声，总之所有人都清楚他们输掉了这场海战。在落败中途岛的当天晚上，"雾岛"号的厨房制作了年糕红豆汤作为宵夜，这是一种非常受欢迎的甜品，将红豆、水、白糖和少量盐放入锅中煮成甜汤，将糯米粉和小麦粉加水慢慢揉合，揉成面团后做成大小易于食用的丸子，放入锅中与甜汤同煮，待丸子煮熟后即可连同甜汤一起盛出食用。然而，这甜甜的红豆汤又怎能冲淡海战失利、损兵折将的苦涩呢？

零战飞行员的空中快餐——卷寿司

1942年8月7日晨，一封来自远方的急电如同晴天霹雳震惊了驻新不列颠岛拉包尔的日本海军第 8 舰队司令部："庞大的美军船队在强有力的海空支援下在瓜达尔卡纳尔岛和图拉吉岛（Tulaghi）奇袭登陆，当地警备队及设营队正在苦战中。"美军的突然进攻出乎日军大本营的预料，尽管两个月前在中途岛遭遇惨败，日军大本营依然判断美军的反攻最早也要在 1943 年才会开始，起初认为美军登陆不过是试探性的"威力侦察"。然而，美军此次代号"瞭望塔"的行动绝非侦察，而是派出精锐的陆战 1 师 2 万余众强袭登陆，志在夺取瓜岛上即将完工的日军机场，消除日军对美澳交通线的威胁，并吹响对日反攻的号角。无论美军意图如何，在充满进攻思维的日本军人脑子里，对此举的第一反应必然是立即反击。驻拉包尔的海军部队行动迅速，当天原定轰炸莫尔兹比港的空袭计划临时改变目标，第 4 航空队的 27 架一式陆攻在台南航空队的 18 架零战掩护下长途奔袭瓜岛，准备给予美军以迎头痛击。在当天奉命起飞的日军飞行员中，就包括台南航空队的零战王牌飞行员坂井三郎一等飞行兵曹。

日本海军零式战斗机王牌坂井三郎，先后在中国和太平洋战场作战

坂井三郎于 1916 年 8 月 26 日出生在日本佐贺县的农家，因为学业不佳且生性顽劣而中学辍学，回家务农。坂井自述从小梦想成为飞行员，曾两度报名参加"海军少年飞行兵"的征募，均因为学历不足而被淘汰。不服输的坂井不顾家人反对于 1933 年志愿加入海军，在接受了严苛的新兵训练后成为普通水兵，并进入海军炮术学校进修。他通过刻苦努力补足了文化上的短板，以全校第二名的优异成绩毕业，被分配到"榛名"号战列舰担任二号主炮塔炮手。在当时盛行大舰巨炮主义的日本海军中，这是一个令人羡慕的岗位，但坂井初心不改，始终以成为海军飞行员为人生目标。1937 年，坂井三郎终于愿望成真，加入霞浦航空队接受飞行训练，尽管年龄偏大，但坂井训练认真勤勉，显露出飞行天赋，在第 38 期操纵练习生中以第一名毕业，并得到了天皇恩赐的银表作为奖励，还获得了驾驶战斗机的资格。

坂井三郎的空战之路始于侵华战场，他于 1938 年 10 月作为日本海军第 12 航空队的一员，在汉口空战中驾驶九六舰战击落了 1 架中国空军的苏制伊 –16 战斗机。1940 年 10 月，坂井调入高雄航空队，座机更换为新锐的零式战斗机，并于次年 4 月再度逞凶华夏，参与了残暴的重庆大轰炸，先后击落 2 架苏制战斗机。在 1941 年 10 月作为一名空战老手调入台南航空队前，坂井在中国战场上至少取得了 4 次空战胜利。太平洋战争爆发后，

坂井三郎在菲律宾和荷属东印度战场的空战中再添斩获，跻身王牌行列。1942年4月，台南航空队进驻新几内亚莱城（Lae）基地，在与驻守莫尔兹比的美澳空军的较量中，坂井三郎大放异彩，战绩突飞猛进，并与另外两名王牌西泽广义和太田敏夫一道被视为南太平洋前线最出色的零战飞行员。关于他们3人最传奇的逸闻

日本海军台南航空队零战飞行员的一张著名留影，其中西泽广义（后排左一）、太田敏夫（中排左一）和坂井三郎（中排左二）都是顶尖王牌

是在1942年5月27日战斗任务结束后，3人结队擅自飞到盟军机场上空进行了高难度的编队特技飞行，以示炫技。不承想次日盟军飞机就在日军机场上空抛下表示赞赏的信件，邀请他们再次前往表演，结果3人被上级一通臭骂！

8月7日晨，当瓜岛警报传来，坂井三郎作为当时台南航空队中战绩最高的零战飞行员自然被选入出击名单，负责为一式陆攻护航。开战以来的累累胜绩让日军飞行员斗志高昂，信心满满，唯一让坂井等人担忧的是燃料问题。从拉包尔到瓜岛的直线距离超过1000千米，往返飞行需要6～8个小时之久，即便以续航力长而著称的零战也有些吃不消，此前零战还从未执行过距离如此遥远的战斗任务，因此指挥官再三叮嘱务必要注意燃油消耗，所有零战也都挂载了副油箱。飞行时间长还产生了另一个问题，就算飞行员在登机前吃饱喝足，飞到中途也难免会感到饥饿，所以零战飞行员都随身携带了一份卷寿司充饥。坂井三郎在战后撰写的回忆录《空中武士》中写道："在飞往瓜岛途中，我看到友机的战友为了减轻紧张情绪，打开座舱风挡，吃起了卷寿司。"

寿司大概是人们最熟悉的日式料理之一，如今在中国很多城市的大街小巷里都能发现寿司的身影，不论是高档日料店，还是街边小摊，这种用米饭、鱼生、海苔及其他配料构成的异国美味总能刺激食客的味蕾，带来舒爽回味的口腹之乐。寿司在日本的历史超过1000年，根据史籍记载，寿司早在日本奈良时代已经存在，在平安时代中期记录官制和礼仪的律令《延喜式》中就有寿司制作方法的记录，并且各地将特产寿司当作税赋缴纳给朝廷。到了室町时代，寿司已在大众饮食中得到普及，在江户时代随着握寿司的出现和广泛流传，最终奠定了寿司在日本料理中的地位。

"寿司"本意为"酸"，源于古时腌制保存肉类和海鲜的方法，最初并未加入米饭，

色彩艳丽的握寿司是今日最为流行的日本寿司样式

只是将鱼、肉、贝类经过盐渍，用重物压紧，经自然发酵产生酸味，目的是长期保存食物，不过同时也产生了别样的风味。在后来的演变中，人们将鱼和肉夹在掺了盐的米饭中，由米饭产生发酵作用，生成酸味，这种食物被称为"熟寿司"，但只食用鱼和肉，经发酵后酥烂酸臭的米饭则弃之不吃，其实依然是为了远途运输鱼肉而采取的储存手段。到了室町时代末期，寿司的吃法出现了变化，人们不再等待米饭完全发酵，只要略有酸味就连同鱼肉一起吃下，相比此前的"熟寿司"，这种新型寿司被称为"早寿司"。后来，有人又进一步以醋拌米饭取代了发酵米饭，节约了制作时间，同时搭配的食材也更加丰富，制作手法更为多样，最终确立了今日寿司的形态。

在漫长的历史演变中，日本寿司衍生出繁多的种类，其中最具代表性的是起源于江户时代的握寿司，顾名思义，即全靠寿司师傅将米饭和配料手握成形，非常考验手法，也最能体现食材的原始美味；卷寿司是另一种十分常见的寿司，将海苔、米饭和配料一层层卷成圆柱形，切成小段，拥有富于层次的口感；押寿司流行于日本关西地区，将配料和米饭逐层铺放在押箱内，压实后倒出，切成小方块；稻荷寿司则是用油炸豆腐皮、煎鸡蛋等配料将米饭包裹起来的寿司。此外，还有类似盖浇饭的散寿司等其他类型。

无论形态和做法如何，大部分寿司都有一个共同的特征，就是做成可以一口吞食的小块，便于携带和食用，因此，早在古代，寿司就被视为出门旅行和行军作战时的便携口粮。二战时期，日本海军也将寿司列入战斗食品，尤其是充当飞行员的航空口粮。日本海军在二战前对军用飞机的航程有着极高的要求，动辄具有数千千米的续航力，体型小巧的零式战斗机挂载副油箱时航程甚至能超过3000千米！在广阔的太平洋战场，日军飞机常常执行长时间飞行任务，对于飞行员的精神和体力都消耗很大，因此在中途有必要食用口粮，补充能量。如果是多人驾驶的大型飞机，机组成员可以携带用饭盒盛装的

卷寿司可以切成小块，方便入口，零战飞行员携带的卷寿司并不切开，而是整条食用

便当，而零战等单人驾驶的小型飞机，因为座舱空间狭小，又要时刻操纵飞机，无法双手进食，因此可以单手食用的寿司就成为飞行员最理想的战斗口粮。

　　卷寿司的做法相当简单，煮米饭时要水量略少，煮熟后置于平底容器中用扇子扇风冷却，同时倒入寿司醋，与米饭充分搅拌混合；将海苔平铺于卷帘上，将拌好的米饭平铺在海苔上，在一侧留下3厘米的空间，米饭厚度在1厘米左右，铺好后再放上配料，将卷帘仔细卷好，压实，展开卷帘即成。战斗机飞行员在空中食用的卷寿司并不像我们平常那样切成小段，而是卷好后直接用石蜡纸包成长条形，撕开后可以单手拿着送进口中，十分方便。用于包裹卷寿司的石蜡纸也很有说道，这并不是出于干净卫生的需要，而是保存食材的水分，防止寿司在长时间放置后变干。如果不是特别恶劣的天气，飞机在爬升到4000米的巡航高度时，空气中的水分会减少，环境变得相对干燥，食物的水分也容易流失，因此防水的石蜡纸就发挥出保湿的重要作用，确保寿司的温润口感。

　　卷寿司在零战飞行员中非常受欢迎。海军航空队主计科的炊事兵在制作卷寿司上花费了不少工夫，花样翻新，比如用鸭儿芹、菠菜、油菜作为配料的杂蔬卷寿司，用干香菇、葫芦干制作干菜卷寿司，使用梅肉的日之丸卷寿司，内裹煎鸡蛋的鸡蛋卷寿司，使用红姜的红姜卷寿司等等。除了卷寿司外，油豆腐寿司在飞行员中也有很有人气，这种寿司是把寿司饭和配菜混合搅拌后塞入剖开的油豆腐中制成，类似于中国某些地区的豆腐酿。与飞行战斗口粮搭配的饮料包括汽水、柠檬饮料、红茶、咖啡等，热饮会装在保温瓶中一并发放到飞行员手中，这样即使在低温的高空中也能享受热饮，帮助御寒。

靠着卷寿司的加持，零战飞行员们熬过了这段长达3个小时的远程飞行，于8月7日13时左右抵达瓜岛上空。轰炸机群向聚集在滩头的美军运输船和战舰实施水平轰炸，而零战机群与赶来拦截的8架F4F"野猫"战斗机展开对决，它们来自"萨拉托加"号航空母舰（Saratoga, CV-3），这是台南航空队的飞行员首次遭遇这种美军舰载战斗机。在空战中，坂井击落了詹姆斯·萨瑟兰（James Southerland）上尉的"野猫"，他在回忆录中声称是在一场经典的狗斗中战胜了对手，并对"野猫"机体的坚固程度深感惊讶。但实际上萨瑟兰是在座机出现故障，机枪卡壳的情况下被4架零战围攻击落的，日方记录也将这个战果记录为合作击落，萨瑟兰上尉跳伞幸存。之后，坂井又锁定了"黄蜂"号航母（Wasp, CV-7）的1架SBD俯冲轰炸机，美机以后座机枪拼力抵抗，一枚子弹打穿了零战的座舱盖，但坂井最终占据了上风，以精准的射击将目标摧毁，飞行员达德利·亚当斯（Dudley Adams）上尉跳伞生还，机枪手哈里·埃利奥特（Harry Elliot）不幸牺牲。

油豆腐寿司在飞行员中也颇有人气，采用以剖开的油豆腐填入寿司饭的制作方法

在连中两元后，坂井三郎在图拉吉岛上空发现了另外8架美军飞机，他误认为那是一群"野猫"，于是机动到美军机群后方发起追尾攻击。然而，这些美机并非"野猫"，而是"企业"号航母上由卡尔·霍伦贝格（Carl Horenberger）上尉率领的8架SBD轰炸机，它们发现零战来袭后收拢队形，准备防御，每架飞机的后座上都有2挺7.62毫米机枪，总共16挺机枪瞄准了逼近的零战。坂井直到距离很近才发觉目标识别的错误，但已经来不及退出攻击，只能硬着头皮直冲过去，同时扣动扳机拼命开火，后来他声称连续击落2架SBD。不过，在美机自卫机枪的集火下，坂井的零战剧烈颤抖，他感觉头上仿佛挨了一记闷棍竟昏厥过去。当坂井恢复意识，他只觉得头部剧痛无比，鲜血模糊了双眼，不能视物。原来，零战的座舱盖被打得粉碎，子弹破片和碎玻璃令坂井头部负伤，右眼失明，仅剩左眼可见但也视力受损。坂井擦拭了左眼的血污，对照航线图、指南针和太阳确定了基地的方向，开始了一场令人难以置信的返航。一路上他几度陷入昏睡，险些坠海，还要时刻担心燃料耗尽，甚至不止一次打算与美舰同归于尽，但最后还是坚持驾机奇迹般地回到拉包尔基地，返程距离达1037千米，耗时4小时47分。

在瓜岛战场负伤后奇迹返航的坂井三郎满脸带血，走向指挥部报告战况

身负重伤的坂井三郎被送回日本治疗，但他的右眼还是没能保住，只能被调离前线部队，留在后方担任飞行教官，事后看来这反而是幸运的，坂井的两位挚友西泽和太田均战死沙场。1944年夏季，由于战局恶化，独眼的坂井三郎再度披挂上阵，参加一线战斗，曾经陷入15架F6F战斗机的围追堵截，最后凭借经验和运气侥幸逃脱。正所谓大难不死，必有后福，坂井的幸运一直延续到战争结束，并且在1945年8月18日参加了二战中的最后一次空战，在房总半岛上空与其他飞行员一道击伤了2架美军B-32轰炸机，最终以中尉军衔结束了海军飞行员生涯。

战后，坂井三郎一度生活困顿，后来经济状况改善后开设了一家印刷厂，照顾阵亡战友的遗孀亲友。1955年，坂井与美国记者马丁·凯汀（Martin Caidin）合著了自传体回忆录《空中武士》，在西方引起轰动，畅销一时。坂井因此名声大噪，成为旧日本海军飞行员的代表人物，甚至被认为是日本海航的头号王牌。实际上，他在书中宣称的64架战果中只有28架能够得到确认，他的某些言论和作为也被视为"过度吹嘘"而颇受争议，但无论如何坂井三郎都已经是西方世界最知名的零战王牌。2009年9月22日，84岁高龄的坂井三郎在厚木海军航空基地参加驻日美军举办的餐会后感到身体不适，送医后不治身故。

"隼鹰"号苦战余生的甜蜜加餐——萩饼

1942年10月，日美两军围绕瓜达尔卡纳尔岛进行的鏖战进入高潮阶段。10月下旬，为了与陆军第17军对美军亨德森机场的第二次总攻击相配合，日本海军联合舰队纠集主力，在近藤信竹中将和南云忠一中将统率下再次前出瓜岛海域，寻求战机与美军舰队展开决战。与此同时，美军方面走马换将，由蛮勇好斗的威廉·哈尔西中将取代了消极悲观的罗伯特·戈姆利（Robert Ghormley）中将担任南太平洋舰队司令，针对日军的行动，哈尔西也集中兵力，积极求战。10月26日，日本海军机动部队与美国海军航母特混舰队在瓜岛以东洋面上展开较量，这是太平洋战争中日美航母之间的第四次交锋，也是最为激烈的一次，日方称之为南太平洋海战，美方称为圣克鲁斯群岛海战。

此次海战中，日军出动了大型航母"翔鹤""瑞鹤"，轻型航母"瑞凤"和改造航母"隼鹰"号，共计4艘航母，搭载飞机199架，是自中途岛海战以来最强大的日军航母编队。同时日军还投入包括4艘战列舰、10艘巡洋舰在内的大批水面战舰进行支援，分为机动部队、前卫部队和前进部队三部分投入战斗。美军因为此前战斗的连续损失，只有"大黄蜂"号和"企业"号2艘航母出战，拥有舰载机136架，在兵力上处于劣势，但美军舰只配备了雷达和较强的防空火力，攻守能力更为平衡，在托马斯·金凯德（Thomas Kinkaid）少将指挥下迎战日军舰队。双方指挥官都汲取了此前作战的经验教训，积极强化侦察，攻击坚决果断，在26日拂晓后便相互发现对方并全力展开对攻。在一番相互突击后双方均遭受可观的损伤，日军的"瑞凤"号和"翔鹤"号航母遭重创，退出战斗，美军的"大黄蜂"号航母也被重创，"企业"号航母同样被击伤。此时，姗姗来迟的"隼鹰"号进入战场，与战力尚存的"瑞鹤"号一道准备实施决定乾坤的最后一击。

表现"隼鹰"号航空母舰起飞舰载机的彩绘，该舰由大型豪华客轮改建而成

"隼鹰"号与参战的其他 3 艘日军航母有所不同，它是利用商船改建的改造航母。战前，日本海军自知造舰能力相比欧美存在差距，因此非常重视商船的战时改装，对于民间优秀船舶的建造给予支持，作为战时改装舰船充实战力的手段。1937 年，日本政府出台了"优秀船舶建造助成施设"政策，为民间高性能船舶的建造提供资助，1938 年又进一步推出"大型优秀船舶建造助成施设"政策，而"隼鹰"号及其姊妹舰"飞鹰"号就是这项政策的受惠对象。它们原本是日本邮船公司在 1938 年订购的橿原丸级大型高速豪华客轮，准备用于跨太平洋航线的客货运输，其六成的建造费用由日本海军承担，预定战时改装为航空母舰。1939 年 3 月，"橿原丸"号在三菱长崎造船厂开工，由于日美关系恶化，于 1941 年初被军方收购并着手航空改装工程，于 1942 年 5 月竣工服役，被命名为"隼鹰"号。该舰标准排水量 24140 吨，载机 48 架，但最高航速为 25.5 节，不便伴随航速 30 节以上的正规航母行动。

"隼鹰"号服役仅一个月就与"龙骧"号结伴参加了阿留申作战，空袭荷兰港（Dutch Harbour）。1942 年 10 月，"隼鹰"和"飞鹰"号编为第 2 航空舰队，准备参加南太平洋海战，不料战役前夕"飞鹰"号发生严重火灾，只能返回本土修理，只有"隼鹰"号开赴战场，当时舰上搭载了 44 架舰载机，包括 20 架零战、17 架九九舰爆（俯冲轰炸机）和 7 架九七舰攻（鱼雷轰炸机/水平轰炸机）。由于航速较慢，"隼鹰"号只能编入前

南太平洋海战中遭到日军俯冲轰炸的美军"大黄蜂"号航空母舰

进部队，因此未能与南云的机动部队主力同时发起攻击。直到双方航母主力发生交战后，"隼鹰"号才加速占据出击阵位，迟至上午9时才派出17架舰爆和12架零战组成第一攻击波，在11时20分左右攻击了美军舰队。虽然日军飞行员竭尽所能，但战果寥寥——"企业"号挨了1枚近失弹，"南达科他"号战列舰（South Dakota，BB-57）和"圣胡安"号轻巡洋舰（San Juan，CL-54）各被命中1枚炸弹，损伤不大。面对美舰凶猛的防空火力，"隼鹰"的攻击机群损失惨重，有11架舰爆未能返航，幸运返回母舰的飞行员中仅有一名军官，他神情恍惚地向上级报告"天空中布满了高射炮弹的碎片和曳光弹的弹道"。"隼鹰"的第二攻击波由8架零战和7架九七舰攻组成，于15时20分发现并攻击了拖航中的"大黄蜂"号，命中1枚鱼雷，断绝了该舰撤离战场的最后希望，但再次损失5架零战和2架舰攻。

小濑本国男是"隼鹰"号的一位舰爆飞行员，他最初在"苍龙"号航母服役，参加了袭击珍珠港和印度洋作战，中途岛海战前夕调入新组建的"隼鹰"号飞行队，随后参加了阿留申作战。他后来在回忆录《激斗舰爆队》中描述了南太平洋海战中出击归来的悲凉："攻击结束后回到母舰，发现除了我谁都没有回来，我在空荡荡的待机室内吃起了萩饼，刚吃了几口就听到'飞行员集合'的命令。"在海战的尾声阶段，"隼鹰"号又派出了第三攻击波，仅有6架零战和4架九九舰爆，向已经被美军放弃的"大黄蜂"号发起最后攻击，命中一弹，无损归还。次日，奄奄一息的"大黄蜂"号被日军驱逐舰击沉。至此，南太平洋海战以日军的胜利而落幕，这一天恰好是美国的海军纪念日，美方有人评论道："自美国海军成立以来，还是首次迎来如此悲惨的海军纪念日。"在南太平洋海战中，日军未沉一舰，击沉美军航母、驱逐舰各1艘，取得了战术上的胜利。然而，日军损失了91架舰载机，更有148名飞行员殒命，这个损失几乎无法弥补，且日军夺取

萩饼以糯米饭为馅，外包红豆沙，是日本传统糕点

第四章　日本篇　**197**

瓜岛机场的战略目的依旧没有实现。美军虽然付出较大代价，但在战略上继续保持主动，虽败犹胜。

小濑本国男在回忆录中提到的萩饼是"隼鹰"号在海战当天为飞行员准备的加餐。在航母作战中，舰载机往往要飞行数百海里进行攻击并返航，耗时数小时之久，飞行员体力消耗很大，因此航母厨房会准备些零食甜点，供返航的飞行员食用，以补充体力。

萩饼，又称御萩、牡丹饼，是一种在日本很常见的和果子（日式糕点），用糯米、大米和甜豆馅制成。萩饼的做法简单易学，口感软糯香甜，很受日本大众欢迎，常常被用来招待客人或作为小孩子的零食，农民在田间劳作休憩时也会把萩饼当作小吃来解解馋。此外，萩饼还被用于佛教法事，特别在彼岸节时作为供品用于祭奠故人、拜谒神明。根据佛教习俗，日本人在每年春分和秋分前后一周时间里要去扫墓，为已故亲友祈求平安，并在墓前供奉萩饼，因为萩饼外面裹以红豆馅，而红豆在日本被认为有驱邪的效力。

关于萩饼的起源，有一种说法是源自中国的牡丹饼，这种中式糕点据说是由一代女皇武则天所创，将牡丹等花卉和米饭一起捣碎蒸制成糕，做出香糯可口的糕点，因为武则天喜爱牡丹，便命名为"牡丹饼"，也称"百花糕"。唐代中日文化交流频繁，牡丹饼的做法也由遣唐使带回日本得到流传，逐渐演变成日式风格的糕点，因此萩饼也被称为日式牡丹饼。在日本，萩饼的确被称为牡丹饼，但并无明确证据证明与中式牡丹饼有直接联系，虽然两者在食材和做法上有相似之处，但萩饼以"牡丹"为名更多与季节有关，而不是原料。从目前的文献考察，萩饼更可能出现在江户时期，在 1712 年出版的由大阪医生寺岛安良编撰的百科类书籍《和汉三才图会》中就记载了萩饼的做法。

相比中式牡丹饼，萩饼的做法要更加简单，主要原料是糯米和粳米，两种米的比例通常为 7∶3，也可以有所调整或单独使用糯米制作。首先，将米浸泡 1 个小时，再放入锅中煮熟，然后将熟米置于研钵中捣碎制成米糊待用，不必完全捣细，残留米粒亦可；将小豆放入锅中，加入适量白糖和少许盐，开火熬至水干，制成红豆馅，也可使用黄豆

萩饼在日本也叫牡丹饼，关于其名称存在很多说法，做法也有诸多变化

粉加入糖和盐混合搅拌,制成豆粉馅;将米糊揉成大小合适的米团子,然后在外面裹上红豆馅或豆粉馅即可,现在也有用米糊包裹豆馅的做法。在日式点心工艺中,以盐来提升甜味是一种惯用的手法,因此在熬制甜豆馅时会加入少量盐,或者将双手浸在淡盐水后再捏握米团,裹以豆馅,更能凸显甜味。不过,加盐的分量要小心把握,一旦过量效果会恰得其反,而且无可挽回。在食用萩饼时可以沾上熟芝麻粉或黄豆粉,以增进风味。萩饼一般做成可以两口吃下的尺寸,也可以做的更大些,切开食用,而用来切分萩饼的小刀被称为"杨枝"。

如前文所述,萩饼也称为牡丹饼,关于这两个名称的差异在日本各地众说纷纭,最普遍的说法是以季节区分。在牡丹花怒放的春季制作就叫牡丹饼,而在萩花盛开的秋季制作则以萩饼或御萩命名,因为糕点的外形和颜色与上述花卉相近而得名,在某些地区甚至一年四季都有不同称呼:春季叫牡丹饼,夏季叫夜船,秋季叫御萩,冬季叫北窗。夜船和北窗的来历取自做法,萩饼的制作与年糕相似,但无需大力捣臼,发出响声,无声无息地就做出来了,就像夏天夜里船只悄无声息地入港,或朝向北面的窗户看不到月亮升起。此外,还有更多的区分标准,比如以外层包裹馅料来分,红豆馅为牡丹饼,黄豆粉为萩饼;以红豆馅的状态来分,细腻如泥沙状的为牡丹饼,保持颗粒状的为萩饼;以米糊的粗细程度来分,米粒完全捣碎(日文称为"皆杀")为牡丹饼,米粒只捣至半碎(日文称为"半杀")为萩饼;以粳米和糯米的比例来分,以粳米为主的叫牡丹饼,以糯米为主的叫萩饼;以尺寸和形态来分,大而正圆的为牡丹饼,小而椭圆的为萩饼;还有按照地域习惯来分的,关西地区叫牡丹饼,关东地区叫萩饼等等。

在日本民间,牡丹饼被赋予贵重、幸运的寓意,出现在很多谚语俗语中。例如"棚から牡丹餅",字面意思是"牡丹饼从架子上掉下来了",寓意福从天降,类似于中国人说的天上掉馅饼。因为砂糖在日本古代属于稀有之物,只有贵族才能享用,而像牡丹饼这种需要用到砂糖的甜点普通人是无法轻易吃到的,如此珍贵的点心如果凭空掉到头上,那可算是天大的幸运了。进入明治时代以后,砂糖在日本广为普及,牡丹饼也成为民众触手可及的美食,不过这种寓意依然被保留下来。

对于小濑本国男而言,味道甜美的萩饼似乎的确给他带来了某种幸运,在南太平洋海战中两度驾机出击都平安返航,而身边的队友大多葬身大海,死不见尸。海战结束

1945年9月26日,停泊于佐世保港的"隼鹰"号航空母舰,该舰幸存到战争结束,在日本海军航母中算是运气不错的一艘

后,他便被调回本土担任教官,最终活到了战争结束。至于"隼鹰"号也算是一艘走运的战舰,在南太平洋海战后,该舰继续担负反潜警戒和防空掩护任务,到1943年间将舰载机转移到陆上作战,自己干起运输舰的行当,在日本本土和南方前线之间运输部队和物资。1943年11月5日,"隼鹰"号在丰后水道附近遭美军"大比目鱼"号潜艇(Halibut,SS-232)攻击,舰艉中雷,无法直航,所幸离基地不远,被友舰拖回基地修复。1944年6月,"隼鹰"号参加马里亚纳海战,遭到美军舰载机的猛烈攻击,被直接命中2枚炸弹,还挨了6枚近失弹,烟囱被炸飞,甲板也被炸烂,但再度侥幸逃生,而它的姊妹舰"飞鹰"号却沉入海底。"隼鹰"号因为修复损伤错过了10月间的莱特湾海战,之后由于缺乏合格的舰载机部队只能再次跑起运输。12月9日,"隼鹰"号在佐世保外海再次遭到美军潜艇袭击,被2枚鱼雷击中,舰艏被毁,进水达5000吨,船体倾斜,好在损管控制得力幸免沉没,以单侧螺旋桨推进驶回港口。由于缺乏备件,"隼鹰"号受损的右侧引擎再未修复,从而躲过了1945年4月陪同"大和"号走上特攻死路的命运,以近乎报废的状态度过了最后数月时光,于1946年6月在佐世保拆毁。相比其他被美军鱼雷、炸弹击沉的日军航母,"隼鹰"号的结局可谓善终,或许也拜萩饼保佑吧。

水下铁棺里的花式菜单——日军潜艇饮食

　　二战时期,作为轴心国盟友的日本和德国达成了互助协议,彼此交换战略物资和军事技术。由于两国相距遥远加之盟国的海空封锁,交通十分困难,只能依靠隐蔽性好、续航距离远的潜艇执行运输交流任务。战争期间,日本海军先后派出伊-30、伊-8、伊-34、伊-29和伊-52共计5艘潜艇前往欧洲,但由于种种意外,只有伊-8平安完成全程。伊-8属于巡潜Ⅲ型潜艇,于1934年10月11日在川崎神户造船厂开工建造,1936年7月20日下水,1938年12月5日竣工,被编入第2舰队第2潜水战队。伊-8的水下排水量达3580吨,水面最高航速23节,水下航速8节,安全潜深100米,装备6具533毫米鱼雷发射管和1座双联装140毫米甲板炮,可携带20枚鱼雷,续航力高达14000海里/16节,意味着潜艇加满油可以绕地球半圈,实在是进行秘密洲际运输的绝佳平台。

　　太平洋战争爆发后,伊-8先后在夏威夷、阿留申群岛和南太平洋作战。1943年6月奉命前往欧洲进行物资和技术交流,当时的艇长是内野信二海军中佐。伊-8于1943年

1943年8月31日，日本海军伊-8号潜艇抵达德国占领下的法国布雷斯特港

6月1日从吴港启航，经新加坡进入印度洋，7月1日冒着风暴与伴行的伊-10进行了海上燃油补给。为了不耽误航程，伊-8即使在恶劣天气下也保持水面航行，因此艇体多有损伤。7月24日，伊-8绕过好望角进入西半球，收到德国方面的来电，对盟军在大西洋的反潜活动有所了解并调整了航线，将目的地由法国洛里昂（Lorient）改为布雷斯特（Brest）。8月20日，伊-8与前来接应的德军U-161潜艇会合，在后者的引领下于8月31日抵达布雷斯特，受到热烈欢迎，德国海军西线部队司令特奥多尔·克兰克（Theodor Krancke）海军上将和日本海军驻德代表阿部胜雄海军中将亲临港口迎接。

在法国逗留的2个月里，伊-8的艇员们过得很惬意。潜艇由德方负责修理和维护，所有日军官兵被分为两批，轮流到法国别墅中休养，同时还到巴黎和凡尔赛宫参观游览。部分乘员被派往德国海军学校学习雷达和机关炮的操作方法，包括了解武器设备的结构性能和进行射击训练。经过休整后，伊-8于10月5日从布雷斯特踏上归国旅程。为慎重起见，特意选在黄昏时分离港，也没有举行欢送仪式。伊-8在10月26日再次越过赤道，一度遭遇盟军巡逻机，被迫连续两日潜航，此后再未遭遇敌情。11月13日，伊-8中止与德国海军的通信，与日本海军建立联系，由于燃料不足，只能以经济航速航行。在获悉马六甲海峡有盟军潜艇活动后，伊-8决定经巽他海峡（Sunda Strait）前往新加坡，于12月5日抵达。经过补给后于12月10日向本土返航，一路采取之字航行，以防范美军潜艇的攻击。12月21日，伊-8抵达吴港，顺利完成了访欧任务，历时半年有余，途经太平洋、印度洋和大西洋，总航程约30000海里。

在伊-8的运输行动中，日本向德国提供了氧气鱼雷、潜艇自动悬浮装置、最新型水上侦察机、潜艇无气泡鱼雷发射管等武器和设备，还有德国缺乏的生橡胶、锡、钨、钼、金鸡纳霜等，以及购买物资所需的金块。德国向日本提供了航空方位测定仪、密码机、

高速鱼雷艇设计图、陆用及潜艇用雷达、20毫米机关炮、俯冲轰炸瞄准具等装备和技术资料。这次运输行动是日德在战争中进行的最成功的交流活动。

在长达数月之久的远航中，伊–8的艇员承受了相当大的压力，潜艇的生活工作环境极为恶劣，为了保证艇员身体健康，维持部队士气，每日提供可口的饭菜就非常重要了。直到今天，各国海军中潜艇兵的伙食标准都是最高的，日本海军也不例外，为潜艇乘员制定了品种丰富、营养均衡的航海餐谱。当然，受条件所限，日军艇员在远航途中大多数时候只能吃到用罐装食品制作的料理。为了满足大家的饮食需要，潜艇主计兵也费尽了心思。战后，有日本商家以伊–8远航欧洲的史实为噱头，根据1942年颁行《海军主计兵调理术教科书》复刻了"海军潜水舰航海食"，以"伊八寿司"的名义上市售卖，通过这款商品我们可以管窥二战时期日本海军潜艇饮食的风貌一角。

"伊八寿司"是一款纸盒包装便当，打开盒盖，精心烹饪的饭菜就呈现在面前。纸盒内部分为五格，最大的一格盛装着撒上火腿丁的米饭，余下的小格中用于容纳各色菜肴，还留有一格放置餐巾纸，非常贴心周到。"伊八寿司"并不是我们常见的握寿司或卷寿司，实际上是类似盖浇饭的散寿司，用米饭和寿司醋充分搅拌制成的寿司饭，再配上切碎的火腿肉。黏稠的醋饭搭配火腿肉丁，这个组合倒是很新颖。据说能够长期保存、滋味浓郁的火腿与口感清爽的醋饭共同食用，可以刺激艇员的味觉，让他们在密闭环境中变得迟钝的感官得到恢复。事实上，火腿的咸味和醋的酸味的确是绝配，可以让人食欲大开。

与寿司饭搭配的主菜是油炸鲑鱼肉，鱼肉在过油煎炸后，再用姜、醋、味醂等制成的酱料浸泡，味道绝佳。炸过的鲑鱼肉纹理细腻、鲜香诱人，与醋饭同嚼，口味十分独特。用醋味噌凉拌的粉丝裙带菜也是特别开胃的凉菜，配合寿司饭相当爽口。最后是牛肉拌菜，使用味噌和辣酱油作为调味料，同样走的是重口味路线，有土豆牛肉的即食感，又增加了辣酱油的香味，与平时家常菜肴相比确实大不相同。根据产品附送的说明资料介绍，由于潜艇中空间狭窄、通风不良、生活环境恶劣，为了更好地保存食物，激发艇

现代商家根据日本海军料理书复刻的潜艇航海餐"伊八寿司"

有着"水下航母"之称的日本海军伊-400型潜艇，可以搭载3架水上攻击机

员的食欲，潜艇主计兵通常会使用醋、味噌等味道厚重的调料。这份"伊八寿司"的分量很足，一餐吃完相当有饱腹感。不过，考虑到真实历史上伊-8潜艇的生活环境和食材的限制，艇员的实际饮食情况与这款复刻版寿司相比肯定有所差距，其实日本海军潜艇的饮食问题相当复杂，绝不是一份寿司便当所能体现的。

　　日本潜艇的历史始于1904年日俄战争时期为了加强战力而向美国紧急订购的5艘霍兰型潜艇，于1905年在横须贺组装完成。1906年，神户川崎造船厂又依照美制潜艇的图纸自行建造了2艘国产潜艇，由此开启了日造潜艇的发展之路，在继续引进欧美潜艇技术的同时展开自行研发。一战时期，德国海军潜艇的实战表现让日本海军意识到强化潜艇兵力的必要。一战后，日本从德国获得了7艘潜艇充当战利品，使本国潜艇技术获得加速发展。在两次大战之间，日本基本掌握了潜艇的全套建造技术，创建了规模可观的水下舰队，到太平洋战争爆发时，日本海军已拥有了65艘潜艇，其中大部分是大续航力的大型远洋潜艇。日本海军根据吨位将潜艇分为3个级别：排水量1000吨以上为伊号潜艇，500吨到1000吨之间为吕号潜艇，500吨以下为波号潜艇。日本海军潜艇的突出特征是吨位大、航程远、武备强，个别艇型还搭载有水上侦察机，甚至建造了能搭载3架攻击机，号称"水下航母"的伊-400型潜艇，不过日本潜艇的潜航安静性和水下机动性略差。

　　随着潜艇性能的进步和潜艇部队规模的壮大，日本海军对于潜艇官兵的饮食问题给予重视，毕竟潜艇性能再先进也只有在人的操纵下才能得到发挥，要维持艇员在特殊工作环境下的身心状况，很大程度上依赖于日常饮食提供营养和心理慰藉，而在潜艇上保存和烹饪食物又与水面舰艇有很大不同。潜艇最大的特殊性在于能够潜入水下，内部空间封闭且狭窄，高温潮湿犹如桑拿房，特别在潜航状态下还要忍受缺氧的折磨。日本潜艇官兵大多数情况下都赤裸上身，虽然后期潜艇上也安装了冷气设备，但为了节省电力并不会轻易启动，而且潜艇必须上浮充电，在战时容易暴露遭遇危险。总之，潜艇的居

操纵潜望镜的日军潜艇艇长，由于艇内闷热潮湿，艇员们均衣衫单薄或赤裸上身

住和工作条件十分艰苦，饮食供应也相当困难：首先是空间有限，必须见缝插针地存放粮食，日军大型潜艇出航时要携带供上百名官兵食用两三个月的食品，为了节省空间，米袋被直接铺放在潜艇通道地板上，因此在出航前半期官兵们每天都行走在大米之上。此外供应潜艇的罐头也不是常规的圆柱形，而是四方形；其次，在高温高湿环境下生鲜食品容易腐烂，艇上冷库空间又很小，因此主要以罐头食品和干货为主；再次，潜艇内严禁使用明火，不仅存在火灾隐患，还会消耗宝贵的氧气，因此艇内厨房一律使用电气灶具；最后，潜艇艇员无论在生理和心理上都承受着高压，消耗很大，在饮食方面必须兼顾营养和口味，以补充体力，保持健康。

1921年，日本海军成立了兵食调查委员会，将研究潜艇部队的饮食供应问题列入议程，从保存和营养两个方面进行深入探讨，直到1931年才正式确立潜艇粮食制度。此后虽有少许改动，但基本沿用到二战结束，其中的某些内容并不算合理，比如规定潜艇官兵每日摄入的热量高达4384大卡，提供了大量高热量食物，实际上并未充分考虑艇员的消耗情况，反而出现了营养不均衡的问题；又比如日本海军日常食用的米麦主粮在艇内保存期短，因此采用保存期长的专用精白米，虽然添加了维生素B，但长期食用依然有损健康，战争后期在热带海域作战的潜艇艇员中就出现了身体浮肿的情况，脚气病也时有发作。总之，日本海军对于潜艇伙食的营养管理做得并不到位。在食物保存方面，罐头、干货、腌制品是主要手段，绿叶新鲜蔬菜只能维持两三天时间，土豆、胡萝卜、洋葱和牛蒡等根茎类蔬菜保存期稍长，但也不过一周左右，此后只能靠罐头食品烹饪饭菜。

为了研究潜艇饮食问题，志村未瑳男海军主计少佐于1933年7月搭乘第1潜水战队的伊号潜艇进行了为期3个月的实地考察，与潜艇艇员同吃同住，最后提交的报告可以视为日本海军对潜艇饮食供应的指导性意见，其大致内容如下：

米：有效预防脚气病的胚芽米容易变质，不适合艇内储存，精白米比较好。

生肉：适合冷冻贮藏，尽可能多储备，无骨肉较适合保存。

生鱼肉：不宜食用咸鱼，根据行动天数来相应调整冷藏和冷冻数量。

熏肉：火腿和香肠适用，必须冷藏，否则会变质。

鸡蛋：极其宝贵的食物，很多菜肴会用到，可以大量准备。

新鲜蔬菜：保存时间短，只能食用罐头、蔬菜干和冷冻蔬菜，土豆和洋葱方便保存，牛蒡虽然易于保存但用量不大，把萝卜切碎最多能保存两周，四季豆容易在艇内发芽变硬，番茄营养丰富，但难以保存。

味噌：桶装味噌在卫生管理和装载容积上存在问题，罐装味噌水分会积在底部，影响口味，用干味噌煮汤时会有沉淀，分层明显，外观和味道均不佳。

腌菜：此次行动中最痛苦之处在于没有像样的腌菜可吃，新近腌制的容易变质，腌制较久的味道过咸，特别是泽庵萝卜品质参差不齐。对日本人而言，泽庵萝卜是腌菜之王，无论何时何地都是须臾难忘的味道，尤其对于远离故土，在外征战的官兵而言更是思乡之味，对于海军来说，罐装腌菜是必须研究开发的课题。

罐装米饭：起初觉得很稀奇，但味道不佳不值得推荐，没有必要把米饭也做成罐头。

肉罐头：牛肉罐头中首推咸牛肉罐头，其次是烤牛肉，大和煮牛肉（加入糖、酱油和姜的甜煮牛肉）吃上一两次就会让人厌倦，香肠罐头和火腿罐头较受欢迎。

海产罐头：可选择的品种很多，根据喜好程度和保存条件排序：螃蟹、银鱼、咸鲣鱼、海胆（瓶装）、鱼糕、煮三文鱼、油浸熏牡蛎等。

报告中还提到潜艇粮食中有糯米制的麻糬罐头，而且口感很好，但不能用来取代米

泽庵萝卜是日本人餐桌上不可缺少的食物，有助于增进食欲

饭，因为很多人吃过感觉"像没有吃饭一样"。

太平洋战争初期，伊–21潜艇曾奉命参加珍珠港作战，该艇炮术长松本功少尉在日记里记录了1942年元旦及1月5日至10日的菜单，提供了战时日本海军潜艇伙食的珍贵实例。值得一提的是，潜艇上军官和水兵在伙食上没有区别，吃同样的饭菜，这与水面舰艇不同。伊–21的日常菜单如下：

1942年1月1日（元旦）星期四

早餐：年糕汤（麻糬罐头、鱼糕、竹笋、蜂斗菜、菠菜）、鲱鱼子、干鱿鱼丝、煮豆、红姜；

午餐：大和煮鸡肉、水煮芋头、清汤（螃蟹罐头、松茸、菠菜）；

晚餐：油浸沙丁鱼、凉拌菜、清汤（卷心菜、胡萝卜、竹笋、香菇）、味噌腌萝卜。

1月5日星期一

早餐：味噌汤（赤味噌、广岛白菜）、老腌菜；

午餐：罐头肉、芥末醋味噌凉拌豆芽、老腌菜；

晚餐：水煮咸鱼、炖菜（土豆、青菜、竹笋）、汤、腌菜。

1月6日星期二

早餐：味噌汤（赤味噌、豆芽、油炸豆腐干）、老腌菜；

午餐：萩饼（糯米、红豆）、芥末凉拌罐头肉、清汤（香菇、菠菜）、老腌菜；

晚餐：鱼肉罐头、羊栖菜、油炸豆腐、老腌菜。

1月7日星期三

早餐：味噌汤（赤味噌、萝卜干）、味噌酱菜、老腌菜；

午餐：罐头肉、酱油拌菠菜、吉野汤（竹笋、蜂斗菜）、老腌菜；

晚餐：罐头肉、甜煮（土豆、胡萝卜）、老腌菜。

1月8日星期四

早餐：味噌汤（赤味噌、广岛白菜）、老腌菜；

中餐：水煮咸鱼、甜炖菜（土豆、胡萝卜、牛蒡）、老腌菜；

晚餐：南瓜煮罐头肉、浓汤（香菇、蜂斗菜）、老腌菜。

1月9日星期五

早餐：味噌汤（赤味噌、豆芽）、味噌酱海苔、老腌菜；

午餐：罐头肉、凉拌菜（豆芽、裙带菜）、老腌菜；

晚餐：南瓜煮罐头肉、清汤（香菇、碎麦麸）、老腌菜。

1月10日星期六

早餐：味噌汤（赤味噌、萝卜干）、老腌菜；

午餐：火腿炒饭、面汤（螃蟹罐头、面条）、老腌菜；

晚餐：鱼肉罐头、紫萁干、老腌菜。

从这份一周菜单可以发现，味噌汤的出现频率很高，主要由赤味噌与各式蔬菜制成，这与赤味噌容易保存且易于搭配有关。此外腌菜几乎每顿都有，以刺激艇员的食欲，肉类基本以罐头肉代替，主食通常是白米饭。

战争期间，日本海军还借鉴了盟友德国海军的经验对潜艇伙食做出调整。1943年，根据日德协定，德国海军同意向日本海军转让一艘ⅨC型潜艇，由弗里茨·施内温德（Fritz Schneewind）海军上尉指挥的U-511被选定前往东方。该艇于5月间从法国洛里昂启航，绕过好望角进入印度洋，与日军潜艇进行了联合破交作战后，在槟榔屿（Penang Island）短暂停留后于8月7日抵达吴港完成移交，加入日本海军序列并更名为吕-500号。U-511停靠槟榔屿期间，泉雅尔海军大佐惊讶地发现，同时返航的日本潜艇官兵个个疲惫不堪，而德国艇员却精神饱满、士气旺盛，在经历近3个月的远航后毫无疲倦之态，上岸后居然立即打起网球。日本海军针对这种差异展开调查，认定德军艇员保持体力充沛的奥秘就在他们的每日伙食中。德国人的主食是黑面包，副食包括各式肉罐头和香肠，生鲜蔬菜主要是土豆、洋葱，还大量食用奶酪和黄油，并通过柠檬补充维生素。而且德国人对食品的食用顺序和搭配安排得更为细致，日军据此认为富含脂肪和维生素的食物有助于保持艇员的体力。

根据调查报告，日本海军在战争后期要求向潜艇艇员每人每天提供60克黄油，并发放维生素片剂，还配发蛋黄酱等食品。然而这些措施并未起到预期效果，大部分日军艇员并不喜欢这些西洋食品。1944年担任伊-56潜艇军医长的斋藤宽海军中尉在回忆录《铁棺》中写道："在让艇员食用黄油的问题上，我却遇到了很大的阻力。起初，我按照命令将黄油平均分配到各水兵舱，可是过了好几天黄油的分量未见明显减少，显然大部分艇员并不喜欢这种食物，只是迫于命令勉强吃一点。"后来，斋藤想到将黄油掺入米饭的方法让艇员吸收营养，"最初，这种带有甜味、油亮光滑的米饭普遍受到好评，但过了段时间后艇员们渐渐腻烦了这种味道，食欲下降，碗里的剩饭也多了起来"。此外，日军艇员也吃不惯蛋黄酱，甚至将蛋黄酱倒掉，用瓶子来装牙粉。食用黄油和蛋黄酱不仅没能改善艇员们的健康，反而引起肠胃不适、腹泻等症状，最后斋藤只能停止统一配发，由艇员按照个人喜好自行取食。由此可见，由于东西方饮食习惯和体质上的差异，德国盟友的良法对于日本人却未必有效。

日本海军潜艇艇员在舱内用餐的场景

鲲鲸蹈海落刀俎，樱花瓣下作珍馐——鲸肉料理

当今世界，捕鲸已经是一个极具争议的话题，当环保主义者为禁止捕鲸摇旗呐喊，对捕鲸行为口诛笔伐时，他们的矛头必定会对准日本。当前，基于保护野生动物和海洋生态的理念，世界上绝大多数国家都已经停止了商业捕鲸行为，极少数依旧保留捕鲸业的国家也都对捕鲸数量加以严格限制。而日本自20世纪50年代以来一直是世界上最大的捕鲸国和最大的鲸肉消费国，始终坚持反对禁止捕鲸的立场，即使在1986年《全球禁止捕鲸公约》生效后被迫停止商业捕鲸，却依然以"科学研究"的名义进行捕鲸活动，而捕获量却远超所谓科研所需，有相当一部分鲸鱼流入食品市场销售，多年来一直备受世界舆论的谴责。2018年12月26日，面对重重国际压力，日本政府宣布退出国际捕鲸委员会，并在2019年7月重启商业捕鲸。日本政府对此倒行逆施的解释是为了"科学调查"和维护"传统文化"，这个借口虽不高明，但的确有几分实情，日本捕鲸和吃鲸的传统由来已久。

日本的捕鲸历史可以追溯到6000多年前的绳文时代，从旧石器时代的贝冢和稍后的弥生时代的遗迹中都发现了鲸骨，表明当时日本的古人就已捕获鲸鱼作为食物。在日本平安时代的诗歌总集《万叶集》中有对捕鲸活动的文字记载，到镰仓时代，房总半岛因为发达的捕鲸业而远近闻名，当地人也以鲸肉为主食，位于半岛西岸千叶县铫子市的和田町就是日本历史最悠久的捕鲸渔村。在漫长的历史中，日本渔民逐渐发展出镖捕法、网捕法等捕鲸技术。在江户时代之前，捕鲸依然只是局限于沿海地区的渔业活动，进入相对安定的江户时代后，随着社会经济的发展，规模性的商业捕鲸活动开始出现，建立了被称为"鲸组"的专业捕鲸组织，进而形成以捕鲸和鲸肉加工为主的产业，甚至由地方藩国直接经营。江户时代，捕鲸业的主要产品是用作照明燃料的鲸油、作为食物的鲸肉和用于制作工艺品的鲸骨等，

表现江户时代日本捕鲸活动的浮世绘作品

而参与鲸鱼的分解工作也是众多渔民的谋生手段之一。江户时代捕鲸业的规模可以从当时最大的捕鲸基地平户藩生月岛的益福组得到体现,在鼎盛时期益福组拥有200余艘捕鲸船和多达3000名渔工,从享保年间到幕末的130年时间里捕获鲸鱼2.17万头。另据19世纪初的文献记载,当时日本太平洋沿岸每年鲸鱼的捕获量约为300头,每头可获利4000两以上。

以"黑船来航"为标志,日本被迫打开国门,进入幕末时代,捕鲸炮、捕鲸母船等西方捕鲸技术也传入日本。最早接触西洋式捕鲸的日本人是中滨万次郎,本是渔民的他因海难流落荒岛,被美国捕鲸船救起并学习捕鲸,辗转归国后于1863年受幕府委派尝试进行西式捕鲸,部分藩国也有相同的举措,但由于缺乏技术和经验多以失败告终。日本捕鲸业的近代化进程直到明治时代才得以实现,大型远洋捕鲸船取代了传统日式捕鲸船,捕鲸技术和加工工艺得以进步,旧时的鲸组逐渐演变成捕鲸公司,捕鲸海域范围也日渐扩大,由太平洋沿海扩展到日本海及朝鲜近海、冲绳海域。为了与俄国、美国和英国的捕鲸船进行竞争,明治政府于1897年4月公布了《远洋渔业奖励法》,对本国捕鲸业给予扶持,到1908年日本的捕鲸公司已达12家,拥有捕鲸船28艘。不过,考虑到保护日本近海的鲸鱼资源,防止过度竞争,日本政府于1909年对捕鲸活动发布限令,规定全国捕鲸船数量不得超过30艘,对捕捞的鲸鱼种类也做出调整。进入昭和时代,日本捕鲸株式会社和大洋捕鲸株式会社的捕鲸船于1934年开始远赴南极海域进行捕鲸活动,主要为了制取和出口鲸油,这是当时日本赚取外汇的重要手段之一。由于担心影响本土鲸肉的价格,加上冷冻运输尚不成熟,南极海域获得的鲸肉利用率不高,直到1937年侵华战争全面爆发,日本开始向战时体制转变,政府鼓励鲸肉消费后,才有更多鲸肉运回日本。

日本人认为食用鲸肉是其传统饮食文化,这一点可以从远至绳文时代、弥生时代的古代遗迹中出土的大量鲸骨得到佐证。受到佛教思想的影响,古代日本在食用兽肉上多

日本明治时代的捕鲸船,已经采用西洋式捕鲸技术

有禁忌,而鲸肉被视为鱼肉的一种而可以自由食用。除了被沿海民众作为肉食外,鲸肉也被贵族、武士视为珍贵食材,用于进贡或馈赠,日本古代典籍《古事记》中就有神武天皇接受鲸肉贡品的记述,到战国时代一代枭雄织田信长曾向天皇敬献鲸肉,他自己也曾得到臣下奉送的鲸肉。日本人对鲸肉的烹饪手法早有研究,将其列为鱼肉中的极品,室町时代末期的烹饪书《四条流庖丁书》中就认为在鱼类食材的等级中,鲸肉为最高等,鲤鱼为第二等,同时代的《大草家料理书》中记录了烹饪鲸肉的方法。到江户时代,鲸肉料理已经是一类重要菜式,在1643年出版的《料理物语》中介绍了10种鲸肉菜肴的做法。1832年出版的《鲸肉调味方》更是一本鲸肉料理的专著,将鲸鱼身体细分为70个部分,对每个部分的吃法都做了详细介绍,烹饪方式包括生食、烧烤、水煮、油炸等等。日本各地也出现了富有地方特色的鲸肉料理,比如房总半岛的鲸肉干、大阪的鲸肉水菜锅、江户的鲸肉味噌汤等等。

在明治维新以后,随着近代捕鲸业的兴起,日本人对鲸肉的需求逐步增加,但就总体而言鲸肉在战前日本肉类消费中的比例并不高,受欢迎程度也有限,其主要市场集中在以大阪为中心的关西地区,而在关东地区仅限于部分沿海城镇,甚至有在东京开办鲸肉料理专卖店生意萧条而倒闭的例子。进入昭和时代后,出于振兴捕鲸产业的目的,日本政府开始宣传食用鲸肉的好处,刺激鲸肉消费。据统计1924年日本的鲸肉产量为1万吨,到1930年已增至3万吨。随着侵华战争扩大化,日本政府为了增加食品产量,满足战争需要,进一步推动鲸肉的生产,将其作为一项国策,同时放宽了自南极捕捞鲸肉的输入限制,大型冷藏船的问世也有助于鲸肉的远程运输,到1939年日本年产鲸肉已达4.5万吨。太平洋战争爆发后,南极捕鲸活动自动停止,但日本近海的捕鲸活动在战时一直保持。

日本自古以来食用鲸肉的习俗自然影响到日本军队的饮食选择,早在中日甲午战争

鲸鱼瘦肉色泽暗红,据说口感与牛肉近似,日本自古就有食用鲸肉的传统

时期鲸肉就已被列为战地食品。1892年，罐头制造商伊谷以二郎开发出用鲸鱼瘦肉制成的罐头，甲午战争爆发后，他主动向陆军捐献了2800罐鲸肉罐头，称之为"勇者大和煮"，颇受好评并得到大量订单，日俄战争期间日本陆军一共向民间订购了价值251万日元的牛肉罐头和鲸肉罐头。日本海军也是鲸肉消费大户，而且相比陆军啃罐头鲸肉，海军的鲸肉料理要讲究得多，从明治草创时期就坚持不懈地研究各式鲸肉菜肴，成果丰硕。1939年，作为海军头等主力的第1舰队举办了一场别开生面的鲸肉料理大赛，要求所属各舰推出各不相同的鲸肉料理进行品评比较。于是，大厨们各显神通、尽展厨艺，演绎了一场鲸料盛宴，其中不乏惊艳菜式。航母"赤城"号的鲸肉味噌煮（酱炖鲸肉）、战列舰"雾岛"号的油炸鲸肉、战列舰"金刚"号的鲸肉南蛮时雨煮（加生姜、花椒等炖煮）、战列舰"伊势"号的奶汁烤鲸肉、潜水母舰"大鲸"号的大鲸面、驱逐舰"海风"号的鲸肉肉片汤、给粮舰"间宫"号的鲸肉烤蛋饼等，可谓色香味意形俱全，让人眼界大开。

日本海军不仅以日式传统手法烹饪鲸肉，也将西洋烹调技艺引入鲸肉料理，1942年3月发行的《海军主计兵调理术教科书（修订版）》中介绍的"鲸排"，就是洋式鲸肉料理的代表菜式。鲸排的做法并不复杂，将厚薄适中的整块鲸肉拍松后下锅煎熟，然后将切碎的洋葱丁用黄油翻炒至松软，浇在煎好的鲸肉上，可以再放一条烤好的培根。这一手法很可能借鉴了东京帝国饭店出名的招牌菜"夏里亚宾牛排"的做法，这道菜诞生于1934年，当时俄罗斯著名男低音歌唱家费奥多尔·夏里亚宾（Feodor Chaliapin）到日本巡回演出，下榻帝国饭店。他由于牙齿不适提出想吃软嫩的牛排，饭店厨师长筒井福夫从日式寿喜烧中获得灵感，发明了一道新菜——将牛排捶打至扁薄，放入洋葱沫中腌制后煎软，淋上用黄油炒软的洋葱丁——夏里亚宾品尝后赞不绝口。1936年，夏里亚宾再度访日时仍入住帝国饭店，总经理犬丸彻三提议以他的名字命名这道日式牛排，获得准许，这就是日本独有的原创牛排"夏里亚宾牛排"。鲸肉因为种类和部位的不同而在肉质和处

现代人复刻的日本海军鲸排，借鉴了夏里亚宾牛排的做法。日本海军还开发了多种多样的鲸肉料理

理方法上都不尽相同，这道鲸排应该是采用夏里亚宾牛排的烹饪手法对鲸肉进行软化，以改进口感，充分体现了日本海军料理遵循的"和洋结合"理念与富于创意的研究精神。

　　日本海军不仅在鲸肉料理上推陈出新、精益求精，战后还成为日本捕鲸业复兴的先锋。日本战败后，国内满目疮痍、百业凋敝，全国上下面临严重的粮食危机，牛肉和猪肉供应更是困难。于是，有人建议恢复战前的捕鲸活动，增加鲸肉供应，缓解食品供给紧张状况，得到驻日盟军总司令麦克阿瑟上将的准许，同意开放小笠原群岛海域进行捕鲸作业。然而，战前日本的大型远洋捕鲸船在战争期间全部被军方征用，几乎损失殆尽，剩余的沿海小型捕鲸船也不敷使用，于是只能向已经改称第二复员省的旧海军省求助，请求借用残存的旧海军舰船临时充当捕鲸船使用。昔日当过联合舰队旗舰的"长门"号战列舰也在候选之列，不过因为舰体过大，修复改装难度高而被排除在外。最后被选中的是第一号型运输舰，这是日本海军在战争后期建造的快速运输舰，标准排水量1500吨，航速22节，续航力为3700海里/18节，计划建造46艘，实际完成21艘，损失16艘，另有1艘战后触礁沉没，残存4艘。第一号型运输舰客串捕鲸船有一个独特的优势，其舰艉为了便于装卸货物设计成斜坡结构，正好便于将捕获的鲸鱼拖上甲板解体。于是，第19号运输舰连同舰长和全体舰员都被租赁给大洋渔业株式会社，该船接受了改装，船舱内增设冷藏库，甲板中部加装提取鲸油和分解鲸肉的设备。1946年2月14日，该船开赴小笠原群岛海域捕鲸，收获颇丰，两个月时间里捕获鲸鱼113头。此后，第9、13、16号运输舰也被改装为捕鲸母船，分别在1947年2月和1948年2月进行了两次远洋捕鲸

时至今日，日本仍逆时代潮流而动，坚持商业捕鲸活动，引发环保主义人士和国际社会的强烈谴责

作业。上述 3 次捕鲸活动总共捕获鲸鱼 860 头，获取了大量鲸油和鲸肉，为战后困苦受饿的日本民众提供了急需的燃料和肉食。

正是以此为契机，日本捕鲸业在战后强力复苏，迅速崛起为关乎国计民生的重要产业。鲸肉在战后初期取代牛肉、猪肉成为日本人最主要的食用肉类，鲸肉料理也在这一时期在全日本得到普及，甚至被送上中小学校的课间餐桌。作为学生午餐的主要食材，油炸鲸肉是日本校园午餐的代表菜式，直到今日在部分日本学校中依然保留着提供鲸肉的传统。至 20 世纪 50 年代末，日本成为世界第一大捕鲸国，在 1958 年生产鲸肉 13.8 万吨，到 1962 年达到历史最高峰的 22.6 万吨，鲸肉罐头也被大量生产用于出口创汇，还闹出过以鲸肉冒充牛肉制作大和煮罐头的商业丑闻。总之，捕鲸业和鲸肉成为日本渡过战后初期艰难岁月、恢复经济民生的重要助力因素，不过这段历史也让很多日本人留下了"鲸肉等于代用品、便宜货"的偏见印象。随着牛肉、猪肉、禽肉、鱼肉供应的恢复和稳定增长，日本对鲸肉需求急剧减少，捕鲸数量从 20 世纪 60 年代初开始逐年回落，实际上今日日本国内食用鲸肉的人越来越少，反对捕鲸的呼声也日益高涨，而日本政府依然打着"科学"和"传统"的幌子坚持捕鲸，实在令人不齿。希望有一天，这种所谓的"传统"能早日进入博物馆，"科学调查"能真正出于研究目的，而不是满足某些人的口腹之欲。

海军洋食第一味，和风漫卷国民餐——海军咖喱

说起日本料理，吃货们首先会想到生鱼片、寿司、天妇罗等传统的日式美食，不过在日本人的餐桌上最常见的食物并非上述传统料理，而是咖喱饭。日式咖喱饭在现代日本饮食中占据了非常重要的地位，在制作时使用咖喱加上肉类、蔬菜混合烹煮，再配上米饭食用，这种料理方式深受日本人的喜爱。咖喱饭甚至被称为"日本人の国民食"，以至于不明真相的人会以为日本是咖喱的发祥地，但事实上咖喱对于日本来说是地地道道的舶来品，是在明治维新后随着欧美饮食文化的传入而在日本普及开来的。值得注意的是，日本海军在咖喱引入日本以及日式咖喱做法的演进过程中都发挥了特殊作用，早在明治时代，咖喱饭就进入日本海军的日常饮食，并作为一道传统菜肴流传下来。直至今日，日本海上自卫队在每周五的午餐固定供应咖喱饭，而海军咖喱也是日式咖喱的代表品种之一。那么，日本海军与咖喱究竟有怎样的渊源呢？

咖喱起源于印度，是印度饮食的重要特点，图为使用咖喱制作的各式印度菜肴

  咖喱是由多种香料调配而成的烹调酱料，主要原料包括辣椒、姜黄、胡椒、小茴香、孜然和花椒等，味道辛辣浓香、辣中带甜，十分独特，是南亚、东南亚以及日本菜式中不可或缺的重要调味品。咖喱源于印度，这与当地的气候和宗教有很大关系。南亚次大陆气候炎热，高温潮湿的天气不仅令人食欲减退，还容易令食物变质，不便保存。印度人使用口味厚重的咖喱来刺激肠胃，增进胃口，同时加入香料的食品也易于保存。另一方面，印度是一个多宗教国家，尤以印度教和伊斯兰教影响最大，两者都有饮食禁忌，印度教禁食牛肉，而穆斯林禁食猪肉，这样羊肉就成为被普遍接受的肉食，而咖喱是去除羊肉膻味的必要调味品，自然受到欢迎并广为流传。

  不过，日式咖喱的源头并非印度，而是英国。印度在近代沦为大英帝国的殖民地，咖喱通过英国殖民者之手传播到欧洲。当时远赴印度的英国皇家海军官兵使用咖喱代替容易变质的牛奶用于炖煮牛肉和蔬菜，配合面包食用，发现味道格外好，而且咖喱在保存食物方面的功用也受到英国海军的重视，因此咖喱借着英国战舰的风帆漂洋过海，摆上了英国人的餐桌。英国厨师还对咖喱原料的配比进行了调整，使之更符合欧洲人的口味。值得一提的是，英国海军的咖喱炖肉是日本海军咖喱的鼻祖，这一点还要在下文详述。

  咖喱进入日本可以追溯到幕末时代。在佩里黑船来袭后，江户幕府被迫放弃闭关锁国政策，打开国门与西方交流，开始接触西方饮食，咖喱也随之传到日本。明治维新时期，整个日本都沉浸在全力向欧美学习的氛围中，其中也包括饮食方面。日本传统饮食崇尚清淡，保持食材的原汁原味，以米为主食，多食用蔬菜、豆制品和鱼，相对肉食较少，甚至达官显贵也很少吃肉，这与西方以肉类为主的饮食习惯大相径庭，因此混合了牛肉、蔬菜和各式香料，味道浓郁的英式咖喱料理对于日本人来说充满了新鲜感。

随着西餐在日本的传播，咖喱的做法也逐渐为日本人所知。在日本最早制作咖喱料理的人是那些在外国商行内工作的厨师，最初他们完全仿效英式咖喱的做法，制作浓稠多汁的咖喱肉汤，用面包蘸着食用，这种吃法在上层社会中盛行一时。在1872年出版的《西洋料理指南》中有关于咖喱做法的介绍。1873年，日本陆军在星期六提供给少年兵的午餐中就出现了咖喱饭，后来成为陆军士兵日常饮食的固定品种，不过日本陆军的伙食基本以和食为主，所以陆军咖喱并不出名。1877年，横滨的西餐馆风月堂首次将咖喱料理加入菜单。与英国人一样，日本人也对咖喱进行了改良，发展出独具一格的日式咖喱。相比辛辣浓郁的印度咖喱，日式咖喱通常不太辣，因为加入果泥，味道偏甜。不过，在明治时代早期，咖喱料理还是上层人士的专享，日式咖喱向平民阶层的普及推广则主要通过日本海军来完成的。

明治维新的重要内容就是仿效西方国家建立近代化的陆海军，初创时期的日本海军以英国海军为师法的对象，无论从组织制度，还是舰船技术都从英国引进。据说连修建江田岛海军兵学校教学楼的红砖都是从英国进口的，海军官兵的日常饮食也借鉴英国，对传统饮食结构进行了变革。对于日本海军军官而言，吃西餐和学习西式餐桌礼仪是素质养成的必修课，而普通水兵也能接触到咖喱一类的外来食品。

在明治时代，日本人在身材体格上远逊于人高马大的欧美人士，日本陆海军都非常重视改善饮食以增强官兵的体质，并提出"要获得不输于外国人的体格必须吃肉"的观点，大力在军队伙食中增加肉食的分量，提高官兵每日摄入的卡路里和蛋白质，因此日

明治时代的日本海军官兵，为了增强体格，日本海军鼓励官兵多吃肉

今日复刻的《海军割烹术参考书》，原书由海军经理学校编撰，作为指导海军饮食制作的参考资料

本军队相比普通民众更早地研究肉类料理的制作。相比日本陆军，日本海军更加重视饮食的多样性和营养的均衡性，一方面因为舰船长期在海上航行时难以获得新鲜食品的补充，在携带的食物上特别注意营养搭配，以免官兵因为营养失衡而引发疾病；另一方面丰富可口的饮食在单调的航海生活中是官兵们少有的享受，有助于保持和提升士气，正所谓美食是士气的源泉。基于吃肉增强体质，摄取均衡营养以及丰富食物口感等方面的需要，在英国海军中流行的咖喱炖肉就自然也为日本海军所继承。

在现存的海军文献中，有关咖喱烹饪方法的记载最早出现在1889年出版的《五等厨夫教育规则》一书中，此书是作为海军主计科新兵的教材编撰的，其中收录了有关咖喱的内容。1908年9月由海军经理学校（培养后勤人员的专业学校）编撰的《海军割烹术参考书》中也记载了咖喱饭的做法，此后，海军的各类烹饪教科书中都不乏咖喱料理的内容。英国海军中的咖喱炖肉是搭配面包食用，但是日本人不习惯吃面包，仍以米饭为主食。为了方便将咖喱浇在米饭上食用，日本海军对英式咖喱炖肉做了改良，借鉴法式料理的手法，在咖喱中加入小麦粉以增加黏稠度，与牛肉和蔬菜混煮，形成糊状的菜肴，非常适合与米饭拌食，因此受到欢迎。日本海军认为，咖喱饭综合了牛肉、蔬菜的营养，咖喱中包含的香料中有些源自药材，其成分有利于增进健康，浓香的口感能够刺激食欲。此外，它还有一个特别的优势，糊状的咖喱与米饭混合后不易溢出餐具，非常适合在不停摇摆的军舰甲板上食用，从各个方面都非常符合正在壮大的日本海军的胃口，咖喱饭由此成为日本海军官兵最为喜爱的食物之一。

日本海军中负责饮食制作的主计兵入伍后要接受与普通水兵一样的基础军事训练，之后才开始料理方面的专业训练。他们不仅要熟悉各种食材的处理、烹饪方法，还要熟练掌握军舰上特别的炊具器皿的使用要领，还要学习有关营养学方面的知识。手艺出众的主计兵在任何一艘军舰上都非常受欢迎，往往会得到特别的关照，如果被山本五十六、山口多闻一类的吃货将官看中，就会有幸调到"大和饭店"那样的大型战舰上服役。对于任何一名主计兵而言，咖喱饭都是必须掌握的基本菜式，如果做不好咖喱饭，就很难称得上是合格的海军主计兵。他们在回家探亲或退役返乡后，也会在家中传授咖喱饭的制作方法，使得更多的平民得以接触到这道富于海军风味的佳肴，因此日本一直流传着一种说法，认为海军是咖喱的传播者，这是符合事实的，日本海军的确极大推动了咖喱饭在日本的普及。

咖喱饭作为一道深受喜爱、人气颇高的菜肴，自明治时代以来在日本海军及战后的日本海上自卫队中传承了超过一个世纪，在漫长的时间里其原料和制作方法发生了很多变化，即使在同一时期，海军咖喱的做法也是多种多样的。虽然在接受专业训练时，海军主计兵会学习一些咖喱饭的基本做法，但在分配到工作岗位后，并不会按照统一的方式进行烹饪，拥有很大的发挥空间，可以尝试不同的食材搭配和料理方式。每艘军舰上的主计兵都会根据自己的理解和本舰官兵的喜好，倾注心血制作出风味独特的咖喱饭，就像家庭主妇以自己的方式烹饪菜肴一样，每艘军舰的咖喱饭都是本舰主计兵的私房菜，而且各舰之间也会比拼各自咖喱饭的味道。

日式咖喱饭类似于中华饮食中的盖浇饭，由米饭和拌食的汤菜组成，米饭通常来说大同小异，因此利用咖喱调制烹煮的汤菜才是决定咖喱饭口味的关键因素。日本海军的咖喱饭是由英式咖喱炖肉演变而来，其基本原料是肉类、蔬菜、咖喱粉、小麦粉以及酱油、盐、白糖等调料。明治时代，日本海军的咖喱饭遵循了英式咖喱的传统，以牛肉为主要食材加以制作，蔬菜通常为土豆、胡萝卜和洋葱，在制作程序上比较复杂，肉、蔬菜的烹调以及咖喱汁的制作都要分别进行。比较普遍的做法是：首先将牛肉单独煮熟，将熟肉和汤汁备用；其次，将切成小块的土豆、胡萝卜和洋葱一起置于油锅中翻炒，然后将熟肉和肉汤一起倒入锅中煮；再次，将咖喱粉、小麦粉和牛油放在平底锅内炒制成

日本海军的咖喱饭在英式咖喱的基础上进行了改良，更加符合日本人的口味

糊状；最后将咖喱汁加入锅内与肉、菜同煮，并加入酱油、白糖和盐调味，在各种味道充分混合，汤汁渐趋浓稠后就算大功告成，可以舀出浇在事先做好的米饭上食用。

在明治时代，日本海军官兵食谱内的肉食特指牛肉，大力推广食用牛肉是明治饮食革命的重要标志。当时食物的冷藏保鲜技术还不成熟，因此日本海军的舰船在出海远航时要像风帆时代的战舰一样将活牛带上舰饲养，需要食用时就现场宰杀，保证新鲜牛肉的供应。不过，肉牛的饲养期较长，成本较高，是比较昂贵的食材，而且明治时代的咖喱饭制作流程相对繁琐，耗费较多的人力、物力和时间，因此在进入昭和时代后，日本海军在制作咖喱饭时开始使用比较容易获得的猪肉和鸡肉代替牛肉，并简化方法，以降低制作成本，提高烹饪效率，这些变化都体现在昭和时代日本海军编辑的各类料理参考书中。到了战争时期，尤其是太平洋战争后期，牛肉的供应更加困难，猪肉和鸡肉逐渐取而代之，成为海军咖喱的主要食材，尽管如此，咖喱饭对于海军官兵来说依然是不能替代的美味。

1944年，日本海军经理学校使用的烹饪实习参考书中详细记载了猪肉咖喱饭的做法，既反映了当时的食材供应状况，也显示了战争时期咖喱饭的制作过程。根据教材的内容，猪肉咖喱饭的主要原料包括猪肉、土豆、胡萝卜、洋葱、咖喱粉、小麦粉、酱油、白糖、盐和猪油（或其他动物油脂），除了将牛肉换成猪肉外，其他原料与明治时代的咖喱饭基本相同。在食材准备阶段要将猪肉切成小块，并撒上盐进行腌制，将土豆、胡萝卜和洋葱切成适当大小备用。如果制作的分量较少则采用以下方法：首先将猪油置于锅中烧热，

20世纪30年代在舱内用餐的日本海军水兵和下士官，当时咖喱饭已经是日本海军的日常饮食之一

将洋葱放入炒至轻微变色，然后倒入咖喱粉、小麦粉搅拌，之后加水拌匀，放入切好的猪肉进行炖煮，待猪肉变色变软后放入胡萝卜和土豆继续煮，在全部食材煮熟后加入白糖、酱油和盐调味，即可装盘食用。如果制作的分量较大则方法有所变化：将腌制的猪肉和切好的蔬菜全部倒入锅中，加水用大火煮开，并捞出浮沫；将咖喱粉和小麦粉加水进行充分搅拌成糊状，然后放入锅中拌匀；待全部食材煮熟后加入盐、白糖和酱油调味，即可食用。

教材中除了说明猪肉咖喱饭的基本制作方法外，还记录了一些建议和小窍门，比如在制作时加入大蒜和生姜会更加美味，蔬菜也不一定要切成小块，少放白糖多放酱油比较符合士兵的口味。蔬菜的品种可以根据时令进行调整，如果使用肉类味道比较重，需要先炒至半熟，在咖喱中加入果肉也能增加滋味。毫无疑问，这些做法都来自历代主计兵在烹调过程中产生的创意和积累的经验。

除了使用牛肉、猪肉、鸡肉这些日常肉类外，海军咖喱还可以使用海鲜制作，比如1932年出版的《海军研究调理献立集》中就介绍了咖喱炸鱼、咖喱烤竹筴鱼、蛤蜊咖喱饭等海鲜咖喱料理，其中有一道特制咖喱饭是专供高级军官享用的，这就是伊势虾咖喱饭。伊势虾是生长在日本近海的龙虾，因为主要产地三重县在古代属于伊势国，故名。伊势虾体态壮硕，通体呈暗红色并密布棘刺，外壳坚硬，体重约1千克。其肉质鲜嫩多汁、美味无比，在日本传统文化中象征着长寿和权力，而且捕获量少，供不应求，自古就是非常名贵的海鲜。江户时代，幕府将军和各地大名在新年来临之际都重金求购伊势虾，在日本很多地方都保留着正月食用伊势虾或用伊势虾献祭的习俗。在旧日本海军时代，只有各大镇守府所在地能在当季或多或少地得到伊势虾的供应，它们大多被送往镇守府军官俱乐部的高档餐厅，供高级军官享用。一般来说，吃伊势虾还需要这些军中老

使用名贵的伊势虾制作的伊势虾咖喱饭，是专供海军高官享用的美食

饕们自掏腰包，至于下级军官和普通士兵是无缘品尝的。

　　伊势虾咖喱饭因为食材的精贵而身价倍增，其制作方法与普通咖喱饭差别不大，但在处理食材时需要相当的经验。制作伊势虾咖喱饭的首要步骤是剖虾取肉：将虾头切掉，从虾背、腹侧进行切割，将虾肉和虾壳剥离，下刀务必小心，注意不要破坏虾肉；将虾肉整体从虾壳中抽出，新鲜的虾肉呈现出诱人的粉红色。然后，将虾肉切成圆块或丁块，将胡萝卜、洋葱、土豆、新鲜鸡骨架切块、切丁，与咖喱块一起入锅，加入高汤熬煮，适时加入虾肉煮成浓汁。最后，将煮好的虾肉咖喱汁浇在米饭上就可以上桌食用了。制作伊势虾咖喱饭的难点有二：首先，为了充分利用虾肉的美味，要用虾头和虾壳熬制高汤，一定要让虾头的鲜味充分融入汤水之中，熬汤的火候和时间非常讲究；其次，伊势虾肉不易煮得过久，否则肉质变硬，肉汁散失，鲜味也会大打折扣，所以在制作时将切好的龙虾肉放入咖喱汁中煮炖，必须把握好时机，能够掌握这道特制咖喱饭技巧的主计兵想必也是同辈中的佼佼者。

　　1945年8月二战结束后，自明治时代建立的日本海军灰飞烟灭，海军咖喱也随之渐渐淹没在普通家庭和各式餐厅的主流咖喱料理中。虽然后来日本海上自卫队恢复了传统，专门设立了咖喱日，在每周五的中午向官兵提供咖喱饭，但是由于战后食品加工技术的进步以及食材品种更加多样，所以今日的"自卫队咖喱"与战前的海军咖喱已经差异明

横须贺海军咖喱总店，如今海军咖喱已经是横须贺的城市美食名片

显。不过，20世纪90年代末，在横须贺的街市上，由于某种机缘巧合，明治时代的传统海军咖喱得到了重现。横须贺曾经是日本海军四大镇守府之一的横须贺镇守府所在地，拥有大型军港、海军工厂、海军院校以及海航基地等，战后仍然是日本海上自卫队和驻日美国海军舰队的主要基地，因此整座城市都充满了浓厚的海军文化氛围。

1999年5月，为了复兴和推广传统饮食文化，繁荣旅游业，横须贺地区商会和海上自卫队横须贺地方总监部合作发起重现明治时代海军咖喱的活动，成立了"横须贺咖喱街推进委员会"。由当地非常出名的料理店鱼蓝亭的老板娘亲自操刀，按照日本海军1908年发行的《海军烹饪参考书》记载的做法，再现了海军咖喱最初的风味。以鱼蓝亭重现明治海军咖喱为起点，横须贺的餐饮市场上刮起了一股海军咖喱复古风，不少店家都根据战前海军的各类料理书籍推出了自己的海军风味咖喱料理，除了在餐厅内食用外，顾客也可以购买便于携带的咖喱便当。虽然崇尚大舰巨炮主义的旧日本海军已经不复存在，但具有浓厚海军风味的咖喱料理依然能够给今日的人们带来厚重的历史体验。如果读者朋友有幸去横须贺一游，可不要错过那浓香诱人的海军咖喱哦！

提督心恋醉人松，无妄烈焰化尘灰——海军料亭小松史话

在2016年之前，一名对日本海军史有兴趣的观光客如果造访军港城市横须贺，除了参观著名的"三笠"号战列舰外，还有一个地方不容错过，那就是位于米滨的料亭（日式高档饭店）小松。这座始建于明治时代的老店内部到处透露出浓厚的海军气息，环境典雅，充满复古之风，随处摆放着与海军相关的装饰品，最引人注目的是房间里悬挂着不少风格各异的书法作品，上面的落款都是日本海军历史上赫赫有名的人物：东乡平八郎、铃木贯太郎、山本五十六、米内光政等等。这座料亭的独特风格正源于它与日本海军的深厚渊源，从明治初年到二战之前，小松料亭在日本海军中，尤其是高级军官中可谓无人不晓。它是海军军官最喜欢光顾的餐饮娱乐场所，素有"海军料亭小松"之称，战时甚至在前沿基地特鲁克开设了分店。战后，小松又继续为海上自卫队和驻日美军服务。毫不夸张地说，这座料亭见证了近代以来日本海军的全部历史。

让很多人意想不到的是，这座享誉海军数十载的知名料亭的创始人是一位出身底层的女性，她的原名叫山本悦，1849年4月出生于小石川关口水道町（今东京都文京区），父亲山本新藏在江户经营一家名为"浅古屋"的干货店，有兄弟姊妹八人，山本悦排行

日本横须贺著名的海军料亭小松的正门，与日本海军渊源深厚

老四。山本家原本家境殷实，不料在悦十多岁时父亲罹患重病，家道中落，生计困难。1866年，山本悦在朋友梅的劝说下打算前往浦贺谋生，遭到家人的反对，但她去意已决，不惜与家人断绝关系，体现出独立而坚定的性格。

山本悦和梅最初投靠专营渡轮生意的"松崎屋"，幕后老板松藏是梅的熟人，在浦贺当地很有名望。他见两个小姐妹长途跋涉而来，不知是心生怜悯，还是认为她俩不适合在人流混杂的码头工作，就把她们安排在自家宅邸做家务。两个月后，梅改变心意，想返回江户，可是悦已经自断退路，无法返乡，于是决定离开浦贺前往骏府（今静冈县）投靠朋友。有感于相识一场，松藏请悦到浦贺有名的旅馆"吉川屋"品尝当地特色的荞麦面。席间，吉川屋的老板娘良子得知悦自幼学习三味线（日本乐器），故而请她弹唱一曲助兴，悦的琴艺让良子非常欣赏，于是挽留她在吉川屋工作，山本悦的命运由此发生了转折。

作为天然良港的浦贺早在江户时代就已经成为繁华的市镇，明治初年更是草创中的日本海军的重要基地，兴建了很多海军设施。吉川屋经常接待海军军人餐饮住宿，久而久之成为当地海军交际宴饮的中心。山本悦常在宴席上演奏陪酒，她性情爽朗、善于交际，很得客人的欢心，自然结识了不少海军军人，从这时起就积累了深厚的海军人脉。

1875年，在明治政府中担任军政高官的山田显义、山县有朋、西乡从道等人陪同小松宫、北白川宫、伏见

将名字赐予山本悦的小松宫彰仁亲王

222 战士的餐桌

宫和山阶宫四位皇族来到浦贺,视察在附近海域进行的水雷试验。一行人最初预定在别处下榻,但在途中路过吉川屋时被周围的美景所吸引,于是临时决定在吉川屋过夜。贵客临门,店里当然要隆重招待,准备了丰盛的宴席,山本悦也在席间陪侍。作为余兴节目,山本悦与四位皇族玩起指相扑的游戏,即两人以四指相扣,以拇指对顶,压住对方者为胜。别看山本悦是一介女流,却身形健硕高大,据说体重有 70 千克!个性洒脱的她并未因为对手是皇室贵胄而退缩,将他们一一击败。

小松宫对她的气魄和体格由衷佩服,于是说道:"为了与你强健的身体相称,我将我的名字赠予你吧。"山本悦只当作席间的一句戏言,并未在意,哪知次日早上浦贺郡长应召前来,小松宫郑重其事地吩咐道:"昨晚我将我的名字赠予了山本悦,你来帮她处理改名的手续吧。"于是,山本悦改名为山本小松。

山本小松在吉川屋工作了近二十年,深得老板信任,成为管事人员,存下不少积蓄,对于旅馆业的经营之道也了如指掌,心中渐渐产生了单干的想法。一些熟识的海军军官也劝她另起炉灶:"今后横须贺必会成为日本第一军港,请一定在横须贺开店。"正巧横须贺镇守府于 1884 年 12 月开厅,山本小松看到了横须贺成为海军城市的远景,于是下定决心脱离吉川屋自立门户,前往横须贺开拓发展。她在田户海岸开办了一家融餐饮住宿于一体的旅馆,取名为小松,以感怀昔日皇族赐名之恩。经过一番筹备,小松旅馆于 1885 年 8 月 8 日开业,这一年正好是明治 18 年,小松特意选择这个有 3 个 8 的日子开业,以讨吉利。

小松旅馆所在的田户海岸在当时是一处以白沙青松出名的风景胜地,这里有一片白色沙滩,可以眺望不远处的猿岛,沙滩附近还有一片常绿松林,景色优美。小松选址的初衷就是利用海岸风光吸引游客,他们在海滨浴场游玩后就到旅馆里洗浴、用餐和住宿。明治时代的尺八(日式竖笛)名家,未来的海军大将八代六郎是小松的常客,在某个中秋之夜,他坐在旅馆的走廊上,看到皎洁的月光洒落在海面上,波光粼粼,眼前的美景

建于明治时代的横须贺镇守府第一代官厅,这栋建筑后来毁于关东大地震

令他兴致大发，拿出尺八吹奏了《千鸟之曲》等名曲，传为一时佳话，也让小松旅馆声名远播。很快，小松旅馆就出现在描述横须贺风景名胜的铜版画和旅行指南中。

初建时的小松旅馆是一栋两层瓦房，一楼有5个房间、厨房和浴室，二楼有4个房间，每个房间的大小在6~8个榻榻米，室内装修陈设都十分雅致考究。小松还重金聘请名厨和知名艺伎提供服务，以精美饮食和精彩歌舞招揽客人，而她最重要的客源就是汇集在横须贺的海军官兵。19世纪末，正值日本为了称霸东亚而大力发展海军的时期，横须贺迅速成为繁忙而重要的军港，港内的军舰数量与日俱增。舰队驻泊或出海归来时，海军官兵都会上岸寻欢作乐，休憩身心。当时横须贺还没有几家像样的饭馆酒店，而环境舒适、服务周到的小松旅馆自然成为军官们的首选，加上老板娘在海军中的人脉，小松旅馆宾客盈门、生意兴隆。

在世纪之交，日本先后发动了中日甲午战争和日俄战争，在这两场战争中日本海军都发挥了关键作用，使得日本跻身海军强国之列，反过来又促使日本大力扩充海军军备，而日本海军的日益膨胀也为小松的事业提供了强大的推动力。为了满足海军官兵对餐饮娱乐的旺盛需求，小松旅馆于1893年进行了扩建，面积扩大一倍，增设了6个房间，包括2个10榻榻米见方的大房间。当时负责扩建工程的小泉又次郎后来当选众议员，并出任邮政大臣，是后来的日本首相小泉纯一郎的祖父。正是在这一时期，小松开始逐渐将旅馆转型为以海军军官为主要服务对象的高档料亭，以珍馐美食和艳丽艺伎吸引海军军官的光顾。随着小松的声名日隆，更多的人慕名而来，众多海军将领和社会名流也成为小松的座上宾，促使小松更加不遗余力地提升服务层次和品质，以满足高官显贵的口腹酒色之乐。到明治时代后期，小松料亭已经是横须贺首屈一指的"海军军官俱乐部"，"海军料亭"之名不胫而走。当时日本海军处处学习英国海军，连日常用语都常夹杂英语单词，引为时髦，而小松料亭被军官们简称为Pine，即英语"松树"之意。

现代小松料亭制作的精致料理，小松一直以美食美女吸引客人光顾

1904年日俄战争爆发后,日本全国都陷入空前的战争狂热中,小松料亭也异常繁忙,连日接待海军军官举行的壮行宴,订单接连不断。在日本取得战争胜利的1905年,小松料亭也迎来了20周年店庆,开始扩建面积达100榻榻米的大宴会厅,以满足举办大型宴会的需要。随着日本海大海战的胜利,凯旋的舰队官兵又在小松举办各种庆功宴、祝捷会,让小松赚得钵满盆盈。次年,大宴会厅建成,小松料亭迎来了全盛期。颇有生意头脑的山本小松为了提升料亭的名气和身价,经常在海军高官莅临时请求惠赐墨宝作为留念,海军将领们对于这种风雅之举也十分乐意,大多欣然应允,挥毫泼墨。小松将字幅挂在店中向其他客人展示,既有纪念意义,又是强力推广,日积月累居然收集了诸多海军将领的作品,包括被奉为"军神"的东乡平八郎大将的手书,价值非凡,俨然成为小松料亭引以为豪的风景线。

到明治末年,横须贺海军基地的发展有力带动了周边地区服务行业的兴旺发达,旅馆、酒肆、料亭、妓馆大量出现,后来与小松齐名的另一家海军料亭"鱼胜"也在此时开店,同样被海军军官们取了"Fish(鱼)"的英语代号。不过,由于小松建店较早,实力雄厚,人气爆棚,依然是横须贺餐饮界的龙头老大。然而,小松的繁荣随着大正时代的到来逐渐逝去。

进入大正时代后,小松料亭的生意渐渐冷清。首先,以白沙青松出名的田户海岸于1913年被日本政府划为填海地区,使得小松失去了风景名胜的地利;其次,受到一战后世界范围经济危机的影响,日本国内经济衰退,消费力下降,小松的客源大量减少;再次,受经济危机冲击,横须贺的服务行业从业者生活困顿,为了改善待遇而举行了罢工。受到上述因素影响,山本小松于1919年被迫关闭料亭,专心经营艺伎馆"大和屋"。

料亭停业后,许多对小松怀有感情的海军军官深感惋惜,强烈要求小松重新开业。受此鼓舞,小松在景色秀美的米滨买下约400坪土地,从1923年春季起兴建新店。然而,建造期间发生了关东大地震,横须贺更是重灾区,小松经营的大和屋也在地震中起火,付诸一炬。山本小松被迫回到田户的老店避难,还把大宴会厅开放给灾民作为避难所。幸运的是,正在建造的新店没有受到地震破坏,顺利完

小松料亭里保存的著名海军军人的手迹:上方横幅由冈田启介手书,下方字幅由左至右分别为山本五十六、米内光政、铃木贯太郎、上村彦之丞和东乡平八郎

工,小松料亭于1923年11月重新开业。小松新店为两层木造建筑,面积约175坪,周边空地都修成幽雅的日式庭院,以花草竹石精心装饰。料亭重开得到许多海军军官的捧场,生意逐渐重回正轨。同时,向贵宾求赐墨宝的传统也被延续下来,后来在昭和时代叱咤风云的海军大人物,比如铃木贯太郎、冈田启介、山本五十六等人都在小松料亭留下了手迹,令小松成为一面亮堂堂的金字招牌。

虽然小松料亭东山再起,但是年届七旬的山本小松却为继承人的问题苦恼不已。小松终身未嫁,先后收养了两个侄女,悉心培养,以期继承衣钵,不想她们都嫁给了海军军官,无心接手经营,后继乏人成了小松的心病。1924年,小松将刚满15岁的侄外孙女吴东直枝收为第三个养女,改名山本直枝,后者不负厚望,后来成为小松的二代掌门人,打理生意直到平成时代。1925年,在纪念开店40周年之际,小松料亭开始在原有建筑基础上扩建。1927年,18岁的山本直枝与逗子木材店的二公子桐谷耕二结婚,同年正式接过料亭的经营权。1930年,日本与英美签订《伦敦海军条约》,引发不少年轻海军军官的不满,他们跑到小松店内,将支持缔约的冈田启介大将书写的匾额取下来丢进池塘里泄愤。

1933年至1934年,在山本直枝的主持下,小松料亭开始新一轮扩建,将原有建筑西侧的庭院推平,另建新馆,在1923年至1925年间建成的店面则被称为旧馆。新馆一楼设有西式包厢与7间和式包厢,其中西式包厢曾经招待过山本五十六等高级将领,并且沿用到战后,成为旧日本海军资料的展示厅。7间和式包厢分别采用紫檀木、枫木、柏木等名贵木材进行装饰,室内家具陈设也都用珍贵木材制成,格调高雅奢华,以符合来宾的尊贵身份,其中一间以枫木装饰的包厢经常用来接待横须贺镇守府长官等海军高官,因此被称为"长官包间"。新馆二楼是两间连通的大宴会厅,连同走廊面积达160块榻榻

在绿树掩映下的小松新馆,是在二代掌门人山本直枝主持下于昭和初年修建的

米，十分宽敞，用于举行大型宴饮活动。二楼房间的装饰同样毫不吝啬地使用高档木料，房间中粗大的黑檀木梁柱价值不菲。同时，新馆采用了单立柱倒三角桁架结构，比旧馆更加结实耐用。毫不意外，小松新馆使用的高级木料都是由山本直枝的婆家逗子木材店提供的。

山本小松将生意交给养女后，仍然在背后给予指导，还经常出席店内的宴席。1935年，山本小松在隆重庆祝了自己的88岁大寿后，就在旧馆二楼新建的房间里过起隐居生活，不再过问店内事务。山本直枝成为料亭的最高管理者，延续一贯的经营路线，与海军高层过从甚密，小松始终扮演着海军御用料亭的角色。

太平洋战争爆发后，小松的常客，已经出任第4舰队司令长官的井上成美中将找到山本直枝，希望小松料亭能在前线开设分店，为出征的军官提供服务。已经退休的山本小松对此非常赞成，山本直枝也表示同意。最初计划在新加坡开分店，但考虑到那里陆军居多，又远离前线，于是改设在第4舰队司令部所在地特鲁克群岛，那里后来成为联合舰队在南太平洋前线的大本营，包括"大和"号战列舰在内的众多舰艇都将停泊在那里。在海军的大力协助下，小松料亭分店于1942年7月在特鲁克群岛的夏岛开业，命名为"特鲁克·松"，起初有20～30名厨师、艺伎和其他服务人员从本土远赴特鲁克，后来又增加了50～60人，小松分店的服务水准与总店并无太大差别，因此受到舰队上下的热烈欢迎，包括联合舰队司令长官山本大将在内的各级军官都经常前往聚餐玩乐。小松还计划在拉包尔开设第二家分店，但由于战况恶化，未能实现。

1943年4月19日，小松料亭的创始人山本小松去世，享年94岁。就在前一天，小

1935年7月，时任"比睿"号舰长的井上成美大佐在卸任前在小松举行送别宴会，与客人和店内员工合影，前排穿深色和服者就是已经隐居的老店主山本小松

松的老主顾山本五十六大将在所罗门前线被美军飞机伏击殒命。随着联合舰队主力从特鲁克撤回本土，小松分店的生意大不如前。1944年3月30日，特鲁克基地遭到美军舰载机群的大规模空袭，小松分店也被破坏，并有人员伤亡，被迫停业。战后不久，井上成美特地拜访了山本直枝，拉着她的手就开设分店的事情向她表示歉意。

  1945年8月15日，日本宣布战败投降，小松料亭也随之闭门休业。自从建店以来小松就与日本海军联系密切，眼看海军的惨淡结局，山本直枝感到心灰意冷，打算与海军共命运，将店铺转让给他人经营。然而，随着美军的到来小松的命运出现了转机。8月30日，美军进驻横须贺，将原横须贺镇守府官厅改为驻军司令部，留守日军人员被赶出来，只能借用停业的小松料亭作为临时办公地点，后来又将部分房间作为跟美军接洽的外务省职员的宿舍，因此美军人员也经常出入小松办理公务。山本直枝借机向美军官员旁敲侧击，打探可否重新开门营业。美军正愁没有地方给驻军官兵提供休闲餐饮服务，山本的想法正中下怀，受到美军欢迎。1945年10月，小松料亭作为横须贺盟军司令部指定的第一号饭店重新开张。

  前不久还想着与海军同生共死的山本直枝迅速转变角色，开始挖空心思地迎合新客人，她在店内改建了西餐厅、酒吧和音乐沙龙，请来了爵士乐队和西餐厨师，增加了很多符合美军官兵趣味的娱乐设施，陪酒女郎更是不可缺少。总而言之，在战后初期的混乱时局中，小松渐渐适应了新的时代，由日本海军御用料亭变成了美军钦定的军人俱乐部。许多进驻横须贺的美国海军军官也和他们先前的对手一样喜欢上了小松。为了更好地为美军官兵提供服务，山本直枝决定对店员进行英语培训，她想到了战后在横须贺长井隐居的井上成美，精通英语又交情匪浅的井上当然鼎力相助，还亲手编写了针对小松店员的英语教材，教授在餐饮服务中必要的实用英语会话。此举效果极佳，令美军官兵大有宾至如归之感，自然客似云来，小松料亭里的灯红酒绿与战后日本的满目疮痍形成

火灾扑灭后小松料亭的残垣断壁，这座百年老店连同店内保存的历史资料被付诸一炬

了鲜明对比。

1952年，日美签订《旧金山和约》和《日美安保条约》，为了庆祝和约生效，山本将小松旧馆的一部分改建为夜总会，招待驻日美军和陪同前来的日本人，此时一些旧海军中的昔日熟客也重新现身小松。1955年，小松料亭迎来了70周年店庆，以此为契机在新馆基础上又增盖了两层瓦顶楼房，扩大了经营规模。战后的横须贺是美国海军和日本海上自卫队的重要基地，战前横须贺海军料亭中唯一存活到战后的小松也继续为美军和自卫队官兵服务，同时还保存了许多旧日本海军的传统痕迹，特别是那些海军将领的墨宝，成为了解日本海军历史的珍贵资料，吸引着不少旧海军军人前来感怀往事。2003年，小松旧馆的一半建筑被拆除，用于新建公寓，战后改建的夜总会也被拆掉，但修建于大正时代的玄关和采用名贵木料装饰的新馆继续保留。

2016年5月16日，小松料亭突发火灾，当天是星期一，正好是闭店公休，因此店内无人发觉火情，还是一位路人发现后报警。横须贺消防局派出23辆消防车前往灭火，当消防员赶到时，火势已经失去控制，加上小松新馆以木制材料为主，火势猛烈，浓烟弥漫，连附近公寓的居民都被迫暂时疏散。这场大火在燃烧了14个小时后才被扑灭，但整座店铺被烧成白地，所幸无人伤亡，至于起火原因至今没有查明。就这样，拥有百年历史的小松料亭带着有关日本海军历史的记忆在冲天烈焰中消失于人世间。

最强战舰亦是最豪海上饭店——"大和"舰饮食传说

1945年4月1日，美军登陆冲绳岛。已经穷途末路的日本海军策划了一项疯狂的计划，派出堪称联合舰队最后象征的"大和"号战列舰前往冲绳海域实施单程的特攻作战，炮轰美军登陆舰队，进而抢滩搁浅，作为水上炮台做垂死一搏，此次行动被称为"天一号作战"。4月6日下午，由"大和"号、"矢矧"号轻巡洋舰和8艘驱逐舰组成的特攻舰队在第2舰队司令长官伊藤整一中将指挥下，从德山湾启航，作为"一亿总特攻的先锋"踏上不归征途。谁都没想到，舰队出发后不久即为美军潜艇发现。次日上午，位于冲绳以东海面的美国海军第58特混舰队派出的侦察机于九州以南海域发现日军舰队行踪，随即从11艘舰队航母上起飞了386架舰载机前往围攻"大和"号。中午时分，如同乌云般的美军机群出现在日军舰队前方的天际线上，而舰队上空没有一架日军飞机提供掩护。

4月7日12时30分，美机发起第一波攻击，日舰队防空火力全开，拼力抵抗，怎奈众寡悬殊，"矢矧"轻巡洋舰和"滨风"号、"朝霜"号驱逐舰被击沉，"矶风"号和"凉月"号遭重创，"大和"号也被命中2枚炸弹和1枚鱼雷，航速下降，但凭借舰体硕大，装甲坚厚，继续向南进击。从13时20分到14时15分，美军飞机又发动了第二波和第三波攻击，"大和"号成为众矢之的，遭到集中攻击，至少被8枚鱼雷和15枚炸弹命中，大量进水后舰体倾斜。14时02分，伊藤中将下令弃舰，但为时已晚，3分钟后"大和"号开始倾覆，大部分舰员都失去了逃生机会。14时23分，沉没中的"大和"号发生剧烈爆炸，冲天而起的浓重烟柱连200千米外的鹿儿岛都能看到。遭到重创的"矶风"和"霞"号驱逐舰无法航行，被迫自沉，最后仅有"雪风"等4艘驱逐舰侥幸返航。日军舰队伤亡3700余人，仅"大和"号就有2700余人殒命，全舰幸存者不足十分之一。尽管"大和"号装备了上百门防空火炮，但其作战效率极为低下，整场战斗日军仅击落10架美机，造成12名飞行员阵亡。

"大和"特攻是日本海军水面舰队的最后一次出击，全体舰员抱定必死的信念全力奋战，尤其是暴露在外的高射炮组乘员在美机炸射下死伤惨重，境况惨烈。然而，鲜为人知的是，在"大和"舰体内部的厨房里也同样进行着激战，60余名主计科成员全体上阵，抓紧时间为舰员制作战斗餐。可叹的是，号称"大和饭店"的"大和"号在日本海军中素以饮食丰盛精美而著称，但在终结之战中为舰员提供的最后午餐不过是极为普通的盐水饭团，其做法简单至极，只是将煮好的米饭撒上盐，握捏成团，然后用洗净的竹笋皮包上而已。为了节约时间，"大和"号的主计兵采取了特别做法，在捏饭团时戴上用高浓度盐水浸泡过的军用手套，这样捏成的饭团自带咸味，无需另外撒盐。根据记录，每份饭团会配一份副食，其内容有两种说法，一种是腌萝卜咸菜，另一种是牛肉大和煮罐头。这两种搭配都可能存在，视配置的岗位不同而有所选择。

表现1945年4月7日"大和"号战列舰最后一战的画作，包括该舰在内的6艘战舰被美军飞机击沉，伤亡3700余人

战后日本商家复刻的"大和"舰最后一餐：盐水饭团加牛肉大和煮罐头

当时，"大和"号上有约3000名官兵，按照每人3个饭团的分量，需要制作近1万个饭团，主计科每人平均要做超过160个饭团，此等作业强度不亚于甲板上的殊死战斗。主计兵不知疲倦地将热气腾腾的白米饭一个接一个地捏成饭团，然后三个一组用竹笋皮包好，甚至没有时间停下来将手浸在冷水中降温，即使隔着军用手套双手也被烫得又红又肿。主计兵还要把做好的饭团送到各个岗位上，在当时的情况下这是一项豁出性命的任务，一些主计兵在送餐后再也没有回到厨房。总之，"大和"号的主计兵也和其他舰员一样，以必死的觉悟迎接最后时刻的到来。

"大和"号的最后一餐居然是简陋的盐水饭团，相比"大和饭店"的显赫名声实在令人大跌眼镜，不过考虑到必死之结局，估计手艺再好的大厨也没有心思调理美味佳肴了吧，在黄泉路上对付个半饱，别像陆军那样做个饿死鬼就可以了。不过，"大和饭店"倒不是浪得虚名，其饮食之精致就算与海军素有嫌隙的日本陆军亦为之叹服。

1942年9月24日，大本营陆军参谋辻政信中佐奉命前往日美正激烈争夺的瓜岛，途经特鲁克时前往"大和"号拜访山本五十六大将。在看到巍峨如山的"大和"号时，他喃喃自语道："海军马鹿竟然花费如此多的人力财力建造这样的军舰！"辻政信登上甲板后，又被"大和"号的巨炮所震惊，半信半疑地问随行的陆军军官："海军真的能发射这玩意？"让辻政信等陆军人员惊讶的不仅是"大和"号的体形和武备，还有舰上的伙食。当天辻政信等人在"大和"号上享用了美味的盐烤鲷鱼和鲷鱼刺身，外加冰啤酒，食物都装在精致的黑漆餐盘内。辻中佐禁不住又是一番嘲讽："海军还真是奢侈！"然而，在同一时刻的瓜岛前线，陆军士兵正嚼着生米、啃着咸萝卜干，忍饥挨饿进行着高强度的战斗，他们粗陋的饮食和糟糕的供给情况与海军旗舰上的精美料理实在是天壤之别！实际上，这顿饭不过是海军依据来访者的级别提供的普通一餐，而在战争的大部分时间里，"大和"号及其姊妹舰"武藏"号始终保持着冠绝全军的高标准食宿条件。

从某种程度上来说，大和级是人类有史以来建造的最强大的战列舰，满载排水量高达72000吨，航速27节，装备9门460毫米巨炮，可以将1.4吨重的炮弹打到42千米开外，威力超过当时任何口径的舰炮。舰体要害都有厚重的装甲保护，最厚处达到650毫米，连烟囱里都装上了装甲，针对水面炮击的抗打击能力极强，因此被日本海军吹嘘为"不沉の战舰"，被视为决定胜负的终极武器。"大和"号和"武藏"号都担任过联合舰队旗舰，堪称日本海军的象征。然而，讽刺的是，这两艘威力无匹的超级战舰在整个战争期间从未得到与美国战列舰队正面对轰的机会，大部分时间都在柱岛和特鲁克的锚地中悠闲度日，直到战局危殆才被推上火线，双双被美军航母舰载机送下海底，发挥的作用微乎其微。相对大和级可怜的战绩，它们更为出名的还是舰上优越舒适的居住条件和丰盛奢侈的餐饮水准，获得了"大和饭店"和"武藏旅馆"的绰号。

大和级舰体硕大，住舱空间宽裕，人均居住面积达3.2平方米，是长门级战列舰的1.2倍，是白露级驱逐舰的3倍！在日本海军舰船上，水兵基本上都睡吊床，而在大和级上连普通水兵都能睡床铺，还有私人储物箱，这在以前是很难想象的。大和级的军官舱，尤其是高级军官的住舱都装修考究，设施齐全，据说在建造时特意参考了大型豪华客轮头等舱的设计风格和装修标准。大和级还配置了完善的空调系统，由东京芝浦电气公司制造，值得注意的是，战列舰上的空调设备首先是为了确保弹药库的安全和弹药的稳定。日本海军历史上多次发生弹药库爆炸事故，安全管理是重中之重，而且发射药对于温度十分敏感，其性质变化有可能改变炮弹的射程和弹道，最终影响命中精度，因此弹药库必须严格控制温度，保持在7度到21度之间，湿度在80%以下。大和级的空调系统功率充沛，完全有余力为住舱提供冷气，即便在热带海域作战舱室内依然凉爽宜人，还能支

日本海军"大和"号战列舰是历史上最大的战列舰，也是日本海军的象征

持大型冷库的运行。

大和级住得舒服，吃得更不赖，其饮食供应首先在于物资充足，数量庞大。"大和"号的正常编制为2300人，包括150名军官和2150名士兵，而在战争期间多维持在2500人左右，到战争后期更增至3000人以上。即便按照最低人数，"大和"号的厨房每天都要制作6900份饭菜。日本海军规定，官兵每人每天摄入的热量至少3300大卡，相当于食用900克米麦饭、300克蔬菜和180克肉或鱼，以2500人计算，这意味着"大和"号一天就要消耗2.25吨米麦、0.75吨蔬菜、0.45吨肉类，总计约3.4吨，在作战时"大和"号每次补给最低携带供全舰食用一个月的粮食，而远航时将增至三个月，这就是说"大和"号装载的粮食少则100吨，多则在300吨以上。为了容纳如此之多的粮食，"大和"号在各层甲板设有40余个仓库，用于储备大米、麦子、味噌、酱油、砂糖、罐头等食品，肉类、鱼类、新鲜果蔬则保存在第二船舱甲板的大型冷库内，其容积达223立方米，是长门级的2倍，是妙高级重巡的3.3倍，其内部又细分为蔬菜库、鱼肉库、禽肉库和冰库。由于食品仓库遍布全舰，主计兵们每天搬运食材就是一项非常考验脑力和体力的工作，新兵如果忘记地点或拿错食材而耽误备餐，少不了要被老兵用"海军精神注入棒"教训一番。对了，主计科是用大号饭勺打屁股。

如此众多的食材都要在舰内厨房变成美味佳肴，"大和"号设有两处厨房，分别是船体后部右舷上甲板的水兵厨房和左舷对称位置的军官厨房，都有用于通风和照明的天窗和舷窗。前者为士兵准备伙食，后者为军官烹饪菜肴，又细分为士官厨房、舰长厨房和长官厨房。在士兵厨房工作的大多是大头主计兵，而在军官厨房服务的要么是经验丰富的老炊事兵，要么就是从岸上雇佣的厨艺高超的民间大厨。士兵厨房做好饭菜后就置于配餐箱内，放在配餐架上由水兵以班为单位自行领取，配餐架连通有蒸汽管道，保证饭

日本海军主计兵们正在处理食材，在"大和"号上每天要制作超过7000份饭菜

菜温热，水兵基本上在自己的住舱内吃饭。军官厨房备好美食后先在相邻的餐具室内分好，由卫兵（勤务兵）用小推车送到军官的公用舱室或高级长官的专属舱室，舰长一般都单独用餐。值得注意的是，水兵的伙食都是免费供应，当然菜单也是事先定好的，而军官则是自费用餐，餐费从薪水中扣除，但可以自由点餐，尤其是那些血气方刚的年轻军官常常加餐，搞得自己囊中羞涩。

大部分饭菜都是在总面积达200平方米的水兵厨房内制作的，从舰艏向舰艉方向依次分为调菜所、炊事所和清洗场三个区域。调菜所就是处理肉类、蔬菜等食材的地方，有一张如同大桌子一般的砧板用于切菜、切肉，据说主计兵们还在上面杀猪；炊事所即烹饪菜肴和煮饭的区域，配置了各式烹饪机械；清洗场是洗涤餐具、炊具的地方，修筑有混凝土的清洗池，用海水冲洗，视情况才使用淡水。根据舰员人数不同，"大和"号上从事炊事作业的主计兵在60～100人，每天要制作超过7000份饭菜，光靠这百十号人纯手工作业肯定忙不过来，因此"大和"号厨房尽可能实现了机械化作业，安装了不少烹饪机械。厨房内装有六斗蒸汽饭锅6台、六斗蒸汽菜锅2台、综合调理机2台、电动洗米机2台、电气万能烹饪器5台、茶汤制造机2台、电气保温器1台等等。六斗饭锅是日本海军最大的舰用炊具，一口锅最多可以煮出385千克的米饭，锅体又高又重，必须利用机械装置才能开闭和倾斜；综合调理机具有削皮、切丝、绞肉等多种功能；电动洗米机可以在1小时15分内处理4000人份的米麦；电气烹饪器相当于今日的电烤箱，用于煎烤油炸，有3台16千瓦功率和2台25千瓦功率；茶汤制造机可在1小时内泡好400升茶水。为了保证卫生，清洗场内还装有3台大型餐具消毒器。除了上述炊事设备外，"大和"号还有其他食品加工机器，可以自行生产纳豆、蒟蒻、乌冬面、豆腐、萩饼、年糕红豆汤等食物，还有令人羡慕的冰激凌制造机和波子汽水制造机。有意思的是，汽水制造机实际上是用于灭火的二氧化碳发生器，不过平时被用于制造清凉饮料，据说一天内可以生产5000瓶汽水！

"大和"号的伙食水平也要比一般舰艇更高，比如在驱逐舰上，舰长有时都只能和水兵一样吃味噌汤泡饭凑合，而在"大和"号的水兵餐桌上也能经常看到各式炒菜和鲜鱼，军官的饮食就更加丰富美味了。军官的一日三餐有固定模式，早餐提供米饭、味噌汤、烤鱼和腌菜一类的和食，也可以根据个人爱好换成吐司煎蛋一类的西式早餐；午餐则是法式西餐；晚餐通常也是和食。

"大和"号战列舰厨房使用了最大号的六斗蒸汽饭锅，最多可以煮出385千克米饭

经典影片《虎！虎！虎！》中联合舰队司令部举行午餐会的镜头，从餐具看为正式的西餐

"大和"号上高级军官用餐很有排场，据曾在舰上担任司令部卫兵长的近江兵治郎上等兵曹回忆，在山本大将担任司令长官时，通常都会在司令官室内与参谋幕僚们一起用餐，早餐相对简单；午餐则要隆重得多，通常是全套西餐，就餐者需着正装，先呈上前菜和汤，接着是一道肉菜和一道鱼，随后是沙拉、水果、红茶或咖啡，如果有客人到访还会加菜，饮料包括香槟、红白葡萄酒、啤酒和威士忌等。此外，每天午餐前舰上的军乐队都要在甲板上集合，名曰训练，实际上在山本长官拿起刀叉的那一刻，卫兵长就会给乐队指挥打暗号，为长官用餐演奏乐曲助兴。在持续约40分钟的午餐期间，大约可以演奏3个曲目，水兵只要听到音乐响起就知道午饭时间快到了。司令部的晚餐是精致的日料，通常包括刺身、烧烤、清汤、炖菜等五道菜，搭配日本酒。

如果把"大和"号餐桌上的佳肴一一列举，可能足够写上一本书，不过在诸多菜肴料理中有一道菜特别受到军官的喜爱，这就是蛋包饭。在日本，蛋包饭与咖喱饭、牛肉洋葱盖浇饭并称"洋食屋三大米饭料理"，是日本传统主食米饭与西洋食材和烹饪手法的结合创新，是东西方饮食文化融合的产物。蛋包饭在明治末期到大正初期诞生于东京或大阪，后来进入海军餐谱，实际上就是用煎蛋卷包裹起来的鸡肉炒饭。煎蛋卷是一道常见的西餐料理，在法餐中有30种以上的煎蛋卷做法，而日本海军在1918年出版的料理书中就记录了煎蛋卷，并且做法直到昭和时代也没有变化。日本海军的鸡肉炒饭使用了藏红花、洋葱、胡萝卜和火腿作为配菜，虽然没有明确记录，但据老兵回忆还会加入番茄或番茄酱，炒出的米饭呈现诱人的橙红色，色香味俱佳，再以半熟的蛋皮将炒饭卷裹起来装盘。奇怪的是，日本海军的料理书从未正式收录蛋包饭的做法，大概很大程度上认为这是一道快餐，而非正式料理。

1945年1月分配到"大和"号担任主炮测距仪操纵手的八杉康夫上等水兵曾兼任特

"洋食屋三大米饭料理"之一的蛋包饭，"大和"号的蛋包饭必须以奇数青豆来装饰

务军官室的卫兵，负责照顾军官们的饮食，他对于蛋包饭有着独特的回忆。八杉记得军官们经常会点蛋包饭吃，即使高级军官也不例外，通常是在午餐时提供，但从来没有作为宵夜，做好的蛋包饭会根据个人喜好淋上番茄酱或英式辣酱油，其形状多为树叶形。民间有种说法认为蛋包饭一定要用剩饭，但八杉称海军从来不这样做。此外，"大和"号上的蛋包饭还有一个特别的规矩，即用作装饰的青豆必须是奇数，可以是3颗、5颗或7颗，八杉曾被前辈老兵严厉警告："弄错的话后果严重！"至于这样做的理由很可能是受到以奇数为吉利的传统习俗的影响。军官们吃蛋包饭时要喝红茶，而且茶水要斟满到几乎溢出才能端上桌，而要保证茶水在走动中不洒出来十分需要技巧，八杉为了掌握这个动作曾在餐具室内练习良久。让八杉倍感遗憾的是，他直到"大和"号沉没都没有尝过蛋包饭的味道，事后回忆起来有一种淡淡的忧伤。

  从作战的角度考虑，大和级战列舰上优渥的生活条件和精美饮食在物资匮乏的战争年代显得相当不合时宜，甚至有令官兵耽于享受而消磨斗志之嫌，更让前线忍饥挨饿、出生入死的官兵寒心，日本海军却美其名曰是为了充分发挥司令部的统率机能。从另一个角度考虑，"大和"号与"武藏"号是作为联合舰队旗舰而建造的，因此除了战斗舰艇的必要机能外，也被赋予了政治和精神层面的特殊身份。军舰向来被视为移动的国土，是国家主权的象征，航行到海外时更是国家形象的代表，所以必然在生活设施上有着极高的要求。大和级战列舰以威严的舰容、完备的舰内设施和舒适的居住环境令人叹为观止，但在太平洋战争中，"大和"与"武藏"从未得到真正发挥威力的机会，或许日本海军对于两艘巨舰的珍视只是为了让它们作为"终极决战兵器"起到震慑对手、稳定军心的作用，总之是国家颜面，奢侈有理！

恶魔饱食终变饿鬼——日本陆军饮食漫谈

1942年8月，日美两军以争夺瓜达尔卡纳尔岛上的机场为焦点，爆发了一场旷日持久的拉锯战，从地面到海洋，再到天空都展开了你死我活的激烈搏斗。鏖战数月之后，日军消耗了大量兵力和物资，却依然未能夺取机场，战局陷入被动。而对于登岛作战的3万余名日本陆军官兵而言，进入11月后最大的敌人已经不是美军，而是饥饿。由于美军控制机场，掌握着瓜岛周边的制空权和制海权，日军的运输船根本无法靠近瓜岛，只能使用驱逐舰执行运输任务，被称为"鼠运输"或"东京快车"。驱逐舰趁夜间潜入瓜岛水域抛下装有补给品的铁桶，让岸上部队自行打捞，一艘驱逐舰仅能携带20吨给养，而真正能送到部队手中的只有很少一部分。由于驱逐舰损耗很大，后来又改用潜艇运输补给，更加杯水车薪。到1942年12月，瓜岛日军获得的补给只有所需数量的三分之一至五分之一，很多部队早已断粮，因为饥饿而丧失了战斗力。第38师团步兵第124联队旗手小尾靖夫少尉在12月27日的日记中记录了瓜岛日军的惨况："尚能站者能活30天，尚能坐者能活3周，睡着起不来者能活1周，睡着小便者能活3天，不能说话者能活2天，不能眨眼者明天就要死了。"他还在日记中写下了1943年元旦当天的"新年配给"：2块饼干和1颗糖。当1943年1月日军最终从瓜岛撤退时，3万余人的部队只剩下瘦骨嶙峋、形如骷髅的1万余人活着离开，而殒命在岛上的近2万人中一多半是病饿而死，从此瓜

一幅描绘瓜岛战役中日军惨况的画作，登岛日军因为补给不继饱受饥饿威胁

岛在日本人眼中有了另一个名字——"饿岛"。

瓜岛战役是太平洋战争中日本陆军第一次因为遭遇补给危机而惨败的战役，但此后类似的情形普遍出现在战场上，布干维尔岛、新几内亚、帝汶岛和吕宋岛等地，许多被美军围困孤立、补给断绝的海岛都成了"饿鬼的囚笼"。日军最大的一场饥饿败战是发生在1944年3月到7月间的英帕尔战役，时任驻缅甸第15军司令官的牟田口廉也中将纠集9万兵力妄图穿过高山密林，打开侵入印度的门户，却严重忽视了后勤补给的困难，导致前线部队弹尽粮绝。在收到请求补给的电报时，这位自大而愚蠢的指挥官居然说道："日本人自古以来就是草食民族。你们被那么茂密的丛林包围，居然报告缺乏食物？"言下之意，士兵靠吃草也能打仗，实在滑天下之大稽！此役日军最终损失高达7万人，过半官兵死于饥饿或疾病，撤退路上白骨遍地，牟田口廉也因此被部下怒斥为"鬼畜"！陆军的饥肠辘辘与海军的酒足饭饱形成了鲜明对比，以至于后来出现了"陆军吃草，海军吃肉"的笑谈，难道日本陆军的伙食供给真的窘迫简陋到食草维生的程度吗？这显然是不可能的，实际上只要条件允许，日本陆军还是会尽量让"天皇的双足犬马"吃饱吃好，毕竟光靠大和魂是打不了仗的。

日本陆军在明治草创之初就建立了一套后勤供给体制，1873年颁布的后勤条令中规定，和平时期部队的武器、弹药、被服等军用物资由军队统一供给发放，而日常所需的粮食、煤炭、日用百货等生活物资由部队后勤部门自行在驻地的市场采购；战时部队出征时，从后方仓库将物资送往前线的兵站，再转运至部队，也可由部队在战地自行筹集粮秣。这套供给制度在明治时代的历次战争中得到改进和完善，1874年日军入侵台湾时就进行了战地补给；1877年西南战争时期首次采购罐头和英式硬饼干作为军用口粮；1888年建立了兵站制度；在中日甲午战争和日俄战争中，日本陆军的补给体制都发挥了较好的作用。甲午战争期间，陆军采购了250万日元的肉罐头，到日俄战争时期军用罐头的

1930年日本陆军骑兵第16联队的厨房，可见地上堆着各类食材，还有罐头和牛奶，伙食还是不错的

采购数量多达 3.5 万吨，价值 2310 万日元。从现存的资料看，日俄战争时期日本陆军一线部队基本能够保证日常饮食供应，每天至少两餐可以吃到肉类或鱼，即使战况激烈补给一时难以送达，官兵也能食用饼干、饭团等应急口粮充饥。

除了让官兵吃得到、吃得饱之外，日本陆军对于饮食的营养和口味其实也挺重视的，平时驻防情况下要求士兵的菜谱每周更新一次。日本陆军一般以联队（相当于团）为单位自办伙食，用于购买主副食和燃料的伙食费发到各部队，由部队长统一管理，实际上由军中粮秣委员会的经理军官具体负责采办和管理。资料显示，日本陆军士兵每日正常活动消耗的热量为 2700 大卡，而在演习和战斗训练时增加到 5000～7000 大卡，需要食用 1.5 千克左右的主副食以满足热量消耗，陆军经理部门除了保证足量的食品供应，还要兼顾营养。部队每周菜单由经理主任参考军医的意见后制定，交给部队长审核后具体实施，主要考虑作战、卫生和经济三个方面的因素拟定，简单来说就是满足作战训练的体能消耗，食物卫生且富于营养，最后是控制成本。那么，日本陆军普通士兵的一日三餐究竟会吃些什么呢？驻名古屋的步兵第 33 联队在 1922 年 4 月 19 日的菜单提供了一个范例：

早餐：2 合米麦饭（约 290 克）、味噌汤（豆腐和蔬菜）和腌渍萝卜，味噌汤的食材虽然简单，但厨房每天都会更换材料，改变口味；

午餐：2 合米麦饭，煮乌冬（用白菜、鸡蛋、胡萝卜、葱和荞麦面制作的汤菜，荞麦面用量约 75 克）和腌渍萝卜；

晚餐：面包（340 克）、砂糖 40 克（配面包蘸食）、浓羹汤（其做法是将猪油加热后倒入小麦粉，以小火熬煮搅拌成油面糊备用，另外起锅煮牛肉、葱和牛蒡，以盐和胡椒调味，最后加入面糊，不过陆军通常改用砂糖和酱油调味，虽然食材简单，但味道很不错）。

1937 年日本陆军发布的《军队调理法》原本（左）和今日复刻的现代版本（右），该书是日本陆军的烹调和饮食指南

1930年之前，陆军各联队各有各的食谱，为了统一饮食标准，便利后勤管理，日本陆军编制发行了《军队调理法》，作为标准食谱发放部队使用，1937年又对其进行了修订，为全军的日常饮食制作提供参考。修订后的《军队调理法》内容丰富，涉及面广，除了介绍以和食为主体的主食、汤菜、炖菜、煎炸食品、凉拌菜、腌菜、蘸酱、甜品、特别饮食（便当和患者食）的做法和烹饪的基本知识以外，还记录了部队自行制作火腿、乌冬等特色食品的制法、干燥蔬菜的使用方法等等。从书中内容来看，既考虑了在尽可能短的时间内煮制上千人的饭菜，又强调了味道和营养品质，堪称是日本陆军饮食制作的全面指南。

主食：在多数情况下，主食选用米麦饭，大米选用胚芽米，比例是220克精米和70克精麦，此举是1913年以后陆军为预防脚气病所采取的对策，有时也会提供什锦拌饭、肉拌饭等各类拌饭。这些拌饭中，制作简单的油豆腐拌饭、萝卜拌饭、红薯拌饭、什锦酱菜拌饭等在战时野战部队的菜单中也榜上有名。此外，陆军部队也会用面包代替米麦饭作为主食。其实面包从明治时代就开始就试验性地提供给陆军官兵，可是对于吃惯米饭的日本人来说，面包并不适合他们的胃口，直到大正时代以后面包才正式普及。在以面包为主食的时候，一餐的分量为340克，同时搭配白糖、黄油和果酱中的一种蘸食。

汤菜和炖菜：与主食搭配的汤菜中最具代表性的是味噌汤，除了以味噌调味外，还有以酱油和盐调味的汤菜，如豆腐汤、鳕鱼昆布汤等清汤，萨摩汤（鸡肉或猪、牛肉与甘薯、牛蒡、萝卜等混煮的浓汤，是鹿儿岛的乡土料理，因而也被称鹿儿岛汤）、能平汤（煮好肉、蔬菜等食材，再淋上事先用小麦粉等制作的浓汁）、三平汤（腌鱼、时蔬加入昆布熬制的高汤煮出的汤菜）、鲤鱼汤等浓汤。此外，还有一道比较特别的汤菜，就是乌冬汤，我们一般称为乌冬面，即加了肉的乌冬面，有时兼作主食。

炖菜与汤菜一样是主要的副食选择，种类相当丰富，如今为人熟知的关东煮就是代表性炖菜。此外还有吉野煮（牛肉和萝卜煮成，调味类似大和煮）、筑前煮（鸡肉、香菇、牛蒡、莲藕为主料，加酒和酱油调味）、小仓煮（小豆和芋头煮成，以糖、盐、酱油、柴鱼粉调味）、北海煮（鳕鱼、大豆、海带加柴鱼粉、糖和辣椒粉）、牛肉时雨煮（牛肉、牛蒡加生姜、糖和酱油同煮）等等。

值得一提的是，陆军菜单中也包括了源自西方的咖喱料理，比如咖喱乌冬、咖喱南蛮（咖喱、油豆腐、荞麦面加葱、胡萝卜、砂糖、酱油和咖喱粉同煮）、咖喱汤（加入肉和蔬菜的汤菜）等。《军队调理法》也记载有咖喱饭的做法，就是把咖喱汁淋到米饭上。在气候寒冷的地区，冒着热气的咖喱料理特别受到基层官兵的欢迎。

烧烤食物：即以明火烤制的各类食物，有照烧（以糖、酱油、蒜、姜、清酒等为调味汁的烧烤）、盐烧（仅以盐调味）、味噌烧（以味噌调味）等类型。

煎炸食物：在陆军官兵中，煎炸食物具有很高的人气，如煎蛋、煎肉、煎鸡蛋卷、炸猪排、炸牛排、炸大虾、炸鲸肉排、炸鱼排、天妇罗、炸鸡块、日式可乐饼等等。在

1938年日本陆军士兵在兵营内用餐的情景

战前的大正与昭和年代,日本人日常不像现在这样能经常吃到肉类,对于当时的日本人来说,军队提供的煎肉、炸肉排等肉类料理足以让他们垂涎三尺,在食用煎炸食品时通常会搭配土豆泥、泡菜、盐水白菜一类的清淡食物。

凉拌菜、腌菜、蘸酱和甜品:据《军队调理法》记载,"凉拌菜用两种以上的食材与调味品混合搅拌即成。使用食材为新鲜生食,可防止营养成分,尤其是维他命的流失,同时也可节省人力和燃料,但必须进行消毒,防止病菌混入,建议将食材煮过或蒸过"。凉拌菜的分量有大有小,大份的如鲑鱼拌土豆可以作为一道副食,小份的则搭配副食食用。

腌菜对于以大米为主食的日本人来说不可或缺,部队一般提供受大众欢迎的腌萝卜、什锦酱菜、梅干和腌白菜,每餐提供37.5克。腌菜有时从商家购买,但多数情况下由部队自行制作,为了在夏季促进士兵的食欲以及充分利用剩余的蔬菜和水果,将腌菜分为一号到六号,制作六种腌菜,腌制手法有醋腌,也有盐腌。

在以面包为主食的情况下,部队通常会配给黄油或果酱,供蘸食或涂抹。在部队提供的蘸酱中,还有如葱味噌黄油、甘薯酱、糖浆、奶油等制作费时的蘸酱。

甜品并非日常提供,通常在激烈的演习之后、庆典、祭典等节庆活动时提供,这时厨房能大量使用砂糖制作在官兵中极受欢迎的羊羹(红豆糕)和年糕红豆汤。甜品除了在部队制作以外,多数情况是向社会上的商家订购。

患者食:除了平时提供的普通饮食以外,陆军还有专供病患伤员食用的"患者食",也就是病号饭,充分体现出军队对于营养膳食的重视。当部队中出现病号或伤员,先交由军医诊断,根据情况轻重程度分别留在队内治疗或送往陆军医院治疗。患者食分为普

几名日军士兵围坐在一起吃饭，主食是纸盒装的米饭，副食是两听罐头

通食和特别食两种，前者由主副食构成，后者根据患者的病情伤情配合治疗方法提供相应的饮食。在烹饪上，普通食以流质、半流质和软膳为主，利于患者消化和吸收，主食除了米麦饭还有普通精米或胚芽米煮的杂粥（肉粥、菜粥等添加了不同食材的粥类）和三明治，副食有鸡蛋料理、汉堡牛排等，有时也会提供刺身、浇山药汁的金枪鱼生鱼片等生食，搭配果汁、可可牛奶、果冻、布丁等。特别食根据病患情况安排，目的是为患者提供易消化吸收的营养膳食，通常一日分六次少量提供，由负责治疗的军医给出具体指示。

《军队调理法》提供的菜谱基本是供部队在长期驻扎、物资供应充足且烹饪条件允许的情况下制作的饮食，而在野战条件下通常以携行战地口粮为主，包括各类压缩食品、罐头食品和高能量食品等。日军的制式压缩干粮是1924年由陆军粮秣厂开发的，由膨化糙米压榨而成，需要搭配调味料食用。副食主要是各类肉罐头，以牛肉大和煮罐头最普遍，单兵携带的牛肉罐头重150克、直径77毫米、高50毫米，除了牛肉外，还有兔肉、马肉、鱼肉以及腌菜等各式罐头，向民间订购的罐头也统一采用直径77毫米的尺寸，便于装运；此外还有被称为"干燥肉"的肉干，种类包括牛肉、兔肉、马肉和各类海产品，也有干制的豆类、蔬菜和面食。日本陆军还开发了小型饼干、免洗米、脱水蔬菜等野战食品以及味噌粉、酱油粉等调味品，以及"军粮精""精力饼""荣养食"等高能量食品，由奶粉、酵母、麦芽糖和葡萄糖等高热量成分压缩而成，作为应急食品。在野战条件下，士兵可以使用九二式野战饭盒烹饪食品，包括煮饭的外盒和煮汤菜的内盒，一个饭盒可以煮出两日份的饭菜，还配发有专用的固体酒精燃料块用于加热饭菜。

从上述菜单和野战食品看，日本陆军的伙食标准相比海军毫不逊色，问题是这种饮

日本陆军使用的饭盒、水壶和绑腿，饭盒也用作野外炊具，用于煮饭热菜

食供应只有在和平时期或战时物资储备充足且运输顺畅的情况下才可能实现。然而，日本资源匮乏，生产能力和运输能力都有限，陆军在远离本土的海外作战时，物资要从国内长途运往战区，特别是战事陷入持久后，即使在前线建立了兵站仓库，日军的后勤压力始终非常大，很难保证高标准的饮食供给。如果运输线再遭到破坏乃至完全断绝，那就更加雪上加霜了，不要说能不能吃饱，甚至还要面临断粮的威胁！因此，当对外战争趋于长期化后，日本陆军就开始推行所谓"以战养战，现地自活"政策，由部队在战地自行筹措物资给养，减轻本土运输的压力。所谓"现地自活"无非就是掠夺侵占地区的资源或是想方设法自力更生，自行生产粮食，这一政策首先在中国战场上得到实施。

1942年8月，在新几内亚战场上的日军士兵正在制作饭团作为战地口粮

从1938年开始，侵华战争进入相持阶段，日本陆军在中国战场投入规模在数十万至上百万人的部队，仅靠本土的粮秣运输绝对无法支撑，只能通过"现地自活"加以补充。当时，送往中国的补给中包括了各类农作物的种子，要求部队自行开垦耕种、养殖禽畜、摸鱼捞虾，甚至建立各种工厂生产味噌、酱油、饼干等各类食品。除了自产外，日军更多地是通过强取豪夺侵占中国的资源为己用，在对抗日根据地进

第四章　日本篇

1945年9月3日，小笠原群岛日军司令立花芳夫中将在美国军舰上签署投降书，战后他因为杀俘食人而被盟军判处绞刑

行扫荡时奉行"三光"政策，抢夺粮食牲畜，进行所谓"就地取食"。在占领区内，则以毫无信用保证的军票或伪币收购物资，实则变相抢掠。太平洋战争爆发后，日军迅速攻取了东南亚和西太平洋的广大地区，缴获了大量物资并攫取了丰富的资源，补给状况有所好转。然而，随着盟军的反攻，越来越多的日军陷入困守孤岛、补给断绝的窘境，也被迫开始了"现地自活"，这方面最成功的例子莫过于新不列颠岛的拉包尔。1942年11月，今村均大将就任驻拉包尔的第8方面军司令官，基于瓜岛战役的教训和盟军的海空优势，他预料到未来可能受到封锁围困的危险，于是未雨绸缪地着手在新不列颠岛建立自给自足体制，号召官兵开垦荒地、种植粮食，甚至从本土请来农学专家进行指导。1944年初美军彻底切断拉包尔的补给线后，岛上的10万日军居然靠着自产的粮食支撑到战争结束，令盟军亦为之惊叹。

然而，并不是每一个占领区都能复制拉包尔的成功模式，很多土地贫瘠、资源匮乏的地区很难"现地自活"，比如那些荒凉的珊瑚礁岛本来就没有耕种的条件，即使勉强搞出农田，收获量也不足以维持生存。日军官兵为了活命，几乎把所有能吃的动物都吞下肚子，甚至真的去吃草！更令人发指的是，很多日军部队悍然以人肉为食！早在1943年的新几内亚战场上，盟军就发现了被切割得残缺不全的尸体，而日军遗留的饭盒中竟是人肉。此外，盟军还发现了用糖和姜腌制过的人肉，在荷属东印度还发生过日军枪杀战俘，割肉取食的罪行。最惨无人道的食人暴行发生在小笠原群岛，以驻军司令立花芳夫少将为首的陆海军军官先后处决了8名被俘的美军飞行员，并将其中5人分而食之，而且还是在岛上物资充足的情况下实施的。这完全是发泄兽欲、毫无人性的变态劣行，战后立花等5名为首的军官被处以绞刑。然而，就是这等食人恶魔，战后日本人居然还为他们立碑纪念！总之，这支恶魔军队吃下的每一粒粮食都浸透着血腥和邪恶，纵能饱食一时，终究沦为饿鬼！

第五章　德国篇

　　地处欧洲腹地的德国在 19 世纪 70 年代完成统一，之后迅速崛起为一流强国。作为后起列强之一，德国力图改变世界规则，与老牌强国展开竞争，结果成为欧洲乃至世界的麻烦制造者，20 世纪上半叶的两次世界大战的爆发都与德国有着直接关系。尽管德国在两次战争中均沦为战败国，但强悍的军事实力和高超的战争艺术令世人惊叹，从某种意义上说改变了战争的面貌，留下了丰富的军事遗产。与辉煌的军事成就相比，德国在美食领域却没有同等的影响力和统治力，谈及德国饮食，人们最大的印象无非是三种：面包、香肠和啤酒。总体而言，德国在饮食方面与英国有些类似，不事浮华奢靡，崇尚简单实惠，但这并不等于说德国缺乏美食。以德国人缜密严谨的行为方式，他们擅长将简单的事情做到极致的精细，比如创造了世界上种类最多的香肠。德国充满逻辑性的军事哲学对于后勤也十分重视，因此德国士兵的餐桌虽然略显简朴，却是分量充足且富于营养，偶尔也会制造出小惊喜。

深入虎穴的壮行美餐——烟熏猪排与鲱鱼

1939年9月1日,150万德军按照"白色方案"发动对波兰的闪击战,第二次世界大战在欧洲全面爆发。9月3日,英法对德宣战,但英法军队没有在陆地上对西线德军发起大规模攻势,其主力只是采取"静坐战争"的形式在防线后方待命。虽然联军在陆地上未敢轻举妄动,但他们掌控了海洋,英法海上力量相对于他们的敌人具有压倒性优势,单是大英帝国就拥有当时世界上最强大的海军舰队,相比之下德国孱弱的海军力量完全不是对手。

既然相互开战,一向骄傲而善战的德国人可不愿被对方死死压制,而是希望策划一次出其不意的主动出击,以弱势海军兵力狠狠教训一下英国佬。德国人的复仇心理是有原因的,他们的海军在上一次大战之中蒙受了巨大的耻辱,每一个具有民族自尊心的德国人都不会忘记这段历史。在一战时期,德意志第二帝国曾拥有一支显赫一时的公海舰队,规模雄踞世界第二,对英国的海上霸权形成了极大的威胁和挑战。然而,随着德国的战败,这支令德国人无比自豪的舰队也随之灰飞烟灭,被押解到斯卡帕湾之后集体自沉。从此,复仇的种子已经播撒下去,将在另一场腥风血雨的浇灌下破土而出,结出恐怖的果实。

1919年6月在斯卡帕湾内自沉倾斜的德国海军"拜仁"号战列舰

第一次世界大战爆发时，德国海军水面舰艇部队的实力非常有限，现役最大的军舰为 2 艘沙恩霍斯特级（Scharnhorst class）战列巡洋舰，加上 3 艘德意志级（Deutschland class）装甲舰和 2 艘希佩尔海军上将级（Admiral Hipper class）重巡洋舰，2 艘俾斯麦级（Bismarck class）战列舰还在船厂舾装，大型战舰寥寥无几，没有航母，与英国皇家海军完全没有正面硬刚的能力。时任德国海军潜艇部队司令的卡尔·邓尼茨（Karl Dönitz）少将深刻了解双方的差距，因此准备独辟蹊径，派出一艘由自己最信任的艇长指挥的潜艇，潜入英国舰队的锚地斯卡帕湾进行一次深入虎穴的突袭，以此提升部队士气，狠狠地羞辱英国人。

这项艰巨的任务最终落到了经验丰富的 U-47 艇长京特·普里恩（Günther Prien）上尉头上。时年 31 岁的普里恩已经具有十几年的海上服役经验，作为潜艇军官经历过西班牙内战的洗礼，是邓尼茨最为放心的 U 艇艇长。按照邓尼茨的说法是："普里恩拥有执行此次奇袭行动所需的所有个人素质和专业能力。"

京特·普里恩（1908—1941），德国著名潜艇王牌，指挥 U-47 了击沉 31 艘舰船，共计 20 万吨，1941 年 U-47 遭英舰攻击沉没时阵亡，最终军衔为海军少校

1939 年 10 月 8 日，U-47 搭载着以普里恩为首的 49 名艇员离开了基尔港（Kiel），向斯卡帕湾进发。10 月 13 日凌晨 4 时，U-47 抵达距离斯卡帕湾还有 4 小时航程的地点做最后的休整。当天晚上没有月光，又是涨潮日，正是德军潜艇偷偷进港的好机会。普里恩向艇员发出了一道命令："现在大家的任务是睡觉休息。16 时，战斗准备，17 时，晚餐时间。酸菜烟熏猪排。"命令的结尾普里恩还公布了出击前的晚餐主菜。

当日，除了值勤兵外的其他人都睡到 16 时，只有炊事兵在 15 时起来准备晚餐。大家都知道这顿饭的重要性——斯卡帕湾作为英国皇家海军的老巢，是当时世界上设防最为严密的军港之一，此行可谓凶多吉少，稍有不慎，这将是全艇官兵最后的晚餐。这顿敢死行动前的壮行饭，德国有个专门的蔑称叫作"刽子手的盛宴"，所以炊事兵特意安排了他能拿得出的最强菜单：酸菜烟熏猪排、炸牛排、浓肉汤、土豆、卷心菜，还有咖啡，其中酸菜烟熏猪排是德国的经典名菜之一，是晚餐上当仁不让的主菜。

以当时的条件，烟熏猪排肯定没有进行再度加工，而是直接与酸菜煮熟即端上桌。U 艇狭小的厨房空气流通性极差，为了避免污染空气，炊事兵需要尽可能避免产生油烟，能使用的烹调用具只有小型电烤炉和一些烹饪锅。在这样的条件下要做出填饱 49 个肚子的晚餐，采用炖煮的方式明显最为合适。另外，潜艇内还有一样东西特别珍贵，那就是

德国名菜酸菜烟熏猪排，猪排一般采用带骨猪里脊肉，经过腌制和烟熏以备用

淡水。在大锅里倒入本来水分就比较充足的酸菜，与烟熏猪排混合后只需再加入很少量的水即可完成炖煮。约1小时后，烟熏猪排就能变得松软，如果再加入洋葱、苹果等蔬果（这主要取决于炊事兵），这道菜的味道就更为丰富了。普通德国家庭在烹饪烟熏猪排时通常喜欢使用带骨的里脊肉，至于U-47的炊事兵当时使用的是哪个部位的猪肉就不得而知了。几个小时之后就要面临生死不明的战斗，真不知这道冒着热气的德国经典家常菜勾起了艇员们什么样的回忆，可能是五味杂陈吧。

搭配烟熏猪排的酸菜是将盐腌制后的圆白菜（即卷心菜）用乳酸发酵而成。在德国，这种酸菜是与肉菜搭配直接食用最多的配菜之一，人们尤其喜欢将其与烟熏猪（肉）排、培根、香肠等加工后的肉类一起炖煮后食用。在炖煮的时候，加工肉类及酸菜自带的盐味被充分利用了起来，再加以香草和香料调味，美味更加不可阻挡。U-47的艇员后来回忆，当天为了尽量保持安静以防止被盟军发现，炊事兵在烹饪时特意给军靴绑上破布条以消除脚步声。为给行动中精神高度紧张且体能消耗甚大的艇员们补充能量，炊事兵还特意准备了三明治和巧克力等零食。

10月13日19时15分，U-47浮出水面，向斯卡帕湾东面的科克海峡靠近，这是锚地唯一没有派兵驻守的入口，因为这

德国艇员在艇内食用酸菜烟熏猪排的真实场景，近景处大锅中盛装的是土豆

条航道狭窄、水浅流急，而且还有多艘沉船加以堵塞。但是，U-47 在夜幕的掩护下，以浮航状态驶进海峡，普里恩亲自指挥，凭借老练的操艇技术镇定地从沉船浅滩间穿过，于夜半时分成功突入斯卡帕湾！然而，让他深感失望的是，港内并没有如林的樯桅，本土舰队主力已经起锚出航，最后 U-47 在海湾北面发现了两道巨大的舰影，普里恩判断是一艘复仇级战列舰（Revenge class）和一艘声望级战列巡洋舰（Renown class），实际上是战列舰"皇家橡树"号（HMS Royal Oak）和水上飞机母舰"飞马"号（HMS Pegasus），它们是普里恩在当天晚上能找到的最有价值的目标。

10 月 14 日凌晨 0 时 58 分，U-47 用艇艏发射管向 2700 米外的目标发射了 3 枚 G7e 型鱼雷，其中 2 枚失的，1 枚在 1 时 04 分击中"皇家橡树"号舰艏右舷，但造成的损伤非常轻微，右舷锚链被炸断，惊醒的英国水兵大多以为只是舰艇某个存放易燃物的舱室发生了小爆炸，大多数人很快又重新进入梦乡。另一方面，U-47 在转向 180 度后用艇艉发射管又打出 1 枚鱼雷，还是没有看到激动人心的爆炸！夜空中不时舞动着绚丽的北极光，潜艇随时都可能暴露！普里恩不愿空手而归，顶着巨大的压力命令完成鱼雷装填，再度掉头重新进入攻击位置。1 时 13 分，3 枚鱼雷直扑沉睡中的"皇家橡树"号，于 3 分钟后连续击中船体右舷中部，900 千克炸药的威力撕裂了厚重的船壳，摧毁了水兵住舱，引爆了后部弹药库的无烟火药，造成了更大的损害，船体迅速右倾 15 度，并且很快增大到 45 度。1 时 29 分，在中雷 13 分钟后，这艘参加过日德兰海战的老战舰沉入海底，与昔日的敌手做伴去了。英军有 883 名官兵阵亡，包括第 2 战列舰分队司令亨利·布莱格罗夫（Henry Blagrove）海军少将和 100 多名不满 18 岁的少年水兵。

完成攻击后，U-47 趁乱从科克海峡撤退，于凌晨 2 时 15 分离开斯卡帕湾胜利归航，途中收到了 BBC 关于"皇家橡树"号沉没的新闻。抵达安全海域后，炊事兵又为大家奉

表现 1939 年 10 月 14 日凌晨 U-47 击沉"皇家橡树"号战列舰的画作

第五章 德国篇

上了烟熏鲱鱼,作为凯旋的提前庆祝,想必此时普里恩等人进餐的心情完全都不一样了吧。U-47奇袭斯卡帕湾的战绩震惊了全世界,全体艇员都成了德国的英雄,回国后受到高规格的礼遇。普里恩本人被专机接到柏林,希特勒亲自向他颁发了骑士铁十字勋章,他是U艇部队中第一位获此殊荣的人,他的部下都获得了一级或二级铁十字勋章。U-47对斯卡帕湾的成功奇袭是二战中德国海军的第一个重大胜利,虽然无法改变敌强我弱的形势,但士气得到极大振奋。普里恩的出色表现得到了敌我双方的首肯,正如时任海军大臣的丘吉尔在英国下院通告"皇家橡树"号的噩耗时所说:"这是一次大胆的冒险,显示出高超的技巧和非凡的勇气。"

这里要注意一个细节,U-47艇员在此次行动的来回途中都吃了烟熏食品,这不仅和潜艇内部的特殊环境有密切关系,另一方面当时的德国人确实也喜欢烟熏食物。烟熏是一种世界各地的人们保存食物的古老方法,这种方法由来已久,据说最早是在旧石器时代自然产生的。据推测,旧石器时代的原始人会将吃不完的兽肉挂起来,避开爬虫的同时也可以晾干保存。当时的原始人以天然的岩洞或山洞栖身,已懂得利用火来驱寒保暖,在相对封闭的洞穴环境中生火,烟无法立即排放出去,吊挂的兽肉自然而然处于烟熏的条件下。后来,原始人偶然发现烟熏过的兽肉不仅别有风味,而且比直接晾干保存的时间更长,效果更好。

与原始人的方法不同,现代的烟熏食物通常是先以盐腌再进行烟熏,据说现代烟熏法的原型出现于古罗马时期的日耳曼民族。在烟熏之前用盐腌,可以加速食物脱水的过程,因此食物保存的时间能进一步延长。日耳曼人的这种先以盐腌再烟熏的制法,在世界各地的许多文化中得到了借鉴和发展。除了禽兽肉,鱼肉也常常利用烟熏法来进行保

德国北部沿海地区的居民比较喜爱的烟熏鲱鱼,也是潜艇兵的常用食物

影片《从海底出击》中潜艇军官吃烟熏鲱鱼的镜头，年轻的大副将烟熏鲱鱼整齐干净地剔掉了鱼骨，而他身旁的另一名军官在粗鲁地手抓食物进餐，与他形成鲜明对比

存，德国、英国、瑞典、荷兰等北欧国家自古都有以烟熏法保存鲱鱼的习惯。虽然制作方法的细节上多少有些不同，但基本上都是将整条鲱鱼以盐腌制，然后再进行烟熏。以此法制作的鲱鱼可以保存更长的时间，对于战争时期一次出航数月不能返回港口的德军潜艇部队而言，烟熏鲱鱼也是非常重要的口粮之一，因此U-47艇员在回航途中吃这种食物就很正常了。

烟熏食物还经常出现在战争电影作品中，尤其是涉及德军U艇部队的影片，1981年上映的经典潜艇影片《从海底出击》中就出现了艇员食用烟熏鲱鱼的片段。片中担任潜艇大副的是一名年轻的海军中尉，他是出生于墨西哥的德裔移民，性格认真刻板，注重形象，与潜艇上的随意氛围格格不入。他常常穿戴整洁，用餐的时候非常注意礼仪，同时手法极好：只见他灵巧地利用刀叉切下鱼头，再将整条鱼骨剔除，有条不紊地架在切下的鱼头之上，之后将鱼肉切成小块优雅地送到口中，而在他的刀叉之下被细心分解的食物就是烟熏鲱鱼。

在德国人的餐桌上，相比广受欢迎的肉类菜肴，鱼类并不太受关注。虽说如此，德国北部沿海地区的居民还是经常食用从北海和波罗的海打捞上来的海鱼，如鲱鱼、青花鱼、鳕鱼、鲑鱼、比目鱼等，其中鲱鱼最受欢迎，做法也很多。例如，用盐腌过的鱼肉与沙拉、苹果、奶油汁等佐料拌着吃，最著名的就是烟熏鲱鱼了，这是当地人保存鲱鱼最常用的方法。位于德国北部的重要海军基地基尔港，烟熏鲱鱼甚至演变成一道名声在

第五章 德国篇 251

外的名菜，许多来到这里的游客都会品尝一下这道美味。为了延长保存期，烟熏鲱鱼含有高浓度盐分，出于对身体健康的角度考虑，应该去除大部分盐分之后再食用。然而，二战时期潜艇上的淡水非常稀缺，不允许用于清洗烟熏鲱鱼，因此艇员常常直接将其烹饪食用。《从海底出击》中，潜艇军官吃的烟熏鲱鱼搭配了土豆和柠檬，这点非常符合史实，因为柠檬汁起着佐料和补充维生素 C 的作用。

到了现代，由于食物储藏技术的进步，烟熏已不再是我们保存食物的主要方法，而更多地成为一种制作美食风味的方式。烟熏食物之所以没有消失，就是因为其独特的味道令人难以忘怀。不过，烟熏食物含盐量高，并附有致癌物质，建议大家平时尝尝就好，想换换口味的时候不失为一种不错的选择，但最好不要多吃。

海狼出生入死的惊喜犒劳——炖牛肉卷配紫卷心菜

潜艇因为窄小封闭的环境、隐遁的行踪以及居高不下的危险系数而被称为"铁棺材"，论及潜艇作战，首推享有"海狼"之称的德国海军潜艇部队，也就是 U 艇。在两次世界大战中，德军潜艇给英国的海上航运线制造了巨大的威胁，几乎令日不落帝国窒息饿毙。二战时期，德军潜艇部队总是以精锐的形象示人，当挂满击沉战果旗的潜艇返回基地，总会受到乐队、鲜花和美女的欢迎，等待有功官兵的将是镁光灯和耀眼的勋章。实际上，潜艇上的生活绝非常人能够承受，艇员要在闷热潮湿、空气污浊的狭窄舱室里

二战时期的 U 艇部队看似风光，其实风险极大，左图为 U-552 潜艇归航时受到热烈欢迎，指挥塔上挂着长串的显示战果的三角旗。右图是潜艇巡航时艇员在指挥塔上瞭望

不知昼夜地熬过数月时光。击沉敌船的兴奋是短暂的，更多的时间是无聊透顶的等待和充满惊恐的潜逃，忍受着敌舰声呐敲击艇壳的折磨和深水炸弹爆炸带来的冲击，随时准备迎接死神的眷顾。在这样艰辛的环境中，潜艇上的一日三餐就成为艇员难得的调剂和慰藉，精心烹饪的食物不仅可以维持体力、恢复士气，更能让他们感受到生活的意义和生存的价值。

每当潜艇出海巡航，都会携带大量的粮食，通常3个月的巡航需要储备多达12～15吨的食品。和很多国家海军一样，德国海军潜艇部队的伙食标准也是高规格的，特别是德国征服西欧后，来自法国、丹麦、荷兰等占领区以及葡萄牙、西班牙等中立国的食物被源源不断地送往法国大西洋沿岸的德军潜艇基地，为远航的潜艇提供丰富的食品储备。潜艇在海上作战期间也可以从补给船或被称为"奶牛"的补给潜艇上获得食品补充，甚至还会从未及沉没的商船上搜刮食物。鉴于潜艇内部的储藏条件，生鲜食品的保鲜时间短，主要还是以易于长时间储存的腌制品和罐头食品为主，而用来补充维生素的柠檬是必不可少的。潜艇内的粮仓空间有限，为了能够尽可能多地装载粮食，艇员们见缝插针，利用各种角落存放食品。例如，可以在铺位上方吊上网兜容纳食物，将香肠、腌肉挂在舱室天花板上，在德军主力艇型Ⅶ型潜艇上，位于艇身中部的两个厕所中的一个在启航时也作为临时粮仓使用。艇内只有两个地方不能存放食物，一处是柴油机舱，以免食物沾染令人作呕的柴油味道；另一处是指挥控制舱，那里必须保持整洁，确保航行和作战。食物储藏必须以放置稳固，保持重心均衡、不妨碍舱门和阀门的操作为标准。

德军潜艇上的伙食由三副和炊事兵负责，三副要根据作战计划的航行时间制定食品清单和搭配方案，向岸上仓库申请物资，并与轮机长一道安排食品的存放位置，炊事兵则在厨房里制作饭菜。德军潜艇上的厨房小得出奇，最小的仅有1.5米长、0.7米宽，却五脏俱全，包括一台可以煎烤食物的电气灶、一台烤箱、一个汤锅和一个洗菜池，炊事

潜艇每次出航都要携带足够的食品，左图为一名艇员在启航前整理准备装载上艇的罐头食品，从包装看似乎是桃子罐头；右图是悬挂在潜艇舱室天花板上的各类食物

兵就在如此狭小的空间里每日准备数十人的三餐饭菜。潜艇炊事兵称得上是餐饮界的高手，只要有合适的原料，他们总能为全艇官兵呈上精美可口的菜肴，从烤小羊排到醋腌鲱鱼，菜式多样。当然这种高档菜只有在巡航初期生鲜食材较为充足的情况下才会出现，到了巡航后期，炊事兵只能在处理罐头和腌制品上下功夫。潜艇内通风不良又高温潮湿，食物更加容易腐败变质，面包、腌肉、香肠都会长毛发霉，此时炊事兵就会将变质的部分去掉后再行加工，但是无论怎样味道都好不到哪里去。潜艇返航时，艇员们上岸后做的第一件事肯定是大吃大喝一顿，用美酒佳肴的味道让自己暂时忘掉变质面包的霉臭味！

迄今为止，在描述二战U艇艇员生活的文学作品中，以德国作家洛塔尔－京特·布赫海姆（Lothar-Günther Buchheim）在1973年撰写的小说Das Boot最为著名和出色，此书书名直译即为艇或潜艇，显然太过平实，因此在引入中文圈时改为更为国人熟悉的《从海底出击》。这部小说通过一位随军记者的视角，详尽地记述了一艘王牌潜艇出海作战的经历，在书中U艇艇员不再是德国宣传机器塑造的斗志昂扬、坚韧不拔的战士，而是一群有着喜怒哀乐、为生存痛苦挣扎的生灵。小说一经问世便引起轰动，很快翻译成多种文字，畅销世界，本书大获成功的一项重要原因在于它是基于作者的亲身经历创作的。

布赫海姆于1918年2月6日在魏玛（Weimar）出生，青少年时代就在写作和绘画方面表现出过人天赋，在学校时就为报纸写稿，15岁举办了个人画展，还游历了波罗的海、

1941年，布赫海姆（右）作为德国海军随军记者跟随U-96出海时，与艇长维伦布洛克上尉交谈

黑海沿岸和意大利。二战爆发时，布赫海姆在慕尼黑（Munich）学习艺术，后于 1940 年投笔从戎，志愿加入德国海军成为一名随军记者，被授予海军少尉军衔。战争时期，布赫海姆为海军宣传机构采写了大量战地报道，足迹遍及扫雷舰、驱逐舰和潜艇，但在所有采访活动中最具价值的是 1941 年秋季，布赫海姆登上由海因里希·莱曼－维伦布洛克（Heinrich Lehmann-Willenbrock）上尉指挥的 U-96，亲身感受潜艇作战的真实境况，这就是他日后的成名作的基础。

U-96 是一艘Ⅶ C 型潜艇，于 1939 年 9 月 16 日在日耳曼尼亚船厂铺下龙骨，1940 年 9 月 14 日竣工服役，维伦布洛克出任该艇的首任艇长，编入著名的第 7 潜艇支队。从 1940 年 12 月到 1942 年 3 月，维伦布洛克指挥该艇进行了 8 次巡航，在破交作战中取得了卓越的战绩，先后击沉 24 艘商船总计 17 万吨，成为 U 艇部队的"吨位王"之一，因此荣获橡树叶骑士铁十字勋章。布赫海姆参加了 U-96 的第 7 次巡航，在这次出击中该艇仅击沉 1 艘荷兰商船，但对于一名随军记者而言已经弥足珍贵了。维伦布洛克卸任后转到岸上任职，再未取得战绩。U-96 在一线服役至 1943 年 1 月，后转为训练潜艇，于 1945 年 3 月被美军飞机炸沉，在其服役生涯中累计巡航 11 次，击沉商船 27 艘计 18 万吨，而 U-96 的艇徽"微笑锯鳐"非常出名。

布赫海姆在随 U-96 出海期间，自然也亲口品尝过艇上的伙食，其中给他印象最深的是在潜艇某次遭遇反潜舰艇攻击并侥幸逃脱后的一餐。当时他以为又是罐头肉或香肠之类的食物，却没想到炊事兵端上桌的是一道非常精致的炖牛肉卷配紫卷心菜。这道菜是德国的传统佳肴，被认为起源于上西里西亚地区，最初的版本采用鹿肉或猪肉，现在多选择牛肉或小牛肉，通常出现在德国人的节假日宴席上，此时却现身于潜艇的小小餐桌，

与土豆丸子、紫卷心菜搭配装盘的炖牛肉卷，这道菜在德国通常是节日宴会上的佳肴

怎能不令人惊喜？布赫海姆在大快朵颐的同时对炊事兵赞誉有加，显然炊事兵是为了安抚劫后余生的艇员而特意烹饪了这道佳肴。炊事兵对这道菜没有添加土豆丸子表示遗憾，但大家对此已经是十二分的心满意足了。

炖牛肉卷的制作过程相当复杂，要将大块的新鲜牛肉切成大小 20 厘米见方，厚度 3～5 毫米的薄片，在肉片上撒上盐、胡椒、芥末等调料涂抹均匀，然后再铺上培根、腌黄瓜、洋葱等配菜，将肉片连同配菜一起卷起来，将肉卷置于油锅中煎炸一下，最后移入炖锅中煮熟。根据不同地区和家庭的饮食习惯，牛肉卷的调味料和配菜种类会存在一些变化，比如有时会用肉沫代替培根，也可以用胡萝卜替代腌黄瓜等。在食用炖牛肉卷时，德国人喜欢用煮熟的紫卷心菜搭配，用甜醋将卷心菜调制成酸甜味，可以去除肉类的油腻，被认为是肉菜的传统搭档。此外，土豆丸子也常和炖牛肉卷或其他肉菜一起装盘上桌，德式土豆丸子使用土豆为主料，混合鸡蛋、面粉，加入盐等调味料，可以用水煮，也可以煎炸。除了土豆丸子外，德式丸子还有用肉糜、面粉、面包屑等为主料制作的品种，也是深受德国人喜爱的食品。相信在 U-96 窄小的船舱内能够尝到炖牛肉卷和紫卷心菜的味道，一定会勾起布赫海姆和全体艇员的思乡之情。

随 U-96 结束航程后，布赫海姆以这次特殊经历为基础撰写了一部短篇小说《橡树叶巡航》，这个题目显然与艇长维伦布洛克的骑士铁十字勋章荣获橡树叶饰有关。战争结束后，布赫海姆以海军中尉军衔退役，成为一名艺术家兼收藏家，直到 1973 年他才将自己的战时经历写成描述 U 艇生活的杰出作品 Das Boot，小说中的主角随军记者维尔纳少尉就是以他自己为原型，书中的潜艇自然就是 U-96。此后，布赫海姆又创作了一系列有关

《从海底出击》的剧照，艇上的主要军官聚集在指挥舱内，戴白色军帽的是艇长，站在他身边的是轮机长，照片最右侧的是随军记者维尔纳少尉，注意近处两名操纵手军帽侧面的艇徽标志

U 艇作战的著作。

Das Boot 出版后迅速成为世界级的畅销书，不少电影导演被其吸引，希望能够将其翻拍成电影，最终德国导演沃尔夫冈·彼得森（Wolfgang Petersen）拿到了剧本改编权，由巴伐利亚电影公司投资拍摄。彼得森以纪录片的写实手法完成了这部与原作同样优秀的战争电影，为了追求真实感，剧组制作了多个不同尺寸的潜艇模型，还同比例复制了潜艇内部的各个舱室，而且严格按照时间线拍摄，换而言之演员们要在片场里待上与潜艇巡航相同的时间，他们的胡须都是自然生长的结果，而非化妆的效果。影片拍摄期间，彼得森还请来了现实中的 U-96 艇长维伦布洛克担任顾问，从而让影片的真实性和历史质感大幅提升。如此精益求精的制作保证了影片的品质，当然也让成本大幅飙升，最终耗资达 3200 万马克，约合 1850 万美元，是德国电影史上最昂贵的影片之一。电影版 Das Boot，也就是我们熟悉的《从海底出击》于 1981 年 9 月 17 日公映，很快就获得了高度好评，赢得了更胜原作小说的世界级声誉，在全球收获票房达 8490 万美元，被认为是迄今为止最佳的潜艇战影片。

来自丘吉尔首相的馈赠——俾斯麦牛排

1941 年 4 月 1 日上午，德国北部基尔港码头上鼓乐齐鸣、花枝摇曳、人头攒动、气氛热烈，在雄壮高亢的进行曲中，一艘灰色战舰缓缓驶入港湾，稳稳地停靠在泊位上，它就是重巡洋舰"舍尔海军上将"号（Admiral Scheer），该舰刚刚完成了一次长达 5 个月、行程 46000 海里的远洋巡航，突破了英国皇家海军的围追堵截，带着累累战果胜利归航。德国海军总司令埃里希·雷德尔（Erich Raeder）海军元帅亲临码头迎接远征归来的将士，他登上军舰甲板，向舰长特奥多尔·克兰克（Theodor Krancke）海军上校表示了热烈欢迎和衷心祝贺，后者已经因为此次卓越的作战行动而被授予骑士铁十字勋章。寒暄之后，雷德尔在克兰克陪同下检阅了仪仗队，他注意到尽管经历了数月航行，舰员们依旧精神抖擞、士气高昂，丝毫未见远航后的疲惫。

在欢迎仪式结束后，雷德尔应邀参加了舰上举办的午餐会。在军官餐厅里衣着整洁的侍者为众人端来一盘盘喷香扑鼻的牛排，牛肉上还铺放着嫩滑的煎蛋。克兰克上校后来在《袖珍战列舰》一书中描述了这道佳肴："肉厚多汁的牛排上放着五成熟的煎蛋，但是数量太多了，彻底遮住了下面的牛排。"雷德尔对于面前的美食面露惊讶之色，熟悉航

1941年4月1日上午10时，雷德尔海军元帅登上"舍尔海军上将"号甲板，检阅了远航归来的水兵

海生活的他知道战舰在经历长期航行后生鲜食物早已消耗殆尽，而刚刚返回的"舍尔海军上将"号尚未接受重新补给，按照道理克兰克只能用罐头食品来招待宾客，他没有料到舰上居然还能拿出鲜嫩的牛排和新鲜鸡蛋！克兰克注意到总司令脸上的困惑之色，于是解释道这些食物都是来自英国人的恩惠，数量之多足以让全舰所有官兵都能吃到同样的饭菜！这还要从"舍尔海军上将"号此次成功的游猎作战说起……

"舍尔海军上将"号是德国海军在战前建造的德意志级装甲舰（后改为重巡洋舰）的二号舰，于1934年11月建成服役。德意志级是一型极富特色的战舰，充分利用了两次大战之间国际海军条约的漏洞，满载排水量15000吨、航速28节、装备6门283毫米重型舰炮，采用创新性的全柴动力推进，拥有出色的续航力，航速可以规避各国航速缓慢的旧式战列舰，火力又能击退性能受限的条约型巡洋舰，加上航程远大，非常适合远洋破交作战。"舍尔海军上将"号在开战时正赶上大修和改装，迟至1940年底才做好出击准备，于10月27日从基尔秘密出航，在恶劣天气掩护下突破丹麦海峡，进入北大西洋的猎场。该舰的第一个目标是从加拿大起航前往英国的HX-84船队，于11月5日黄昏时分遭遇船队。HX-84船队由37艘商船组成，仅有1艘辅助巡洋舰"贾维斯湾"号（HMS Jervis Bay）护航，舰长爱德华·费根（Edward Fegen）海军上校面对强敌没有退却，试图牺牲自己拖住敌舰，为其他商船争取逃生时间。经过22分钟实力相差悬殊的战斗，"贾维斯湾"号壮烈沉没，费根舰长以身殉职，德军战舰毫发无损，但HX-84船队的大部分船只已经逃进夜幕之中，德舰最终只击沉了5艘商船，令克兰克大失所望，费根上校的壮举令他被追授了维多利亚十字勋章。

"舍尔"号在攻击了HX-84船队后，继续南行，在大西洋中部完成加油后转向南大

这幅彩绘表现了"舍尔海军上将"号驰骋大洋，以后主炮射击的雄姿

西洋进行游猎，联合其他5艘辅助巡洋舰对盟国海上运输线展开猛烈攻击，频频得手，斩获颇丰。12月8日，"舍尔海军上将"号捕获了排水量8790吨的大型冷藏船"杜基萨"号（Duquesa），登船队惊喜地发现船上满载食物，包括3000吨冻肉和多达1450万只鸡蛋，对于长时间航行，补给困难的德国袭击舰而言可谓天赐大礼，极大地改善了德国水兵的伙食。"杜基萨"号随后成为德国海盗们的"奶牛"，为"舍尔海军上将"号和其他袭击舰提供了丰富的新鲜食物，德舰的炊事兵每天都会为舰员烹饪花样繁多的鸡蛋料理，煮蛋、煎蛋、炒蛋、烤蛋、鸡蛋布丁、鸡蛋汤等等，充足的蛋白质来源保证了舰员的身体健康和旺盛精力。1940年的圣诞节，"舍尔海军上将"号利用缴获的食材举办了盛大宴会，克兰克笑称是"丘吉尔的圣诞礼物"。"杜基萨"号在库存被搬运一空后才被德国人击沉。得到这批生鲜食品的加持，"舍尔海军上将"号得以在大洋上巡弋长达5个月之久，航迹跨越大西洋和印度洋，其间击沉13艘商船、1艘辅助巡洋舰，俘获3艘商船，总计115000吨。无论是作战时间、巡航里程，还是击沉数量，都创造了战争中德军大型水面战舰巡洋作战的最高纪录，而从"杜基萨"号上获得的战利品直到"舍尔海军上将"号回国仍有剩余，正好被拿出来款待雷德尔，这可以说是对战果的最佳展示。

在"舍尔海军上将"号的祝捷午宴上，德国炊事兵用缴获的黄油煎制英国牛肉，再铺上五分熟的煎鸡蛋，此外还按照德国饮食的传统搭配带皮的水煮土豆作为配菜，在航行结束时舰上还能保存下来的蔬菜大概也只有土豆了。这种牛排加蛋的菜式在德国有个专有名称叫"俾斯麦牛排"，一听就知道与德国历史上著名的"铁血宰相"奥托·冯·俾斯麦（Otto von Bismarck）有关，据说他非常喜欢吃配有半熟鸡蛋的牛排，此外以他的名

牛排与半熟煎蛋是西方早餐的经典搭配，据说"铁血宰相"俾斯麦就非常喜爱这道菜，因此也被称为"俾斯麦牛排"

字命名的料理还有不少，比如"俾斯麦芦笋""俾斯麦披萨"等等。这些菜肴以俾斯麦冠名并不是因为他领导了普鲁士王国统一德意志，创建第二帝国的丰功伟绩，而是源自俾斯麦那惊人的食量和奢靡无度的饮食习惯。

在历史上，俾斯麦总以冷酷严峻、保守强硬的形象示人，然而在政治强人的表象背后，他却有着严重的性格缺陷和病态的心理状态，突出表现在他对过量饮食的追求。俾斯麦成长在崇尚斯巴达式生活的普鲁士王国，寡淡无味、难以消化的饮食让他在成年后对美食美酒产生了无法遏制的渴求，而且俾斯麦自幼就是"大胃王"，他曾向友人抱怨说，自己在年轻时能一口气吃下 11 个鸡蛋，年龄见长后最多只能吃 6 个了！俾斯麦是个不折不扣的饕餮之徒和暴食症患者，他的日常菜单包含的食物种类之杂、数量之多，即使以同时代贵族的标准都是超乎寻常的，就算在他自认食欲不振且消化系统紊乱之际，他依然能够吃下一顿由汤、鳗鱼、冷盘肉、对虾、龙虾、熏肉、生火腿、烤肉和布丁构成的大餐。过量的饮食使得俾斯麦的体重持续增长，一度达到 110 千克，危及健康，然而在医生建议他节制饮食的情况下，俾斯麦还是每餐享用汤、1 条肥鳟鱼、一些烤小牛肉和 3 个大海鸥蛋，这些食物都被成杯的勃艮第干邑葡萄酒冲入他那似乎永远填不满的肠胃里。

随着俾斯麦的职位和权力日益增长，他的食欲也愈加旺盛。1870 年普法战争期间，俾斯麦的毕生事业接近成功的巅峰，而他的胃口也在这个以美食著称的国度里得到极大的满足，在随军征服法兰西的征途中，俾斯麦的菜单上出现了蘑菇煎蛋卷、烤野鸡配酸菜、甲鱼汤、整个野猪头和覆盆子果冻等食物。当普军兵锋接近巴黎时，俾斯麦视察了第 103 步兵团并受到隆重招待，在菜品丰盛的晚宴上他食用了沙丁鱼、鱼子酱、各式香肠、煮牛肉和通心粉、煮羊肉，最后是奶酪、新鲜黄油和水果。一名观察俾斯麦饮食习惯的人记录道："他一直吃到墙破为止（意即撑破肚子）。"烤牛肉、牛排配土豆、冷烤肉、鹿肉

这幅画作表现了普法战争中普鲁士宰相俾斯麦与已成阶下之囚的法皇拿破仑三世会面

和油炸布丁轮番出现在俾斯麦的餐桌上，即使在主持帝国殖民会议的会场上，他依然双手抓着腌鲱鱼吃个不停，以至于在德语中"俾斯麦鲱鱼"成为腌鲱鱼的代名词，被沿用至今。嗜酒如命的俾斯麦几乎终日杯不离手，每餐都会喝下大量葡萄酒，甚至早餐也不例外，下午还会喝牛奶、柠檬水、啤酒或起泡酒。在法国的一座酒窖里，俾斯麦曾经尝试了十几种不同年份的葡萄酒，最后以最令人发指的方式将各种烈酒混在一起灌入嘴中。长期饱受失眠困扰的俾斯麦坚信只有大量饮用啤酒才能入睡，每天都会浑身酒气地上床。

1880年，俾斯麦在大量饮酒并吃下6个涂了黄油的煮鸡蛋后开始反复呕吐并说话结巴，他确信自己中风了，但对于医生要求他改变生活方式的建议不屑一顾，并表现得"像女人一样歇斯底里"。1883年，32岁的年轻医生恩斯特·施韦林格（Ernst Schweringer）以心理疗法赢得了俾斯麦的信任，他为俾斯麦重新制订了饮食计划，早餐喝奶茶、吃鸡蛋，中午吃些鱼和烤肉，下午晚些时候喝一小壶牛奶，晚上再喝一次。通过节食俾斯麦的体重减轻了27千克，健康状态得到改善。施韦林格的治疗延续了俾斯麦的寿命，但他的政治生命在1890年随着被新皇威廉二世解职而提前终结，失去权力的俾斯麦如同失去灵魂的躯壳，在度过无所事事的几年时光后于1898年7月去世。他的政治遗产被迅速遗忘，他死后不到20年，其亲手缔造的帝国就卷入了一场世界大战并最终被摧毁，然而有关他的饮食逸闻随着诸多以其名字命名的菜肴而流传后世，"俾斯麦牛排"就是其中一例。

"舍尔海军上将"号的这顿牛排大餐显然让雷德尔和克兰克感到满足，但两人都没有意识到这已经是德国海军巡洋作战的顶峰，仅仅一个多月后，"俾斯麦"号战列舰在处女航中就折戟北大西洋，此后德国大型战舰再未深入大洋。1942年2月，3艘主力舰在希特勒的严令下突破英吉利海峡返回德国，之后被重新部署到挪威，虽然取得了一次举世瞩

第五章 德国篇　261

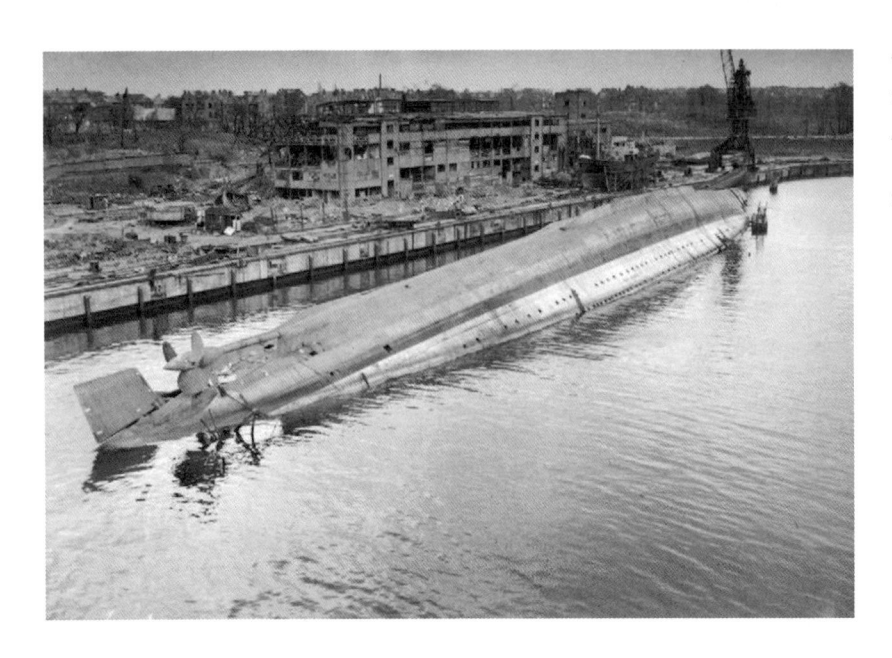

1945年4月在基尔港遭英军轰炸机空袭后中弹倾覆的"舍尔海军上将"号重巡洋舰

目的战术胜利,却彻底解除了大型战舰对英国海运线的威胁,在战略上实属失策。作为大舰巨炮的坚定支持者,雷德尔在1943年初因为巴伦支海战的失利而被解职,相比之下"舍尔海军上将"号舰长克兰克上校却官运亨通,到1943年就晋升海军上将,官至德国海军西线总司令。"舍尔海军上将"号于1942年初被部署到挪威海域,打击北极航线,曾在同年8月深入苏联北极海域实施袭扰作战。1944年后,"舍尔海军上将"号就龟缩在波罗的海不再远航,以舰炮火力支援陆军抵挡苏军的滚滚铁流。1945年4月9日,300架英军轰炸机空袭基尔,"舍尔海军上将"号中弹倾覆在港区,战后被打捞拆解。雷德尔被纽伦堡国际军事法庭判处无期徒刑,与邓尼茨一道被关押在柏林施潘道监狱服刑,就算身陷囹圄,两人还在为潜艇和大型战舰的作战效能争论不休,也许在雷德尔支持自己论点的论据中,还包括那顿在"舍尔海军上将"号上享用的"俾斯麦牛排"。

德军战地午餐老三样——浓肉汤、面包、咖啡

提到二战中的德国陆军,人们很容易联想到他们精良的武器装备、训练有素的官兵以及严密的部队组织结构。不过,再强悍的部队也要吃饭,当目光转向他们的军队伙食时,就会看到不同的另一面。二战德国陆军的伙食种类略显单调乏味,基本上以黑面包、

汤（清汤和浓汤）、香肠以及咖啡（多为代用咖啡）为主，比起同时期的盟国军队，甚至是同一阵营的意大利军队都要逊色不少。即使是二战时期后勤供给很差劲的日本人，也敢在战后揶揄德军的伙食为"寄宿人料理"，意即像大锅饭一样不好吃。

二战中德军根据部队所在区域和任务来定量配给伙食，具体分为4个等级：1级，一线作战部队；2级，占领区部队；3级，国内守备部队；4级，国内办公文职人员。1级配给的供应量最多，此后依次递减。一线作战部队的伙食被称为"一号口粮"，属于优先补给物资。

根据德军《补给部队指南》的记录，1942年一名德军士兵单日标准配给内容如下：军用面包750克、黄油（或人造黄油）或猪油（抹在面包上食用的动物油脂）45克、香肠（生香肠或罐头香肠，有时是熏鱼和奶酪）120克、果酱或人造蜂蜜200克、烤土豆750克、肉120克、蔬菜45克、番茄酱15克、咖啡（有时是代用咖啡或红茶）8克、点心或巧克力1袋、香烟7根、雪茄2根以及其他调味品。此外，还有为行军部队或受地域限制无法正常供食的部队所准备的专用口粮，主要以罐头及饼干为主。实际上，由于各处战场上战况、补给状况互有差别，德军战地伙食的供给也随时处于变化之中。

战争爆发之前，即使存在地域和阶级差异，德国人的饮食习惯一直比较传统和务实。贵族阶层曾有一日五餐之说，早晚餐各两次，但基本以面包等轻饮食为主，只有午餐较为充足和丰盛。德国人的早餐和早茶通常包括咖啡、面包和果酱；午餐是全天唯一需要下厨煮热食的一餐，有土豆汤、肉类菜肴、蔬菜沙拉（或蒸煮的蔬菜）等；晚餐的时间一般较晚，所以在条件允许的情况下会有一次简短的下午茶（以咖啡加点心为主）；晚餐也是吃冷食居多，有作为主食的面包、香肠或火腿、奶酪等。由于德国人酷爱饮酒，啤酒或红酒都是常见的佐餐饮料。到了二战时期，德国军队中的饮食变成了严格的早中晚三餐，但午餐最为丰盛这一点没有改变。作为唯一能吃到热食的一餐，二战中的德国军

在作训间隙享用午餐的3名德军士兵，用匈牙利浓肉汤搭配面包，从他们狼吞虎咽的吃相看想必非常美味

人对午餐尤为重视和期待。虽然具体的品种有所变化，但午餐中有3种食物是必不可少的——浓肉汤、面包和咖啡，堪称德军战地午餐老三样。

从一战到二战，德军的战地伙食中都包含了一道浓汤料理，这就是匈牙利浓肉汤。正如菜名所示，这道浓汤源自匈牙利，在匈牙利语中被称为Gulyásleves，意为"牧牛人烹饪的肉"，其历史可追溯至公元9世纪，是匈牙利草原上马扎尔牧民创造的特色料理。马扎尔人像许多游牧民族一样，赶着牛群在草原上四处游走，寻找丰茂的水草，时常远离居所，因此利用携带的铁锅烹饪牛肉或其他食材，久而久之就形成了匈牙利浓肉汤的做法。其实最初匈牙利浓肉汤应该是炖肉，后来从田野乡间传入城镇的过程中才渐渐变成汤菜。这道菜的突出特点是使用红甜椒和红甜椒粉作为配菜和调味料，值得注意的是，匈牙利传统的红甜椒虽有甜椒之名，却与红辣椒一样辛辣刺激，其作用与胡椒无异，与我们今日几乎感觉不到辣味的甜椒截然不同。这道肉汤浓稠热辣，香气四溢，尤其在冬天喝上一碗能让身体迅速暖和起来，红甜椒还能补充维生素C和钾元素。

匈牙利浓肉汤的传统做法是将牛肉切成适合进食的大小，放入锅中加水煮熟捞出，肉汤留用；将洋葱切成环状，在锅中倒油加入洋葱炒至透明，关火倒入红甜椒粉搅拌均匀，再加入少量肉汤；开火加入牛肉翻炒，撒上胡椒，将剩余的肉汤和切碎的番茄倒入锅中，加入马郁兰、月桂叶和丁香，以文火加热75分钟，煮至肉质变软；在炖肉的时间里，将土豆削皮，与甜椒一起切成适于进食的大小，待肉煮软，加入切好的土豆和甜椒，继续煮至土豆变软，最后根据个人口味加入红辣椒。匈牙利浓肉汤传到德国后，德国人按照自己的饮食习惯进行了改良，将汤汁熬得像咖喱一样更为黏稠，还将红甜椒粉改为孜然，很多时候与黑面包或意大利面条搭配食用，有时也会配合德式酸菜等腌菜。总之，对于德军士兵而言，匈牙利浓肉汤是一道令人倍感亲切的菜肴。

德国是闻名世界的面包国度，德国人以面包为主食的历史已经超过800年，并且使用所有可用的谷物来制作面包。据统计，在德国经过官方认证的面包种类超过3200

匈牙利浓肉汤是匈牙利的一道著名菜肴，以牛肉、土豆和红甜椒为主要原料

种,是世界上面包种类最多的国家,在德国境内有超过 17000 家专业面包店,而开设在其他商场内的面包店铺也多达 10000 家!德国面包根据形状、大小、重量、材料配比的不同分为多种类别,各有专属名称,比如重量达到或超过 500 克的才被称为通常意义上的面包(Brot),黑麦含量在 90% 以上的称为黑麦面包(Roggenbrot),黑麦含量 50%～90% 的称为混合黑麦面包(Roggenmischbrot),小麦含量在 90% 以上的称为小麦面包(Weizenbrot),小麦含量 50%～90% 的称为混合小麦面包(Weizenmischbrot)等等。一般来说,越往德国北部走,面包的黑麦含量越高,越往德国南部走,面包的小麦含量越高。

面包不仅是德国人的日常主食,也是德国军队必不可少的口粮,德语中军用面包有一个专属名称 Kommissbrot。这是一种以黑麦为主,加入小麦粉等其他面粉烘焙而成的黑面包,早在 16 世纪就已经是军队的主要口粮,而且直到一战之前都是专供军队,一战后才进入民间市场,但直到二战时期依然是德国士兵餐桌上不可替代的主食。纳粹当权时期曾广泛宣传:健康饮食是每个顺从的国家公民的义务,黑面包被指定为一个坚强民族的最合理主食。德军军用面包为了能在常温下保存更长的时间,烤制得比较硬,而且在面包顶部形成一个坚硬的外壳,在口感上偏酸偏咸,通常搭配菜汤食用。德军黑面包包括黑麦面包、混合黑麦面包、多谷面包(Mehrkornbrot,黑麦、小麦和燕麦掺杂制成的面包)等类型,另外还有保存期更长的面包干(Rusk)、香脆饼干面包(Knäckebrot)和罐头面包等。二战时期德军黑面包的标准规格是重量 750 克的长方形面包,恰好是一名前线士兵的每日面包配给量,士兵们通常用面包刀或刺刀将整条面包切片,抹上猪油或配着肉汤食用。

德国军队的标准主食黑面包,以黑麦为主要原料,味道偏酸偏咸,保存期长

第五章 德国篇

在两次大战之间，德国已经建立了专业的面包厂，实现了军用黑面包的机械化制作，可以大批量生产黑面包，作为军粮储备。不过，前线部队吃到的面包大部分是由所属部队的面包连制作的，在《士兵生活指南》一书中，从如何制作烤面包炉到面包发酵都有详细记载。从编制上来讲，德军只有师级以上部队才会编有面包连，一般配置在集团军和师两级。二战中期及以前，德军每个集团军下辖2个面包连，二战后期则改编为1个大型面包连，师级部队则一直只编有1个面包连。二战初期，德军步兵师的师属面包连的装备和人员编成具体如下：

第1排配有2辆烤箱拖车，1辆和面拖车，1辆6.5千瓦发电机拖车，4辆面包运输马车，1辆运水马车，1名军官、7名军士、39名士兵（其中30人为面包师）；第2排配有3辆烤箱拖车，6辆面包运输马车，1名军官、9名军士、39名士兵（其中30人为面包师）。烤箱拖车与和面拖车是面包连最主要的装备，二战德军装备有两种烤箱拖车：Sd.Ah.105和Sd.Ah.106。前者是在一战烤箱拖车基础上的改进版本，箱体较圆，一次可以烤制80个750克的面包；后者是一战后新设计的型号，箱体较方且较大，一次可以烤制160个750克的面包，这两种烤箱拖车顶部都有一个可以收放的烟囱。每辆烤箱拖车由2名军士指挥，并配有数名面包师和辅助人员。此外，面包连还有一个装备大型野战炊事车、供水车等车辆的运输排，以及一个负责维护和修理工作的维修排。全连共计146人，包含3名军官、2名副官、22名军士以及119名士兵。

面包连是前线最受欢迎的单位，它关系着全师官兵的胃，通常被安置在交战地域后方相对比较安全的位置。不过，面包连并不是非作战单位，除了制作和运输面包的设备之外，全连还装备有134支步枪、12支手枪，全体官兵都接受过常规的步兵作战训练，在必要的时候也要投入战斗。德军摩托化步兵师和装甲师的面包连编制与步兵师面包连类似，只是人员数量与车辆构成不同，配有1名军官、1名副官、22名军士和122名士兵，装备136支步枪、10支手枪、23辆汽车和3辆摩托车。德军面包连中的炊事人员，很多人在入伍之前就是厨师或担任过厨师的助手。战争期间部队还可以视情况雇佣平民充实面包连，有时帝国劳工组织的人员也会加入炊事作业。

在人们的印象中，德国人似乎最爱喝啤酒，殊不知咖啡才是他们日常更爱的饮料。有机构曾做过统计排名，德国人每年喝掉的饮料中，位于前三位的分别是咖啡、饮用水

德军面包连的面包师将发酵完成的生面包成排送入烤箱，经过2个小时的烘焙后，香喷喷的面包就新鲜出炉了！

（含矿泉水）和啤酒——没错，啤酒只排第三位。对于嗜好咖啡的德国人而言，如果因为战争导致进口商品咖啡的供应中断是一个非常严重的问题。二战前德国的咖啡豆主要通过汉堡港进口，因此相关管理部门未雨绸缪地在该地储存了大量咖啡。果不其然，随着二战爆发，德国所能获得的咖啡豆进口量急剧下降。幸亏德国人在1939年开战之前就推行了咖啡配给制，而且利用菊苣根和麦芽等原料大量生产代用咖啡，从而保证了战时咖啡的供应。虽然正宗的咖啡奇货可居，但在战争结束之前，德国国内依然有不少咖啡豆库存。

1942年的挪威，当地的德国占领军高层在一次高规格的聚会上享用午餐。作为德军中的特权阶层，他们喝的都是纯正的咖啡而不是代用品

德军的标准配给中一直包含抗疲劳的功能性饮料，一般情况下为咖啡或红茶，当然，咖啡是首选目标。后勤补给正常时，普通士兵每天都能领到8克咖啡。由于德军喝到的多数为代用咖啡，对于那些习惯纯正咖啡的士兵而言，代用品的味道实在难以恭维。补给充足的盟军在得知德国人的这一窘况后，更是编撰出了各种段子加以嘲笑，正如国内军迷所熟知的那个梗："汉斯，你的咖啡真难喝。"尽管如此，德国大兵依然离不开这种饮料，何时何地都想来上那么一杯。

战争岁月中的德意志国民饮料——代用咖啡

德国士兵："汉斯，你煮的咖啡真难喝，跟狗屎一个味儿。"

汉斯："去你的，我又不是你妈妈，你想喝什么味道的咖啡就自己去煮，那该死的咖啡……"

这段对话来自于二战题材即时战略游戏《英雄连》中美军关卡诺曼底战役第二关中两名德军士兵关于咖啡的交谈，由于涉及内容及表情非常带喜，加上"汉斯"这个名字通常指代德国人，就像"伊万"指代俄国人一样，使得这段对话成为一个网络热梗，很

这幅德军士兵龇牙咧嘴的照片已经是描述德军代用咖啡糟糕味道的专属配图,然而很难判断这名士兵是不是在品尝代用咖啡,正如我们不知道代用咖啡的真正味道

快扩散到所有德国人和咖啡同时存在的场合。二战德军的咖啡真有那么难喝吗?笔者没有喝过,不敢妄下定论,估计最大的可能是味道低劣的代用咖啡从中作祟。德国士兵为什么那么爱喝咖啡?代用咖啡又是什么东西呢?

咖啡是采用咖啡属植物的种子,即咖啡豆,经过烘焙、磨制等过程制作出的冲泡饮料,是人类社会流行范围最为广泛的饮料之一,也是重要的经济作物,在全球期货贸易额度中长期位居次席,仅次于石油,可见它的受欢迎程度。咖啡是许多国家最重要的农业出口商品,亦是部分发展中国家出口物中最有价值的商品。绿色咖啡豆(即未经烘焙的生豆)是世界上交易量最大的农产品之一。按照交易的需要,咖啡豆会根据不同的口味而有不同的烘焙程度,经过烘焙的咖啡豆被研磨制作成为咖啡粉,最终变成人们钟情的饮料。咖啡的种植受它生长的环境影响,例如肯尼亚原种植地的土壤里含有较高浓度的磷酸,当地的咖啡移植到外地后就失去了这种独有的元素,导致种植出的咖啡豆成分有所改变。

咖啡树原产于非洲热带和亚热带地区,以及亚洲南部的一些岛屿。咖啡种子主要从非洲输出至世界各国,现在咖啡树的种植遍布70多个国家,主要在美洲、东南亚、印度等赤道地区。咖啡最初的来源已经无从考证,目前普遍认为最早来自东非埃塞俄比亚的哈勒尔(Hārer)。据说一千多年以前,大约9世纪时的埃塞俄比亚西南部的高原地区,一名牧羊人发现他的羊吃了一种植物的种子(咖啡豆)后变得非常兴奋活泼,继而发现了咖啡。也有说法是当地发生过一场野火,烧焦了一片咖啡林,经过烧烤的咖啡散发出的香味引起了周围居民的注意。人们最初通过咀嚼这种植物果实来提神,后来将其烘烤磨碎掺入面粉做成面包,作为士兵的食物,可以提高作战的勇气。不过这些传说故事都缺乏历史文件佐证，只出现于后世的旅游传记中。

13世纪时，埃塞俄比亚军队渡过红海入侵也门，咖啡因此传到阿拉伯半岛，在一些伊斯兰国家流行起来。至少从16世纪起，咖啡在处于鼎盛时期的奥斯曼土耳其帝国内部获得了相当高的人气，伊斯坦布尔等大城市纷纷开设咖啡馆，同时那些以商业、外交或探险等各种名目来到东方的欧洲人自然也接触到了咖啡。虽然当时阿拉伯人严格限制咖啡种子出口，但荷兰人还是突破了这道障碍，在1616年将活的咖啡树和种子偷运到欧洲，开始在温室中栽培。之后，咖啡逐渐传到欧洲各个地方，与阿拉伯国家的情况一样，人们主要在咖啡馆中消费这种高级饮料。17世纪中期，咖啡传入普鲁士，被上流社会阶层优先享用。咖啡风潮来势凶猛，对外贸易中心汉堡与不来梅等城市的街道上弥漫着从咖啡馆里飘出的迷人香气，市民成为咖啡的主要消费群体，继而又影响到工人阶级，再从城市走向乡村，到18世纪下半叶，咖啡取代啤酒成为普鲁士的国民饮料。

然而，咖啡在德意志地区的普及绝不是一帆风顺的，咖啡馆在普鲁士等邦国内开始盛行之初就遭到政府的诸多限制。那时荷兰、英国和法国已在加勒比海以及东南亚地区占据了广阔的殖民地，可以驱使当地人或非洲奴隶从事咖啡种植园的生产活动，因此在与咖啡有关的国际贸易中占据着绝对支配的地位。相比之下，处于分裂状态的德意志诸邦国几乎没有海外殖民地，本国国民要想消费咖啡只能通过对外采购。当时咖啡被称为"黑色黄金"，为进口昂贵的咖啡原豆支付的高额费用引起普鲁士国王腓特烈大帝的强烈不满，为了保护国内啤酒商的利益和扭转贸易逆差，他于1777年下令禁止民间私自进口咖啡原豆。腓特烈大帝表面上坚决抑制咖啡流通，甚至不允许民间私自烘焙，背地里却把烘焙的专项经营权高价卖给商人谋利。换句话说，相关禁令反倒刺激了咖啡黑市的火爆，咖啡原豆的走私活动屡禁不止，德意志民众对咖啡的热爱更进一步升温。

腓特烈大帝死后，咖啡贸易禁令得以解除，但咖啡在德意志土地上传播的障碍并未

一杯浓香醇厚的咖啡以及冲泡咖啡的咖啡豆，这种饮料在18世纪已经风靡德意志地区，成为一种大众饮品

德国 J.J.Darboven 公司产的橡子代用咖啡，这个品牌创始于 1866 年，总部设在汉堡

完全消除。1803 年至 1815 年的拿破仑战争时期，法军直接登陆英格兰的计划失败后，决定用经济封锁摧垮英国。拿破仑推行大陆封锁令，没收了所有的英国商船和货物，其中涉及的商品自然也包括咖啡。深处欧洲大陆的普鲁士受到影响，由于买不到咖啡原豆，国民的咖啡消费水平大幅度回落。然而，饮用咖啡在德意志各邦国中已成为一种全民习惯，要改变岂非易事？于是，执着的德国人开始寻求可以取代咖啡的代替品，并取得了卓越的成果。

代用咖啡，顾名思义是具有咖啡口味，又不使用咖啡豆作为原料的饮品。许多植物都可以作为代用咖啡的原材料，比如菊苣、大豆、橡子、大麦、蒲公英等等。普通德国民众对咖啡极其热衷，多数时候又喝不起从海外高价进口的咖啡，于是在中欧的德语文化圈中，自 18 世纪以来的 200 年间代用咖啡的消费量超过了纯正的咖啡。由于代用咖啡的种类太多，为了与正宗的咖啡豆（Kaffeebohnen）相区别，德语中甚至出现了 Bohnenkaffee 这一专有名词，作为代用咖啡的别称，直译就是"豆咖啡"。在各种各样稀奇古怪的代用咖啡诞生的同时，老百姓还发展出了各式饮用方法，有的人喜欢将代用咖啡粉兑大量的水饮用，有的人则喜欢将少量咖啡与代用咖啡混着喝，还有人只喝纯正的咖啡。二战时期，咖啡是德国士兵军用口粮中的常规配给。虽然战前德国在国内储存了大量咖啡制品，但随着战争爆发后咖啡豆进口渠道断绝，这些库存只能精打细算地酌情使用，所以德国士兵在战场上能领到的大都是代用咖啡。

二战时期，德国人继承百年传统，使用多种材料制造代用咖啡，以满足国民和军队对咖啡饮品的旺盛需求，其中菊苣是最主要的代用咖啡原料。菊苣属于菊科植物，俗

二战期间德军在法国巴黎建立的一座专为德军士兵服务的咖啡馆，从招牌上可以看出这座咖啡馆属于德军大巴黎指挥部管辖

称"咖啡草",其根部肥大,状似萝卜,因此又叫"咖啡萝卜"。菊苣根部除含有菊糖外,还具有咖啡酸和奎宁酸形成的一种甙,经过烘干、磨碎、焙炒,能产生特殊香气和苦味。利用菊苣制作的代用咖啡在色、香、味方面都酷似真咖啡,且不含咖啡因,无明显副作用,因此在全世界的产量非常大。除了直接制作代用咖啡饮用外,菊苣经过加工提炼后与普通咖啡粉混合,可以强化咖啡原有的风味,大大节省咖啡原豆的用量,从而让德国有限的咖啡豆库存能坚持更长时间。

除了菊苣外,蒲公英、大豆和面包也被用作代用咖啡的原料。国外有名军迷就尝试用上述3种原料亲手制作代用咖啡,以体验与纯正咖啡的区别。蒲公英根在二战时和

带有粗大根部的菊苣,其根部可作为制造代用咖啡的原料

战后一段时间内是德国主要的代用咖啡原料之一,其特点是色、香、味与真咖啡很相似,但无咖啡因等兴奋剂成分产生的副作用,可长期饮用,具有清热解毒、抗老防衰和通便等功效。尽管市场上有现成的蒲公英代用咖啡出售,但这名军迷为了追求最原始的味道,决定亲自去野外采集蒲公英动手加工。采挖的蒲公英根在洗净后切成5厘米长的小段,然后经过数日晒干,最后在晒前切段,因为晒干后的蒲公英根会很硬,很难切断。将晒好的蒲公英根放入平底锅内翻炒,待产生焦味后取出装入自制的茶包中,再放入锅中煮,这一过程中水的颜色会发生变化,越来越深。他在品尝了蒲公英根咖啡后,表示颜色和味道都比较接近真正的咖啡,如果炒制得好还会有大麦茶的香气。不过,考虑到制作蒲公英代用咖啡的过程耗时费力,炒制的效果也很难得到保证,他还是建议直接购买现成的产品更好。

大豆是世界上最重要的豆类作物,也是代用咖啡的一种原料,大豆咖啡的制作过程与蒲公英咖啡一样需要炒制。这名军迷仍然没有使用已经炒好的现成大豆,而是自己炒制生大豆以体验完整的过程。炒制过程大约需要1个多小时,使大豆呈现焦色,但据他说,炒豆对锅底磨损较大。炒好的大豆置于研磨器或咖啡研磨机中磨制成粉,之后像冲泡正常咖啡一样利用滤纸过滤残渣,获得一杯散发豆香味的代用咖啡。军迷品尝后表示:

第五章 德国篇

切段晒干的蒲公英根部

将蒲公英根置于平底锅中翻炒

装有蒲公英根部的茶包置于锅中煮，可见水的颜色逐渐变深

最后煮出一杯颜色深沉的代用咖啡

用平底锅将生大豆炒至焦色

将炒制后的大豆放入研钵中研磨成粉

"大豆咖啡的味道比想象中更像真咖啡。"有意思的是，这种咖啡带有大豆的香味，其中类似咖啡的苦味是炒大豆时的焦味。他解释说，之所以使用生大豆，就是为了获得更接近咖啡的苦味，至于这是炒制的作用还是大豆本身的特性尚有待研究。不过他也表示，

将磨好的豆粉按照冲泡咖啡的方式过滤

将过滤后的大豆咖啡装杯准备饮用

用刀刮下面包片上烤焦的部分，制成代用咖啡粉

焦面包片与面包代用咖啡，据说味道就是带有焦味的水而已

大豆终究不是咖啡豆，虽然对肠胃温和，但由于没有咖啡因，总少了一种喝咖啡该有的感觉，如果与真正的咖啡混合饮用效果应该会更好。

最后，这名执着的军迷又试做了面包代用咖啡，据说这种方法是二战时期美国海军发明的，用于填补舰上咖啡耗尽到接收新的补给前的空档期，与其说是代用，更像是一种生活智慧的体现。相比蒲公英咖啡和大豆咖啡，面包咖啡的制作过程简单一些，将切片面包置于烤面包机中，将烤制时间调制最长，制成表面烤焦的面包片，但不要烤得过焦。用刀刮下面包片表面烤焦的部分，获得了类似咖啡粉的焦面包粉，这也省去了研磨的过程，最后按照正常方法进行冲泡过滤，就算大功告成了。这名军迷表示，面包代用咖啡的味道就像是带焦味的水，与前两种代用咖啡相似，但完全没有任何香气，喝着这种焦水，他完全可以理解舰上的美国水兵叹着气巴望着快点到达下一个靠岸港口的心情。

现在的德国人早已不愁喝不上真正的咖啡了。不过，由于代用咖啡不含咖啡因等兴奋剂成分，味道也更为柔和，相比纯正的咖啡而言被认为对人体更为有益，因此许多人将其当成一种健康饮品来饮用。代用咖啡与真正的咖啡一样含有苦味的成分，有些代用

第五章 德国篇 273

咖啡还能完美再现纯正咖啡的味道。可是对于许多喜欢喝咖啡的人而言，代用咖啡无论如何是不能取代纯正咖啡的，他们可以从口感中品尝出其中的区别。

霍尔姆的 105 个日夜——德军战地空投伙食

在苏德战争的第一个冬季中，苏联红军于 1942 年初在绵延上千千米的战线上发动了规模浩大的反攻，意图大量消灭入侵的轴心国军队，收复 1941 年丢失的国土。苏军的反攻完全出乎德军最高统帅部的预料，已成强弩之末的东线德军人困马乏、损耗严重，受到补给不继和酷寒气候的双重折磨，面对苏军的凌厉攻势被迫向西退却。但是，在希特勒的严令和德军官兵的顽强抵抗下，这场退却没有演变成 1812 年时拿破仑式的大溃败。尽管失去了部分占领区，德军仍然重新建立了稳固的防线，逐渐挫败了苏军的攻势。令人瞩目的是，在北方集团军群战区内的杰米扬斯克（Demyansk）和霍尔姆（Kholm）两地，部分德军部队在被苏军重兵围困的情况下，依靠空中补给坚守数月之久，最终迎来援军解围的一刻，创造了二战时期防御与解围作战的经典战例。相比由 10 万德军据守的杰米扬斯克包围圈，霍尔姆包围圈的规模要小得多，起初守军兵力仅有 4500 人，且多为零散部队和后方单位，战斗力相对薄弱，被压缩在仅有数平方千米的城镇废墟中，正因为如此，其顽强的防御行动和最后脱困才显得更加罕见。

Ju 52 运输机拖曳着 Go 242 滑翔机从低空掠过霍尔姆的简易机场

霍尔姆是位于俄罗斯北部诺夫哥罗德地区的一座城镇，坐落在洛瓦季河和库尼亚河的交汇处，是当地主要居民点和行政中心。二战时期，德军于 1941 年 8 月 3 日占领霍尔姆，并将其作为后方兵站和后勤基地。1942 年 1 月中旬，从前线败退的德军残部与后方部队一道被 5 万多苏军包围在霍尔姆，由于此地正处在苏军进攻路线的关键节点上，这座并不出名的城镇顿时成为战场上的焦点，并且注定名留战史。德军指挥部将霍尔姆定为要塞，要求

由于舍雷尔少将指挥部队在霍尔姆进行的顽强防御，希特勒于 1942 年 2 月 20 日授予其骑士铁十字勋章，并用飞机将勋章空投到包围圈内。德军先后进行了三次空投，前两次均告失败，勋章落入苏军之手，第三枚勋章才最后送到舍雷尔手中

守军不惜一切代价坚守待援。困在霍尔姆的各支部队都被置于第 281 保安师师长特奥多尔·舍雷尔（Theodor Scherer）少将指挥下，组成"舍雷尔战斗群"。德国守军在狭窄的阵地上组织防御，通过空运获得补给和增援，从 1 月底至 5 月初经历了长达 105 个昼夜的围困，并在包围圈外部队的炮火支援以及德国空军的空中支援下坚持到底，最终于 5 月初与解围部队成功会师。整个战役中，包围圈中的德军总计 1550 人阵亡、2200 人负伤，但是他们经受住了苏军至少 6 个步兵师、6 个步兵旅、2 个坦克旅外加大批炮兵支援下发起的不下 100 次进攻，给苏军造成超过 2 万人的伤亡并摧毁 42 辆坦克。

作战期间，舍雷尔战斗群的官兵战斗意志顽强，顶住了苏军日夜不息的炮击和袭扰，克服了物资匮乏、缺医少药、恶劣天气、通讯不畅等诸般艰难困苦，没有最终崩溃。德国空军也为霍尔姆战役的胜利竭尽全力，在 1 月至 5 月间实施了成功的空中补给行动，出动运输机、轰炸机和滑翔机数百架次，向包围圈内运送了超过 7000 箱补给品和 700 余名援军，充分保障了战斗群的物资供给。此外空军还派出大批战斗机、轰炸机和侦察机为守军提供有效的火力支援，压制了苏军的集结和进攻，部分滞留在包围圈内的空军飞行员也像陆军战友一样投入了地面战斗。霍尔姆守军的表现和功绩受到德军高层的大力褒扬，包括舍雷尔少将在内的 5 名军官获得了骑士铁十字勋章，另有大批官兵获得了金质德意志十字勋章以及一级、二级铁十字勋章，德军还设立了霍尔姆盾章，作为对参加此次战役的所有德军官兵的特别嘉奖。

霍尔姆的德国守军能在 10 倍于己的苏军围困下坚持超过 3 个月之久，依靠的是德国空军的空中补给，战役期间只要天气条件允许，德国空军都会出动飞机向包围圈内空投给养，保证守军最低限度的弹药和食品等物资的供应。在霍尔姆东部，德军修建了一个长 500 米、宽 200 米的小型临时机场，战役初期德军 Ju 52 运输机冒着苏军防空火力直接

1942年3月，霍尔姆守军的一支物资回收分队前往空投区收集补给品，几名士兵在合力搬动补给箱，补给箱的重量取决于所装物资的种类

德军士兵兴高采烈地从补给箱中取出补给品，对于被围困在霍尔姆的德军士兵而言，领取补给大概是一天中最愉快的时刻了

霍尔姆包围圈内的德军士兵在领取热气腾腾的菜汤，其中既有陆军人员，也有空军士兵，后者是滞留在包围圈内的机组成员

在机场起降，卸载物资。然而，方圆不过数千米的包围圈完全处在苏军炮兵火力的覆盖之下，导致机场随时都会遭遇炮击，对飞机与物资造成极大损害。德军被迫将补给方式改为以空投为主，临时机场改为空投区，将给养装入特制的空投箱内用降落伞空投。德军偶尔也会使用造型怪异的 Go 242 滑翔机运送大宗物资或人员直接在包围圈内降落，不过滑翔机本身只能放弃，机组成员也要滞留在包围圈内作为地面人员参战。

包围战期间，舍雷尔战斗群每天至少需要消耗 3000 份口粮，而食品基本来源于空中运输。在 3 个月时间里，德国空军总共空投了 7211 箱补给，平均每日空投量为 100 箱，主要内容是弹药、食品和药品。舍雷尔战斗群每天都通过无线电向包围圈外报告物资消耗状况，根据实际情况开列物资清单，由空军安排飞机运送，不过有时守军的要求也不会得到完全满足，甚至出现调配错误，送来多余而无用的弹药，却没有迫切需要的食品。不过总的来说，空运是相当及时且成功的，完全称得上是一条"空中生命线"。霍尔姆守军需要的粮食主要装在两种类型的空投箱中运送，装运普通食物的空投箱所装补给物资如下：50份口粮或 60 千克面粉或 40 千克燕麦；装有特殊包装补给品的空投箱物资为：30 个 200 克肉罐头、17 个

霍尔姆东部地区守军的伙食由2个野战厨房供应，上图中的2个士兵正携带保温桶和铁皮桶前往厨房领饭

耐储面包、30盒巧克力、30份水果卷糖、5个混合罐头、6个猪油罐头、300支香烟、200克茶叶、1.5千克糖和15个豌豆罐头。

受到天气和苏军火力的双重影响，随降落伞飘落的补给箱不可能百分之百地送达守军手中，总有相当一部分补给箱落到苏军阵地或两军之间的无人地带而无法回收，还有部分补给箱由于包装问题在落地时损坏导致给养损失，有时还会被当地居民抢先拖走。回收补给箱是霍尔姆守军除了打退苏军进攻外最重要的日常任务，各个防区的指挥官都组织最得力的人员组成回收分队，在空投场附近的掩蔽部内待命，争取在第一时间抵达空投地点，冒着苏军的火力袭扰尽可能多地抢回补给箱。

所有弹药和粮食都被集中到临时给养仓库内，按照人员数量定量发放，分配补给是守军每天最愉快的时刻。霍尔姆守军收到的食品种类十分丰富，包括面包、肉罐头、谷物面粉、黄油、脱水蔬菜、腌肉、罐装汤、黄油、巧克力、水果罐头、果酱等等，伤员还能得到牛奶、鸡蛋等营养食品帮助恢复健康。在战线相对平静的时候，德军炊事兵总会努力为官兵准备热饭，最常见的菜肴就是用罐装蔬菜和罐头肉熬制的热汤，能干的炊事兵能用20罐蔬菜做出1000份午餐。在制作好饭菜后，炊事兵会用保温桶装上菜汤送到前沿阵地。对于在冰天雪地中坚守的士兵而言，一碗冒着热气的菜汤实在是无上享受，在战地记者的镜头前，每个士兵在领取热汤时脸上无不洋溢着微笑。不过，一旦战况吃紧，德军几乎没有时间制作热菜，只能啃硬面包充饥。

虽然空军竭尽全力为霍尔姆守军提供给养，但包围圈内的物资供应始终紧张，即使到战局已经缓和，空运相对稳定的1942年4月，守军每日的面包配给量仍降至300克，不及德军标准配给量的一半。除了空运食品外，德军还将包围圈内可

左图是德军炊事兵将保温桶中的菜汤舀到另一个士兵的铁皮桶中，右图是两个士兵正用一个简易的"烤面包炉"加热面包，这个炉子是用空补给箱外壳改造而成的

第五章　德国篇　277

一名下士用大勺为战友分发菜汤，值得注意的是这柄大勺是将汤勺绑在刺刀上制成的

以吃的东西搜刮一空，包括马匹在内的牲畜到3月底几乎宰杀殆尽，只剩下50匹马被舍雷尔下令不得屠宰，用于牵引火炮或运输物资。春季临近，附近的河流逐渐解冻，德军中的钓鱼高手纷纷出动，利用战斗间歇到河中捕捞鲜鱼，改善伙食。由于适合空投的食品大多数是罐头食品，加之包围圈内的烹饪条件也很简陋，霍尔姆守军的饮食依然是单调的。由于长期缺乏新鲜食物，许多士兵患上了便秘，战斗群的军医经常要求后方提供泻药，以帮助患病士兵排泄。

1942年4月复活节来临之际，舍雷尔战斗群还特意申请了节日特别补给，包括800升白兰地（每人四分之一升）、85000支香烟（每人25支）、3400块巧克力（每人100克）外加10500个熟鸡蛋（每人3个），他们的要求得到了满足，这些饮食被装进外壳绘有卡通图案的补给箱内送到守军手中，给所有人带去了节日祝福和生存的希望，令守军士气为之一振。到4月中旬，得益于空运补给的持续支持，霍尔姆包围圈内始终能够保持一到两天的食品储备，以4月18日晚间的统计为例，战斗群的食物储备包括面包4347份、黄油18531份、肉类午餐3610份、肉类晚餐3408份、豆类蔬菜7466份、糖6322份、盐2200份、茶45060份、香烟58416份、糖果11400份、巧克力4080份。

1942年5月5日至6日夜间，德军解围部队经过激战后终于打破了苏军的包围圈，与霍尔姆守军建立了地面联系，从而结束了长达105天的围困。就在5日傍晚，2架滑翔机顺利着陆，为守军送来了1门50毫米反坦克炮、6发320毫米重型火箭弹、78发步兵炮炮弹、93发81毫米迫击炮炮弹、300发20毫米高

1942年4月复活节临近之际，舍雷尔战斗群收到特别补给：10500个熟鸡蛋。补给箱上绘有可爱的卡通图案，平添了一丝节日气氛

射炮弹、11麻袋面包、10麻袋火腿和4箱白兰地。5月6日上午8时30分，指挥解围行动的冯·阿尼姆装甲兵上将抵达霍尔姆，舍雷尔激动地向其报告道："我们完成了元首赋予的任务！霍尔姆守住了！"尽管地面通道已经打通，但空运行动持续到5月10日才宣告结束。

霍尔姆战役以及规模更大的杰米扬斯克战役的最终胜利，使得德军对空运补给产生了过分乐观的估计，当1942年12月德军第6集团军的30余万人在斯大林格勒陷入重围后，希特勒和戈林再度企图通过

当一桶热气腾腾的咖啡送到前沿战壕中，士兵们纷纷拿出野战水壶和杯子来分享这种难得的饮品

空运物资维持第6集团军的生存，拒不允许保卢斯率部突围。然而，相比1942年初两次成功的空运案例，斯大林格勒包围圈内的部队规模和物资消耗远远超出德国空军的运输能力，最终"霍尔姆的奇迹"未能在伏尔加河畔重现。1943年2月2日，德军最精锐的野战集团军在饥寒交迫中缴械投降，全军覆灭。

德军精锐部队的"至高奢侈"——Scho-Ka-Kola 巧克力

作为甜食爱好者的挚爱，巧克力是大家非常熟悉的一种糖果。巧克力富含热量、味道甜美，有助于补充能量，舒缓紧张情绪，因此也是各国军用口粮的必备品种。历史上最出名的军用巧克力大概是二战时期美军供应的 D 口粮，到1945年8月产量高达30亿条，战争后期登陆欧洲的美国大兵常用巧克力、香烟和丝袜与所到之处的妹子们大搞亲善活动，换得良辰春宵。其实，与美军对垒的德军同样是狂热的巧克力爱好者。可能很多人不知道，德国是世界上消费巧克力最多的国家，据2013年的一项统计，德国全年人均消费巧克力12.2千克，居世界之首，2018年世界巧克力交易额为247亿欧元，而德国

第五章 德国篇

二战最著名的军用巧克力美军D口粮,绰号"洛根棒",每块重112克,味道据说比"水煮土豆强一点"

就达到42亿欧元。在二战时期,德军军需部门将巧克力当作重要的军用食品,大量采购并配发部队。与出手阔绰的美军拿着巧克力大发善心不同,德军士兵将巧克力视为珍馐,不会随意送人,那是只有精锐部队才能享用的奢侈美食。

巧克力是以热带植物可可树的种子可可豆为原料制成的食品,可可树原产于中美洲,可可豆经过发酵后会产生独特的风味,再通过日晒、水洗、烘烤、去壳、研磨等处理后可以制成可可粉和可可脂,其中含有丰富的矿物资、维生素和可可碱,具有提升精神、增强兴奋的作用。中美洲的古代文明如玛雅、阿兹特克都曾用可可豆制造提神饮料,可可豆因此身价很高,等同货币,据说100粒可可豆就能交换一个奴隶。早在15世纪末克里斯托弗·哥伦布(Christopher Columbus)抵达新大陆时,就发现了可可豆,但他当时并未在意这种新物种。1519年,西班牙人埃尔南·科尔特斯(Hernán Cortés)在阿兹特克帝国的宫廷内首次品尝了可可饮品,并在征服阿兹特克帝国后于1528年将可可豆带回欧洲,献给西班牙国王卡洛斯一世。1615年,西班牙公主安妮与法国国王路易十三世结婚,可可豆由此传入法国,进而在欧洲范围内传播开来。欧洲人将蜂蜜和蔗糖加入可可溶液中制成甜味的巧克力饮料,在欧洲上层社会中大为流行,被视为高档饮品和珍贵药物。经过一系列工艺发明和改进,固体状态的巧克力糖果在19世纪中期被制造出来,从而确立了巧克力最为人熟知的形态,根据口味可分为牛奶巧克力、黑巧克力、白巧克力和无糖巧克力等种类。

德国生产巧克力的历史非常悠久,可以追溯到19世纪初叶,德国最古老的巧克力制造商哈雷(Halloren)巧克力工厂创建于1804年,到二战前德国的巧克力产业已经非常发达,位于世界前列。说起二战德军配给的巧克力,相信很多军迷朋友都会想到Scho-Ka-Kola,这个品牌名字读起来相当拗口,翻译起来也很别扭,所以只能采用原文了。其

Scho-Ka-Kola 巧克力是德军口粮中配给的标准军用巧克力

实这是德语中"巧克力""咖啡"和"可乐果"三个单词的字母缩写组合（Schokolade - Kaffee - Kolanuss），同样也表示了这种巧克力的主要配方，即可可粉、咖啡粉和可乐果粉。Scho-Ka-Kola 最重要的特点有两个：一是包装辨识度很高，从诞生之初就采用直径89毫米、厚度22.2毫米的扁圆形铁盒（也有纸盒包装，但铁盒居多），内装2片圆形巧克力，酷似唱片，每片重50克，沿着巧克力表面预制的纹理可以轻松掰成8小块，总共有16小块（战后生产的版本出厂时就切成小块）；二是咖啡因含量特别高，其比较典型的配方是58%的可可粉、2.6%的咖啡粉和1.6%的可乐果粉，咖啡因含量为0.2%，而普通巧克力的咖啡因含量不超过0.1%，所以 Scho-Ka-Kola 具有非常明显的提神功效。据说4小块相当于一份意式浓缩咖啡，6小块相当于一杯250毫升的大份咖啡或一瓶功能饮料，这是德军选择其作为军用口粮的重要原因。

Scho-Ka-Kola 是柏林希尔德布兰德巧克力厂于1935年开发的一款黑巧克力。这家巧克力厂由特奥多尔·希尔德布兰德（Theodor Hildebrand）创建于1817年，妥妥的百年老店，也是德国历史最悠久的巧克力制造商之一。1935年，希尔德布兰德工厂组织人手开发新款巧克力，

Scho-Ka-Kola 采用金属圆盒包装，内装2片圆形巧克力，净重100克。从盒盖上的年份可知生产时间是1941年

第五章 德国篇　281

1936年柏林奥运会开幕式现场。借助于这一体育盛事的推动，Scho-Ka-Kola巧克力迅速打开了市场

以提神醒脑、消除疲劳为主要功效，为此在可可粉之外，还加入了烘焙咖啡粉和可乐果粉，这在当时颇具创意，从而获得了不同于普通巧克力的独特口感和特殊功效。Scho-Ka-Kola于1936年首次面世，正好刚上柏林承办夏季奥运会，于是希尔德布兰德将其标榜为能够增强体能的"运动巧克力"推向市场，借着奥运会的东风迅速走俏，受到广泛宣传，风靡德国，成为该公司的拳头产品。从1936年开始，根据德国政府推行的促进经济繁荣的政策，德国各地的其他巧克力制造商也获得授权和配方，开始生产Scho-Ka-Kola。

Scho-Ka-Kola吃起来苦中带甜、口感清爽，带有淡雅的香气，兼有提神功效，这种好东西自然逃不过正在迅速扩张的德国国防军的眼睛，德军军需部门将Scho-Ka-Kola列

希尔德布兰德最初为军方生产的Scho-Ka-Kola巧克力（左），盒盖上印有帝国鹰徽

战前和战时生产的军用版Scho-Ka-Kola巧克力大多在盒盖中央印上生产年份，有时还会精确到月份

在二战时期德军士兵聚餐照片中亮相的Scho-Ka-Kola巧克力,可见包装已经被打开,显露出带有纹理的圆形巧克力

二战历史照片中的一个德军军用木箱,里面装满了Scho-Ka-Kola巧克力

为军用食品。希尔德布兰德公司于1938年开始向德军供应Scho-Ka-Kola,最初的用户是德国空军,主要提供给飞行员,帮助他们在长途飞行和夜间飞行时保持清醒、提高警惕,同时也作为海上遇险时的救生口粮,因此在德军中其官方名称是"飞行员巧克力"。有趣的是,德军还配发另一种叫"柏飞丁"的提神药物,其主要成分是甲基苯丙胺,也就是冰毒,而且其外观类似巧克力,因此也获得了"飞行员巧克力"的别称,后来让人误以为Scho-Ka-Kola也加入了冰毒。

随着二战爆发,德军对于Scho-Ka-Kola的需求大幅增加。不过,由于德国乃至整个欧洲都没有种植可可,巧克力的生产原料属于紧缺物资,产量不可能满足全军的需要,所以Scho-Ka-Kola并不属于德军常规配给的军用口粮,多列入特殊口粮或应急口粮中,优先提供给一线作战部队的特别单位,比如飞行员、伞兵、山地兵、装甲兵和U艇艇员等,以便在艰苦的环境中补充能量、保持体力、提升士气。换而言之,并不是所有的德军士兵都能吃上Scho-Ka-Kola,只有上述精锐部队才能获得优先配给。对于普通平民而言,在战争爆发后就很难再尝到Scho-Ka-Kola的美味了,正所谓物以稀为贵,德军士兵都将吃上Scho-Ka-Kola视为"至高的奢侈"。希尔德布兰德巧克力工厂在1943年遭到空袭破坏,被

二战德军伞兵的全套应急口粮,其中也包括Scho-Ka-Kola巧克力(编号13)

战前及战时生产的各种版本Scho-Ka-Kola巧克力

迫停产，但其他德国巧克力厂仍在继续小批量生产Scho-Ka-Kola，到1945年德军士兵依然偶尔能够得到这种珍贵的配给。

很多幸存到战后的德国老兵都对Scho-Ka-Kola充满美好的记忆，比如党卫军第6"北方"山地师第11山地步兵团的士兵约翰·福斯（Johann Voss）就在回忆录《黑色雪绒花》里至少3次提到了Scho-Ka-Kola。福斯曾在东线作战，据他记述在战况激烈、补给困难时，一线部队就会配发应急口粮，而Scho-Ka-Kola是其中最受欢迎的食品。1945年1月中旬，"北方"师在法国孚日山区参加"北风"行动，在交战中党卫军第11山地步兵团包围并消灭了美军第157步兵团的6个连。战斗结束后，福斯将Scho-Ka-Kola赠予被俘的美军士兵，以示对他们顽强战斗的敬意，对于德军士兵而言这算是他们能给敌方士兵的极高礼遇了。

1993年拍摄的德国战争影片《斯大林格勒》中也出现了Scho-Ka-Kola的身影：当德军运输机将补给箱投入包围圈内时，饥饿的德国士兵将补给箱里的巧克力瓜分一空，却把同时送达的铁十字勋章不屑一顾地丢弃。

关于Scho-Ka-Kola

德国在1993年拍摄的战争影片《斯大林格勒》中出现了Scho-Ka-Kola的镜头：在包围圈里，饥寒交迫的德军士兵打开空投的补给箱，瓜分里面的巧克力

284 战士的餐桌

还有一个问题值得关注,那就是德国在本土不出产可可的情况下如何维持巧克力生产。巧克力最主要的原料可可生长于赤道附近的热带地区,尤其是西非地区,包括德国在内的所有欧洲国家都需要进口原料才能生产巧克力。战争爆发后,德国遭到盟国的封锁,无法从海外获得可可原料,其战时巧克力生产能够维持的原因就在于一个"囤"字,即依靠战前进口并囤积的原料继续生产。战争爆发前,德国非常热衷于囤积各类战时可能紧缺的战略物资,除了可可外,最典型的还有钨砂和咖啡豆。钨对于德国军工的重要性不言而喻,在20世纪30年代中德蜜月期间,德国看似慷慨地向中国提供武器和军事援助,那都是中国用大量钨砂等战略物资换来的。二战德国代用咖啡的难喝程度相信很多人都有所耳闻,其实德国在战前就储存了大量进口咖啡豆,只是一直省着用罢了,据说1945年德国投降时盟军还发现了存有大量咖啡豆的仓库。二战期间的希尔德布兰德工厂,正是利用战前储备的原料继续生产Scho-Ka-Kola。

战后,希尔德布兰德工厂于20世纪50年代恢复生产Scho-Ka-Kola。为了重新打开市场,希尔德布兰德通过报纸、广播、电视乃至电影等各种传媒发起广告攻势,比如在1960年德国电影奖获奖影片《献给检察官的玫瑰花》中,Scho-Ka-Kola成为贯穿全片,推进剧情发展的关键道具。借助于媒体的推动,Scho-Ka-Kola再度畅销德国。此外,希尔德布兰德于20世纪60年代在传统口味黑巧克力基础上推出了新款牛奶巧克力和果仁牛奶巧克力,可可粉含量下降至30%,沿用铁盒包装,可以通过颜色加以区分:黑巧克力为传统的红色包装,牛奶巧克力为蓝色包装,果仁牛奶巧克力为绿色包装。1969年,希尔德布兰德巧克力厂被德国实业家汉斯·伊姆霍夫(Hans Imhoff)收购,但仍以希尔德布兰德的名义继续生产Scho-Ka-Kola,主要在德国国内销售,也有少量出口。从2013年起,按照20世纪30年代的原始配方和包装生产的复古版Scho-Ka-Kola上市,如果想

战后生产的Scho-Ka-Kola巧克力,沿用传统的包装,只是巧克力已经被预先切块后再装盒。它的颜色较深,属于可可含量较高的黑巧克力

体会一下德军士兵对这种糖果的珍爱之情，有兴趣的朋友可以买来尝尝。

"红桃心"的西西里告别宴——金枪鱼配玛萨拉酒

说到意大利的西西里岛（Sicily），大家自然而然会想到经典电影《西西里的美丽传说》。其实西西里不仅有国宝级美女莫妮卡·贝鲁奇（Monica Bellucci）的倩影，还有诸多秀色可餐的美酒与美食。1943 年 7 月 12 日，在西西里岛西南部的一座野战机场上，德国空军第 77 战斗机联队（JG 77）联队长约翰内斯·施泰因霍夫（Johannes Steinhoff）少校忧心忡忡地站在跑道边上，望着渐渐西沉的太阳，耳边隐约听见从东南方向传来的隆隆炮声。3 天前，英美盟军在西西里岛登陆，虽然德军在岛上部署了几个战斗力较强的师，包括精锐的"赫尔曼·戈林"装甲师，但守军中更多的是装备低劣、士气低落、充满厌战情绪的意大利部队，很难指望他们做出有力的抵抗，这座岛屿早晚都会落入盟军手中。施泰因霍夫十分肯定，要不了多久美军坦克就会开到机场边缘，而在那之前他和他的部队必须撤回意大利本土，有消息说上级很快就会下达撤退令，也许就在明天，他就要和西西里岛说再见了。

施泰因霍夫和他指挥的 JG 77 都不是等闲之辈。施泰因霍夫是图林根人，出生于 1913 年 9 月 15 日，在青少年时代很有文青范儿，中学毕业时在古典文学和语言学方面成绩优秀，并考入耶拿大学主修文献学，但因为经济困难而辍学，于 1934 年加入德国海军，后于 1936 年转入德国空军成为一名战斗飞行员。二战爆发时，施泰因霍夫在 JG 26 服役，在威廉港的防空作战中获得了初次空战经验，1940 年调入 JG 52，参加了法国战役和不列颠战役。1941 年 6 月，施泰因霍夫随部队开赴东线战场，在"巴巴罗萨"行动中崭露头角，于一个月内击落了 28 架苏军飞机，到 8 月间以 35 架战绩获得

1942 年在东线战场作战的施泰因霍夫，此时他已经是 JG 52 的一流王牌，并获得了骑士铁十字勋章

施泰因霍夫担任 JG 52 第 2 大队大队长时的座机侧视图，这是一架 Bf 109F-4，注意垂尾方向舵上的战果标志

骑士铁十字勋章。1942 年 2 月，施泰因霍夫被任命为 JG 52 第 2 大队大队长，并在 8 月 31 日成为德国空军第 18 位击落 100 架敌机的飞行员，跻身顶尖王牌行列。当他在 1943 年 4 月 1 日升任 JG 77 联队长时，其脖子上挂着耀眼的橡树叶骑士铁十字勋章，座机垂尾上的战果标志已经超过 150 个。

JG 77 组建于 1939 年 5 月，以红桃心图案为队徽，因此被称为"红桃心"联队。二战时期，JG 77 的作战范围极广，从西线战场的英吉利海峡到东线战场的高加索群山，从芬兰、挪威的茫茫雪原，到北非前线的浩瀚沙海，到处都留下了 JG 77 的航迹。在长期作战中，JG 77 产生了众多的王牌飞行员，其中最著名的是戈登·马克·戈洛布（Gordon Mac Gollob）少校，战争初期他先后在 ZG 76、JG 54、JG 3 等部队服役，1942 年 5 月出任 JG 77 联队长，并在高加索前线屡获战果，于同年 8 月 29 日成为历史上第一位获得 150 架战绩的王牌飞行员，也因此成为德军中第三位钻石宝剑橡树叶骑士铁十字勋章获得者，可惜此后就被禁止参加空战，调往后方任职了。

从 1942 年 6 月开始，JG 77 的 3 个大队陆续调往地中海战区。他们曾为非洲军提供了有力的空中掩护，但随着德意军在北非战场落败，JG 77 只能撤到西西里和意大利本土继续作战。在西西里上空，施泰因霍夫感受到前所未有的压力，虽然盟军飞行员

这幅画作表现了 1943 年夏季，施泰因霍夫带领 JG 77 的 Bf 109 战斗机在西西里上空与美军 P-38 战斗机群展开空战的场面

不像苏联飞行员那样好斗,但训练有素,飞机性能也更好,很难对付。更要命的是盟军似乎有无穷无尽的后援,无论德军王牌飞机们击落多少架飞机,天空中的盟军飞机总是越来越多,胜利的希望愈加渺茫。当施泰因霍夫沉浸在黯然的心境中时,部下向他提议当晚在联队指挥所的简易食堂里举行晚宴作为放松,他点头同意,并在后来回忆道:"我觉得今天的晚餐是在这里的最后一餐了。"

跟随施泰因霍夫多年的勤务兵兼军官食堂厨师的利伯上等兵负责操办这场晚宴,手脚麻利的他仅用了1个多小时就准备了一桌像模像样的宴席。餐前酒是西西里本地特产玛萨拉酒,这是一种用当地木桶陈酿的葡萄酒,有数百年的酿造历史。据说1773年一名英国商人在途经西西里岛时品尝了这种酒后觉得口感不错,于是将其带回英国,并改良了工艺,使玛萨拉酒名扬世界。玛萨拉酒的酒精浓度在15~20度,味道偏甜,适合作为餐前开胃酒或餐后饮料,与西班牙的雪利酒、葡萄牙的波特酒及马德拉酒并称为四大加烈葡萄酒。在部下的劝说下,施泰因霍夫喝下一杯玛萨拉酒,甜腻浓烈的黑紫色酒汁润过喉咙,多少缓解了他的焦虑,激发了他的食欲,打起精神享用利伯呈上的一道道菜肴。

原产于西西里岛的玛萨拉酒是世界四大加烈葡萄酒之一,很适合作为开胃酒和餐后的甜食酒

开胃酒之后上桌的是炒鸡蛋和红烩罐头肉,在战场上新鲜的鸡蛋总是很受欢迎的,而肉罐头也是士兵菜谱中的常客。利伯使用的是意大利盟友提供的军用肉罐头,罐体上印着AM的缩写字母,为"军用"之意,这与德语中"老人"(Alter Mann)一词的首字母相同,久而久之,德军士兵就把意大利军用肉罐头称为"老头子"。平心而论,意大利虽然以美食著称,但其军用肉罐头的味道比不上英国军队的咸牛肉罐头,不过经过利伯的一番调理还算可口。根据施泰因霍夫的回忆,当天晚宴的菜式非常丰盛,除了肉蛋之外,还有金枪鱼、沙丁鱼、凤尾鱼、猪肝肠、火腿肠、意式香肠、西红柿浓汤等等,其中金枪鱼和沙丁鱼特别受到好评。西西里岛自古以来盛产金枪鱼和沙丁鱼,距离机场不远的特拉帕尼(Trapani)就是一座古老的渔港,其捕鱼历史可以追溯到公元前。西西里人也特别擅长烹饪鱼类,当地的特色菜是奶油香煎金枪鱼和烤金枪鱼,富于乡土特色的沙丁鱼料理也很有名。近代罐头技术发明后,西西里岛是最先开始制作金枪鱼和沙丁鱼罐头的地区,用橄榄油浸泡或煎炸的鱼肉制成罐头也同样美味。由于时间仓促,利伯不可能采购鲜鱼制作晚餐,只能以罐头鱼肉为原料烹饪菜肴,制作简单是"红桃心"联队

的这场特别晚宴的最大特征，不过多样的菜式和足量供应的美酒使餐桌上的每一个人都感到心满意足。

当晚出席宴会的除了施泰因霍夫及其副官巴赫曼中尉、联队军医等8名德国军官外，还有1名加拿大上尉和2名英军中士，3人都是德军的俘虏。虽然战争是残酷无情的，但在战场之外交战双方还是尽量讲究绅士风度，而邀请对手同桌进餐是一种骑士精神的体现。盟军战俘对于受邀出席晚宴向德国军官表示了感谢，不过他们对于德意军队的饮食向来不敢恭维，毕竟比起英联邦国家丰富的后勤物资供应，轴心国能提供给他们的食物就显得逊色多了。在3名战俘眼中，英联邦及其盟国具有广阔的殖民地资源，享有广泛的制海权，尤其是还有财大气粗的美国盟友撑腰，因此他们在吃的方面从来不担心。在大多数情况下，盟军的物资供应都很顺畅，即使是在炮火连天的前线战壕驻守的一线部队，也能得到新鲜蔬果和肉食供应。相比之下，眼前作为德国高端技术人员的空军军官难得享用的"饕餮大餐"，却主要以罐头食品为主，就略显寒酸了。当然，3名盟军战俘也明白，这样的一顿晚餐在德国人的军营里已经算是奢侈了，至少比平日的食谱丰盛多了，便知趣地大快朵颐起来，他们不仅相互谈论着菜品的味道，还对德国人伸出大拇指连声夸赞"OK"。几名德国军官却丝毫没有兴奋之情，由于连日战斗带来的疲

这是西西里特色烤金枪鱼块，可见鱼块中心仍保持红色，使食客能够感受到鱼肉天然的鲜味

具有西西里传统风味的香煎沙丁鱼，看起来令人非常有食欲

战后，作为西德空军高层领导的施泰因霍夫（左）与美国空军官员进行交流，他的面容在一次战时事故中被毁

第五章 德国篇 289

愈和战争前景的黯淡，施泰因霍夫等人在宴席上很少说话，而是默默享用美食。第二天，撤退的命令果然下达，于是这顿晚宴就成为"红桃心"联队在西西里岛的告别宴。

施泰因霍夫在 1944 年底调任 JG 7 联队长，这是德国空军唯一批量装备 Me 262 喷气式战斗机的联队。在战争的最后阶段，施泰因霍夫加入由加兰德组建的 JV 44 中队，但 1945 年 4 月 18 日的事故结束了他的空战生涯，他虽然侥幸生还，却被严重毁容。战争期间，施泰因霍夫总共执行了 993 次战斗任务，在空战中取得了击落 176 架的确认战果，其中在东线 152 个、西线 12 个、地中海 12 个，并荣获宝剑橡树叶骑士铁十字勋章。战后，施泰因霍夫继续在联邦德国国防军中服役，为重建德国空军出力颇多，官至空军总监，晋升上将军衔，还在北约军事机构高层任职，于 1994 年 2 月 21 日去世。1997 年 9 月，德国空军将第 73 战斗机联队命名为"施泰因霍夫"联队，以纪念这名功绩卓越的王牌飞行员。

残兵败将的慰藉美食——维也纳可丽饼

  1945 年春季，苏军与西方盟军正从东西两线攻入德国本土，希特勒所吹嘘的"千年帝国"在仅仅经历 12 年后已经进入倒计时。隆隆的炮声正从东方隐隐传来，距离越来越近，这让居住在勃兰登堡州的埃迪特·哈恩·贝尔（Edith Hahn Beer）女士愈加心神不宁，她是一个德国军官的妻子，丈夫征战在外，她独自在家抚养幼女。听说苏军即将突破德军防线的消息后，深感恐惧的埃迪特带着女儿离家逃难，躲藏到郊外乡间的老家小屋内。没过多久，一些从前线撤下来的德军士兵也陆续来到埃迪特女士所在的乡村，并在她们母女的住所借宿，他们和这对母女一样，竭力躲避着苏军的追捕。这里科普一个知识，柏林是德国首都和最大的城市，但它其实是一个州，但因为面积仅有 892 平方千米，一般很少被人称为柏林州。整个柏林被勃兰登堡州所围绕，因此苏军要攻占第三帝国首都，必然需要攻入勃兰登堡州。

  在乡下的这段时间里，埃迪特看着那些失魂落魄、衣衫褴褛的士兵，不禁心生恻隐之心，尽量为他们提供力所能及的食物。她后来在日记中写道："我到附近的农家要来了小麦粉、鸡蛋、牛奶、果酱和面包，士兵们这一天都在忙着将我搜集来的食物搬进小小的家中。我为这些士兵烹制了数百个美味的维也纳可丽饼，附近的奶奶和她的女儿也过来帮忙，帮我分发煎饼。"

1945年春，苏军攻入勃兰登堡州，强大的炮兵部队正准备对柏林进行炮火打击

　　埃迪特女士提到的维也纳可丽饼是一种薄煎饼，正式的名称叫帕拉钦克（Palatschinken），它是奥地利的一道代表性美食，名字虽带有维也纳，但并非起源于奥地利，而是来自匈牙利。19世纪后期，奥匈帝国还是一个强盛的大帝国（至少表面上看起来如此），其领土面积在欧洲仅次于俄罗斯，包括现在的奥地利、匈牙利、捷克、克罗地亚和罗马尼亚等国大部，民族众多、文化各异，饮食习俗也多种多样。受此影响，奥地利人的餐桌也呈现出多元化的特征，被称为"饮食文化的大熔炉"，许多奥地利本土美食在融入外来元素后，不断衍生出新的品种和菜式，而以奥地利首都为名的维也纳可丽饼就是其中的典型代表。

基础版的维也纳可丽饼，薄煎饼卷上果酱后撒上糖粉。埃迪特女士利用小麦粉、鸡蛋、牛奶和果酱制作的可丽饼应该就是这种

　　如果要为维也纳可丽饼追根溯源，最早可以追溯到古希腊和古罗马时代。公元前350年，古希腊诗人阿奇思莱特斯和安提法奈斯首次提到了这种薄煎饼，当时称为Plakous，意为薄的或多层的扁平面包。公元前160年，《农耕文化》一书中记录了制作Plakous的精致配方，其原料有橄榄油、香草和奶酪。这种薄煎饼因为价廉物美而广受欢迎，名气越来越大，并不断向周边流传，名称也逐渐发生了演变：先是变成了拉丁语的Placenta，传到罗马尼亚后，名称又变成

第五章　德国篇　291

Plăcintă，传到匈牙利成为 Palatschinta，之后流传到奥地利，根据维也纳人的发音习惯称为 Palatschinken。

维也纳可丽饼在很多方面类似法式可丽饼，但两者却有很多区别。前者在将配料调制好后可以立即煎制，而后者需要先静置数小时再开始烹饪。维也纳可丽饼用鸡蛋、小麦粉、牛奶和盐制成面糊，然后在平底锅里与黄油或植物油一起煎制而成，成品要比法式可丽饼稍微厚一些。此外，法式可丽饼是从使用荞麦粉的法式薄饼演变而来的，出现的时间也比维也纳可丽饼晚。在美食界，人们普遍认为法式可丽饼才是世界上最正宗的可丽饼，不过这丝毫不影响维也纳可丽饼在欧洲众多国家人民心目中的重要地位和受欢迎程度。维也纳可丽饼也是一种极富变化的食物，最早的时候只是将果酱夹在其中食用，但在成为奥匈帝国的宫廷菜式之后演变得更加精致丰富。比较传统的做法是煎好面饼后将杏子、草莓和李子酱卷起来，再撒上糖粉即可；衍生出的做法则很多很杂，面饼卷起来后可以切成块状或者条状，可以加糖或不加糖，酌情搭配各种各样的馅料——肉类、奶酪、蘑菇、菠菜、泡菜、酸奶油等等。它的吃法很随意，没有那么多讲究，一日三餐都可以端上桌，既可以作为主食，也可以作为饭后甜点。

在匈牙利，最著名的可丽饼是冈黛尔可丽饼（Gundel palacsinta），由磨碎的核桃、葡萄干、蜜饯橘子皮、肉桂和朗姆酒馅料制成，再淋上用蛋黄、浓奶油和可可制成的黑巧克力酱搭配食用，口感醇厚浓郁。其他中南欧国家制作类似的可丽饼时，常常使用肉类当馅料，在正餐的时候食用。

维也纳可丽饼在欧洲有多受欢迎呢？20世纪初叶，上至奥匈帝国皇宫中的弗朗茨·约瑟夫皇帝一家，下至维也纳街头的流浪汉，都对这种食物青睐有加。这里不得

夹有奶酪和水果的维也纳可丽饼。根据不同的需要，维也纳可丽饼的中间可以夹杂各式各样的馅料，并适合在各个时段食用

匈牙利最著名的冈黛尔可丽饼，其馅料种类比较复杂，食用时通常搭配浓奶油、巧克力等酱料，口感非常浓郁，深受当地人喜爱

不提到当时生活在维也纳的一位人物，未来第三帝国的缔造者阿道夫·希特勒，他也是维也纳可丽饼的爱好者。希特勒于1889年4月20日出生于奥匈帝国治下的因河畔布劳瑙（Braunau am Inn），也就是说，他其实是个土生土长的奥匈帝国公民。随着希特勒全家搬迁到林茨市（Linz），他在那里遇到了奥古斯特·库比席克（August Kubizek），两人年龄相仿并且具有很多共同的爱好，很快便成为好友。希特勒和库比席克是在林茨的歌剧院认识的，他们都对艺术非常感兴趣，尤其是对瓦格纳的歌剧有着共同的热情。库比席克眼中的希特勒在年轻时就非常引人注目，他在回忆录中曾有这样的描述："我们两个年轻人一起执杖走在林茨的大街上，引来周围姑娘们的叽叽喳喳……她们红着脸，春心荡漾的神态跃于言表，并想吸引我们的注意……后来我才看清楚，这些热辣的眼神不是针对我，而全是抛向阿道夫（希特勒）。"

作为奥匈帝国的两个首都之一，维也纳在当时具有兼容并包的非凡魅力，吸引着来自天南地北、五花八门的各色人等。从1907年开始，已经成年的希特勒来到维也纳生活和学习美术，他劝说库比席克也一起前往，两人曾一度共同租房居住。希特勒的目标是成为维也纳艺术学院的美术生，库比席克则希望考上维也纳音乐学院。学习之余，两人经常一起在维也纳的街头游荡，欣赏帝国首都气势恢宏的建筑，观察身穿奇装异服的各国人物，有时也会奢侈一把，前往餐馆享用维也纳琳琅满目的风味美食，其中自然少不

仅加糖粉和少量果酱的维也纳可丽饼，这种简单清淡的面食是希特勒这类素食主义者所喜欢的类型

第五章　德国篇　**293**

1945年春季，东普鲁士地区的德军溃兵与难民一起向后方逃命，其中很多人在战争中失去了生命

了维也纳可丽饼。

众所周知，希特勒是个素食主义者，虽然我们并不确定他养成这个饮食习惯的具体时间，但至少在青年时代就已经开始喜欢把面食作为主食。库比席克对此曾有这样的回忆文字："希特勒精力十足且酷爱演说，对任何事情都喜欢喋喋不休地评论一番。他有时会出门一整天不回来，有时又会把自己关在屋内通宵达旦地设计'工人模范村'的草图。他做起事来废寝忘食，有时连吃饭和睡觉都会忘记，实在饿极了就到厨房向房东讨要几个可丽饼，狼吞虎咽地吃完后又开始沉迷于他的各种'天才构想'之中……"

回归正题，为什么埃迪特女士会选择为逃亡中的德军士兵制作维也纳可丽饼呢？因为她本人就是奥地利人，还是一名犹太人，而在执行灭犹政策的纳粹德国她居然能嫁给德国军官为妻，真是令人匪夷所思。埃迪特的战时经历堪称传奇，二战爆发后她在朋友的帮助下隐藏了自己犹太人的身份，并在勃兰登堡州的一家医院找到一份工作。埃迪特在那里结识了一名军官，并与之坠入爱河。她向对方坦白了自己是犹太人的身份，但军官并不介意，还向她求婚，两人随即结为夫妻，育下一个女儿。正是在军官丈夫的帮助下，埃迪特才得以平安度过了危机四伏的战争岁月，一家三口都幸运地活到了战后。

在第三帝国即将灭亡的最后日子里，埃迪特用乡间常见的食材为逃难的德军士兵烹制了美味的维也纳可丽饼，想必这些用小麦粉、牛奶、鸡蛋煎制的薄饼上还涂抹了一层甜腻的杏子酱吧。虽然这些手工可丽饼不如维也纳宫廷中的甜点那样考究，但是在身心疲惫、惶恐不安的德军士兵眼中，这可能是世界上最甜美的味道，让他们填饱肚子之际也可以暂时忘记战争和死亡的恐惧。

元首地堡的最后晚宴——酸菜熏腌肉

1945 年 4 月 24 日，德国空军第 6 航空队指挥官罗伯特·冯·格赖姆（Robert von Greim）空军大将在慕尼黑接到命令，立即前往柏林面见希特勒。当时柏林已经陷入苏军的包围，格赖姆不清楚元首出于什么原因在这个时候召见他，但作为战争末期少数仍忠于希特勒的高级将领之一，他决定执行这道风险极大的命令，与他同行的还有德国著名女飞行员，希特勒的铁杆崇拜者汉娜·莱契（Hanna Reitsch）。

4 月 26 日，格赖姆首先飞抵柏林以北的雷希林机场，那里是德国空军的试飞中心，然后换乘一架 Fw 190 战斗机飞往柏林。这架战斗机只有一个座位，莱契只能蜷缩在机身后部的空舱里完成这次飞行。有 20 架战斗机为格赖姆护航，其中 9 架在途中被苏军击落，在付出如此高昂的代价后，格赖姆和莱契总算在柏林城区西南部的加托机场降落。此时苏军已经攻入城区，格赖姆不敢乘汽车前往总理府，他亲自驾驶一架 Fi 156 联络机，载上莱契飞往市中心。飞机在途中遭到苏军炮火袭击，格赖姆右脚中弹，莱契及时接手驾驶。凭借后者高超的飞行技巧，飞机成功降落在勃兰登堡门附近一条临时清理出来的街道上，随后两人被接应到帝国总理府地下的元首地堡内。

格赖姆在手术台上接受急救时终于知道了希特勒召他前来的原因：空军总司令戈林在 4 月 23 日致电希特勒，要求将权力移交给他。希特勒将之视为严重的背叛，决定解除戈林的职务，任命格赖姆担任空军总司令，并晋升他为空军元帅。其实希特勒只需要一封电报就可以完成任命，完全没有必要让格赖姆如此冒险，而且眼下后者也被困在地堡里，无法行使指挥权。然而，濒临末日的希特勒已经不能按照正常的思维行事了。当然，这样的结果使得格赖姆和莱契能够与希特勒见面，两人极力劝说后者离开柏林，但希特勒完全没

1945 年 4 月 26 日造访元首地堡的两位访客：冯·格赖姆空军大将（左）和汉娜·莱契，两人是希特勒的忠实追随者

战后拍摄的柏林帝国总理府后花园的地堡出入口

有离开的意思。之前也有人对希特勒提出过类似的建议,逃出苏军的包围前往南部巴伐利亚山区,继续指挥德军残部进行顽抗。希特勒认为这样做相当危险,即使成功也是从"一口大锅落入另一口大锅",与其东躲西藏、苟延残喘,还不如在柏林来一次轰轰烈烈的了断,以成为"德意志千年帝国"的殉道者。作为一名曾经统治欧洲大陆的乱世枭雄,希特勒的自尊心相当强烈,他绝不能忍受被俘的侮辱,宁愿选择在地堡里体面地自裁。

格赖姆和莱契是二战末期最后两位从柏林以外地区造访帝国总理府的人,为了表示对两位忠诚追随者的欢迎和感谢,希特勒当天在地堡内举行了晚宴,与他们同桌进餐。德国在 2004 年拍摄的经典影片《帝国的毁灭》中就有这场最后的晚宴的片段,地点在地堡内的小餐厅,出席人员除了希特勒、格赖姆和莱契外,还有爱娃·布劳恩、宣传部长戈培尔、陆军总参谋长克雷布斯步兵上将、希特勒的首席副官布格多夫步兵上将及两位女秘书。

希特勒多年奉行素食主义,当天他的晚餐可以说简单到了极致——独自享用一份由专人制作的菠菜土豆泥。作为二战时期德国的最高领导人,希特勒无疑是轴心国集团核心人物中的核心,但用餐却如此简单随意,可以说令人非常意外。希特勒早年也是吃肉的,至于后来为什么养成吃素的习惯有多种版本流传。第一种说法是他最崇拜的歌剧之神瓦格纳把人类文明的衰退归因于肉食,他便爱屋及乌地接受了这

2004 年拍摄的经典影片《帝国的毁灭》截图,希特勒的晚餐,是他的素食厨师单独为他制作的菠菜土豆泥,其卖相令人顿时没有了丝毫食欲

个观点，开始变得片肉不沾；第二种说法是希特勒患有某种难以治愈的肠胃疾病，肉食会引发他的胃部不适，所以改为吃素；第三种说法流传最广，希特勒对他的外甥女格莉·劳巴尔关爱有加，并一度幻想与其结婚，但格莉最终自杀身亡，这件事使得希特勒受到了莫大的刺激，从此变成了素食主义者。

欧洲国家历史上跨辈近亲婚姻并不是什么新鲜事情，但格莉和她的"大人物舅舅"年龄相差19岁，两人之间不可避免地存在各种的隔阂。格莉对希特勒注意别的女人，尤其是温妮弗雷德·瓦格纳（歌剧之王瓦格纳的儿媳）十分不满，还对他限制自己与别的男人接触深感不悦，希特勒则怀疑格莉与自己的保镖莫里斯有暧昧关系。1931年6月和9月，格莉先后两次收到求婚，前一次来自莫里斯，后一次来自一名她新认识的年轻奥地利画家，结果两次都被希特勒所阻。格莉陷入痛苦和精神恍惚之中，9月17日晚，她在发现一封爱娃写给希特勒的情书后开枪自杀，年仅23岁。希特勒得知消息悲痛至极，两天两夜不饮不食，烦躁不安颇有寻短见的迹象。格莉下葬后希特勒来到她的墓边，哭了整整一个晚上，并郁郁寡欢长达几个月之久。从此以后，希特勒就再也不能吃肉食了，因为按照他的说法，吃肉的感觉就像是在吃死尸。他再也没有认真考虑过结婚，直到1945年4月29日，也就是他自尽的前一天。

让我们把话题转回地堡餐厅里的宴会。在局势危如累卵、物资紧缺的柏林城内，即便总理府地堡也拿不出什么美味佳肴招待客人，端上餐桌的食物非常单调和普通。不过，与希特勒斯巴达式的食谱不同，摆在其他人面前的是熏腌肉配酸菜，这是一道非常典型的德国菜。日耳曼民族在历史上具有彪悍的战斗力，同时也是一个大量食肉的民族。德国人对猪具有特殊的感情，因为他们非常爱吃猪肉，这点足让以吃货自居的中国人也要甘拜下风。德国的猪肉消耗量相当大，根据2007年统计的一项数据，当年德国人均消耗55.6千克猪肉，远远高于中国人均33.3千克的消耗量。德国人的食谱上有无数种关于猪肉的美味：烤猪蹄、烧烤五花肉、烟熏培根、烤乳猪、猪排……最著名的当然要数香肠了。据说德国有上千种香肠的做法，可以让人连续吃上3个月不重复，其中大部分香肠都使用猪肉作为原料，由此可见德国人对猪"爱得有多么深沉"。

在二战末期德国败局已定的情况下，德国老百姓餐桌上的物资供应已经越来越匮乏，但后勤部门依旧竭尽全力将猪肉优先送往前线，以犒劳那些出生入死的一线官兵。同时，能够优先获得猪肉供给的还

影片《帝国的毁灭》截图，晚餐上其他人享用的是一道非常典型的德国菜熏腌肉配酸菜，还配有红酒

第五章 德国篇 297

猪肉是德国人最爱的肉食之一，猪在德国人生活中扮演着非常重要的地位。图为二战战场上，一群德国士兵与几头猪的合影，可见他们对于这种动物（食物）的喜爱

有德国高级领导层的官员和工作人员，比如作为德国领导中枢的帝国总理府地下的元首地堡，即使在欧战结束前被苏军重兵围困时期，仍一直保持着正常的餐饮状况。作为元首地堡最后晚餐主菜的熏腌肉也是深受德国大众喜爱的食物。熏腌肉就是将腌制的猪肉再以烟熏制成的肉食，具有咸香多油、滋味浓郁的特点，可以长时间保存。制作熏腌肉通常使用猪头肉或猪里脊肉，也可以使用猪肩肉、猪腿肉和猪肋肉等。德国人在食用熏腌肉时喜欢固定搭配酸菜，德式酸菜即用盐腌制过的圆白菜，通常与熏腌肉一起炖煮，让两种材料充分融合，形成独特的风味。除了酸菜外，熏腌肉也经常与土豆搭配，土豆可以做成土豆泥或土豆片。

在这顿最后的晚宴上，没有人会有食欲，即使换成更为精美可口的大餐也一样。格赖姆和莱契深知逃离柏林希望渺茫，他们已经决意追随希特勒为第三帝国殉葬。希特勒似乎也意识到这一点，亲手交给他们两颗剧毒胶囊，以备最后时刻使用。4月28日，希特勒得知希姆莱背着他向西方求和，极为震怒的他命令格赖姆和莱契立刻飞离柏林，设法让希姆莱受到惩罚。当天深夜，两人乘坐一架Ar 96教练机擦着勃兰登堡门的雕像起飞升空，成功躲过苏军的拦截逃离柏林，这让地面上的苏联人担心了好一阵，他们害怕是希特勒本人逃走了。

1945年4月30日，希特勒和爱娃在地堡内双双自尽。受到最后款待的格赖姆元帅于5月8日在奥地利被美军逮捕，于5月24日在萨尔茨堡的监狱内用希特勒交与的毒药结束了自己的生命。莱契活到了战后，于1979年8月24日在法兰克福去世，享年67岁，终生未婚。关于她的死因，有人说是心肌梗死，有人说是使用希特勒交给她的毒胶囊自杀。她在死前给友人的信中写道："从离开地堡的那一刻，一切都结束了。"

熏腌肉配酸菜是典型的德国菜肴，但地堡晚宴上的这道菜肯定不像图片里这样勾起人们的食欲

第六章　意大利篇

在欧洲近现代史上,地处地中海中央位置的意大利始终扮演着二流角色。虽然前有罗马帝国的遥远荣光,后有文艺复兴的绚烂辉煌,但意大利显然未能从历史遗产中汲取足够的强国基因,在19世纪60年代实现统一后未能如德国那样跻身一流列强,在国际竞争中处在次要位置。相比历史上罗马军团的骁勇善战,近现代意大利军队虽有不俗的实力,但战场表现乏善可陈。作为一战时期的"墙头草",二战时期的"猪队友",意大利人败多胜少,备受嘲讽,以至于被后人演绎出无数令人哭笑不得的幽默段子。与低人一等的军事地位截然不同的是,意大利在美食界是绝对的王者存在,是与法国比肩的美食国度,是现代西餐的发源地,拥有源远流长、精致绝伦的饮食文化,创造出诸如披萨、意大利面等世界闻名的美味佳肴。不过,如果基于意大利美食的名望而对意大利军队的饮食有所期待的话,那么结果只能是失望,二战时期意大利军队的制式口粮连不太讲究吃喝的德国盟友都嗤之以鼻,反倒是某些战地即兴料理别具风味。

逃脱死亡之路上的家乡菜——意式洋葱炒羊肝

"他们宰了一头羊,给了我一盘用羊脂配以洋葱炒的羊肝。那个羊肝如此美味,简直让人无法相信!"这段话来自马里奥·里戈尼·斯特恩(Mario Rigoni Stern)的战争回忆录《雪地中士》,他在二战期间是意大利第2"特里德蒂纳"山地师第6山地团"韦斯托内"营第55连的一名中士,这本书记录了他随部队在东线战场作战的经历。1942年到1943年冬季,斯特恩所在的部队在斯大林格勒战场上面对苏联红军声势浩大的反攻遭到重创,一路溃败,向西仓皇后撤,试图摆脱被围歼的命运。在这段艰辛痛苦的逃亡之路上,来自温暖的地中海畔的意大利人饱受严寒饥饿的折磨,缺衣少食,此时一盘带着家乡风味的炒羊肝对于饥寒交迫的中士来说无疑是极大的安慰,带给他力量熬过这个恐怖的冬天。

1941年6月22日,德军发起规模空前的"巴巴罗萨"行动,伙同意大利、匈牙利、罗马尼亚等仆从国军队企图一举征服苏联。当时的德国军队正处于巅峰状态,占领了大半个欧洲,意大利领袖贝尼托·墨索里尼对德军在东线的最终胜利深信不疑。为了借着这股东风摘取胜利果实,他派出了一支军级规模的意大利俄罗斯远征军(CSIR)前往东线,下辖第9"帕苏比奥"摩托化步兵师、第52"都灵"摩托化步兵师和第3快速师,总兵力约62000人,军长是乔瓦尼·梅塞(Giovanni Messe)少将。然而,德军未能如期在1941年攻占莫斯科,在苏德战场的第一个冬季蒙受很大损失,不过德军元气尚在,希特勒准备在1942年天气回暖之后卷土重来。墨索里尼不顾国内诸多的反对声,调集了更多的部队前往东线,将意大利俄罗斯远征军扩编为第8集团军,下辖第2军(辖第2、3、5步兵师)、第35军(辖第9、52摩托化步兵师、第3快速师,即原俄罗斯远征军)和阿尔卑斯山

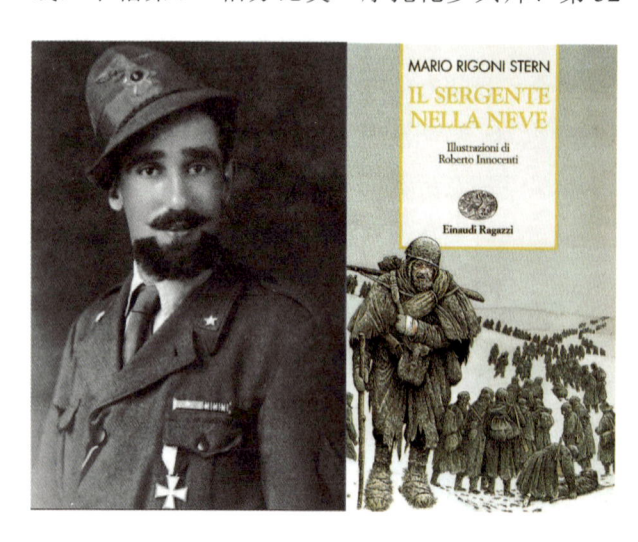

意大利山地兵马里奥·里戈尼·斯特恩中士的战时留影(左)和他的战争回忆录《雪地中士》的封面,该书讲述了他在二战时期开赴苏联作战的经历

地军（辖第 2、3、4 山地师），以及集团军直属的第 156 步兵师和诸多辅助与后勤部队，总兵力达 229000 人，仍由梅塞将军担任总司令。阿尔卑斯山地军是意大利第 8 集团军麾下最精锐的部队，而斯特恩中士所在的第 2 "特里德蒂纳"山地师就属于该军。

1942 年夏秋斯大林格勒战役打响后，由于德军兵力不足，便安排仆从国军队协助防守顿河一线的侧翼阵地，意大利第 8 集团军被部署在德军第 6 集团军的左翼，距斯大林格勒的直线距离为 270 千米，其阵地沿顿河延伸 250 多千米，左右分别是匈牙利第 2 集团军和罗马尼亚第 3 集团军。由于远离主战场，加上大雪和严寒，意大利人修建沿河防线时显得漫不经心，既没有为步兵挖掘坚固的战壕，也没有构筑能够防御坦克进攻的有效阵地。当苏德两军在斯大林格勒的废墟里打得血流成河时，这几支仆从国军队反倒过得优哉游哉。但是好景不长，1942 年 11 月 19 日苏军发起代号为"天王星"的大规模反攻后，由罗马尼亚第 3 集团军防守的侧翼防线顿时土崩瓦解，苏军长驱直入，将德军第 6 集团军包围于斯大林格勒城下。

1941 年 8 月，墨索里尼（右）视察苏德前线时与意大利远征军总司令梅塞将军（左）交谈，后者被誉为二战期间最优秀的意大利将领，后晋升元帅

为了扩大战果，苏军又于 12 月 16 日发起"土星"行动，企图彻底摧毁顿河沿岸的轴心国军队，而意大利第 8 集团军首当其冲。战至 1943 年初，在苏军第一阶段攻势摧枯拉朽的打击下，意军右翼和中部战线相继崩溃，多达 6 个师的部队被包围或被击溃，苏

1942 年冬季意大利军队在顿河防线上构筑的重机枪阵地，可见相当简陋，防御力低下

1943 年初，从顿河前线仓皇后撤的意大利第 8 集团军

第六章 意大利篇 **301**

军在意军防线上打开了一个150千米宽、45千米深的缺口。1943年1月13日,苏军发起"土星"行动第二阶段攻势,沃罗涅日方面军先是歼灭了意军西北方向的匈牙利第2集团军和左侧的德军残余,完成了对意大利第8集团军主力的包围。随后苏军第6集团军向意军还算完整的左翼防线猛扑过来,此时意军在该方向上的部队是已经遭到削弱的阿尔卑斯山地军及其后方的第156步兵师,一旦被突破整个集团军都将陷入重围。经过3天激战,山地军仅剩第2山地师还保持大致完整的战斗力,其余各师均已半残。1月17日晚,山地军军长加布里埃莱·纳希(Gabriele Nasci)中将下令突围,以第2山地师为前锋,4万余名由意大利、德国、匈牙利军队残部组成的溃军开始排成纵队,往西面的轴心国阵地狼奔豕突。

　　这些残兵败将在少量装甲车辆的护卫下,冒着严寒徒步穿行在冰雪覆盖的俄罗斯草原上,随身携带的军粮很快消耗殆尽。饥不择食的败兵开始搜刮沿途所能找到的所有食物,村庄里的俄罗斯农户可倒大霉了,无论是鸡、猪、绵羊、山羊等家禽家畜,还是土豆、黑面包、杂烩粥、面粉等粮食,只要能吃的全被一扫而空。斯特恩中士吃到的炒羊肝便来自劫掠所得,他在《雪地中士》一书中激动地写道:"这种日子里我竟然还能吃到洋葱炒羊肝!在身体快要冻僵,力气即将耗尽之时,即使什么佐料也没有,甚至还渗着血水的羊内脏都是无比的美味。"其他士兵也分到了干烤的羊头、羊肠、羊肝、羊肾等,对于他们这群又冷又饿的败兵来说,这些东西全都是难得的救命美食。

　　炒羊肝是意大利的传统料理,最出名的当属威尼斯风味洋葱炒羊肝。威尼斯人喜欢将新鲜羊肝在黄油中炸至金黄色,配上金色的甜洋葱和柔软的玉米粥食用,他们还会在油炸前轻轻裹上面包屑,配上大蒜土豆泥,然后浇一点陈年香醋。洋葱与切成薄片的羊肝相结合,目的是增加甜味以压制肝脏的土腥味,加入少许醋、白葡萄酒或柠檬汁则是为了平衡洋葱的甜味。制作威尼斯风味洋葱炒羊肝的具体做法是:将羊肝和洋葱切片,

炒羊肝是意大利的传统料理之一,最出名的是威尼斯风味洋葱炒羊肝

鸡蛋打散，羊肝先浸入鸡蛋中，然后再浸入面包屑中，将欧芹切碎备用；在宽煎锅中倒入黄油和橄榄油的混合物（也可以只用黄油），放入洋葱薄片用中到中低火翻炒，直到洋葱变得柔软，注意控制火候，使洋葱不变色，仔细调节温度并加入一点水（或酒）和盐，这有助于防止洋葱在炒制过程中变褐，洋葱炒好后，将其推到煎锅的边缘；视锅中油量适当加入少许橄榄油，待油温升高后将切片的小羊肝倒入煎锅中用大火炒，直到肝脏失去原有颜色；将洋葱和羊肝充分混合，加入一把切碎的欧芹，用盐和胡椒调味，翻炒大约一分钟后，将羊肝和洋葱倒入盘中；在煎锅中加入适量的白葡萄酒并去釉，当酒变成糖浆状时，用木勺或抹刀将其刮掉倒在羊肝上，再撒上一些切碎的欧芹即可上桌食用。根据个人口味喜好，在装盘后还可以浇上少许陈醋，搭配软玉米粥或大蒜土豆泥食用。

　　回顾历史，羊肉一直是人类餐桌上的主要肉食之一。考古记录显示，早在公元前8000多年前，西亚和南亚已经出现驯化的羊，比饲养猪和牛的记录都要早。欧洲人饲养羊的技术来自古希腊和古罗马，并逐渐传到欧洲各地，每逢复活节人们便宰杀羔羊烹调为食，这一习惯流传至今。由此可见，羊肉也是欧洲人节日餐桌上的主食之一。在意大利，以罗马为中心的拉齐奥大区周边有很多牧羊区，烤羔羊肉、煎焖羔羊等都是当地有名的传统硬菜。撒丁岛大区拥有广阔的优质草场，也是饲养绵羊和山羊的理想区域，那里以羊肉为原料的特色菜品有炖羔羊肉、番茄酱煮羔羊肠、羊奶奶酪以及羊肉丸等。意大利羊奶奶酪在公元前1世纪的罗马时代就已出现，这种以羊奶为材料制作的美食是最古老的奶酪之一，因其味道独特，盐味厚重，常常被切碎成小块用于烹调意大利面，或用于制作酱料。目前在意大利的20个大区当中，只有拉齐奥大区和撒丁岛大区生产的羊奶奶酪获得了政府认证。

　　其实在意大利风味的羊肝菜品中，洋葱炒羊肝的做法算是比较简单的了，整个过程大约只需要40分钟（准备20分钟+炒制20分钟）。有些羊肝菜品的做法非常复杂，比

意大利的烤羔羊肉，一款典型的罗马传统料理

第六章　意大利篇　**303**

意大利的羊奶奶酪味道独特且偏咸，常被用在意面和酱料材料中

如香草煎羊肝、羊肝馅饼、奶油番茄煮羊肝等，烹饪过程常常超过 2 小时。斯特恩中士等人能在生死未卜、士气跌落的溃退途中尝到家乡味道的炒羊肝，即使做法简单粗暴，对于几乎穷途末路的他们来说仍是鼓舞人心的美味。

在品尝了即兴制作的战地羊肉料理后，意大利官兵重新激发出强烈的求生欲，顶风冒雪向西撤退。1月26日，第2山地师先头部队抵达尼古拉耶夫卡村，然而苏军近卫步兵第48师已经抢先占领该村并构筑了防御阵地，成为意军逃出生天的最后一道障碍。纳希中将命令集结兵力发起强攻，打开逃生通道，最先投入攻击的就是第6山地团，斯特恩中士所属的"韦斯托内"营也在其中。激战至中午，意军逼近到村庄外围，但依然未能突破苏军防线，山地军参谋长朱利奥·马丁纳特（Giulio Martinat）准将亲率增援部队加强攻势，最后战死阵前。在数次进攻受挫后，第2山地师师长路易吉·雷韦尔贝里（Luigi Reverberi）少将亲自组织残存兵力在日落时分发起了一次决死突击，由上万名意大利士兵组成的人海冲锋终于吞噬了苏军阵地，搬掉了撤退路上的最后一块绊脚石，为山地军赢得了生机。尼古拉耶夫卡突围战是二战时期意大利军队少有的亮点之一，被视为第2山地师战史上的经典战例，意大利人在死中求生时迸发出的战斗精神令人刮目相看。

突出包围圈后，意军残部于2月1日撤回轴心国阵地，在15天里意军徒步行军200余千米，进行大小战斗22次，其中14天晚上在零下30～40摄氏度的野外露营，能够脱困实属奇迹。在斯大林格勒战役期间，意大利第8集团军遭遇了毁灭性打击，被围的13万人中有2万人战死、6.4万人被俘，仅4.5万人冲出了包围圈。阿尔卑斯山地军的3个

这幅彩绘表现了尼古拉耶夫卡之战中意大利山地兵向苏军发起决死冲锋的场面

师中,第 4 山地师全军覆没,第 3 山地师仅存 1200 余人,担任先锋突破苏军包围圈的第 2 "特里德蒂纳" 山地师也损失了三分之二的兵力,仅存 4250 余人。面对如此巨大的损失,意大利人终于难以忍受了,国内的怨声载道使得墨索里尼不得不做出妥协。从 1943 年 2 月开始,意大利第 8 集团军逐步退出了苏德战场,返回亚平宁半岛。相信这些侥幸回归故里的士兵的记忆中,除了斯大林格勒战场的梦魇,俄罗斯平原刺骨的严寒,一路溃逃的绝望,那份救命的羊肉美餐也肯定会留下一席之地。

墨索里尼的断头早餐——波伦塔配萨拉米

时间进入 1945 年 4 月,欧洲的轴心国集团已经穷途末路。曾经大杀四方的德国陷入四面楚歌的悲惨境地,首都柏林即将被苏军攻克,而意大利的大部分领土早已被盟军攻占,仅剩北部部分地区依旧由阿尔贝特·凯塞林(Albert Kesselring)空军元帅领导的德军和墨索里尼的傀儡政权意大利社会共和国所占据。在山穷水尽之际,意大利法西斯党党魁墨索里尼眼见大势已去,于 4 月 25 日带领一众高官和情人克拉拉·佩塔奇(Clara Petacci)踏上逃往瑞士的旅途,希望借道流亡西班牙,殊不知就此走上一条血腥的不归路。

4 月 27 日,墨索里尼一行人的车队在意大利北部伦巴第靠近边境的小镇东戈(Dongo)被一支全副武装的共产党游击队截停。为了隐藏身份,墨索里尼事前还是认真

1944年，作为意大利社会共和国领袖的墨索里尼检阅忠于他的武装部队

做了一些准备，他换上了一件旧军大衣，戴上眼镜和德军钢盔，几天未修边幅，显得蓬头垢面，车队中还混杂着大量德国人。一般来说，意大利游击队不太愿意为难德军，以免遭受不必要的损失和报复。但是，百密一疏的墨索里尼没来得及换掉镶着金色条纹的军裤，被一个眼尖的游击队员发现。他问同车的德国人："那人是谁？"德军回答："呃，他不过是一个醉鬼。"这个细节引起了旁边的游击队旅政委乌尔巴诺·拉扎罗（Urbano Lazzaro）的注意，他知道这显然是高级军政官员才能穿的裤子，端详一番之后，他认为这个所谓的"德军醉鬼"是一条"大鱼"。

拉扎罗随后命人看住这辆汽车，并迅速从游击队指挥部调来更多的人手，面对众多黑洞洞的枪口，随行的德国人纷纷退到一边。墨索里尼眼看蒙混过关的愿望落空，只得慢慢起身弯腰跳下车，举起双手投降。经过简单审讯，确认这条"大鱼"正是墨索里尼本人，游击队员兴奋异常，简直不敢相信这是真的。俘获墨索里尼的消息迅速传开，意大利北部民族解放委员会向游击队发来电报，让其将意大利前领袖交给盟军，同时佩塔奇的哥哥也冒充西班牙领事，多次向游击队交涉要带墨索里尼去西班牙。抓获这样一个大人物反倒成了烫手的山芋，拉扎罗等游击队员变得手足无措，犹豫不决之下只得先将墨索里尼等人关押起来。

4月28日，一个名叫沃尔特·奥迪西奥（Walter Audisio）的游击队高级官员来到了东戈，他身负特殊使命，这标志着墨索里尼等人的悲惨命运已经不可逆转。奥迪西奥命人将墨索里尼等人押上汽车前往小村梅泽格拉（Mezzegra），还特意把墨索里尼的帽子往下压，以免路途中被人认出领袖的身份。汽车抵达小村的一栋别墅旁，众人下车站到矮墙边上，周围全是荷枪实弹对着他们怒目而视的游击队员，墨索里尼知道他的大限已到。奥迪西奥宣布，他以人民的名义判处墨索里尼死刑，并立即执行。游击队员将枪口对准墨索里尼就要射击之时，佩塔奇抢身挡在了墨索里尼前面，一名游击队员将她拖开，她又歇斯底里地冲过来挡枪，游击队员只得先将她射杀，再将子弹射向墨索里尼。悲剧的领袖和他忠诚的情人在未经审判的情况下被游击队枪决，另外被一起枪毙的还有跟着他逃亡的十多名随行人员，主要是意大利社会共和国的部长和官员。之后就是大家都熟悉的情节，墨索里尼等人的尸体被运往米兰，倒挂在一座加油站的钢梁上曝尸，接受群众的侮辱和唾骂。

1945年4月28日，墨索里尼在这道矮墙前被游击队员枪决

墨索里尼等人未受到公开的审判就被秘密枪杀，尤其是作为非军政人员的佩塔奇，也一并落得个悲惨下场。正因如此，这一事件受到某些国际人士的指责，而战后关于墨索里尼遭到处决的详细情况也是众说纷纭。游击队为什么急于处决墨索里尼，一种说法是怕夜长梦多，因为已有前车之鉴——1943年墨索里尼在下野被囚禁之后，德军曾派出奥托·斯科尔策内（Otto Skorzeny）党卫队一级突击队中队长带领精锐伞兵执行"橡树"计划，空降大萨索山将他救出。至于奥迪西奥是接到谁的命令执行处决令的，至今仍是一个谜，甚至墨索里尼之死还有一些极具戏剧性的说法……

一名专门研究意大利近代史的日本专家木村裕主在《谁处决了墨索里尼——意大利游击队秘史》一书中详细记录了墨索里尼之死的相关情况。据书中记载，游击队逮捕墨索里尼和佩塔奇之后，当天将两人关押在东戈镇当地德玛丽亚家族的一栋三层房子中，并在那里过夜。4月28日，墨索里尼和佩塔奇迎来了人生中的最后一顿早晨。大概11时，女主人玛利亚女士为他们端来了早餐，这是两人在人间享用的最后食物。女主人客气地问道："早餐是波伦塔、萨拉米和牛奶，请问还需要其他的吗？"墨索里尼说："不需要了，谢谢。"然后他只吃了一些萨拉米，并把自己的牛奶、波伦塔和剩

1945年4月29日，墨索里尼、佩塔奇及其他法西斯党徒的尸体在米兰倒吊示众

第六章 意大利篇　307

墨索里尼和佩塔奇在人生中吃到的最后一顿饭是波伦塔玉米粥和萨拉米香肠

下的萨拉米都给了佩塔奇,这是木村在战后取材时采访玛丽亚女士时获得的信息。

在意大利语中,波伦塔(Polenta)就是玉米,欧洲人一般提到波伦塔是指意式玉米粥或玉米蛋糕。在意大利北部尤其是伦巴第地区,波伦塔更多的是指玉米粥,这是当地的传统食物,用玉米粉与水或汤加热搅拌而成。在面包登场以前,古罗马人就有食用小麦粥的习惯,据说那就是波伦塔的原型。实际上不仅是意大利,欧洲各地都有将小麦、荞麦、粟米、扁豆、鹰嘴豆等各种谷物煮成粥来食用的习俗。1492年,哥伦布发现美洲大陆,随后原产美洲的农作物玉米被移植到欧洲,欧洲人也开始了对玉米的大量种植栽培。由于产量高,到16世纪中叶,玉米种植传播到地中海沿岸一带。意大利人最先在威尼斯栽种玉米,之后慢慢扩展到整个意大利北部地区。在玉米被引入欧洲后相当长一段时期内,常常作为饲料喂养家畜,并被视为下等人的食物。在17—18世纪,意大利曾遭遇严重的粮食危机,正是这种下等粮食拯救了无数意大利人,玉米的地位也因此得到极大提升,开始变为意大利人的主粮之一。

在玉米种植在意大利普及后,农民的餐桌上开始出现了用玉米制作的波伦塔,取代了原来用小麦、黍、粟等制作的波伦塔。波伦塔因地区不同而有各种做法,甚至各家各户都有独特的风味,不过一般是做成粥状,搭配奶酪、香肠、肉和海鲜食用。当然,作为美食大国的意大利对食材的处理变化多端,丰富异常,有些地方将冷却变硬的波伦塔

波伦塔即意大利风味玉米粥,是意大利北部常见的食物

酸奶波伦塔。在能人巧匠的搭配下,波伦塔的颜值可以连升几个档次

烙成饼来吃，有些地方则做成油炸食品。实际上，现代的波伦塔早已经脱离粥的概念，煎、炸、烤、炖、煮、蒸等各种做法都可驾驭。

从木村先生的著作中可以了解到，墨索里尼在被杀当天早上没有吃波伦塔（玉米粥）和牛奶，而是只吃了一点萨拉米香肠（没有交代具体的品种）。估计老奸巨猾的墨索里尼当时已经预感到大事不妙，没有心情和胃口吃早餐，所以仅象征性地吃了一点。萨拉米是一种广泛流行于欧洲地区的发酵风干香肠，主要选用猪肉或牛肉制作，将瘦肉和肥肉按照一定比例绞碎、混合、灌肠，用盐、胡椒、酒、辣椒粉等调味料腌制，经过一月至数月的风干熟成后即可食用。在各式萨拉米香肠中以意大利萨拉米最为著名，以风味纯正而著称，就像意大利通心粉一样同为意大利美食的代表和骄傲。意大利萨拉米香肠是历史悠久且名扬四海的美食，迄今已有2000多年的历史，其高品质的关键在于选用生长期很长且脂肪比例高的精选肉猪，只需要用盐来腌制即可完全熟成。

通常，意大利萨拉米香肠分为两大类，一类品质较高，称为生萨拉米，风干后可以生食。比如瓦尔兹萨拉米，最早专为贵族提供，选用顶级猪肉、大蒜和红葡萄酒等为原料，需要风干半年之久；另一类则品质较低，由较廉价、不适合生食的碎猪肉制成，称为熟萨拉米，比如那不勒斯萨拉米，具有强烈的南部乡村的辛辣风味。意大利南部和北部的萨拉米因使用不同的调味料，风味也不尽相同。较为贫瘠的南部地区常常使用辣椒、大蒜和野茴香等辛辣的香草及蔬菜，北部一般采用较贵的香料，如黑胡椒、丁香和肉桂等。另外，有些萨拉米会使用红葡萄酒或白葡萄酒增加风味，还有些会使用奇怪的配方，比如价格不菲的松露萨拉米。由此可见萨拉米的种类相当繁杂，较为有名的都有数十种之多。

意大利萨拉米香肠，种类繁多，粗细肥瘦软硬不一

第六章 意大利篇

世界闻名的米兰萨拉米,从切口就能看出其纹理细密,质地柔软

在食用萨拉米之际,意大利人喜欢将之切成如纸一般的薄片,再搭配面包来享用。如世界闻名的米兰萨拉米,以猪肉或牛肉作为原材料,纹理细密,质地柔软,带有温和的海盐及红葡萄酒味。按照米兰人喜欢的标准吃法,这种萨拉米不用加任何调料,直接搭配小玫瑰白面包(米兰当地的代表性面包)食用。当然,意大利人对萨拉米的热爱不仅如此,在漫长的岁月里早已开发出难以计数的吃法,常见的包括萨拉米披萨、萨拉米意面、萨拉米沙拉等等,有多少创意,就能有多少种萨拉米。如果萨拉米来到中国,估计品种会变得更为丰富:炒饭萨拉米、炒烤萨拉米、火锅萨拉米、螺蛳粉萨拉米、臭豆腐萨拉米、鱼腥草萨拉米(好像有点黑暗料理的兆头)……

收容墨索里尼和佩塔奇度过最后时光的德玛丽亚家族是当地的大户人家,所以在食物配给紧张的战争末期,还能拿出像萨拉米这样的肉食来款待这两位特殊的客人。主妇玛丽亚肯定没有想到,她提供的早餐竟成为两人的"断头饭",但这肯定是她当时能够拿得出来的最好食物。恶贯满盈的墨索里尼在告别人世之前还能品尝到地道的意大利风味食品,也算是一点小小的慰藉吧。